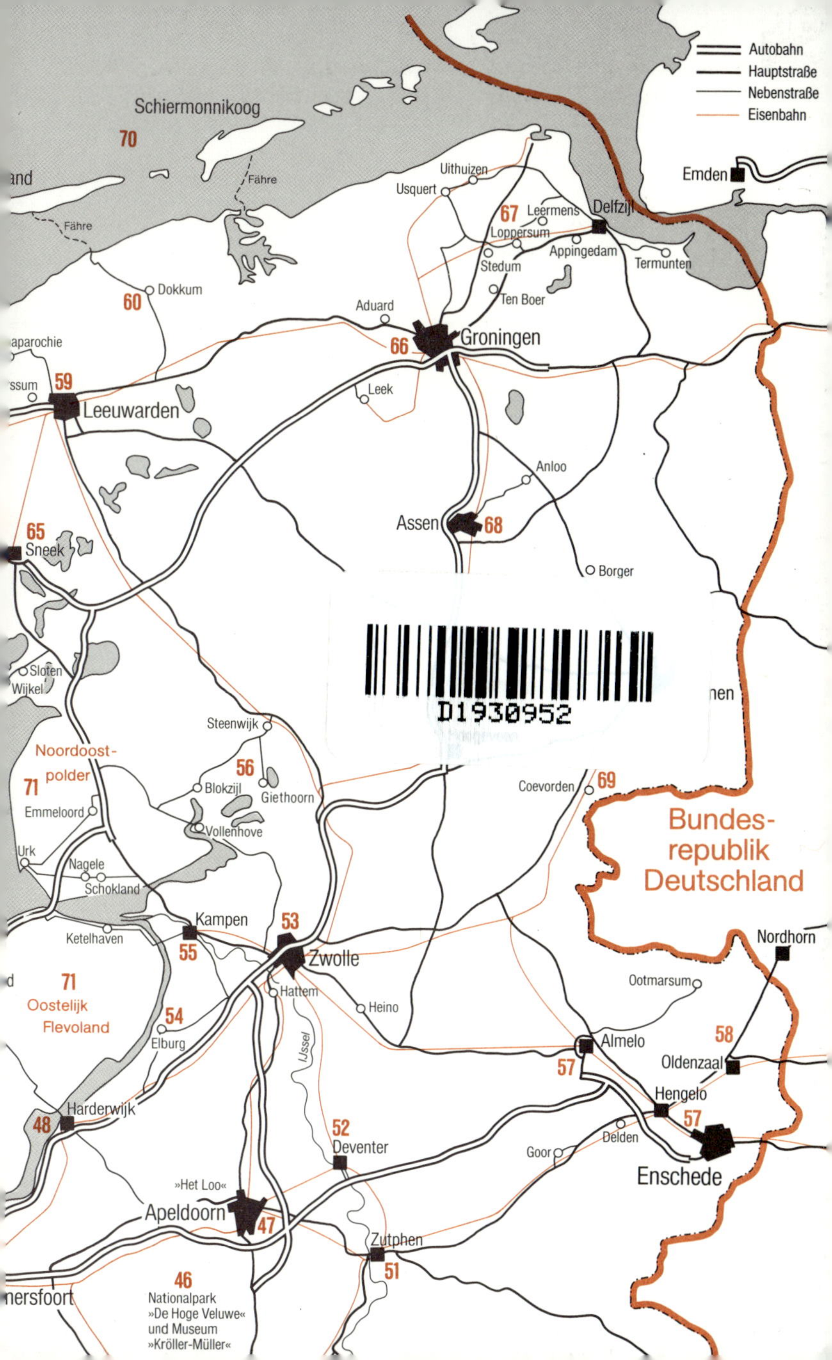

Autobahn
Hauptstraße
Nebenstraße
Eisenbahn
Schiermonnikoog
70
Fähre
Fähre
Uithuizen
Usquert
67
Leermens
Delfzijl
Loppersum
Appingedam
Stedum
Termunten
Emden
Ten Boer
Dokkum
60
Aduard
Groningen
66
aparochie
59
Leeuwarden
Leek
Anloo
Assen
68
65
Sneek
Borger
Sloten
Wijkel
Noordoost-
polder
71
Steenwijk
56
Blokzijl
Giethoorn
Emmeloord
Vollenhove
Coevorden
69
Bundes-
republik
Deutschland
Urk
Nagele
Schokland
Kampen
53
Ketelhaven
55
Zwolle
Nordhorn
71
Oostelijk
Flevoland
Hattem
Ootmarsum
Heino
54
Elburg
IJssel
Almelo
58
57
Oldenzaal
Hengelo
Harderwijk
48
52
57
Deventer
Delden
Goor
Enschede
»Het Loo«
Apeldoorn
47
Zutphen
51
46
ersfoort
Nationalpark
»De Hoge Veluwe«
und Museum
»Kröller-Müller«

Artemis-Cicerone · Kunst- und Reiseführer

Artemis Verlag Zürich und München

HOLLAND

Von Gerard Janssen

Artemis Verlag Zürich und München

Abbildungsnachweis

Mit 56 Abbildungen, 46 Plänen und Zeichnungen.
Die Pläne auf dem vorderen und hinteren Vorsatz sowie im Text wurden, wenn nicht anders vermerkt, von Achim Norweg, München, gezeichnet.

Autor und Verlag danken folgenden Personen und Institutionen für die freundliche Bereitstellung von Fotos und die Genehmigung zur Reproduktion: Gunda Amberg, Gröbenzell: S. 247 Farbfoto des Umschlags. Bildarchiv Foto Marburg, Marburg/Lahn: S. 28, 45, 84, 114. Haags Gemeentemuseum, 's-Gravenhage: S. 39, 41. A. F. Kersting, London: S. 47, 63. Werner Otto, Oberhausen: S. 150 (links). Rijksdienst v. d. Monumentenzorg, Zeist: S. 24, 27 49, 59 (links), 65, 67, 72, 75, 86, 103, 109, 125, 128, 132 (links), 143, 158, 178, 190, 207, 212, 216, 227, 233. Rijksmuseum voor Volkskunde, Arnhem: S. 195. Süddeutscher Verlag/ Bilderdienst, München: S. 118. Vom Autor stammen folgende Aufnahmen: S. 34 (links und rechts), 52 57, 59 (rechts), 89, 93, 95, 101, 107, 123, 146, 156, 164, 167, 170 (links), 180 (links), 199, 201, 209, 243.

Umschlagfoto: Gracht an der Verdronkenoord in Alkmaar

Die Stadt Amsterdam und ihre nähere Umgebung sind in diesem Band nicht enthalten. Für sie liegt in der Reihe Artemis-Cicerone bereits ein eigener Band von Hildegard Kretschmer vor:
Amsterdam – Mit Gooiland, Amstel, Zaanstreek und Waterland.

CIP-Kurztitelaufnahme der Deutschen Bibliothek

Janssen, Gerard:
Holland / von Gerard Janssen.
Zürich ; München : Artemis-Verlag, 1985.
(Artemis-Cicerone)
ISBN 3-7608-0777-1

Gesamtherstellung: Kösel, Kempten
Printed in Germany

INHALTSVERZEICHNIS

A. Historischer Überblick 4
B. Die Kunstdenkmäler und Museen 20

1 Den Haag 20 – **2** Delft 45 – **3** Leiden 55 – **4** Gouda 63 – **5** Haastrecht 70 – Schoonhooven 70 – **6** Oudewater 71 – IJsselstein 71 – **7** Dordrecht 72 – **8** Woudrichem 77 – Gorkum 78 – **9** Rotterdam 79 – **10** Vlaardingen/ Maassluis/Hoek van Holland 87 – **11** Insel Voorne-Putten/Insel Goeree-Overflakkee 88 – Deltaplan 89 – **12** Insel Schouwen-Duiveland 90 – **13** Insel Walcheren 92 – Middelburg 92 – Veere 99 – **14** Zuid-Beverland 101 – **15** Zeeuws-Vlaanderen 102 – **16** Haarlem 105 – **17** Alkmaar 116 – **18** Bergen/Egmond aan de Hoef/Egmond Binnen/Egmond aan Zee 119 – **19** Den Helder 119 – **20** Hoorn 120 – **21** Enkhuizen 122 – **22** Utrecht 127 – **23** Die Vecht 137 – **24** Amersfoort 138 – **25** Schloß Zeist 140 – Haus Doorn 141 – **26** Vianen 143 – **27** Zaltbommel 145 – **28** Buren 146 – **29** ’s-Hertogenbosch 147 – **30** Heusden 153 – **31** Helmond 153 – **32** Eindhoven 154 – **33** Tilburg 154 – **34** Breda 155 – **35** Willemstad 159 – **36** Oudenbosch 160 – **37** Bergen op Zoom 161 – **38** Maastricht 162 – Maaskunst 167 – **39** Meerssen/Houtem-St. Gerlach/Valkenburg/Vaals 173 – **40** Rolduc 174 – **41** Sittard 176 – Susteren 176 – **42** Roermond 178 – St. Odilienberg 183 – **43** Venlo 184 – **44** Nijmegen 185 – Valkhof 188 – **45** Arnhem 191 – **46** Nationalpark ›De Hoge Veluwe‹/Museum Kröller-Müller 196 – **47** Apeldoorn 200 – Kg. Schloß ›Het Loo‹ 200 – **48** Harderwijk 204 – **49** Doesburg 205 – **50** ’s-Heerenberg 205 – **51** Zutphen 205 – **52** Deventer 208 – **53** Zwolle 211 – **54** Elburg 213 – **55** Kampen 213 – **56** Steenswijk/Giethoorn, Vollenhove/Blokzijl 217 – **57** Enschede 218 – **58** Oldenzaal/Ootmarsum 219 – **59** Leeuwarden 220 – **60** Dokkum 225 – **61** Franeker 226 – **62** Bolsward 228 – **63** Makkum 230 – Workum 230 – Hindeloopen 231 – **64** Sloten/Wijkel 232 – **65** Sneek 232 – **66** Groningen 234 – **67** Romanogotik in Nordost-Groningen 239 – **68** Assen 240 – **69** Coevorden 240 – **70** Die Wattinseln: Texel, Vlieland 241, Terschelling, Ameland, Schiermonnikoog 242 – **71** Polder 243

C. Windmühlen. 245
D. Informationsteil 248
E. Literaturauswahl. 251
F. Namenregister 252
G. Orts- und Objektregister. 254

Die ›Hunnebedden‹ (Dolmen) in Drente (Nr. 68) sind die frühesten Zeugen einer Besiedlung im heutigen Holland; sie datieren aus der Jüngeren Steinzeit (3200–2200 v. Chr.). Seit der Bronzezeit (1900–750 v. Chr.) war auch der Westen besiedelt, wie die vielen Grabhügel und die gegen Ende dieser Periode aufgekommenen Urnenfelder beweisen. Seit ca. 500 v. Chr. bauten die *Friesen* in Friesland und Groningen künstliche Fluchthügel, sog. ›Terpen‹ oder ›Warf(t)en‹, zu denen sie der gestiegene Meeresspiegel zwang. Kurz vor Beginn unserer Zeitrechnung muß das Deltagebiet von den germanischen *Batavern* besiedelt worden sein. Möglicherweise wurden sie von den *Römern,* die seit 58 v. Chr. unter *Caesar* Gallien besetzt hatten, zur Verteidigung der Rheinlinie herangezogen. Zwischen Maastricht *(Mosae Trajectum),* Nijmegen *(Noviomagus),* Utrecht *(Trajectum)* und der damaligen Mündung des Rheins bei Katwijk *(Lugdunum Batavorum)* bauten die Römer Festungen gegen die *Germanen* im Norden. Die *Bataver,* anfangs Verbündete der Römer, versuchten 69/70 n. Chr. unter *Julius* (oder *Claudius*) *Civilis* vergebens, sich von der Römerherrschaft zu befreien, wie *Tacitus* berichtet. Seine ›Annales‹ und ›Historia‹ sowie *Caesars* ›Commentarii de bello gallico‹ sind die wichtigsten und frühesten Schriftquellen für die Zeit von 14–70 n. Chr. Der *Bataveraufstand* sollte im Urteil der Geschichtsschreibung des 17. Jh. als Vorbild für den niederländischen Freiheitskampf gegen die Spanier gedeutet werden (*Rembrandt* ›Verschwörung des Claudius Civilis‹, ursprünglich für das Amsterdamer Rathaus gemalt, jetzt in Stockholm). Die Römer zogen sich erst im Jahre 260 vom Niederrhein auf eine Linie Maastricht–Boulogne zurück; sie bildet noch heute die Sprachgrenze zwischen dem Niederländischen und dem Französischen.

Christianisierung

Nach dem Zusammenbruch des Römischen Reiches um 400 ließen sich die stark romanisierten und schon früh zum Christentum bekehrten *Franken* in dem Gebiet zwischen Schelde, Maas und Niederrhein nieder. Maastricht (Nr. 38), von *Servatius* um 350 zum Bischofssitz erhoben, entwickelte sich unter den *Merowingern* und *Karolingern* zum bedeutendsten Handelszentrum. Im Westen und Norden wohnten die *Friesen,* deren Christianisierung durch angelsächsische Mönche *(Willibrord, Bonifatius, Lebuinus)* seit dem Ende des 7. Jh. von den fränkischen Königen gefördert wurde, die sich davon eine Machterweiterung erhofften. Die von Utrecht ausgehende Friesenmission war trotz der Ermordung des *Bonifatius* (754

bei Dokkum; vgl. Nr. 60) gegen Ende des Jahrhunderts erfolgreich abgeschlossen. Seit dem 7. Jh. hatte sich Dorestad (Nr. 26) zum Zentrum des friesischen Handels entwickelt. Die Ausbreitung des Christentums ging mit dem Aufbau eines gut organisierten Verwaltungsapparats Hand in Hand (Pfalz in Nijmegen; Nr. 44).
Karl d. Gr. (768–814) herrschte über die gesamten Niederlande. Unter seiner und der Regierung seiner Nachfolger blühte das Lehnswesen auf. Begünstigt durch die schwindende Zentralmacht, entwickelten sich die Bischöfe von Utrecht, Lüttich und Cambrai, die Herzöge von Geldern und Brabant-Limburg sowie die Grafen von Holland-Zeeland, Flandern und Hennegau zu mächtigen Lehnsherren. Um die Jahrtausendwende begann der Verfall des Heiligen Römischen Reiches Deutscher Nation, durch den die einzelnen Regionen mehr Unabhängigkeit erlangten. Die ottonischen Kaiser versuchten, ihre Position in den Niederlanden durch die von ihnen ernannten Utrechter Bischöfe zu stärken. Da diese, im Gegensatz zu den Grafen von Holland oder den Herzögen von Geldern, keine dynastische Politik verfolgen konnten, waren sie ein wichtiges Instrument in den Händen der Kaiser. So entwickelte sich Utrecht im 11. Jh. zum Bollwerk kaiserlicher Macht, das erst am Ende des Investiturstreits (1075–1122), als dem Kaiser das Recht zur Bischofsernennung entzogen wurde, wieder verloren ging. Diese Gelegenheit nützten u. a. die Grafen von Holland um ihren Einfluß auf Kosten der Utrechter Bischöfe zu verstärken. *Willem II.*, Graf von Holland, wurde 1247 zum deutschen König gewählt.

Aufstieg der Seeprovinzen Holland und Zeeland

Nach 1400 entwickelte sich die Grafschaft Holland dank Seehandel und Gewerbe zur führenden Region der nördlichen Niederlande. Die 1369 geschlossene Ehe des Burgunderherzogs *Philipp des Kühnen* (1342–1404) mit der flandrischen Erbtochter *Margaretha von Male* bildete den Ausgangspunkt für die Herrschaft Burgunds – und später dessen Erbe Habsburg – in den Niederlanden. *Philipp der Gute* (1396–1467) erweiterte die Macht Burgunds durch Erwerb der Grafschaft Namur (1429) und des Herzogtums Brabant-Limburg (1430) sowie der Grafschaften Holland, Zeeland und Hennegau (1433), deren Einverleibung aber nicht ohne langjährigen Widerstand *Jacobas von Bayern,* der Erbtochter des 1417 gestorbenen Grafen *Willem VI. von Holland* (Enkel des deutschen Kaisers *Ludwig des Bayern*) zustande kam, die ihre Ansprüche auf Holland und den Hennegau vergebens verteidigte. Die neuen Herrscher fanden eine Städte-Landschaft vor, deren durch Privilegien abgesichertes politisches Selbstbewußtsein auf blühendem Handel und vor allem einer bedeutenden Textilindustrie basierte. Die Niederlande, besonders die stark urbanisierten Regionen Flandern und Brabant, weniger die Grafschaft Holland, gehörten mit Norditalien zu den reichsten, arbeitsamsten und am dichtesten bevölkerten Gebieten Europas. Führender Hafen (bis zur Scheldesperre 1584) war Antwerpen. Das Aufblühen der Seeprovinzen Holland und Zeeland im 14. und vor allem im 15. Jh. bedeutete den langsamen Niedergang der Hanse. Dieser Handelsbund hatte mit seinem Transitverkehr zwischen den Textilzentren Flanderns einerseits und Norddeutschland und dem Ostseegebiet andererseits, der sich über die nordniederländischen Binnengewässer abwickelte, wesentlich zur Entwicklung der IJssel- und Zuiderzee-Städte Kampen, Zwolle, Deventer, Elburg und Harderwijk beigetragen. Das wirtschaftliche Übergewicht dieser Städte beruhte auf ihrer günstigen Lage an den Land- und Wasserstraßen nach Westfalen und dem Rheinland. Das Schwergewicht verlagerte sich nun jedoch allmählich in die Seeprovinzen. Dordrecht, im Süden der Grafschaft Holland, entwickelte sich zum wichtigsten Rheinhafen und Stapelmarkt und dadurch zur größten Zolleinnahmequelle. Sein Stapelrecht galt für den gesamten Handelsverkehr auf dem Rhein, der Maas und der Merwede.

Alkmaar, Haarlem, Leiden, Gouda und Delft sowie die Zuiderzee-Häfen Hoorn, Enkhuizen und Medemblik profitierten von dem Aufschwung, der von drei Faktoren gefördert wurde: dem Ausbau des Verkehrs zwischen den einzelnen Städten, dem wachsenden Schiffsverkehr durch den Sund, der den Landhandel zwischen Ost und West ablöste, und der wachsenden Bedeutung der Fischerei in Holland und Zeeland, an erster Stelle dem Heringsfang, der durch verbesserte Konservierungs- und Fangtechnik zu großer Blüte kam. Dies wiederum führte zu neuen Handelsbeziehungen mit Portugal, wo man das Salz für die Heringskonservierung holte und gleichzeitig Gewürze auf Rechnung Dritter erstand. Hier liegt auch der Auftakt zu den später so intensiven Handelsbeziehungen mit dem Mittelmeerraum. Durch die Erweiterung des Seehandels mit den Baltischen Staaten, wo Getreide und Holz für den Schiffsbau gekauft wurden, konnte wiederum die Tuchindustrie in Städten wie Haarlem, Leiden und Amsterdam expandieren. Der Getreidehandel sollte das ganze 17. Jh. hindurch das Rückgrat der Amsterdamer Wirtschaft bleiben. Amsterdam profitierte am meisten vom Aufschwung Hollands und legte schon im 15. Jh. den Grundstein für seine außergewöhnliche Blüte im 17. Jh. Selbstverständlich erforderte die wachsende Bevölkerung in den Städten eine Intensivierung von Landwirtschaft und Viehzucht. Die Städte kontrollierten das umliegende Land fast völlig durch den Ankauf von Grundstükken, durch die Unterdrückung des ländlichen Textilgewerbes und durch Stapelrechte, nach denen Agrarprodukte nur auf den städtischen Märkten angeboten werden durften. In den nördlichen Provinzen spielte der Adel im Vergleich zu den Bürgern der Städte weder politisch noch wirtschaftlich eine große Rolle; Ausnahmen bilden nur Utrecht, Geldern und Overijssel. Im allgemeinen förderte Burgund die Entwicklung der Wirtschaft, stieß dabei aber auch durch die Tendenz zur Zentralisierung von Verwaltung, Rechtsprechung und Finanzen immer wieder auf viele ständische Privilegien, die verbissen verteidigt wurden.

Die Verbindung der Niederlande mit *Habsburg* entstand 1477 durch die Ehe der Erbtochter *Karls des Kühnen, Maria von Burgund,* mit dem Sohn Kaiser *Friedrichs III.*, dem späteren Kaiser *Maximilian I.* (1459–1519). Die Habsburger traten damit ein schwieriges politisches Erbe an; denn die verschiedenen Regionen weigerten sich zunächst, die neuen Herren anzuerkennen, da sie um ihre Privilegien bangten. Hier liegt bereits der Keim für den späteren Aufstand der Niederlande, die von den Habsburgern nie zu einer politischen oder gar kulturellen Einheit verschmolzen werden konnten; es blieb bei einer lockeren Verbindung der Provinzen. Der Partikularismus sollte noch in der Republik der Sieben Vereinten Provinzen im 17. und 18. Jh. »ein Wesensmerkmal der politischen Kultur« *(Lademacher)* bleiben und oft genug zur kaum verantwortbaren Verschleppung bei der Meinungsbildung der *Generalstaaten* (dem ältesten, aus der burgundischen Zeit stammenden Gremium, in dem die Abgeordneten der Provinzialstände über auswärtige Politik und Landesverteidigung entschieden) führen. *Maximilians* Nachfolger, *Karl V.* (1500–1558), fügte dem von seinem Großvater 1512 im Burgundischen Reichskreis zusammengefaßten Erbe 1524 Friesland, 1528 Utrecht und Overijssel, 1536 Groningen und Drente sowie 1543, nach längeren Kämpfen, Geldern hinzu. Er regierte über insgesamt 17 Provinzen, für die er seine Statthalter ernannte. Die ›Pragmatische Sanktion‹ von 1549 schrieb vor, daß die 17 Provinzen unter einem Fürsten vereinigt sein sollten. Dieser Versuch, die Niederlande enger zusammenzubinden, hatte jedoch dann unter *Philipp II.* (1527–1598) wenig Aussicht auf Erfolg: War sein Vater noch in den Niederlanden erzogen und dadurch mit deren Wesen vertraut, so betrachtete *Philipp* als gebürtiger Spanier ›los Paises Bajos‹ nur als Teil seines Weltreichs, das von Madrid aus zentral verwaltet werden sollte.

Ursachen des Aufstandes der Niederlande

Die traditionelle Auffassung, der sich im Laufe der 2. Hälfte des 16. Jh. anbahnende Abfall der Niederlande sei als Aufstand eines unterdrückten protestantischen Volkes gegen eine tyrannische

katholische Regierung zu erklären, die mit Inquisition und Armee *(Herzog Alba)* hart gegen das Volk vorging, ist durch die jüngere Geschichtsschreibung widerlegt worden. Es handelte sich in dem Ringen um politische Selbständigkeit weniger um eine geschlossene Bewegung als vielmehr um einen Komplex von Revolten unterschiedlicher sozialer Schichten mit einander häufig widersprechenden Beweggründen. Im Gegensatz zu Frankreich oder England, wo der Staat bereits begann, in neuzeitlicher, d.h. zentralistischer, Form aufzutreten, war die Staatsgewalt in den Niederlanden nur schwach entwickelt und hatte auf die althergebrachten ständischen ›Freiheiten‹ oder Privilegien Rücksicht zu nehmen. Der König hatte diese Privilegien bei seinem ›blijde inkomste‹ (= feierliche Inbesitznahme) im Herzogtum Brabant sogar feierlich bestätigen müssen, nachdem die Städte ein Gehorsamgelöbnis abgelegt hatten. Es nimmt denn auch nicht wunder, daß sich anfangs vor allem die Brabanter Stände, d.h. der Adel und die Städte, gegen die Zentralisierungsbestrebungen wehrten, da sie ein Antasten ihrer Rechte bedeuteten. Ihre Kritik richtete sich in erster Linie gegen *Kardinal Granvelle,* den wichtigsten Berater der Statthalterin, der daraufhin entlassen wurde. Obwohl die Statthalterin *Margaretha von Parma* (1522–1586), *Philipps* Halbschwester, in Brüssel versuchte, durch Zugeständnisse die bedrohliche Situation zu meistern, hörte *Philipp* nicht auf ihren Rat und brüskierte sie sogar durch die Entsendung des Feldherrn *Don Fernando Alvarez de Toledo, Herzog von Alba* (1507–1582). Direkter Anlaß war der Bildersturm von 1566, in dem sich die Unzufriedenheit der Bevölkerung entlud. *Alba* sollte die Rebellion niederschlagen, die Ketzer verfolgen und damit die spanischen Interessen sichern. Es folgte die berüchtigte Schreckensherrschaft *Albas,* dessen sog. ›Raad van Beroerte‹ (›Blutrat‹) rund 1000 Todesurteile aussprach, ungefähr 10000 Bürger verklagte und zur Flucht von ca. 20000 Personen führte, eine nicht geringe Zahl bei einer Gesamtbevölkerung von ca. 3 Millionen.
Die Reform des Steuerwesens, die u.a. eine zehnprozentige Verkaufs- und Exportabgabe vorsah, verstärkte die Opposition des Handels, der sich Adel und Protestantismus anschlossen. Zwar wurden diese Steuern 1574 wieder abgeschafft und in der ›Pazifikation von Gent‹ 1576 die Religionsfreiheit für alle Provinzen verkündet, aber diese Maßnahmen konnten die Situation nicht mehr retten; die Weichen für den Aufstand waren längst gestellt. Mit dazu beigetragen hatte die Hinrichtung der *Grafen Egmond* und *Hoorn* 1568 in Brüssel, die sich als Vertreter des Adels kritisch zur niederländischen Politik des spanischen Königs geäußert hatten. Aus den Reihen des Adels kamen jetzt viele Führer der sog. *Geusen* (von franz. ›geux‹ = Bettler), wie die südniederländischen Adligen bei der Überreichung einer Bittschrift an *Margaretha von Parma* 1566

von einem der Anwesenden spöttisch bezeichnet worden waren. Der Name sollte zum Markenzeichen des Aufstands werden. Die Eroberung der strategisch wichtigen Häfen Den Briel und Vlissingen durch die *Wassergeusen* 1572 wirkte wie ein Signal auf viele holländische Städte, sich nun offen gegen die Spanier zu bekennen. Sie öffneten den Geusen die Stadttore, mußten dafür aber, wie z. B. Haarlem, Leiden und Alkmaar, mit einer Belagerung durch die spanischen Truppen rechnen. Der sog. *80jährige Krieg* hatte begonnen. Die 1572 in Dordrecht tagende Versammlung der holländischen und zeeländischen Stände war der Ausgangspunkt auf dem langen Weg zur Unabhängigkeit.
Willem van Oranje, in Ungnade gefallener ehemaliger Statthalter des spanischen Königs in Holland, Zeeland und Utrecht, wurde aufs neue, nun aber von den Provinzialständen, in dieses Amt eingesetzt. Dies bedeutete ein staatsrechtliches Novum; denn damit erklärten sich die Stände als Schöpfer der Souveränität. An Stelle des Rechtsverhältnisses zwischen König und Statthalter trat nun das Verhältnis zwischen Ständen und Statthalter, der damit niemandes ›Statthalter‹ mehr war, sondern eher ein ›erblicher Beamter‹ *(Lademacher)* mit mehr militärischen als politischen Befugnissen im Dienste der Provinzen. Ganz geheuer war diese ›Volkssouveränität‹ den Aufständischen wohl nicht; denn sie versuchten öfters (vergebens), die Souveränität über ihre Provinzen ausländischen Herrschern, wie *Elisabeth I.* von England oder *Heinrich III.* von Frankreich, anzubieten. Der neue Statthalter *Willem van Oranje* war 1533 im nassauischen Dillenburg als Sohn *Wilhelms des Reichen* und der lutherischen *Juliana von Stolberg* geboren. Er kam als junger Mann an den Hof *Karls V.* zu Brüssel, wo er das Vertrauen des Kaisers gewann und von dessen Nachfolger *Philipp II.* zum Statthalter von Holland und Zeeland ernannt wurde. *Willem* besaß in den Niederlanden ausgedehnte Güter (u. a. Breda), die er von seinen Vorfahren geerbt hatte. 1544 hatte er von seinem Vetter *René de Chalon* den Titel des *Prinzen von Oranje* (franz. Orange) geerbt, jenes kleinen Fürstentums in Südfrankreich, das später der Sonnenkönig Frankreich einverleibte. *Willem* war nur widerwillig bereit gewesen, die Führung des Aufstandes gegen seinen Oberlehnsherren zu übernehmen. Sein Bruder *Jan van Nassau* war die treibende Kraft hinter der 1579 gebildeten *Utrechter Union* der sieben nördlichen Provinzen Geldern, Holland (später für das Ganze namengebend), Zeeland, Utrecht, Friesland, Overijssel und Groningen. Der Text dieses Verteidigungsbündnisses wurde zum Grundgesetz der niederländischen Republik. Zwar war es noch ein paar Jahre vorher gelungen, auch die südlichen Provinzen für ein Bündnis gegen Spanien zu gewinnen (›Pazifikation von Gent‹, 1576), aber diese Vereinigung aller Provinzen wurde von dem Feldherrn *Alexander Farnese,* dem Sohn *Margarethas von*

Parma, zerschlagen. Am 26. Juli 1581 fand in Den Haag die Aufkündigung des Gehorsams an *Philipp II.* statt. Noch bevor die Pläne Hollands und Zeelands, *Willem* die Souveränität anzubieten, realisiert werden konnten, starb er 1584 durch Mörderhand in Delft (vgl. Nr. 2). Die Stände übernahmen nun selbst die Führung des Landes.

Unter der Statthalterschaft seiner Söhne *Maurits* (ab 1585) und *Frederik Hendrik* (ab 1625) ging der Kampf weiter, wobei der Westen seit der Befreiung Leidens (1574) kein Kriegsschauplatz mehr war; der Konflikt wurde hauptsächlich im Süden ausgetragen. Von Spaniern besetzte Städte wie 's-Hertogenbosch (Nr. 29) oder Breda (Nr. 34) wurden von dem ›Städtebezwinger‹ *Frederik Hendrik,* den besondere Kenntnisse im Festungskrieg auszeichneten, zurückerobert. Man erweiterte das Territorium sogar um die sog. ›Generalitätsländer‹ Zeeuws-Vlaanderen und Brabant, die ohne eine eigene Vertretung in den Generalstaaten von Den Haag aus regiert wurden. Beim Waffenstillstand 1609–1621 war der Bruch mit den südlichen Niederlanden eine vollzogene Tatsache. *Philipp III.* von Spanien mußte die Selbständigkeit der Republik de facto hinnehmen; im *Westfälischen Frieden* 1648 wurde sie dann de iure bestätigt.

Wirtschaftlich und kulturell erlebten die nördlichen Niederlande schon seit Anfang des Jahrhunderts ihr ›Goldenes Zeitalter‹, und es waren vor allem die Vertreter der mächtigsten Provinz, Holland mit Amsterdam an der Spitze, die schon lange auf einen Friedensschluß hinarbeiteten. Sie wollten nicht tatenlos zusehen, wie die Position des Statthalters, die durch die militärischen Erfolge des ›Städtebezwingers‹ *Frederik Hendrik* fast monarchistische Züge annahm, sich immer mehr festigte; andererseits befürchteten sie auch die Wiedereröffnung des seit 1584 blockierten Hafens Antwerpen, die nach einer durchaus vorstellbaren Eroberung dieser Stadt durch den Statthalter sicher erfolgen würde. Für Amsterdam galt es, die Existenz der Spanischen Niederlande vertraglich zu sichern; denn eine Einnahme durch Frankreich war nicht unmöglich, und man sah dieses Land lieber als guten Freund in einiger Entfernung (›Gallia amica, non vicina‹), wobei die südlichen – spanischen – Provinzen als Barriere dienen sollten.

Die Antwort auf die Frage, warum nur die sieben nördlichen Provinzen und nicht alle siebzehn, die sich 1576 gemeinsam *Philipp II.* widersetzt hatten, zur Unabhängigkeit gelangten, muß auch in ihrer strategisch günstigen Lage nördlich der Flüsse Rhein, Maas, Waal und Lek gesucht werden. Dazu kamen neben mehr oder weniger zufälligen militärischen Erfolgen oder Mißerfolgen der kämpfenden Parteien Unterschiede zwischen Nord und Süd, vor allem in ihrer gesellschaftlichen Struktur: Während in Holland der

Mittelstand durch den Handel florierte, verlor er in Flandern und Brabant an Bedeutung, nicht zuletzt durch die Tyrannei *Albas* und die Einnahme von Gent (1584) und Antwerpen (1585) durch die Spanier. Viele Handwerker und Kaufleute suchten Zuflucht in den Städten Zeelands und Hollands, wo sie die Wirtschaft stärkten.
Das staatsrechtliche System der föderalistischen Republik, eines Staatenbundes, beließ dem Partikularismus der einzelnen Provinzen viel Spielraum. Die Provinzen waren souverän, was sich z. B. auch in der Stellung des Statthalters zeigte, dessen Ernennung durch die Stände der einzelnen Provinzen erfolgte. So hatte Friesland immer einen eigenen Statthalter aus dem Hause Nassau-Dietz, während von den übrigen Provinzen ein Statthalter aus dem Hause Oranje-Nassau ernannt wurde. Die Generalstaaten, die seit 1588 in Den Haag ihren festen Sitz hatten, entschieden lediglich über Außenpolitik und Verteidigung. Da ihre Macht nur ›abgeleitet‹ war und die Provinzialstände ihre Vertreter immer mit einem imperativen Mandat nach Den Haag schickten, war eine endlose Entscheidungsprozedur kaum zu vermeiden; denn Einstimmigkeit war Voraussetzung für die Beschlußfassung.

Gesellschaftliche Verhältnisse

Das durch den Handel reich gewordene städtische Patriziat der Provinz Holland (seit 1840 Nord- und Süd-Holland), die mehr als die Hälfte des Finanzbedarfs des Staates deckte und auch den Ratspensionär, den Vorsitzenden der Generalstaaten stellte, besetzte bald die wichtigsten Posten, nicht nur in der Stadtregierung, sondern darüber hinaus in den Provinzial- und Generalstaaten. Es wundert dabei nicht, daß unter den holländischen Ständen die Regentenfamilien des mächtigsten Handelshafens der damaligen Welt, Amsterdam, ihre Interessen in der Republik besonders wirksam vertreten, ja durchsetzen konnten. Ihre Macht sicherten sie durch Kooptation und Ämtervergabe. Es entwickelte sich in den Städten eine Oligarchie, die vor allem in der 2. Hälfte des 17. Jh. einen aristokratischen Lebensstil pflegte, dem die mit dem Grundkauf (Landhäuser) erworbenen Rechte und Titel (z. B. ›Herr von‹) zusätzlichen Glanz verliehen. Durch den ungeheuren Kapitalzufluß wurde Amsterdam bis weit ins 18. Jh. der Bankier Europas.
Zu den Grundbedingungen der Republik zählte die Bekenntnisfreiheit. Die calvinistische Kirche wurde ›Kirche des Staates‹ *(Huizinga),* nicht Staatskirche; denn die humanistische Obrigkeit »sträubte sich gegen jede Verengung des Denkens« *(Lademacher).* Der Calvinismus war dann zwar Öffentlichkeitskirche, neben ihr war aber auch Platz für Lutheraner, Täufer und Remonstranten, ja sogar für Katholiken, wenn auch nur in sog. ›schuilkerken‹ (Ver-

steckkirchen) und nach Abgabe von Spezialsteuern. Innerhalb der verschiedenen Richtungen der Reformation gab es Spannungen, die im 2. Jahrzehnt des 17. Jh. im Streit zwischen *Remonstranten* und *Kontraremonstranten* (vgl. Nr. 7) zu bürgerkriegsähnlichen Zuständen führten, wobei der Ratspensionär *Johan van Oldenbarnevelt* 1619 zum Tode verurteilt wurde und die orthodoxe Richtung auf der Dordrechter Synode 1618/19 obsiegte, aber nicht lange. Die tolerante Kaufmannsklasse hielt den Calvinismus und vor allem die Predikanten in Schach und machte die Republik zum Zufluchtsort für Menschen, die wegen ihres Glaubens oder anderer abweichender Ideen anderswo verfolgt wurden. Nach den sephardischen Juden, aus deren Kreisen der Philosoph *Spinoza* stammte, kamen der Franzose *René Descartes,* der Engländer *John Locke* und die Hugenotten. Sie alle trugen zur Ausbildung einer kosmopolitischen Lebenshaltung sowie zur wirtschaftlichen Entwicklung in nicht geringem Maße bei. Die neugegründeten, nicht von kirchlichen Dogmen behinderten Universitäten in Leiden (1575), Groningen (1614) und Utrecht (1636) waren führend in Europa auf dem Gebiet der empirischen Wissenschaften (Anatomie, Astronomie, Botanik, Physik) sowie der klassischen und orientalischen Sprachen.

Kolonialexpansion

Nachdem sich der Ostseehandel im Laufe des 16. Jh. weiter entwikkelt und so die Grundlage für die Expansion der Schiffahrt Hollands und Zeelands abgegeben und seit Ende des 16. Jh. auch der Mittelmeerhandel wesentlich zum Wirtschaftswachstum beigetragen hatte, folgte im raschen Tempo der Aufbau des Kolonialhandels und damit des Kolonialreiches, das erst nach 1945 im Zuge der weltweiten Dekolonialisierung aufgelöst werden sollte. 1602 wurde die *Vereinigte Ostindische Kompanie (VOC),* eine Aktiengesellschaft mit obrigkeitlichen Befugnissen, 1621 die *Westindische Kompanie (WIC)* gegründet. Erstere erhielt das Schiffahrts- und Handelsmonopol für Ostasien, letztere war in Nord- und Südamerika und Westafrika (Sklaven) tätig, erreichte aber nie den Rang ihrer ostindischen Schwester. Die VOC baute in Südostasien ein Handels- und Verkehrsnetz aus, dessen Zentrum das 1619 von *Jan Pietersz. Coen* gegründete Batavia (Djakarta) auf Java wurde. Die Niederlande lösten Portugal als bis dahin mächtigste Kolonialmacht ab, mußten aber ihre Stellung als Seemacht gegen England in drei Handelskriegen (1652/54, 1665/67 und 1672/74) verteidigen.
Nach dem Tode des Statthalters *Willem II.* 1651 wurde auf Drängen der Provinz Holland die Statthalterschaft abgeschafft; sie blieb nur in Friesland und Groningen erhalten. Die nun folgende republikanische Innen- und Außenpolitik lenkte der sehr fähige Ratspensionär

Johan de Witt (1625–1672), der durch seine Ehe mit *Wendela Bicker* aus dem einflußreichen Amsterdamer Bürgermeistersgeschlecht exzellente Beziehungen zur Handelsmetropole unterhielt. Obwohl die Republikaner durch verschiedene Maßnahmen (acte van seclusie = Ausschlußakte, 1654) versuchten, das Haus Oranje-Nassau endgültig von allen Ämtern (Statthalterschaft, Generalkapitän) auszuschließen, blieb eine starke Gefolgschaft dem heranwachsenden *Willem III.* (1650–1702) treu. Er wurde 1666 auf Bitten seiner Großmutter *Amalia van Solms,* die schon vorher durch geschickte Heiratspolitik (ihre Tochter *Henrietta Maria* heiratete den Großen Kurfürsten von Brandenburg, ihr Sohn *Willem II.* die englische Königstochter *Maria Stuart*) zur Festigung ihres Hauses beigetragen hatte, zum ›Kind vom Staat‹ erklärt. Dies bedeutete, daß seine politische Erziehung einer staatlichen Kommission anvertraut wurde, der auch *Johan de Witt* angehörte. 1667 wurde jedoch das ›Ewige Edikt‹ verkündet, das die Ausschlußakte so modifizierte, daß das Amt des Generalkapitäns eventuell von *Willem III.* bekleidet werden konnte. Im sog. Devolutionskrieg (1667/68) konnten die Niederlande, unterstützt von England und Schweden (Tripple-allianz), Frankreich, das Ansprüche auf einige Provinzen der Spanischen Niederlande erhob, daran hindern, die südlichen Provinzen zu annektieren. Im Frieden von Aachen wurden *Ludwig XIV.* nur einige südniederländische Grenzbefestigungen zugesprochen. Der französische König, der sich damit jedoch nicht zufrieden gab, fiel 1672, unterstützt von England, Schweden und einigen deutschen Fürsten, ein zweites Mal in die Niederlande ein (Holländischer Krieg) und eroberte rasch die Hälfte der Republik. Unter dieser akuten Bedrohung wurde *Willem III.* zum Oberbefehlshaber und Erbstatthalter ernannt und erwarb fast diktatorische Vollmachten. Seine wichtigste Maßnahme war der Deichdurchstich, durch den der Westen für den Feind uneinnehmbar wurde. Im Frieden von Nijmegen (Nr. 44) 1678 mußte *Ludwig XIV.* den territorialen Bestand der Republik wiederherstellen. Sein Widersacher *Willem III.* wurde 1689 König von England. Die anfänglich mit Erfolg durchgeführten Maßnahmen der Republikaner gegen die Häufung politischer und militärischer Macht in den Händen der Oranje waren gescheitert. Ihre Führer, die Brüder *Jan* und *Cornelis de Witt* wurden des Landesverrats beschuldigt und von der Haager Bürgermiliz grausam ermordet.

Die Gefahr eines allzu mächtigen Frankreich blieb allerdings bestehen. Die Zeit von 1688–1713 (Friede von Utrecht) war gekennzeichnet von antifranzösischen Koalitionen und Koalitionskriegen unter Führung *Willems III.* An die Stelle der Maxime ›Gallia amica, non vicina‹ war ein Konfrontationskurs getreten. Es galt, die Spanischen Niederlande als Barriere gegen Frankreich zu sichern. Die

Republik erhielt die Erlaubnis, hier in acht Städten ihre Truppen zu stationieren. Dem kinderlosen *Willem III.* folgte 1702 der friesische Statthalter *Johan Willem Friso.* Als dieser starb, begann die zweite statthalterlose Periode (1711–1747). Inzwischen war der Spanische Erbfolgekrieg (1701–1713) mit dem Frieden von Utrecht beendet worden; die Spanischen Niederlande hießen nun Österreichische Niederlande (heute Belgien).

Das 18. Jh.: Abstieg und demokratische Bestrebungen

Dem ungeheuren Wirtschaftswachstum im 17. Jh. folgte im 18. Jh. ein relativer Abstieg; der Protektionismus in den Nachbarländern wirkte sich sehr nachteilig auf Handel, Schiffahrt und Gewerbe aus. Städte wie Leiden oder Haarlem verloren durch den Niedergang der Textilindustrie ihre Existenzgrundlage; die Folgen waren Massenarbeitslosigkeit und Armut. Der Unterschied zwischen Arm und Reich wurde immer größer; denn das Bankwesen, das vom Patriziat beherrscht wurde, florierte. »Es war die Zeit einer permanenten Zurschaustellung von Luxus in Stadt und Land, eine Etablierung von Macht und Reichtum, zu der Klassenjustiz, Nepotismus, Ämterschiebungen den innenpolitischen Rahmen abgaben« *(Lademacher).* Die Hoffnung, die man in den seit 1747 amtierenden Statthalter *Willem IV.* setzte, wurde enttäuscht. Im politischen Leben stellten sich immer deutlicher die Nachteile und Gefahren des provinziellen Partikularismus heraus. Vor dem Hintergrund des wachsenden Unmuts über die inkompetente Oligarchie ist es verständlich, daß Kritik laut wurde. Sie kam von den Gilden und Schützenvereinen und nahm in der ›Doelistenbewegung‹ 1748 die Form einer demokratischen Bewegung an, die auf Einschränkung der Macht des Statthalters und der Regentenoligarchie setzte. Zwischen 1785 und 1787 ergriffen die Befürworter eines Umsturzes in demokratischem Sinne, die sich ›Patrioten‹ nannten, die Macht in den Provinzen Holland und Zeeland. Der schwache Statthalter *Willem V.* (seit 1751) floh nach Nijmegen. In die Auseinandersetzungen zwischen seinen Anhängern (Orangisten) und den ›Patrioten‹ griff 1787 Preußen durch die Entsendung einer Armee ein. Anlaß war ein Zwischenfall bei Goejanverwellesluis, wo *Wilhelmina,* die Gattin *Willems* und Schwester des preußischen Königs, von den ›Patrioten‹ aufgehalten wurde. Die Intervention Preußens führte zur ›Acte van Harmonie‹ 1788, die das Staatssystem bekräftigte und eine Niederlage für die ›Patrioten‹ bedeutete. Ihre Sache wäre wohl verloren gewesen, hätte nicht 1789 die Französische Revolution stattgefunden und Frankreich 1793 der Republik den Krieg erklärt. Der letzte Statthalter, *Willem V.,* floh nach England, französische Truppen besetzten die Niederlande, die nun zur ›Batavischen Republik‹ mit ›Patrioten‹ in Schlüsselpositionen wurde. Schon 1806 wurde sie aber in das von *Napoleons* Gnaden gestiftete *Königreich Holland* umgewandelt, mit dessen Bruder *Louis* (1778–1846) als König. Dieser dankte jedoch 1810 ab, da er nicht bereit war, die negativen Auswirkungen auf die ohnehin schon ramponierte niederländische Wirtschaft hinzunehmen, die sich durch die von seinem Bruder verhängte *Kontinentalsperre* ergaben. Das Königreich wurde daraufhin von Frankreich annektiert.

Das Königreich der Niederlande

Nachdem *Napoleon* 1813 bei Leipzig geschlagen wurde, landete Erbprinz *Willem,* Sohn des letzten Statthalters, am 30. Nov. 1813 in Scheveningen und nahm den Titel König der Niederlande an. Als König *Willem I.* sollte er über das im Vertrag von Chaumint (1814) neugebildete Königreich der Niederlande, das aus den heutigen Niederlanden, Belgien und Luxemburg bestand, regieren. Auf Grund des damals geltenden salischen Erbrechts war er auch Großherzog von Luxemburg; diese Personalunion wurde 1890 aufgelöst. Der ›Kaufmann-König‹ organisierte seinen neuen Staat mit fester Hand. Nach der Verfassung von 1814 lag die ausführende Gewalt beim König; die Minister waren ihm verantwortlich. Während in Belgien seit 1800 eine Industrialisierung einsetzte, die erste auf dem europäischen Festland, war der Norden auf Handel und Agrarwirtschaft konzentriert. Zwar versuchte *Willem I.,* u.a. durch die 1824 errichtete Nederlandse Handelmaatschappij, die nördliche Handels- und Schiffahrtskapazität mit der belgischen Industrieproduktion zu verbinden und durch Verbesserung der Infrastruktur (Eisenbahn-, Straßen- und Kanalbau; Anlage des Noordholland Kanals 1819/25) die Interessen von Nord und Süd zu berücksichtigen, stieß aber durch seinen autokratischen Regierungsstil auf viel Unverständnis. Der neue Staat war kurzlebig; der Norden und der Süden hatten sich seit dem Aufstand gegen Spanien nicht nur konfessionell auseinandergelebt. Der belgische Aufstand von 1830 endete mit der Unabhängigkeit Belgiens 1839. Eine Verfassungsrevision veranlaßte den König 1840, zugunsten seines Sohnes *Willem II.* abzudanken.
Die verspätete Industrialisierung des Nordens und die gescheiterte Wirtschaftspolitik des Königs war letztlich in der Mentalität der niederländischen Handels- und Finanzkreise begründet: Man ging noch immer davon aus, daß allein der Handel den Wohlstand des Landes sicherstellen könne. Diese Auffassung war einer industriekapitalistischen Entwicklung nicht förderlich. So ist es erst dem erwachenden Liberalismus zu verdanken, daß die Niederlande, die in eine allgemeine Lethargie verfallen waren, den Anschluß an die europäische Entwicklung doch noch gefunden haben. Beschleunigt

durch die sich rasch verschärfende soziale Not, gelang es den Liberalen im europäischen Revolutionsjahr 1848, eine *Verfassungsänderung* im Sinne stärkerer Parlamentsbefugnisse durchzusetzen. Sie entstand unter *Willem II.* (1840–1849) und war das Werk des Liberalen *Johan Rudolf Thorbecke* (1798–1872). Der König besaß in der revidierten Verfassung bedeutend weniger Macht, war aber ›unverletzlich‹, während die Minister nun der gewählten Volksvertretung unterstanden. Die Niederlande waren jetzt eine konstitutionelle Monarchie mit parlamentarischem Regierungssystem. Die bleibende Leistung der von *Thorbecke* geleiteten Kabinette (1849/53, 1862/66, 1871/72) ist die sog. ›organische Gesetzgebung‹, die das Wahlrecht und die Provinzial- und Kommunalgesetze regelte. Unter *Willem III.* (1849–1890) folgte die späte Herausbildung der politischen Parteien und der Arbeiterbewegung. Unter dem Druck des Sozialismus kam die Sozialgesetzgebung (Regelung der Kinderarbeit 1874, Arbeitsschutzgesetz 1889) zustande. Die ›Schulfrage‹, bei der es darum ging, ob der Staat nur die neutralen öffentlichen oder auch die Konfessionsschulen unterhalten sollte, begünstigte das Aufkommen der konfessionellen Parteien der Katholiken unter *Hermanus Schaepman,* der Calvinisten unter *Abraham Kuyper.*
Im Osten (Twente) und Süden (Tilburg) entstand eine Textilindustrie, die Hafenstädte Amsterdam und Rotterdam entwickelten sich dank Kolonial- bzw. Transithandels und besserer Verbindungen (Noordzeekanal 1873, Nieuwe Waterweg 1876) rasch. Das städtische Wachstum machte eine intensivere landwirtschaftliche Produktion und eine Ausbreitung der Agrarnutzfläche notwendig, was wiederum zur Urbarmachung der letzten brachliegenden Teile Hollands führte. 1852 war bereits das Haarlemer Meer trockengelegt worden. Der weitaus kühnere Plan, die Zuiderzee abzuschließen und hier Neuland zu gewinnen, sollte erst 1918 vom Parlament verabschiedet und seit 1919 realisiert werden (vgl. Nr. 71).
Die Erbfolge in männlicher Linie endete 1890 mit dem Tode *Willems III.* Ihm folgte seine Tochter *Wilhelmina* (1880–1962), bis 1898 noch unter der Regentschaft ihrer Mutter *Emma von Waldeck-Pyrmont.* Die beiden in Den Haag abgehaltenen Friedenskonferenzen von 1899 und 1907 führten zur Haager Landkriegsordnung und zur Errichtung eines ständigen Schiedsgerichtshofes (vgl. Nr. 1). Die Niederlande konnten im Ersten Weltkrieg 1914/18 ihre Neutralität wahren. Die beiden Jahrzehnte nach dem Krieg waren durch politische Stabilität gekennzeichnet. 1917 wurde das allgemeine Wahlrecht für Männer, 1922 das für Frauen eingeführt. Vor allem das Kabinett *Colijn* (1933/39) versuchte, durch Sparmaßnahmen, Arbeitsbeschaffung und Agrargesetze die Folgen der Weltwirtschaftskrise seit 1929 zu bekämpfen, jedoch ohne viel Erfolg: Im Winter 1935 lag die Arbeitslosenquote bei 40%.

Der Zweite Weltkrieg

Nach der Machtergreifung *Hitlers* 1933 wuchs in Holland der Argwohn gegen Deutschland, der aber erst im August 1939 zur allgemeinen Mobilmachung führte. Am 10. Mai 1940 brach der Krieg mit brutaler Gewalt über Holland herein. Unter Mißachtung der niederländischen Neutralitätspolitik hatte *Hitler* den Befehl zum Einmarsch gegeben, wobei der Angriff sich vor allem auf den Raum Den Haag und Rotterdam richtete. Rotterdam wurde am 14. Mai 1940 bombardiert und die Innenstadt völlig zerstört; ca. 900 Menschen fanden den Tod, über 78000 wurden obdachlos. Der Chef des niederländischen Heeres, General *Winkelman,* befahl die Einstellung des Kampfes noch am selben Tag; am 15. Mai wurde die Kapitulation unterzeichnet. Am 13. Mai waren Königin *Wilhelmina* und ihre Regierung nach London geflohen, um dort eine Exilregierung zu bilden. Mit der Ernennung des früheren österreichischen Innenministers *Arthur Seyss-Inquart* zum Reichskommisar begann die *Gleichschaltung* Hollands, die tief in die inneren Verhältnisse des Landes eingriff. Im Juli 1940 wurde das Parlament aufgelöst; der Reichskommissar übernahm die direkte Aufsicht über die Zivilverwaltung. Gleichzeitig wurden die politischen Parteien, mit Ausnahme der NSB (Nationalsozialistische Bewegung), verboten.
Gleich nach der Machtübernahme setzte auch die *Judenverfolgung* ein, der bis Kriegsende 85% der holländischen Juden zum Opfer fielen. Von den 1941 dort lebenden 140000 Juden sind über 110000 umgekommen, davon 104000 in deutschen Konzentrationslagern; 20000 konnten ›untertauchen‹. Hunderttausende Arbeiter wurden in der deutschen Kriegsindustrie eingesetzt. Im Mai 1943 folgte die allgemeine Registrierung zum Arbeitsdienst, deren Ziel die Ausschöpfung des niederländischen Potentials an Menschen und Gütern war; denn das Land sollte eine Nachschubquelle für Deutschland werden. Die ›hochgradig repressive Besatzungspolitik‹ *(Lademacher)* ließ eine starke Widerstandsbewegung entstehen. 1941 fand in Amsterdam der *Februarstreik* statt, dem weitere folgten. Im April/Mai 1943 kam es zu Streiks, an denen über eine Million Niederländer teilnahmen. Zu den Massenaktionen ist auch der von der Londoner Exilregierung angeordnete große *Eisenbahnerstreik* vom Herbst 1944 zu rechnen. Er richtete sich gegen den Transport von dienstverpflichteten Arbeitskräften nach Deutschland und war gleichzeitig als Unterstützung der Alliierten gedacht, die im Süden bei Eindhoven, Nijmegen und Arnhem Luftlandeoperationen planten. Als Repressalie unterband die Besatzung die Lebensmittelzufuhr. Dies und die Energieverknappung – der Transport von Kohle aus dem von den Alliierten befreiten Südlimburg war gestoppt worden – führte im dichtbevölkerten Westen Hollands, der noch

dazu zur ›Festung‹ erklärt wurde, zu dem grausamen *Hungerwinter von 1944/45*. Nachdem die Befreiung vom Süden her zunächst fehlgeschlagen war, versuchten die Alliierten, die Zufahrt nach Antwerpen freizubekommen. Sie bombardierten die Deiche der Insel Walcheren, auf der deutsche Truppen saßen, und überfluteten dadurch die ganze Insel. Am 5. Mai 1945 unterzeichneten die deutschen Befehlshaber in Wageningen die Kapitulation, mit der der fünfjährige Leidensweg zu Ende war. Die Besatzung der Niederlande hatte »ein Deutschlandbild geprägt, das noch lange Jahre nach dem Krieg das deutsch-niederländische Verhältnis bestimmen sollte« *(Lademacher)*.

Das heutige Holland

Nach 1945 haben sich die Niederlande zum modernen Industriestaat entwickelt. Vier der großen Multinationals sind hier beheimatet: Royal Dutch/Shell, Unilever, Philips und AKZO. Die Industrie bietet weitaus mehr Arbeitsplätze als die rationalisierte Landwirtschaft. Die soziale Sicherung hat ein hohes Niveau erreicht. Nach 50jähriger Regierungszeit dankte Königin *Wilhelmina* 1948 zugunsten ihrer Tochter *Juliana* ab. Die größte Nachkriegskatastrophe war die *Sturmflut vom 1. Februar 1953*, bei der 1835 Menschen ums Leben kamen (vgl. auch Deltaplan, S. 89). Das Wirtschaftswachstum der 60er Jahre wurde in starkem Maße von der Entdeckung (1959) eines der größten Erdgasfelder der Welt bei Slochteren/Groningen bestimmt. Das Gas, das zu mehr als 50% exportiert wird, sicherte über Jahre eine positive Handelsbilanz. Nach der ersten Ölkrise 1974 folgte eine Rezession, die zu wachsender Arbeitslosigkeit und Beschränkung der öffentlichen Ausgaben führte.
Ein besonderes Merkmal der niederländischen Gesellschaft ist die sog. ›Versäulung‹: Im sozialpolitischen Bereich bestehen viele Organisationen und Institutionen nebeneinander mit gleicher Zielsetzung, aber unterschiedlicher Weltanschauung. So sind u.a. Rundfunk und Fernsehen, Presse-, Bildungs- und Vereinswesen weltanschaulich bzw. konfessionell gegliedert. Seit den 60er Jahren wird diese feste konfessionell-weltanschauliche Einbettung aber immer lockerer; z.B. schlossen sich die drei großen konfessionellen Parteien KVP, CHU und ARP 1976 zum CDA (Christlich-Demokratisch Appel) zusammen. Daneben gibt es noch die beiden großen Parteien der Liberalen (VVD) und der Sozialdemokraten (PvdA) sowie mehrere kleinere. Da jedoch keine dieser Parteien bei Wahlen die absolute Mehrheit erringen kann, erfordert die Regierungsbildung immer eine Koalition. An die Stelle der Neutralitätspolitik, bis 1940 Kernpunkt der Außenpolitik, traten die Bindung an den

Westen und seine Bündnisse. Die Niederlande sind u. a. Mitglied der Vereinten Nationen, der NATO, der EG und des Europarates. Bereits 1948 kam die Benelux-Zollunion zustande. Am 30. April 1980 trat Königin *Juliana* zugunsten ihrer Tochter *Beatrix* zurück.

Das Kolonialreich nach 1800

Die Rückgabe der Kolonien 1816 durch die Engländer bedeutete zunächst eine ungeheure Schuldenlast; denn die beiden zuständigen Handelskompanien VOC und WIC waren kurz vor 1800 in desolatem Zustand aufgelöst worden. In Asien sollte Java das wichtigste Gebiet werden; später folgten die Inseln Sumatra, Borneo und Celebes. Ein gesetzlich festgeschriebener Anbauplan (›cultuurstelsel‹) erzwang den Anbau von Produkten wie Zucker, Kaffee, Tee, Tabak und Indigo, die auf dem europäischen Markt hohe Gewinne abwarfen. Diese Ausbeutung blieb trotz Kolonialkriegen (Atjeh-Krieg 1878–1904) und Hungersnöten jahrelang außerhalb des Blickfeldes der holländischen Bevölkerung. Eine Ausnahme bildete der flammende Protest des ehemaligen Kolonialbeamten *Eduard Douwes Dekker,* der unter dem Pseudonym *Multatuli* in seinem Roman ›Max Havelaar‹ (1860) das Unrecht anprangerte. »Ich widme dieses Buch dir, Willem III., König-Kaiser des herrlichen Reiches Insulinde, das sich um den Äquator schlingt wie ein Gürtel von Smaragd. Und darf ich vertrauensvoll fragen, ob es dein kaiserlicher Wille ist (–), daß dort drüben mehr als dreißig Millionen deiner Untertanen mißhandelt und ausgesogen werden in deinem Namen?«
Der Anbauplan wurde Ende des 19. Jh. gemildert; auch wurden Stimmen laut, Holland habe eine moralische Verpflichtung, die Kolonien zur Selbständigkeit zu erziehen. Der große Aufschwung hatte bereits dank besserer Verbindungen zwischen Mutterland und Kolonie (Eröffnung des Suezkanals 1869, Gründung der Niederländischen Dampfschiffsgesellschaft 1870) begonnen. Niederländisch-Indien, reich an Rohstoffen, machte Holland zu einer der großen Kolonialmächte des 19. und 20. Jh.
Nach dem Angriff auf Pearl Harbor erklärte die niederländische Exilregierung 1941 Japan den Krieg. Die Folge waren die Vernichtung der Flotte im Javasee und die japanische Besetzung von Niederländisch-Indien. Im Aug. 1945 wurde die niederländische Herrschaft in weiten Teilen des Inselreiches vorübergehend wiederhergestellt. Nach fehlgeschlagenen Polizeiaktionen gegen die Unabhängigkeitsbewegung, die noch während der japanischen Besatzung entstanden war und 1945 die *Republik Indonesien* ausgerufen hatte, mußte das Mutterland unter dem Druck der Weltöffentlichkeit 1949 die Souveränität Indonesiens anerkennen. Von den Kolonien in Südamerika wurde Niederländisch-Guayana/*Surinam* 1975 unabhängig. Kurz zuvor hatten mehr als 12000 Surinamer ihre Heimat aus – wie sich bald herausstellte: berechtigter – Furcht vor ›südamerikanischen Zuständen‹ verlassen und sich in Holland niedergelassen. Ihre Zahl ist seitdem noch gewachsen, was bedauerlicherweise im einst so toleranten Holland zu verstärkter Diskriminierung geführt hat. Heute sind nur die *Niederländischen Antillen* autonome Teile des Königreichs der Niederlande: Ihre Entlassung in den Status souveräner Republiken ist noch in der Schwebe.

I Den Haag

Verkehrsamt: Konigin Julianaplein 7 (beim Zentralbahnhof).

Geschichte und Kunstgeschichte

Anlaß zur Entstehung des Ortes auf den Binnendünen gab das Jagdschloß der Grafen von Holland: 's-Gravenhage (= ›des Grafen Gehege‹). Um 1250 verlegte *Willem II.* seine Residenz von Haarlem hierher. Ende des 14. Jh. folgte unter Graf *Albrecht von Bayern* auch der Gerichtshof von Holland und Zeeland. 1593–1795 war Den Haag Sitz der Generalstände (staaten generaal), d. h. der Abgeordneten der ›Republik der Sieben Vereinten Provinzen‹. 1618 verlegte der Statthalter *Maurits (Moritz) van Nassau* seine Hofhaltung in den ›Binnenhof‹. Erst *Louis Napoleon* gab dem immer unbefestigt gebliebenen Ort Stadtrechte (1806).
Ein typisch mittelalterliches Stadtviertel wuchs um die 1395–1440 errichtete Jakobskerk. 1564 entstand mit dem ältesten Teil des heutigen Rathauskomplexes eine der interessantesten Renaissance-Bauten Hollands. Die Enge der Bürgerstadt kontrastiert noch heute mit dem viel großzügiger angelegten vornehmen Wohnviertel am Hofvijver (Hofweiher) und um den Plein (Platz).
In der 1. Hälfte des 17. Jh. wetteiferten in Den Haag zwei Höfe um die größte Prachtentfaltung: der des Statthalters *Frederik Hendrik* und der des sog. ›Winterkönigs‹, *Friedrich V. von der Pfalz,* der nach der verlorenen Schlacht am Weißen Berg bei Prag mit seiner Gemahlin *Elisabeth Stuart* hier von 1619–1661 Zuflucht fand. *Frederik Hendrik* heiratete 1625 eine Hofdame *Elisabeths,* die Gräfin *Amalia von Solms-Braunfels.* Für sie baute *Pieter Post* nördlich von Den Haag das Huis ten Bosch (Haus im Busch). In der neuen Stadtanlage nahe des statthalterlichen Hofes ließ sich *Johan Maurits von Nassau-Siegen* seit 1633 das später nach ihm benannte Mauritshuis errichten. Der Sekretär des Statthalters, *Constantijn Huygens,* einer der interessantesten Dilettanten des 17. Jh., baute sich nach eigenen Plänen seit 1634 gegenüber dem Mauritshuis ein komfortables Haus, das leider dem jetzigen Justizministerium weichen mußte, und vermittelte *Rembrandt* den Auftrag zu einer Serie von Passionsbildern (heute in München) für den Statthalter. Für die Haager Sebastiaansschützen entwarf *Arent van 's-Gravesande* eine neue Unterkunft am Hofvijver. Die Calvinisten errichteten 1649/56 die Nieuwe Kerk, den ersten protestantischen Zentralbau in Den Haag.
Zwei politische Morde fanden im oder nahe beim Binnenhof statt: In Folge der Streitigkeiten zwischen *Arminianern* und *Gomaristen* über die sog. ›Prädestinationslehre‹ (vgl. Nr. 7) verhafteten die Generalstände 1618 den 72jährigen Ratspensionär *Johan van Oldenbarnevelt* und ließen ihn nach einem politischen Scheinprozeß hinrichten. Der Ratspensionär *Johan de Witt,* der während der statthalterlosen Periode von 1650–1672 an der Spitze der Republik stand, besuchte am 20. April 1672 seinen Bruder *Cornelis,* der fälschlich der Verschwörung gegen den späteren Statthalter *Willem III.* angeklagt war, im Gevangenpoort. Die drohende Niederlage im Krieg gegen England und Frankreich verursachte im Lande eine Hysterie, die sich gegen den für die Außenpolitik verantwortlichen *de Witt* richtete: Der aufgehetzte Pöbel erschlug beide Brüder auf dem Buitenhof.
Im 17. Jh. arbeiteten die Maler *Gerard Honthorst* (Porträts), *Jan van Goyen* (Landschaften) und *Paulus Potter* (Viehstücke) in Den Haag. War damit der Beitrag der Stadt zum Ruhm der holländischen Malerei in jenem Jahrhundert eher bescheiden, so brachte ihr in der 2. Hälfte des 19. Jh. die sog. ›Haager Schule‹ neue Impulse (vgl. S. 39).
Während des letzten Viertels des 17. Jh. löste ein neuer Stil den strengen palladianischen Klassizismus in der Baukunst ab: Seit 1685 arbeitete *Daniel Marot* in Den

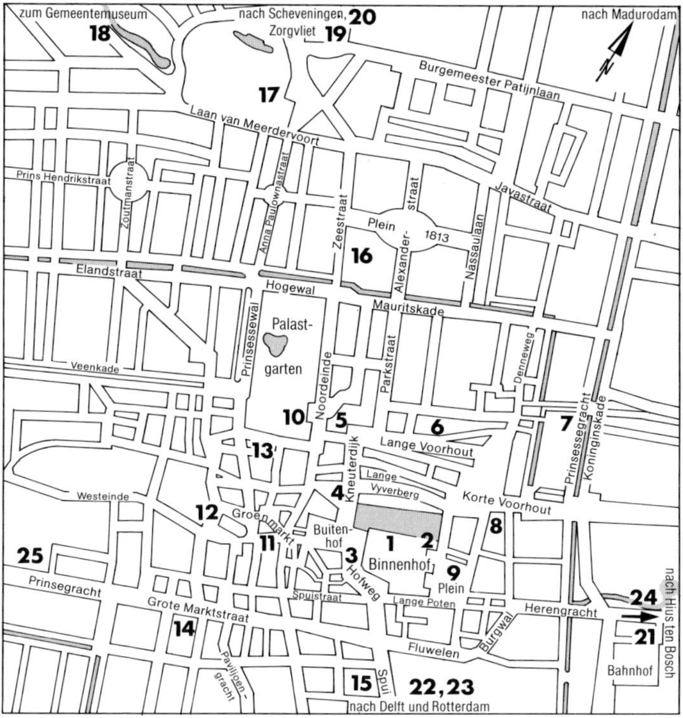

Den Haag: Orientierungsplan
1 Binnenhof – 2 Mauritshuis – 3 Buitenhof – 4 Kneuterdijk – 5 Pal. Wassenaer-Obdam – 6 Lange Voorhout – 7 Museum Meermanno-Westreenianum – 8 Koninklijke Schouwburg – 9 Plein – 10 Noordeinde – 11 Raadhuis – 12 Jacobskerk – 13 Oud Katholieke Kerk – 14 Museum Bredius – 15 Nieuwe Kerk – 16 Panorama Mesdag – 17 Vredespaleis – 18 Gemeentemuseum – 19 Zorgvliet/Catshuis – 20 Scheveningen – 21 Koninklijke Bibliotheek – 21 Huis ten Bosch – 22 Hofwijck – 23 Museum Rijswijk – 24 Kastell Duivenvoorde – 25 Hofje van Nieuwkoop (P. Post, um 1660).

Haag (u.a. Paleis Wassenaer-Obdam und Haus Huguetan). Die Städte Amsterdam und Rotterdam ließen für ihre Gesandten in den Generalständen am Plein große, komfortable Unterkünfte errichten. Nach der 2. statthalterlosen Zeit (1711–1747) wurde Den Haag wieder Residenz, was eine neue Bautätigkeit zur Folge hatte. *Pieter de Swart,* Hofarchitekt der Statthalter *Willem IV.* und *Willem V.,* baute um 1760 das Paleis Lange Voorhout im Stil Louis XV und das Paleis Nassau-Weilburg (1769/74) für den Schwager *Willems V.* (jetzt Theater) im Stil Louis XIV. *Friedrich Ludwig Gunckel* entwarf 1777 einen neuen Ballsaal mit Nebenräumen am Binnenhof. König *Willem II.* ließ 1840 für seine große Gemäldesammlung den gotischen Saal errichten. In der 2. Hälfte des 19. Jh. wuchs die Stadt aus ihren traditionellen, durch Wassergräben markierten Grenzen. Es entstanden der vornehme Willemspark um den ›Plein 1813‹ mit der neugotischen Willemskerk sowie einfache Wohnviertel im Süden und Westen. *P. J. H. Cuypers,* der wichtigste Vertreter der neugotischen Sakralarchitektur in Holland (vgl. S. 181) ist mit der Jakobuskerk an der Parkstraat vertreten. Ein interessantes Beispiel des Historismus ist das Justizministerium, das *C. H. Peeters* 1883 entwarf. Auch von *H. P. Berlage* finden sich in Den Haag wichtige Bauten (Christian Science Church und Gemeente Museum). Gewissermaßen als Reaktion auf dessen nüchternen kubischen Stil entwarf *Piet Kramer* das Kaufhaus ›De Bijenkorf‹ (1925/26) im Stil der ›Amsterdamer Schule‹. Die neuesten Bauten findet man in der Nähe des Zentralbahnhofes (u.a. die Staatsarchive und die Koninklijke Bibliotheek). 1899 und 1907 wurden in Den Haag Friedenskongresse abgehalten. 1929 und 1930 fanden die Haager Konferenzen statt, die zur Errichtung eines ständigen Schiedsgerichts zur Beilegung internationaler Streitigkeiten führten, aus dem dann der heutige Internationale Gerichtshof, eine UNO-Institution hervorging. Seit 1945 ist Den Haag wieder Regierungssitz und seit 1980 Residenz der Königin.

Der Binnenhof (1)

Führungen: Man erkundige sich im Voorlichtingscentrum, Binnenhof 8a (gegenüber dem Hofpoort;e).

Geschichte: 1229 kaufte *Floris IV.* Graf von Holland den Hof und die dazu gehörenden Güter. Nach jüngsten Forschungen bildete dieser Hof wahrscheinlich den Kern des späteren Grafenpalastes, da man für diesen älteres Mauerwerk benützte. Nachdem sein Sohn *Willem II.* 1247 zum römischen König gewählt worden war, baute dieser die Burg weiter aus. Dessen Sohn *Floris V.* fügte den sog. ›Rittersaal‹ an. Der Komplex lag auf einem geräumigen Platz, der mit Mauern und Gräben umgeben war, dem ›Binnenhof‹. Ställe und Wirtschaftsgebäude lagen außerhalb, im Südwesten, auf dem heutigen ›Buitenhof‹ (Außenhof). Seit *Maurits van Oranje-Nassau,* der 1618 seine Residenz nach Den Haag verlegt hatte, wohnten hier die Statthalter. Hier tagten seit 1585 auch die Generalstände, wodurch Teile des ursprünglichen Palastes Regierungssitz wurden. Die Ringmauern wichen allmählich Wohnbauten für den Statthalter und Räumen für die Behörden. Vom ursprünglichen Schloßgraben ist nur der ›Hofvijver‹ (Weiher) übrig. Im Westen sind in den Außenmauern noch Fragmente der Ringmauer sichtbar, z. B. der achteckige Turm nahe dem Mauritshuis. Der Grafenpalast wurde 1898–1905 gründlich restauriert.

Der Grafenpalast: Im Westen, Süden und Osten führen Tore in den Binnenhof, in dessen Mitte der Palast steht. Der rechteckige, dreigeschossige Ziegelbau im Osten stammt von ca. 1250 und diente *Willem II.* als Wohnung. Die Westseite begrenzen der rechteckige Haagturm und ein runder Treppenturm; die übrigen Ecken haben auskragende Treppentürmchen auf Strebepfeilern; sie sind bei der Restaurierung fast völlig rekonstruiert worden. Auch die spätromanischen Fenster mit Mittelsäulen sind Rekonstruktionen.
Im Innern liegt über einem eingewölbten Kellergeschoß der sog. *Rolzaal* (a), seit Errichtung des Rittersaales auch *Oude Zaal* (›Alter Saal‹) genannt; er diente als Wohn- und Speisesaal; seit 1511 ist er Gerichtssaal. Beachtenswert sind die behauenen Kragsteine von *Lyon Marchant* von 1511 und ein zum größten Teil erneuerter Kamin mit reich bearbeitetem hölzernem Rauchfang. Der kurze, fast quadratische Anbau im Osten entstand in der 2. Hälfte des 13. Jh. unter

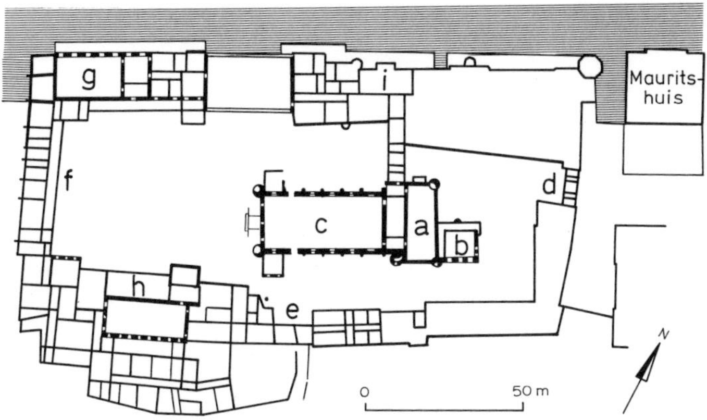

Binnenhof: Grundriß

Floris V.; ursprünglich befanden sich hier die Wohnräume der Gräfin. Seit 1688 tagte die Zivilkammer des Gerichtshofes von Holland im Saal des 1. Stocks, der nach den 7 Gemälden mit Themen aus der römischen Geschichte *(Gerard Lairesse) Lairessezaal* (b) genannt wird: ›Äneas rettet seinen Vater aus dem brennenden Troja‹ (über der Tür), ›Allegorie der Gerechtigkeit‹ (über dem Kamin), ›Pompeius verbrennt die Briefe von Perpenna‹, ›Scipio und die numantinische Braut‹, ›Horatius Cocles‹, ›Die Standhaftigkeit Scipios‹ und ›Der Diktator L. Papirius Cursor begnadigt Fabius‹. Rom, vor allem das republikanische, galt im 17. Jh. in Holland als Beispiel einer ›bürgerlichen‹, gerechten und tugendhaften Gesellschaft.

Im Westen ließ *Floris V.* um 1280 den *Rittersaal* (c) errichten; Baumeister war wohl sein Rat *Gerard van Leyden.* Dieses frühgotische Gebäude mit seinem hohen Satteldach und einem mächtigen offenen Dachstuhl (18 m Spannweite), der 1902/04 wieder in den ursprünglichen Zustand versetzt wurde, ist eine der größten Profanbauten des 13. Jh. in Westeuropa. Stilistisch ist es der Schelde-Gotik zuzurechnen. Zwei Treppentürme flankieren den Saal, in dem die Königin am 2. Dienstag im September, dem ›Prinsjesdag‹, das parlamentarische Jahr eröffnet. Aus diesem Anlaß tagen die beiden Kammern der Generalstände in gemeinsamer Sitzung.

Der *neugotische Brunnen* wurde 1885 nach einem Entwurf von *P. J. H. Cuypers* aufgestellt. Stifter war *Victor de Stuers* (1843–1916), der Initiator der Denkmalpflege in Holland. Sein Aufsatz ›Holland op zijn smalst‹ (›Holland am kleinlichsten‹; 1872) war der Aufschrei zur Rückbesinnung auf die Denkmäler der Vergangenheit.

Rittersaal

Die Tore: Im Osten, nahe dem Mauritshuis, steht die *Maurits-* oder *Grenadierspoort* (1634; d), etwas weiter zurück die *Buitenpoort.* Im Südwesten betritt man den Binnenhof durch die *Stadhouderspoort (f).*

Links von der Stadhouderspoort liegt das sog. *Stadhouderlijk Kwartier* (g), der einstige Wohnbereich des Statthalters. Der flachgedeckte Eckturm im Wasser datiert aus dem späten 16. Jh. Den Buitenhof entlang zieht sich ein Flügel aus dem 17. Jh., der sich zur Hofseite hin in Arkaden öffnet. 1640 baute man am Weiher einen zweigeschossigen Flügel, der sich ebenfalls in einer Arkade öffnet. 1777/93, unter Statthalter *Willem V.,* wurde nach Plänen *Friedrich Ludwig Gunckels* (1742–1835) im Süden ein palastähnlicher Bau im Stil Louis XVI errichtet (h), ebenfalls mit Arkaden, so daß trotz unterschiedlicher Baustile eine gewisse Einheit mit den älteren Flügeln erreicht wurde. Im ehem. Ballsaal (1790) im 1. Stock tagt seit 1815 die *Zweite Kammer* (Parlament; die Publikumstribüne ist während der Sitzungen zugänglich). Im östlichen Risalit dient das ehem. Kabinett des Statthalters *Willem V.* (um 1785) heute als Ministerratssaal.

Anschließend an den Nordwestturm baute *Pieter Post* 1652/57 im Auftrag der Provinzialstände von Holland neue Räumlichkeiten. Die Fassade zum Weiher hin ist sehr schlicht, die ältere Hofarkade blieb unverändert. In dem ehem. Sitzungssaal der holländischen Provinzialstände (g; 1655) tagt jetzt die *Erste Kammer* (Senat). Der Saal ist ein repräsentatives Beispiel der klassizistischen Barockinnenarchitektur in Holland im 17. Jh. Die Wände werden durch Pilaster und Rundbogennischen gegliedert. Die kassettierte Mulbendecke (1655) ist von *A. de Haan* und *N. Wielingh* mit Blattranken, Putten und Kartuschen bemalt worden, aus denen in illusionistischer Weise exotische Zuschauer herunterblicken. Die beiden Kamine sind mit allegorischen Bildern von *Jan Lievens* (›Mars‹) und *Adriaan Hannemans* (›Friede‹) versehen (1669). Leider stören hier die erst 1870 angebrachten Emporen. Das Porträt König *Willems II.* malte J. A. Kruseman 1848.
Staten- oder Trêveszaal (i): 1696 erhielt *Daniel Marot* den Auftrag, das Konferenzzimmer der Generalstände der 7 vereinten Provinzen zu verschönern und zwei angrenzende Räume zum Audienzzimmer umzubilden. Er schuf die Einrichtung der Blauen und der Admiralitätskammer. Der ehem. Audienzsaal ›Ihrer Hochmögenden‹, wie der offizielle Titel der Generalstände lautete, wurde nach dem Waffenstillstand (1609/21) zwischen Spanien und den aufständischen Provinzen, der in einem älteren Saal an dieser Stelle geschlossen worden war, ›Trêveszaal‹ (franz. ›trêves‹ = ›Waffenstillstand‹) genannt. Das ikonographische Programm der von *Theodoor van der Schuer* bemalten Decke (1698) kreist um das Motto ›concordia res parvae crescunt‹ (›Durch Eintracht wird das Kleine groß‹), dem Sinnspruch der Republik. Der Saal ist jetzt nicht öffentlich zugänglich.

Neben der südlichen *Hofpoort* (e) steht das *ehem. Büro des Schatzmeisters* der Provinzialstände von Holland (1779), anschließend das schmale Haus der Behörde, die mit der Beschau von Gold- und Silberschmiedearbeiten beauftragt war (mit schönem Fries an der Fassade; 17. Jh.).

Mauritshuis *(Königliches Gemäldekabinett)* **(2)**

Lage: Plein 29. – *Geöffnet:* Tgl. 10–17 Uhr, So, Fei 11–17 Uhr, 1. Jan. geschlossen.

Geschichte: Der Auftraggeber dieses Palais war *Johan Maurits van Nassau-Siegen* (1604–1679), der bereits im Alter von 16 Jahren in der Armee seines Onkels *Frederik Hendrik* gegen die Spanier kämpfte und 1636/44 als Generalgouverneur von Brasilien wirkte, wo die 1621 gegründete Westindische Kompanie in der Umgebung von Recife mit der Zuckergewinnung florierende Geschäfte trieb, bis die Portugiesen die Provinz Pernambuco zurückeroberten (1645). Daraufhin ernannte ihn Kurfürst *Friedrich Wilhelm von Brandenburg,* der durch seine Heirat (1647) mit der Tochter *Frederik Hendriks* mit dem Hause Oranje verwandt war, zum brandenburgischen Statthalter in Kleve (1647/79). »Es wird wohl niemals ermittelt werden können, wie groß die Anteile am Entwurf der Architekten –

seien es Dilettanten oder Professionelle – gewesen sind, die man mit ihm in Verbindung bringen kann: Van Campen, Huygens, Johan Maurits selbst, Post und De la Vallée müssen jedenfalls alle in Betracht kommen, wobei der Beitrag Huygens', der in derselben Zeit (–) sein eigenes Haager Haus entwirft, von großem Gewicht ist.« *(J. J. Terwen.)*
In Brasilien hatte der Bauherr mit einer Reihe von Künstlern und Gelehrten Forschungen getrieben. *Frans Post* (1612–1680), Bruder des Baumeisters, schuf topographisch genaue Landschaften. *Albert Eckhout* (ca. 1610–nach 1664) und der Dresdener Amateurmaler *Zacharias Wagner* malten Bilder der Indianer sowie der Tier- und Pflanzenwelt Brasiliens. Die Naturwissenschaftler und Ärzte *Guilhelmus Piso, Georg Markgraf* und *Caspar Barlaeus* trieben wissenschaftliche Studien. Das Ergebnis ihrer Arbeit waren drei Publikationen, die noch heute wichtige Quellen für die Geschichte Brasiliens darstellen. Die von ihnen zusammengetragene ethnographische Sammlung wurde im Mauritshuis aufgestellt. Die exotischen Geschenke des ehem. Gouverneurs, u.a. an den *Großen Kurfürsten*, an *Friedrich II. von Dänemark* und an *Ludwig XIV. von Frankreich,* trugen nicht unwesentlich zur Entwicklung der ›indianischen Mode‹ im 17. und 18. Jh. bei. So bildeten z. B. die Gemälde *Posts* und *Eckhouts* die Vorlage für eine Serie von Wandteppichen ›Les Indes‹ (1687) in der königlichen Manufaktur in Frankreich.

Der Bau

Der fast quadratische und kaum gegliederte Block – Mittel- und Eckrisalite springen nur sehr wenig vor – mit 2 Geschossen, kolossalen ionischen Pilastern, einem Kranzgesims und Dreiecksgiebeln an der Vorder- und Rückseite ruht auf einem Sockelgeschoß, das sich an der Wasserseite am günstigsten darstellt. Die Mauern sind aus Backstein, Pilaster, Gesimse und Festons aus Naturstein. Im Tympanon steht unter dem Wappen auch die Devise des Bauherrn: ›Qua patet orbis‹ (= ›Soweit der Erdkreis reicht‹). Auf dem Dach standen ursprünglich 4 Schornsteine an den Ecken, die für die richtigen Proportionen nicht unwesentlich waren. Anregungen für diesen *ersten großen klassizistischen Bau in den Niederlanden* sind bei den Genueser Palästen, die *Rubens* 1622 in Stichen veröffentlicht hatte, sowie bei *Palladios* unvollendeter Villa Ragona (in Ghizzole) zu finden, deren Grundriß dem des Mauritshuis ähnelt. Für anderes, z. B. Tür- und Fensterumrahmungen, diente *Scamozzis* ›Idea dell' Architettura universale‹ (1615) als Vorbild.
Vor dem Brand von 1704, dem das ganze Interieur zum Opfer fiel, war die Einteilung vollkommen symmetrisch. In der Achse liegt ein großes Vestibül, dem eine sog. Kaisertreppe, eine zweiarmige, dreiläufige Treppe mit doppeltem Antritt angeschlossen ist. Vor 1704 waren Vestibül und Treppe durch eine Pilasterwand mit rundbogigen Öffnungen voneinander getrennt, während die Treppen durch Mauern geschieden waren; jetzt liegt die Treppe frei in einer großen Halle. Hinter der Treppe befindet sich ein großer Quersaal, links und rechts je ein ›appartement‹, das vom Vestibül aus zugänglich und mit dem Quersaal durch Kabinette verbunden ist.

Mauritshuis

Diese Einteilung wiederholt sich ungefähr auch im Obergeschoß, nur mündet hier die Treppe gleich in einen Vorsaal, der mit einem Saal zum Weiher hin verbunden ist. Hier war ursprünglich eine Lichtkuppel mit Musikantenbalustrade. In diesem Raum, einem der frühesten Beispiele einer ›salle à l'italienne‹ nördlich der Alpen, war die exotische Sammlung untergebracht. Die jetzige Ausstattung entstand 1704/18 nach Plänen *Daniel Marots.* Die Deckenmalereien, die Kaminbilder und die Grisaillen des großen Saales schuf *Giovanni Antonio Pellegrini* 1718. Im Vestibül *Jacob de Wit* ›Apollo mit den Musen‹ (1743) aus einem Haus in Leiden.

Die Gemäldesammlung

Die Sammlung des Mauritshuis geht zurück auf die Kunstgalerie der Statthalter. Der ältere Teil, vor allem durch *Frederik Hendrik* und *Amalia von Solms* zusammengetragen (u. a. ca. 50 Werke zeitgenössischer Maler, besonders der Utrechter Schule) ist nicht erhalten. Durch Vererbung ging die Sammlung u. a. nach Berlin, Dessau, Weimar-Eisenach und Leeuwarden, wohin die Töchter *Frederik Hendriks* geheiratet hatten. Erst Prinz *Willem V.* begann wieder systematisch zu sammeln. 1768 erwarb er die wichtige Sammlung *Govert van Slingeland* (u. a. 2 Selbstbildnisse und ›Bethseba‹ von *Rembrandt,* 2 Porträts von *Rubens, Terborchs* ›Unwillkommene

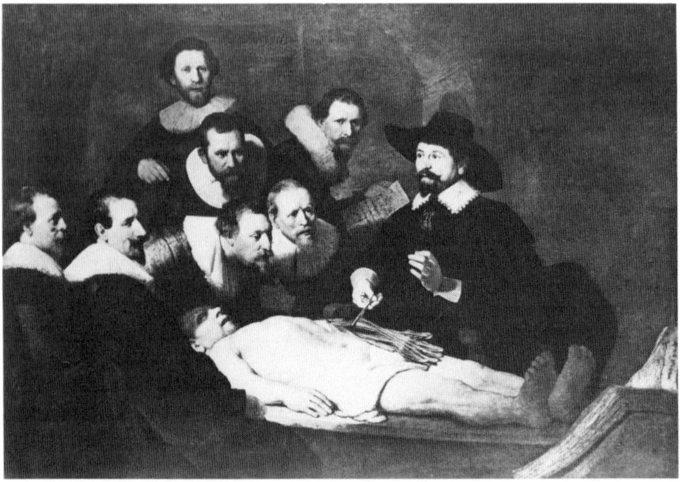

Rembrandt: ›Anatomie des Dr. Tulp‹ (1632)

Nachricht‹ und *Holbeins* ›Porträt einer jungen Frau‹). Die Vorliebe des 18. Jh. galt vor allem feingemalten Kabinettstücken; flämische und italienische Barockmalerei fehlt dagegen in der Sammlung *Willems V.*, für die er eigens eine Galerie hatte einrichten lassen (vgl. Buitenhof; Nr. 1.3), fast völlig. 1795 entführten die Franzosen die Sammlung als Kriegsbeute nach Paris; sie kam aber 1815 fast komplett wieder nach Den Haag zurück und bildet den Kern der heutigen Sammlung. König *Willem I.* schenkte sie dem holländischen Volk, dem sie seit 1822 im Mauritshuis zugänglich ist.
Zu den alten Bildern kamen anfangs auch solche zeitgenössischer Künstler. Diese ›modernen‹ Bilder sind 1838 zunächst ins Haarlemer Paviljoen ›Welgelegen‹ und danach ins Amsterdamer Rijksmuseum gebracht worden. Dank der Bemühungen König *Willems I.* erhielt das Haus 1822 *Vermeers* ›Ansicht von Delft‹ und 1828 *Rembrandts* ›Anatomie‹. Erst seit der Ernennung des Kunsthistorikers *Abraham Bredius* (1855–1946) zum Direktor (1889) mehrten sich die Neuerwerbungen, nachdem 43 Jahre lang von seinen Amtsvorgängern, durchwegs Malern, nichts angekauft worden war!
Höhepunkte der Sammlung sind *Jan Vermeer* ›Ansicht von Delft‹ (um 1658), ›Mädchen mit dem Perlohrring‹ (um 1660), *Rembrandt* ›Anatomie des Dr. Tulp‹ (1632), drei ›Selbstbildnisse‹, ›Zwei Neger‹ (1661), ›Homer‹ (1663) und ›Saul und David‹, das nur bedingt *Rembrandt* zugeschrieben wird, sowie *Carel Fabritius* ›Stieglitz‹ (1654). Außerdem seien erwähnt: *Paulus Potter* ›Junger Stier‹ (1647;

im 19. Jh. als bedeutendstes Werk der holländischen Malerei gefeiert), *Adriaen van de Velde* ›Strandgesicht‹ (1665), *Pieter Saenredam* ›St. Cunera in Rhenen‹ (1655), ›St. Marie in Utrecht‹ (1659), *Hercules Seghers* ›Flußlandschaft‹ (kurz vor 1620), *Frans Post* ›Brasilianische Landschaften‹ (1637 und 1667), *Jan Steen* ›Der Hühnerhof‹ (1660), ›Wie die Alten sungen, so zwitschern die Jungen‹ (um 1663), ›Das menschliche Leben‹ (um 1666), *Gerard Terborch* ›Die unwillkommene Nachricht‹ (1653), ›Selbstbildnis‹ (um 1669), ›Die Briefschreiberin‹ (um 1655), *Frans van Mieris* ›Herbergsszene‹ (1658), ›Austernmahlzeit‹ (1661), *Frans Hals* ›Jacob Olycan und seine Frau Aletta Hanemans‹ (beide 1625). Unter den ausländischen Malern ragen hervor: *Rogier van der Weyden* ›Kreuzabnahme‹ (um 1463?), *Lucas Cranach d. Ä., Rubens* ›Adam und Eva im Paradies‹ (Landschaft und Tiere von Jan Brueghel) und *Jordaens* ›Anbetung der Hirten‹.

Zur Zeit der Drucklegung dieses Cicerone ist das Museum wegen Renovierung geschlossen. Die spätere Hängung der Bilder steht noch nicht fest.

Buitenhof (3)

Die Neugestaltung des Buitenhofs geht auf einen Plan (1925) *Berlages* zurück. Das vor kurzem völlig restaurierte klassizistische Gebäude Ecke Buitenhof/Vijverdam stammt aus den 60er Jahren des 17. Jh. Das ›Reiterdenkmal für König Willem II.‹ von *Ant. Mercie* ist ein Abguß (1924) des in Luxemburg befindlichen Originals (1884).

Schilderijenzaal Prins Willem V. (Buitenhof 35; *geöffnet:* tgl. 11–14 Uhr.): Die *Gemäldegalerie* ist die Rekonstruktion der statthalterlichen Sammlung von 1774/95, der ersten öffentlich zugänglichen in Holland. Ausgestellt sind u. a. Bilder von *Rembrandt, Potter, Steen, C. van Everdingen, Wouwermans* und *Rubens.*

Gevangenpoort (*geöffnet:* tgl. 10–17 Uhr, Sa, So 13–17 Uhr, Okt. – März Sa, So geschlossen): Anfang des 14. Jh. als Toreingang zum Buitenhof gebaut und später als Gefängnis benützt, in dem u. a. *Oldenbarnevelt* und *Cornelis de Witt* gefangen waren. Heute ist ein *kriminologisches Museum* darin untergebracht, das Gegenstände über die Rechtspflege in früheren Zeiten enthält. – Auf dem Platz vor dem Gevangenpoort steht die ›Statue Johan de Witts‹ *(F. E. Jelsema),* der mit seinem Bruder 1672 hier von einer aufgebrachten Menge umgebracht wurde.

Kneuterdijk (4): In dem klassizistischen Haus Kneuterdijk 6 (ca. 1655) wohnte *Johan de Witt* 1669/72. Das Bankgebäude nebenan entwarf 1924 *Herman Frederik Mertens* (1885–1960). Gegenüber, Ecke Kneuterdijk/Lange Voorhout, steht das *Huis Duivenvoorde,* eine frühere Adelswohnung im Renaissance-Stil von ca. 1620.

Palais Wassenaer-Obdam (5): Das Palais ist heute *Sitz des Staatsrates* und daher nicht öffentlich zugänglich. – 1717 baute es *Daniel Marot* für den *Grafen van Wassenaer-Obdam* auf einem unregelmäßigen Grundstück. In dem Mittelbau treffen sich die Seitenflügel in einem rechten Winkel. Zwei ornamental behandelte Pilasterstellungen gliedern den Mittelteil mit reichem Ornament im Stil Louis XIV. Leider fehlt hier die ursprüngliche, durchbrochene Dachkuppel. Ähnliche Ornamente finden sich auch über den rustizierten, leicht vorspringenden Eckrisaliten, in der Attikazone dagegen Vasen, Masken und Voluten. Das

Ganze erwartet man eher als Innendekoration denn an einer Außenfassade. Der spätere König *Willem II.* erwarb das Palais 1816, ließ es durch *Jan de Greef* umgestalten und 1840 im Garten den *Gotischen Saal* für seine (leider 1850 versteigerte) Gemäldesammlung bauen (Architekt *G. Brouwer d. Ä.*). Die Vorliebe des Königs für die Tudorgotik datiert aus seiner Studienzeit in Oxford. Östlich des Palais Wassenaer-Obdam und seit der Restaurierung mit diesem vereint, steht das frühere Haus (1612) des Ratspensionärs *Johan van Oldenbarnevelt*.

Lange Voorhout (6): Entlang der eleganten Allee Lange Voorhout befinden sich viele ausländische Botschaften. Sie gilt als Vorbild für die Berliner Allee ›Unter den Linden‹: Über Kleve, wo *Johan Maurits van Nassau-Siegen* die Landschaft durch lange Alleen gliederte, erreichte diese Idee Berlin. Dort entstand seit 1647 unter dem Großen Kurfürsten die Straße ›Unter den Linden‹ zwischen Stadtschloß und Tiergarten.
Kloosterkerk: 1397 stiftete *Margarethe von Cleve* Gelder für die Errichtung der Kirche des ehem. Dominikanerklosters. Um 1500 wurde ein südliches Seitenschiff mit 3 Querkapellen hinzugefügt. Im Grundriß ähnelt die Kloosterkerk der Jacobskerk. – Unweit der Kloosterkerk, in der Parkstraat, baute *P. J. H. Cuypers* 1875/78 eine dreischiffige *Kreuzbasilika* mit zwei Türmen. Neben französischen sind Stilelemente der rheinländischen Gotik verwendet.

Palais Huguetan (Lange Voorhout 34): 1734/36 für die reiche *Adrienne-Margherite Huguetan* (seit 1739 mit *Karel van Nassau-Beverweerd* verheiratet) nach Plänen *Daniel Marots* im holländischen Stil Louis XIV errichtet; die Eckrisalite fügte *Pieter de Swart* hinzu (1761). Die Sandsteinfassade mit reich ornamentierter Eingangspartie gilt als *eine der schönsten Schöpfungen Marots*. 1819–1981 war hier die Königliche Bibliothek untergebracht.

Hotel des Indes: 1851 von *Arend Roodenberg* für *Baron van Brienen van de Groote Lindt* erbaut. Seit 1881 dient es als Hotel, in dem u. a. auch *Paul Krüger* wohnte, als er auf der Suche nach Unterstützung für den südafrikanischen Burenaufstand im Jahre 1900 Holland besuchte. Am 23. Jan. 1931 starb hier die weltberühmte russische Ballerina *Anna Pavlova*.

Palais Lange Voorhout: Als ›Point de Vue‹ der Lange Voorhout dient das ehem. Hotel, das *Pieter de Swart* 1760/64 für den friesischen Abgeordneten *Anthony Patras* entwarf (Dachform nicht ursprünglich). Das elegante Palais im Stil Louis XIV kam im 19. Jh. in den Besitz der holländischen Königsfamilie, die es für repräsentative Zwecke benützt. Jahrelang wohnte hier die Witwe König *Willems II., Emma von Waldeck-Pyrmont* (1858–1934.)
Die *Amerikanische Botschaft* (Korte Voorhout) wurde 1954/58 nach einem Entwurf *Marcel Breuers* gebaut.

Museum Meermanno-Westreenianum (**7**; *Lage:* Prinsessegracht 30. – *Geöffnet:* Di–Sa 13–17 Uhr, So und Fei geschlossen): In dem früheren Wohnhaus des bibliophilen *Barons van Westreenen* (1783–1848) ist eine bedeutende Sammlung illuminierter Handschriften, Inkunabeln, Bucheinbänden und historischer Drucke untergebracht. Außerdem besitzt das Museum eine Kollektion griechischer und ägyptischer Kunstgegenstände. – Die *Portugiesisch-Israelitische Synagoge* in der benachbarten Jan Evertsenstraat entstand 1725 nach einem Entwurf *Daniel Marots*.

Koninklijke Schouwburg (8; *Lage:* Korte Voorhout 3): Der 1769/74 über halbkreisförmigem Grundriß errichtete Flügel eines wegen Geldmangels nie vollendeten Palais für *Karl Christian von Nassau-Weilburg,* einem Schwager *Willems V.,* wurde 1802/04 zum *Theater* umgestaltet. *Pieter de Swart,* einer der wichtigsten holländischen Architekten des 18. Jh., hatte bereits 1765 die elegante Fassade im Stil Louis XVI ›avant la lettre‹ entworfen, wobei er sich wahrscheinlich von *Germain Boffrands* Hotel Amelot (kurz vor 1710) in Paris mit einer ähnlich konkaven Fassade (allerdings mit Kolossalpilastern, die hier fehlen) hat inspirieren lassen. – Ein ›Relief des hl. Georg‹ an einer der Fassaden zwischen Theater und Hofweiher erinnert an die frühere Bestimmung als *Schützenhaus der St. Jorisgilde.* Ihre Kollegen von der Sebastiaansgilde trafen sich in den *Sebastiaansdoelen* (Korte Vijverberg 7). Laut Inschrift legte *Willem (II.),* Sohn des Statthalters *Frederik Hendrik,* 1636 den ersten Stein dieses klassizistischen Gebäudes, das wahrscheinlich von *Arent van 's-Gravesande* entworfen wurde. Es ist eine jener vornehmen Bauten, die *Frederik Hendrik* sich für das neugeplante Viertel (vgl. ›Plein‹, 9) gewünscht hatte. Das *Historische Museum* der Stadt soll demnächst hier untergebracht werden.

Lange Vijverberg: Von den eleganten Häusern aus dem 18. Jh. sind die Nummern 14–16 (von *Pieter de Swart* entworfen) sehenswert. Das *Huis Schuylenburg* (Nr. 8) mit seiner Rustikafassade dient jetzt als *Residenz des deutschen Botschafters:* 1715 lieferte *Daniel Marot* den Entwurf für die Umgestaltung eines bestehenden Hauses. Auftraggeber war *Cornelis van Schuylenburg,* Syndikus von Zierikzee, Vertreter der Admiralität am Hofe des Statthalters und englischer Postmeister in Den Haag.
In der Parkanlage entlang dem Hofvijver steht die ›Statue Johan van Oldenbarnevelt‹ von *O. L. Wenckebach* (1954).

Plein (9)

An der Stelle des ›nur noch von den Küchenmeistern des Statthalters geschätzten‹ ursprünglichen Lustgartens *(Huygens)* wurde im Rahmen der von *Frederik Hendrik* gewünschten Stadtverschönerung um 1633 eine Platzanlage geschaffen, an der nur vornehme Häuser gebaut werden durften; aus jener Zeit blieb aber nur das Mauritshuis erhalten, das mit seinem Garten unmittelbar am Platz lag. Haus und Garten waren durch die Zufahrt zum Binnenhof getrennt und durch einen Tunnel verbunden. *Huygens'* Haus stand an der Stelle des heutigen Justizministeriums. Die Neugestaltung der unmittelbaren Umgebung des Hofes umfaßte auch den Korte Vijverberg mit dem noch existierenden Schützenhaus. Sicherlich hat sich *Frederik Hendrik* von den eleganten Plätzen, die sein Patenonkel *Heinrich IV.* von Frankreich in Paris anlegen ließ, inspirieren lassen. In der Mitte des Platzes steht die ›Statue des Statthalters Willem I. van Oranje-Nassau‹ (1848) von *Louis Royer.*
An der Nordseite des Plein findet man die Societeit ›de Witte‹ von *C. Outshoorn* (1856). – Das *Ministerie van Buitenlandse Zaken* (Auswärtiges Amt; Plein 23), ein repräsentativer Bau im Stil Louis XIV, wurde 1737/41 von einem unbekannten Baumeister *(Isaac de Moucheron?)* für die Amsterdamer Abgeordneten der Generalstände errichtet. Das Wappen Amsterdams bekrönt die Fassade. – Das heutige *Ministerie van Defensie* (Verteidigungsministerium; Plein 4) wurde 1739/46 für die Rotterdamer Abgeordneten gebaut und 1910 um einen Flügel erweitert; über der Fassade das Rotterdamer Stadt-

wappen. – Das *Ministerie van Justitie* (Justizministerium; Ecke Plein/Lange Poten) hat der Reichsbaumeister *C. H. Peeters* 1883 in einer Mischung aus Neurenaissance und neugotischen Motiven entworfen. Es ist ein interessantes Beispiel des holländischen Eklektizismus des späten 19. Jh.

Noordeinde (10)

An der Fußgängerzone Noordeinde steht, kaum auffällig, die *Wallonische Kirche,* 1807/08 auf Befehl des Königs *Louis Napoleon* von *M. van Duifhuis* gebaut.

Palais Noordeinde oder **Oude Hof** *(Alter Hof)*
Um 1640 ließ *Frederik Hendrik* das ältere, aus dem 16. Jh. stammende Haus, das die Generalstände seit 1595 für seine französische Mutter, *Louise de Coligny,* erst gemietet und ihr dann geschenkt hatten, durch *Jacob van Campen* umbauen. Der Palast besteht aus einem zweigeschossigen Corps de logis und zwei vorspringenden Flügeln, die sich in Arkaden öffnen. Der U-förmige Grundriß entspricht zeitgenössischen französischen Schloßbauten. Der Bau wird durch Pilasterstellungen (dorisch im Erdgeschoß, korinthisch im 1. Stock), Festons und Dreiecksgiebel über dem kaum vorspringenden Mittelrisalit und den Stirnseiten der Flügel gegliedert. Die Rundbogennischen an den Stirnseiten des Erdgeschosses waren früher mit Statuen geschmückt. Das Tympanonrelief (›Reiterkampf‹) wird *Pieter 't Hooft* zugeschrieben. Der Portalbalkon ist eine Ergänzung des 19. Jh. Ein Gitter schließt den ›Cour d'honneur‹ ab. *Rembrandts* Passionsbilder (München) gehörten einst zu den Kunstschätzen, die hier vorhanden waren. Am 6. Dez. 1646 fand hier die Eheschließung *Friedrich Wilhelms von Brandenburg,* des Großen Kurfürsten, mit *Louise Henriette,* einer Tochter *Frederik Hendriks,* statt. – Von der ursprünglichen Ausstattung ist wenig erhalten, dafür richtete *Jan de Greef* nach 1816 Ballsaal, Speisesaal und Treppenhaus in dem in Holland relativ seltenen Empirestil ein, *Bartholomeus Ziesenis* vergrößerte den Palast erheblich. – Seit 1984 dient er als *Repräsentations- und Arbeitspalast der Königin.*

Vor dem Palast das ›Reiterdenkmal Willems I. van Oranje-Nassau‹ (1845) von dem französischen Bildhauer *A. E. de Nieuwerkercke* (1811–1892). Hier ist auch der Eingang zum öffentlich zugänglichen *Garten des Palais Wassenaer-Obdam* mit dem Gotischen Saal (5).

Raadhuis *(Rathaus)* **(11)**

Lage: Groenmarkt.

Der älteste Teil des aus 3 unterschiedlichen Bauperioden stammenden Rathauses entstand 1564/65. Dieser Backsteinbau mit seiner in

Haustein ausgeführten Hauptfassade zum Groenmarkt hat zwei Treppengiebel; neben dem südlichen steht ein oktogonaler Turm mit hölzernem Aufbau (17. Jh.). Die nördliche Seitenfassade wurde, da ursprünglich nicht freistehend, bei der Restaurierung 1969/75 stilistisch angeglichen. Im 1. Stock der Hauptfassade sind die kannelierten dorischen Pilaster gemauert. Balustrade und Blendgiebel folgen auf ein Triglyphengebälk, das auf Kragsteinen mit Groteskenornamentik in der Tradition von *Cornelis Florisz. de Vriendt* ruht. Der Blendgiebel mit paarweise von ionischen Halbsäulen eingefaßten Arkaden hat im Oberteil eine korinthische Halbsäulenstellung; 5 freistehende Figuren schmücken den Giebel. Die Fensterumrahmungen mit Architrav wurden bei einem um 1647 durchgeführten Umbau nach Plänen von *Bartholomeus van Bassen* angebracht. Ohne Zweifel hat der unbekannte Baumeister das nur einige Jahre ältere Antwerpener Rathaus (1561/65) von *Cornelis Florisz. de Vriendt,* das beispielgebend für die Renaissance-Baukunst in den Niederlanden und Norddeutschland wurde, gekannt und in seiner Weise interpretiert; dies zeigt sich vor allem in der originellen Modifizierung des Hallenmotivs im Giebel. Die mit diesem Giebel erzielte Ausbildung einer Hauptachse wird allerdings durch das exzentrische Portal zunichte gemacht.
Das Rathaus gehört zu den *schönsten Schöpfungen der Frührenaissance in den Niederlanden.* Der lange, zweigeschossige Flügel mit Attikageschoß entstand 1733/39. Über dem Mittelrisalit ›Gerechtigkeit‹ und ›Klugheit‹ von *Jan Baptist Xavery.* Der moderne Flügel stammt von 1972.
Im Erdgeschoß des ältesten Teils befindet sich die *Vierschaar* (Gerichtshalle). Hinter den Sitzen des Schöffengerichtes 3 Bilder von *W. Doedijns* (›Urteil Salomons‹, 1671); an den Wänden Porträts der Grafen und Gräfinnen von Holland. Der Flügel aus dem 18. Jh. enthält schöne Stuckarbeiten im Stil *Marots.* Sehenswert ist die Laterne über dem zentralen Korridor. In der um 1735 eingerichteten *Blauen Schepenkammer* (Schöffenkammer) ein Kaminstück (›Justitia‹, 1644) von *Adriaen Hanneman* und eine Supraporte von *Jacob de Wit,* der auch die nach ihm benannten ›witjes‹ (reliefvortäuschende Grisaillemalereien) an der Decke schuf. Das ›Gruppenporträt des Haager Magistrats‹ malte *Jan de Baen* 1682. Die *Gelbe Kammer* besitzt eine 1974 wiederentdeckte Decke von *Mattheus Terwesten* von 1736.

Jacobskerk *(holl.-ref.)* **(12)**

Die bemerkenswerte spätgotische Kirche entstand um 1455 aus dem Umbau einer älteren Kreuzkirche (14. Jh.), von der nur der östlichste Querarm erhalten blieb. Das vierjochige Langhaus wird im Westen von Seitenkapellen und im Osten von 3 aneinandergereih-

Raadhuis

Jacobskerk

ten Querarmen flankiert, deren Querspitztonnen das Mittelschiff so durchdringen, daß eine gewaltige Raumwirkung entsteht, die durch die geringe Zahl der Säulen und durch die hohen Spitzbogenarkaden zwischen den gereihten Querarmen noch unterstrichen wird. Diese Raumwirkung läßt sich wohl am ehesten mit der einer Hallenkirche vergleichen. Der basilikale Umgangschor ist wesentlich höher als das Langhaus. Während die ganze Kirche in Holz eingewölbt ist, hat der Chorumgang steinerne Netzgewölbe. Bemerkenswert ist der hexagonale Grundriß des Turmes (1420/21). Der Helm wurde bei der Restaurierung 1942–1957 im Stil des 16. Jh. rekonstruiert. Die vielen Änderungen des 19. Jh. sind bei der letzten Restaurierung 1960/64 wieder rückgängig gemacht worden. Die Jacobskerk ist das schönste Beispiel der nach ihr benannten Gruppe des ›Haager Hallentypus‹, zu dem u.a. die Oude Kerk in Amsterdam sowie die Kirchen in Aalsmeer, Vianen und Voorburg gehören.
An der Stelle des ehem. Hauptaltars befindet sich das *Grabmal* (1667) für *Jacob van Wassenaer-Obdam* (1610–1665) von *Bartholomeus Eggers* nach einem Entwurf von *Cornelis Moninx*. Unter einem Baldachin steht die Statue des verstorbenen Admirals, der 1665 während des Zweiten Englisch-Niederländischen Krieges, in der Seeschlacht von Lowestoft gegen die Engländer fiel. Hinter ihm scheint die Fama mit Lorbeerkranz und Posaune auf dem Rücken eines Adlers zu schweben. Zu Füßen des Admirals sitzt ein Kind mit Vanitassymbolen; ein Schildknappe und ein Putto schauen zu ihm hoch. An den Ecken 4 Frauengestalten: ›Stärke‹, ›Weisheit‹, ›Wachsamkeit‹

und ›Treue‹. Das 1616 von *de Keyser* entworfene ›Denkmal für Willem I. van Oranje‹ in Delft (vgl. Nr. 2) hat die Gesamtkomposition sichtlich beeinflußt. Das Grabmal ist *Eggers'* bedeutendstes Werk, fällt aber im Vergleich mit Werken *de Keysers* oder seines Lehrers *Artus Quellinus* doch etwas ab.
Im Chor *Epitaph* für den Rechtsgelehrten *Theodorus Graswinckel,* 1670 von *Rombout Verhulst* geschaffen. – Das wuchtige *Monument* für *Philip von Hessen-Philipsthal,* im vierten Joch des südlichen Seitenschiffs, entstand 1721 nach einem Entwurf *Daniel Marots.* – In der Westmauer des nördlichen Seitenschiffs *Grabplatte* für *Gerard van Randenrode* (1600), ursprünglich im Chor gelegen. – Im zweiten Joch des nördlichen Seitenschiffs *24 Tafeln* (Mitte 15. Jh.) mit Wappen und Namen der Ritter vom Goldenen Vlies, zur Erinnerung an die Versammlung der Ordensgemeinschaft 1456 in Den Haag. Das Wappen *Philips des Guten* am nordöstlichen Vierungspfeiler gehört ebenfalls zu dieser Serie, die 1539 nach einem Brand mit Renaissance-Rahmen versehen wurde. – Die reich geschnitzte *Kanzel* mit laternebekröntem Schalldeckel (1550) hat Reliefdarstellungen der vier Evangelisten in extrem perspektivischen Bogenrahmungen. Sie hat große Ähnlichkeit mit der Kanzel in der Oude Kerk zu Delft. Das mittlere, stark restaurierte *Fenster des Chorumgangs* zeigt ›Kaiser Karl V. in Anbetung vor dem Jesuskind‹. Der Maler dieses 1547 vom Kaiser gestifteten Fensters war wohl *Dirk Crabeth,* der auch das ebenfalls restaurierte *Fenster an der Nordseite* des Chorumgangs (1544) mit der ›Verkündigung Mariens‹ und Porträts der Kapitelherren entworfen hat.

Britische Botschaft (Westeinde 12): Das einfache Gebäude wurde 1754 als *Spanische Botschaft* errichtet. Durch das Tor (mit spanischem Wappen) erreicht man die klassizistische *Theresiakerk,* 1839/41 nach einem Entwurf von *Tieleman François Suys* (1783–1861) gebaut. An ihrer Stelle stand früher die Kapelle der Botschaft. Mit der Amsterdamer Mozes en Aaronkerk des gleichen Baumeisters bildet sie eines der gelungensten Beispiele des sog. ›Waterstaatstijl‹ (vgl. S. 181). *Charles Geerts* aus Löwen schuf den neubarocken Altar (1841) und die freistehende Kanzel (1849). Die Orgel ist von 1847.

Oud Katholieke Kerk (13)

Lage: Juffrouw Idastraat 13, Eingang für Besucher: Oude Molenstraat 38. – Führungen nur Mi, 13.30, 14.30 und 15.30 Uhr.

Nach dem Religionswechsel von 1578 war es Katholiken, Lutheranern und Mennoniten verboten, ihre Gottesdienste öffentlich abzuhalten; so ist diese Versteck-Kirche (um 1722 von einem unbekannten Baumeister, der wohl aus dem Umkreis *Marots* stammt) von der Straße auch nicht als solche erkennbar. Das Wandsystem der Saalkirche, glatte korinthische Pilaster, und das Hauptgesims passen in ihrer nüchternen Art nicht so recht zu der in der Art von *Marot* ornamentierten Stuckdecke und dürften später verändert worden sein, wie auch die Rundbogen über den Fenstern wohl erst um 1800 entstanden. Für den spätbarocken Altar hat *Mattheus Terwesten* 1734 das Altarblatt ›Verklärung Christi‹ gemalt. Die Kanzel (1729) wurde, wie Kommunionbank und Weihwasserbecken aus Alabaster, von *Jan Baptist Xavery* geschaffen. Auf dem Sockel sitzt die pathetische Gestalt des hl. Augustinus (neben dem hl. Jakobus Schutzpatron der Kirche), begleitet von Engeln. Die Reliefs am Kanzelkorb stellen Szenen aus der Weihnachtsgeschichte dar. Die Kanzel ist eines der in Holland seltenen Beispiele dieses Typs, der mehr in den südlichen Niederlanden (Belgien) heimisch ist, wo ganze Figurengruppen für den Unterbau verwendet wurden.

Museum Bredius (14)

Lage: Prinsegracht 6. – *Geöffnet:* tgl. 10–17 Uhr, So 13–17 Uhr.

Der Kunsthistoriker *Abraham Bredius* (1855–1946), Autor eines wichtigen Katalogs der Gemälde *Rembrandts* (1935) und Herausgeber des Quellenwerks ›Künstler-Inventare‹ (1915/22), hinterließ seine Gemäldesammlung und sein Haus der Stadt Den Haag. Schon früh hatte *Bredius,* 1889–1909 Direktor des Mauritshuis, wichtige Gemälde erwerben können, die er oft (z. B. *Rembrandts* ›Saul und David‹) dem Mauritshuis vermachte. Seine Privatsammlung umfaßt bekannte und weniger bekannte holländische Maler des 17. Jh.: u. a. *Brouwer, Cuyp, Rembrandt* (ein schöner, melancholischer ›Christuskopf‹), *Steen, Ostade.* Außerdem besitzt das Museum einen ›Guckkasten‹ von ca. 1670.

Das *Groot Boterhuis* (Prinsegracht, Ecke Grote Markt), in dem einst Butter geprüft und gewogen wurde, datiert von 1650 und wurde 1681 erweitert. – An der gegenüberliegenden Ecke steht das Gebäude ›de Volharding‹, das *J. W. E. Buys* (1889–1961) und *J. B. Lürsen* 1928 für die Verbrauchergesellschaft ›de Volharding‹ (= ›Beharrlichkeit‹) entwarfen und das ein repräsentatives Beispiel des Neuen Funktionalismus darstellt, aber auch einen interessanten Vergleich mit dem zwei Jahre vorher entstandenen *Kaufhaus ›de Bijenkorf‹* (Grote Marktstraat), dem Hauptwerk (1926) Peter Lodewijk Kramers (1881–1961). Die stark plastische Fassade wirkt wie eine schmiegsame Umkleidung aus rotem Backstein und Glas. Bedeutende Bildhauer wie *Hildo Krop, Johan Polet* und *John Raedecker* schufen die ornamentale und figurale Bauplastik, *P. Hofman, J. Gidding, J. Linse* u. a. die Glasmalereien im Treppenhaus.
In dem Haus Paviljoengracht 74 starb am 21. Febr. 1677 der Philosoph *Baruch Spinoza,* der am 24. Nov. 1632 als Sohn eines portugiesisch-jüdischen Kaufmannes zu Amsterdam geboren wurde. Seine Statue (1880) ist eine Arbeit des Pariser Bildhauers *Hexamer.*

Nieuwe Kerk (15)

Lage: Spui.

Dieser erste Zentralbau für den protestantischen Gottesdienst in Den Haag entstand 1649/56 nach einem Entwurf von *Pieter Noorwits* (?–1669), einem Bruder von *Arent van 's-Gravesande,* unter Mitarbeit des Maler-Architekten *Bartholomeus van Bassen.* Der sehr originelle Grundriß geht von der Verbindung zweier griechischer Kreuze aus, die so zusammengeschoben sind, daß sich ihre aneinanderstoßenden Kreuzarme decken. Die sechs übrigen Kreuzarme sind dreiseitig geschlossen. Die Kirche ist schön in Holz eingewölbt. Der Glokkenturm mit übereckgestellten Säulen auf dem steilen Dach betont die Zentraltendenz der Kirche. Das Mobiliar stammt aus der Bauzeit. Die Orgel mit bemalten Flügeln von *Theodor van der Schuer* wurde 1702 von *Joannes Duyschot* gebaut. Die Kirche wird heute für kulturelle Zwecke genutzt.

Panorama Mesdag (16)

Lage: Zeestraat 65 B. – *Geöffnet:* April – Sept. Di–Sa 10–17 Uhr, Okt. – März 10–16 Uhr, Nov. – Febr. 10–15 Uhr. So und Fei ab 12 Uhr.

Der Maler *Hendrik Willem Mesdag* (1831–1911) schuf mit Hilfe seiner Frau, *Theophile de Bock* und *Hendrik Breitner* 1881 das 120 m lange und 14 m hohe Rundgemälde, das einen täuschend echten Blick auf die Nordsee, den Strand, die Dünen und das Dorf Scheveningen vermittelt. Die frühesten Panoramen dieser Art entstanden Ende des 18. Jh.; im 19. Jh. wurden vor allem Stadtansichten, Landschaften und Schlachtenszenen in eigens dafür geschaffenen Rundbauten dargestellt. Das Panorama Mesdag gehört zu den wenigen erhaltenen Beispielen (vgl. auch Museum Mesdag).

Koninklijk Penningkabinet *(Königliche Münzsammlung;* Zeestraat 71 B. – *Geöffnet:* Di–Fr 10.00–12.30 Uhr, 14–17 Uhr, Sa 10.00–12.30 Uhr, So und Fei geschlossen): Hier findet man nicht nur eine hervorragende Sammlung an Münzen und Medaillen, sondern auch antike Gemmen. Eines der Prunkstücke ist der ›Triumph Konstantins d. Gr.‹, eine sog. ›Staatskamee‹ aus dem 4. Jh., die einst im Besitz von Rubens war.

Das Stadtviertel ›Willemspark‹ zwischen Mauritskade, Zeestraat, Javastraat und Nassaulaan wurde um die Mitte des 19. Jh. als vornehmes Wohnviertel angelegt. Die jetzt meist als Büros genutzten Villen sind in einem eklektischen klassizistischen Stil gebaut. Auf dem zentralen Platz ›Plein 1813‹ steht das *Nationaldenkmal;* es wurde 1869 zur Erinnerung an die Wiederherstellung der niederländischen Unabhängigkeit im November 1813 und die Rückkehr des *Prinzen Willem,* des späteren *Königs Willem I.,* aus England, errichtet. Der Entwurf stammt von *J. Ph. Koelman* und *W. C. van der Waeyen-Pietersen,* die Figuren von dem Brüsseler Bildhauer *Joseph Jacquet.* Unter der Statue *Willems I.* sind die Leiter der Unabhängigkeitsbewegung, *G. K. van Hogendorp, F. A. van der Duyn van Maasdam* und *Graf Limburg Stirum* dargestellt, links und rechts allegorische Figuren (›Religion‹ und ›Geschichte‹).

Vredespaleis *(Friedenspalast)* **(17)**

Lage: Carnegieplein 2. – *Geöffnet:* Mo–Fr 10–12 Uhr, Sa und So nur für Gruppen nach Vereinbarung.

Zar *Nikolaus II.* ergriff 1898 die Initiative zu einer *internationalen Friedenskonferenz,* die auf Einladung Königin *Wilhelminas* im Huis ten Bosch stattfand. Einer der ersten Beschlüsse dieser Konferenz betraf die Stiftung eines ›Permanenten Schiedsgerichtes‹ mit Bibliothek. Die holländische Regierung stellte das Grundstück zur Verfügung, der amerikanische Millionär *Carnegie* 1,5 Mill. Dollar. Nach einem Plan des französischen Architekten *Cordonnier,* der von dem holländischen Baumeister *A. J. van der Steur* überarbeitet wurde, entstand ein repräsentatives eklektisches Gebäude in rotem Backstein, mit Sandsteineinlagen, das von einem sehr hohen Dach bekrönt wird. Der 80 m hohe Turm weist mit seinen vielen Ecktürmen bewußt auf den flämischen Belfried als Symbol des Bürgersinnes. Für die heterogene Einrichtung stifteten die Mitgliederstaaten wertvolle Gegenstände und Materialien, u. a. Holland eine Serie von Gemälden *Ferdinand Bols* (17. Jh.). Heute tagt hier der *Internationale Gerichtshof,* eine Instanz der Vereinten Nationen. Außerdem sind der *Ständige Schiedshof* und die *Akademie für Internationales Recht* hier untergebracht.

Rijksmuseum H. W. Mesdag (Laan van Meerdervoort 7 F. – *Geöffnet:* Di–Sa 10–17 Uhr, So und Fei 13–17 Uhr): Die Kollektion des Seemalers *Hendrik Willem Mesdag* (vgl. auch Panorama Mesdag) besteht aus Gemälden seiner Kollegen der ›Haager Schule‹ und der ›Schule von Barbizon‹; so kann man hier u.a. *Daubigny, Corot, Millet, Courbet, Delacroix* und *Rousseau* mit hervorragenden Werken kennenlernen. Sie hatten großen Einfluß auf die Haager Maler *J. Weissenbruch,* die Brüder *Maris, J. Israels* und *A. Mauve.*

First Church of Christian Scientist (Andries Bickerweg, Ecke Hertoginnelaan): In Zusammenarbeit mit *Piet Zwart,* der für das Interieur zuständig war, baute *H. P. Berlage* 1925/26 diese eigenwillige Kirche, wobei er für den Grundriß auf einen Plan des amerikanischen Architekten *Louis Sullivan* zurückgriff. Wie in anderen Bauten ist auch hier Berlages Affinität zu *Frank Lloyd Wright* spürbar.

Gemeentemuseum (18)

Lage: Stadhouderslaan 41. – *Geöffnet:* Di–Sa 10–17 Uhr, So und Fei 13–17 Uhr.

Das Museum wurde 1927–1935 nach Plänen *H. P. Berlages* gebaut. Der Besucher, der sich dem Museum von Süden nähert, sieht einen in mehrere Baukörper aufgelösten Komplex aus gelbem Ziegelstein, der sich in zwei von Wasserpflanzen bewachsenen Weihern spiegelt, die durch einen verglasten Korridor getrennt sind. Vor allem im östlichen Verwaltungsteil, der auch die Bibliothek und den Vortragssaal enthält, durchdringen sich die kubischen Formen unterschiedlicher Größe; der Einfluß des Amerikaners *Frank Lloyd Wright* und des zeitgenössischen holländischen Architekten *Dudok* ist unverkennbar (man denke an dessen Rathaus in Hilversum). Die Ausstellungsräume sind in vier Flügeln um einen Innenhof gruppiert. Das Museum ist *Berlages* letzte Arbeit; sie entstand in enger Zusammenarbeit mit dem Direktor *H. E. van Gelder* und wurde nach *Berlages* Tod 1934 von dessen Schwiegersohn fertiggestellt.

Gemeentemuseum

Das Museum ist in mehrere Abteilungen gegliedert. Das *Kunstgewerbe* umfaßt Kunsthandwerk aus Holland, Glas, Silberarbeiten, Delfter Fayence, Haager Porzellan, Möbel in mehreren Stilräumen, venetianisches Glas, italienische Majolika sowie Keramik und Glas aus Persien, China und Japan. Die *Sammlung Scheurleer* besteht aus *europäischen* und *außereuropäischen Musikinstrumenten* und ist eine der bedeutendsten Europas. Die umfangreiche *Gemäldesammlung* im 1. Stock reicht von ca. 1800 bis heute. Von den ausländischen Künstlern seien erwähnt: u.a. *O. Redon* (›Gefallener Engel‹), *P. Signac, Cl. Monet, M. Liebermann, H. Fauconnier,* der von ca. 1910–1920 als Kubist großen Einfluß auf holländische Maler in Bergen (vgl. Nr. 18) hatte, *F. Hodler* (›Studie für den Tag‹), *A. Jawlensky, G. Severini, E. Kirchner* (›Czardastänzerinnen‹), *P. Picasso, E. Schiele* (›Die Frau des Künstlers‹), *M. Beckmann* (›Große Rivieralandschaft‹).
Bei der *holländischen Malerei des 19. Jh.,* die stilistisch und thematisch in der Romantik auf die großen Maler des eigenen ›Goldenen Jahrhunderts‹ zurückgreift *(J. Bosboom, B. C. Koekkoek, W. J. J. Nuyen, A. Schelfhout),* liegt der Nachdruck auf der Kunst der ›Haager Schule‹ (2. Hälfte des 19. Jh.): *P. J. Gabriel, H.* und *W. Maris, H. W. Mesdag, A. Mauve, W. Roelofs, W. Tholen, H. J. Weissenbruch,* die unter dem Einfluß der Freilichtmalerei der ›Schule von Barbizon‹ die heimische Landschaft in einem impressionistisch-atmosphärischen Stil mit oft tonigen Farben malten. Daneben sind sozialrealistische *(J. Israels)* und symbolistisch-esoterische *(M. Maris)* Tendenzen erkennbar. Das Frühwerk *van Goghs* z. B. ist stark von der ›Haager Schule‹ beeinflußt worden. Der bedeutendste Amsterdamer Impressionist dieser Periode, *G. H. Breitner,* malte vor allem Figurenstücke, Stilleben und besonders eindrucksvolle, tonige Amsterdamer Stadtansichten. Die ebenfalls in Amsterdam tätige *S. Robertson* bevorzugte das pastos gemalte Figurenstück.

Zu den markantesten und frühesten symbolistischen Malern Hollands zählt zweifelsohne *Jan Toorop* (1858–1928), der nacheinander und auch gleichzeitig in einem impressionistischen, luministischen oder symbolistischen Stil arbeitete. Letzterer wird durch das charakteristische Linienwerk in gleichlaufenden Strängen gekennzeichnet (›Die Sphinx‹ 1892/97). Seit 1884 war er Mitglied der belgischen Gruppe ›Les Vingts‹. Er unterhielt Kontakte zu führenden literarischen Kreisen in Holland (›Die Achtziger‹) und französischen Schriftstellern wie *Paul Verlaine* und dem ›Rosenkreuzer‹ *Sâr Peladan*. Nach seinem Eintritt in die katholische Kirche 1905 malte und zeichnete er religiöse Themen in einem streng stilisierten, fast expressionistischen Stil. Wichtige Symbolisten sind ferner *J. Thorn Prikker* und *W. van Konijeneburg*. Einflüsse von Kubismus, Fauvismus und Luminismus zeigt das Werk von *L. Gestel, J. Heemskerck van Beest* und *Jan Sluyters*.
Durch das Vermächtnis *Salomon Slijpers* kamen 1971 182 Werke von *Piet Mondriaan* an das Museum; mit insgesamt 257 Arbeiten des Künstlers ist sie damit die *bedeutendste Mondriaan-Sammlung der Welt*.

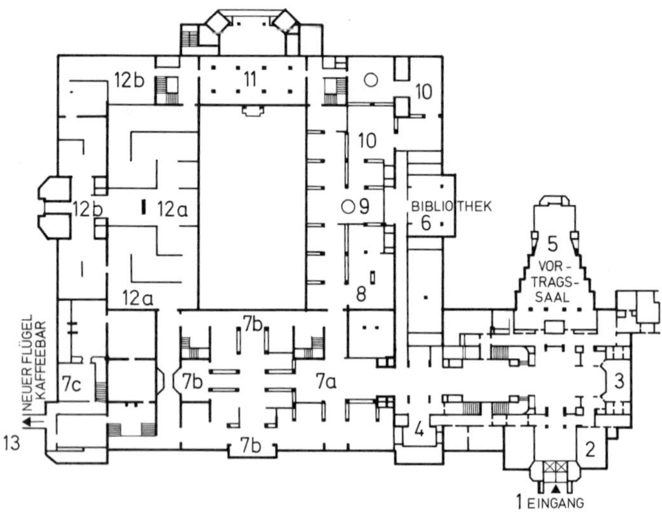

Orientierungsplan: Erdgeschoß
1 Eingang – 2 Garderobe – 3 Toiletten – 4 Verkaufsstand – 5 Aula – 6 Bibliothek – 7a Ital. Fayence, Venetian. Glas – 7b Delfter Fayence, Holl. Glas, Europ. Kunstgewerbe – 7c Stilräume, Haager Porzellan – 8 Kuntgewerbe der Antike – 9 Islam. Keramik – 10 Chines. Keramik – 11 Indones. Kunstgewerbe – 12a Europ. Musikinstrumente – 12b Außereurop. Musikinstrumente – 13 Sonderausstellungen.

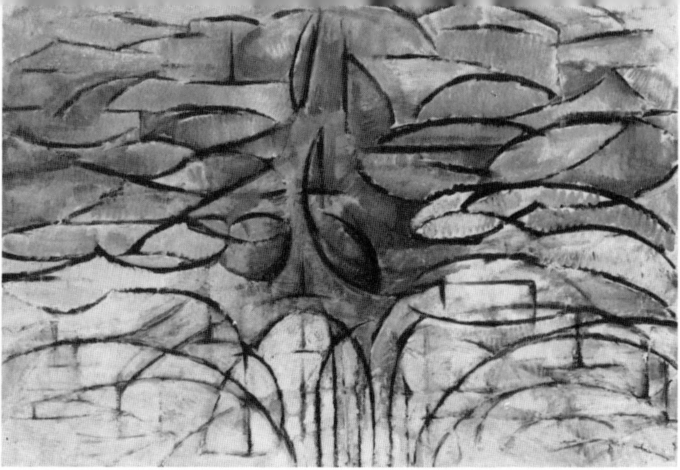

Piet Mondriaan: ›Blühender Apfelbaum‹ (1912)

Piet Mondriaan (1872–1944): Mondriaan, einer der großen Maler des 20. Jh., malte anfangs atmosphärische Landschaften in der Art der ›Haager Schule‹. Um 1906/08 wurden seine Formen schematischer, die Farben greller (›Mühle‹ 1907/08; ›Rote Wolke‹ 1907), mystische und symbolistische Tendenzen tauchten auf, die Linienführung erinnert an den Jugendstil. 1909 trat er der Theosophischen Vereinigung bei. Ein Hauptwerk dieser Periode ist das Triptychon ›Evolution‹ (1910/11). Auch Einflüsse von Fauvismus, Luminismus und Kubismus werden erkennbar, vor allem in den Motiven seines Ferienortes Domburg auf Walcheren (Zeeland), wo er seit 1908 die Sommer verbrachte (›Leuchtturm bei Westkapelle‹, mehrere Dünenlandschaften). Während und nach seinem Pariser Aufenthalt (1911/14) führte Mondriaan den analytischen Kubismus in Gemälden wie ›Grauer Baum‹ (1912), ›Blühender Baum‹ (1912), ›Pier und Ozean‹ (›Komposition Nr. 10‹; 1915) und Kompositionen in gedämpften Farben in ovalem Rahmen bis zur völligen Abstraktion. Zusammen mit *Theo van Doesburg* gründete er 1917 die Zeitschrift ›De Stijl‹, in der er eine Serie von Artikeln ›de nieuwe beelding in de schilderkunst‹ (›Die neue Gestaltung in der Malerei‹) veröffentlichte. Die von den Künstlern der ›De Stijl‹-Gruppe, zu der auch *B. van der Leck, V. Huszar, C. Domela* und die Architekten *G. Rietveld, J. J. P. Oud* und *C. van Eesteren* gehörten, geforderte neue Gestaltung sollte Ausdruck einer universellen, dem Individualismus entgegengesetzten Weltanschauung sein. Die neuen Mittel, gerade Linien, drei Primärfarben (rot, gelb, blau) und drei primäre ›Nichtfarben‹ (schwarz, grau, weiß) sollten völlige Abstraktion erzeugen. Nach seiner Rückkehr nach Paris 1919 war *Mondriaan* aktiv in Publizistik (›Le Neoplasticisme‹ 1920), Architektur und Musik tätig. 1925 kam es zum Bruch mit *van Doesburg*. Die drohende Kriegsgefahr vertrieb ihn nach London (1938/40) und später nach New York, wo sich die letzte Phase seiner Entwicklung (nicht im Museum vertreten) vollzog. Sie wird gekennzeichnet durch eine starke Rhythmisierung (›Broadway Boogie Woogie‹ 1942/43, New York, Museum of Modern Art).

Theo van Doesburg (1883–1931): Seit 1983 kann dieser ›De Stijl‹-Künstler und Motor des Unternehmens anhand seines künstlerischen Nachlasses, den das Museum von *W. van Moorsel* erhielt, studiert werden. Wie *Mondriaan* malte auch *Doesburg* anfangs in einem realistischen und impressionistischen Stil und beschäftigte sich mit Mystik. Unter dem Einfluß von *Kandinskys* Schrift ›Über das Geistige in der Kunst‹ gelangte er nach 1912 zur gegenstandslosen Malerei (Aura und Klangdarstellungen). In Zusammenarbeit mit *Oud* und *J. Wils,* beide später ebenfalls Mitglieder von ›De Stijl‹, entstanden seit etwa 1916 Glasfenster, Fliesenböden und farbige Bleifenster. Seit Gründung der Zeitschrift ›De Stijl‹ 1917 war er deren Herausgeber. Seine hier veröffentlichten Auffassungen von Architektur als Kombination von zusammengesetzten scheibenartigen Flächen stehen Rietveld sehr nahe und trugen mit dazu bei, daß während seines Aufenthalts am Weimarer Bauhaus 1921/22 die dort herrschenden expressionistischen Tendenzen zurückgedrängt wurden. In dieser Zeit entstanden auch Kontakte zu den *Dadaisten (Arp, Tzara* und *Schwitters).* Mit *Schwitters* organisierte er 1923 eine Dada-Tournee durch Holland. *Van Doesburg* war ein engagierter Dichter konkreter Poesie. In Paris, wo er sich 1923 niederließ, arbeitete er zusammen mit *C. van Eesteren.* Sein Hauptwerk, die Innengestaltung des Restaurants ›Aubette‹ in Straßburg (1927), ist leider nicht erhalten.

Den *Magischen Realismus* oder die *Neue Sachlichkeit* der 20er und 30er Jahre verkörpern *R. Hynckes, D. Ket, W. Schumacher* und *C. Willink.* Wichtige Vertreter des Expressionismus sind *H. Kruyder* und *Ch. Toorop* (eine Tochter *Jan Toorops*), bei der jedoch der Realismus überwiegt. – Von Mitgliedern der 1948 gegründeten *Cobragruppe, Constant, Cordeille, K. Appel, A. Rooskens,* besitzt das Museum mehrere Werke, ebenso von dem zeitgenössischen Haager Maler *C. Westerik.*

Zorgvliet (**19;** Johan de Witlaan): ›Zorgvliet‹, besser bekannt als ›Catshuis‹, wurde im Auftrag des Staatsmannes und moralisierenden Dichters *Jacob Cats* (1577–1660) 1651/52 nach Plänen von *Pieter Post* gebaut. *Cats* Emblembuch ›Sinne- en Minnebeelden‹ erschien 1618 und hatte großen Einfluß auf die holländische Kultur des 17. Jh. Sein einfaches Landhaus dient jetzt dem holländischen Ministerpräsidenten als Amtswohnung.
Das *Nederlands Kongreszentrum* (Johan de Witlaan) entstand 1963/69 nach Plänen *J. J. P. Ouds. Oud* gehörte zu den Hauptmeistern der Gruppe ›De Stijl‹, was in diesem posthum gebauten opus magnum sichtbar wird, z. B. in der Farbgebung.

Scheveningen (20)

Der klassizistische *Pavillon von Wied* (Pellenaerstraat 4) wurde 1826/27 von *A. Noordenkoop* für Königin Wilhelmina, die Gattin König Willems I. erbaut. Den klargegliederten *Seinpostkomplex* entwarf *C. van Dam* 1980/81.

Kurhaus (Seepromenade): Bei der Restaurierung in den 70er Jahren sind die beiden Seitenflügel dieses in Holland einmaligen Beispiels eines ›Grandhotels‹, das für den sich stark entwickelnden Badebetrieb 1884/85 von den deutschen Architekten *J. F. Henkenhaf* und *F. Ebert* gebaut worden war, völlig neu aufgezogen worden. Leider wurde anschließend die eindrucksvolle Silhouette des Hotels durch Neubauten an der Landseite zerstört. Die *Seebrücke,* die sich 400 m weit ins Meer erstreckt, entstand 1962 nach einem Entwurf *B. Maaskants;* der Vorgängerbau lag in der Achse des Kurhauses.

Das Schevenings Museum (Neptunusstraat 92; *geöffnet:* Mo–Sa 10–17 Uhr, So geschlossen) dokumentiert die Geschichte des Dorfes Scheveningen, seiner Fischerei und seines Badebetriebes.

Madurodam (Haringkade 175; *geöffnet:* 1. Apr. – 30. Juni tgl. 9.30–22.30 Uhr, 1. Juli – 31. Aug. tgl. 9.30–23.00 Uhr, 1. Sept. – 1. So im Okt. tgl. 9.30–21.30 Uhr): Diese holländische Miniaturstadt vereinigt die wichtigsten Bauten des Landes in Miniaturform. Sie wurde 1952 von dem Ehepaar *Maduro* zum Gedächtnis ihres im Konzentrationslager Dachau gestorbenen Sohnes *George* gestiftet.

Koninklijke Bibliotheek (21)

Lage: Prins Willem Alexanderhof 5. – *Geöffnet:* Mo–Fr 9–17 Uhr, Sa 9–12 Uhr.

In dem kühlen, etwas ›fabrikmäßigen‹ Gebäude (Büro OD 205, Delft: A. Hagoort, P. van de Meer, A. Trotz, 1982) sind das *Reichsbüro für Kunsthistorische Dokumentation* und die *Königliche Bibliothek* untergebracht. Den Kern des Bücherbestandes (1,5 Mill. Bände) bildet die ehem. statthalterliche Sammlung, die 1798 verstaatlicht wurde. *Louis Napoleon* verlieh ihr das Prädikat ›Königlich‹, 1816 wurde sie offiziell Nationalbibliothek. 1819–1982 war sie im Palais Huguetan untergebracht. Sammelgebiete sind Literatur, Kunstgeschichte, Jura, Sozialwissenschaft, Theologie und Philosophie, Spezialsammlungen enthalten Inkunabeln, Handschriften, Flugblätter, Plakate und Einbände.

Huis ten Bosch (21)

»Außen hart an der Stadt lieget in einem gepflantzten Wald ein Fürst. Nassauisches kleines doch gar artiges Lusthaus, welches daher Haus im Busch genennet wird. Es hat nur ein rechtes Geschoß, darunter ein Dienst-Geschoß etwas unter die Erde gehend, und darüber ein Halb-Geschoß. Dieses kleine Haus verdient von einem der Baukunst geflissenen recht untersuchet zu werden.« (*Leonard Christoph Sturm,* 1719).

Der Grundstein dieser ›villa suburbana‹ (nach Plänen *Pieter Posts*) wurde am 2. Sept. 1645 von *Elisabeth Stuart,* der Gattin des sog. ›Winterkönigs‹, gelegt; Bauherr war der Statthalter *Frederik Hendrik.* Nach dessen Tod (1647) entschloß sich seine Witwe, *Amalia von Solms-Braunfels,* den zentralen Raum, den sog. ›Oranjezaal‹, zur Verherrlichung ihres Mannes und des Hauses Oranje mit allegorischen Wand- und Deckenmalereien in eine Art von Mausoleum umzuwandeln. *Jacob van Campen* und *Constantijn Huygens* entwarfen das ikonographische Programm für die 16 Mauerflächen. Ihnen dürften Programme für ein ›Fürstenlob‹ bekannt gewesen sein, z. B. der im Auftrag *Maria de' Medicis* von *Rubens* geschaffene ›Medici-Zyklus‹ für das Pariser Palais de Luxembourg (1622/25) und seine Deckengemälde in Whitehall in London (1630/34). Maler aus den nördlichen und aus den südlichen Niederlanden, wie *Jordaens* (›Triumph des Frederik Hendrik‹), *Soutman, de Grebber, Bosschaert, van Thulden, Coques, van Campen, Lievens, van Everdingen* und *Honthorst,* waren an der Ausführung beteiligt. Sie arbeiteten alle in einem vom Hofe geschätzten ›klassizistischen‹ Stil. Der Saal mit seiner Monumentalmalerei ist ein Unikum in Holland, wo sonst diese doch sehr von Großauftraggebern abhängige Gattung fehlt. Nur die Kaufmannsstadt Amsterdam sollte später mit der Ausschmückung ihres Rathauses (Baubeginn 1648) einen Auftrag ähnlicher Monumentalität vergeben.

Nicht *Palladios* Villa Rotonda in Vicenca, wie oft behauptet wird, sondern seine Villa Malcontenta in Mira, die einen kreuzförmigen, durch zwei Stockwerke gehenden Mittelsaal hat, und *Scamozzis* Villa Badoer in Peraga, mit einem Kuppelsaal, dürften Anregungen für *Posts* Entwurf geliefert haben. Auf die Gestaltung der Oraniersäle im Berliner Stadtschloß und im Schloß Oranienburg hat sein Plan entscheidend nachgewirkt. Als *Daniel Marot* die Seitenflügel hinzufügte (1734/37), veränderte er auch die Südfassade erheblich. An der Gartenseite kam im 18. Jh. eine Freitreppe hinzu. Der reich stuckierte Speisesaal von *Marot* im Ostflügel enthält Grisaillen von *Jacob de Wit*. Im Westflügel befinden sich der Chinesische (um 1750) und der Japanische Salon (um 1790). Das Haus dient heute noch als königliche Residenz und ist daher nicht öffentlich zugänglich.

Hofwijck (22)

Lage: Westeinde 2, Voorburg, nahe dem Bahnhof. – *Geöffnet:* Mi–So 13–16 Uhr.

Für den Sekretär dreier Statthalter, den Dichter und Architekturdilettanten *Constantijn Huygens* (1596–1687), baute *Pieter Post* 1641/43 in enger Zusammenarbeit mit diesem das einfache kubische Wasserschlößchen an der Vliet. Die ›villa suburbana‹ enthält eine Sammlung Porträts, Handschriften und Bücher. Sie erinnern an *Constantijn,* den Vater, und an *Christiaan,* den Sohn (1629–1695), einen der führenden Gelehrten Europas. Dieser beschäftigte sich u. a. mit Mathematik, Physik und Astronomie; ihm verdanken wir die Erfindung der Pendeluhr (1656). Charakteristisch für den ›uomo universale‹ *Huygens* ist der von ihm selbst entworfene, nur teilweise erhaltene anthropomorphe Garten, den er in seinem Gedicht ›Hofwijck‹ (1650) als Mikrokosmos beschreibt.

Museum Rijswijk (23)

Lage: Herenstraat 67, Rijswijk. – *Geöffnet:* Di–Fr und So 14–17 Uhr, Sa 11–17 Uhr.

Neben ortsgeschichtlichen Objekten findet man hier auch Erinnerungen an den im abgerissenen Rijswijker Schloß geschlossenen *Friedensvertrag von 1697,* der das Ende des Neunjährigen Krieges zwischen Ludwig XIV. einerseits und England, Spanien, Deutschland und den Niederlanden andererseits bedeutete.

Kastell Duivenvoorde (24)

Lage: Laan van Duivenvoorde 4, Voorschoten (zwischen Den Haag und Leiden). – *Führungen:* Di, Do, Sa 11.30, 14.00 und 15.00 Uhr, Mi 14.30 Uhr. Okt. – März geschlossen.

Das bereits 1226 erwähnte Schloß wurde 1631 unter Benutzung älterer Teile für die einflußreiche Familie *van Wassenaer* in der heutigen Form gebaut. Bei einem Umbau 1717 hat man das Schloß völlig symmetrisch gestaltet; die für das Erscheinungsbild des Gebäudes so charakteristischen kleinteiligen Sprossenfenster stammen noch aus jener Zeit. Die merkwürdige, über die ganze Breite gehende Brücke (1843) ersetzt eine ältere, die in der Eingangsachse lag. Von der Inneneinrichtung (17./18. Jh.) ist vor allem der große Saal, nach einem Entwurf von *Daniel Marot,* mit in der Täfelung eingelassenen Familienporträts der *van Wassenaer* sehenswert.

2 Delft

Verkehrsamt: Markt 85.

Geschichte: Die reizende, von Grachten durchzogene Stadt gehört zu den ältesten Städten der Provinz Holland. Der Name ›Delft‹ stammt von einem um 1100 gegrabenen Kanal, ›Delf‹, an dem eine Siedlung entstand, die 1258 mit einem jüngeren Dorf an einer paralellen Gracht vereinigt wurde und Stadtrechte erhielt. 1389 gab ihr Herzog *Albrecht von Bayern,* Graf von Holland, Zeeland und Hennegau die Erlaubnis, eine Verbindung *(Delfhavens Schie)* zur Maas zu graben und einen Vorhafen (*Delfshaven,* jetzt nach Rotterdam eingemeindet) anzulegen. Dadurch gewann die Stadt sehr an Bedeutung; bis ins 18. Jh. galt Delft als wichtiger Maashafen. Im Mittelalter bildeten Bierbrauereien, Tuchwebereien und der Handel mit Milchprodukten die wichtigsten Erwerbszweige. 1536 verwüstete ein Stadtbrand das Rathaus und die beiden Pfarrkirchen.
Der Führer des Aufstandes gegen Spanien, *Willem van Oranje,* residierte seit 1572 oft im ehem. Agathakloster, wo ihn 1584 ein Meuchelmörder tötete. Im 17. Jh. gehörte Delft, wo sich auch eine Kammer (Vertretung) der 1602 gegründeten Vereinigten Ostindischen Kompanie befand, zu den sechs großen stimmberechtigten Städten in den Staaten von Holland. 1654 explodierte das Pulvermagazin und richtete im Norden der Stadt großen Schaden an. Vom Ende des 16. Jh. bis in die 2. Hälfte des 17. Jh. besaß Delft in den neugegründeten *Werkstätten für Bildteppiche* einen blühenden Wirtschaftszweig. Vor allem die 1593 im ehem. Agnietenkloster entstandene Manufaktur des gebürtigen Antwerpeners *François Spiering* (1551–1630), der die Brüsseler Tradition fortsetzte, trug zum Ruhm der Delfter Teppichwebereien bei. Er belieferte nicht nur die Generalstaaten und Zeeland, auch die Fürstenhöfe in Schweden, Dänemark, England, Polen und der Pfalz bestellten bei ihm Serien von Wandteppichen mit mythologischen und historischen Darstellungen, für die Maler wie *Hendrik Vroom* und *Karel van Mander d. J.* die Entwürfe lieferten. Sein Nachfolger *Bartholomeus van der Gucht* spezialisierte sich mehr auf Jagdszenen und Landschaften (sog. ›verdures‹).
Die ehemals so wichtigen Brauereien verloren im 17. Jh. an Bedeutung, dafür entwickelte sich ein neuer Wirtschaftszweig, der unlösbar mit dem Namen Delft verbunden ist: die Fayenceherstellung.

Jan Vermeer: ›Ansicht von Delft‹ (Mauritshuis, Den Haag).

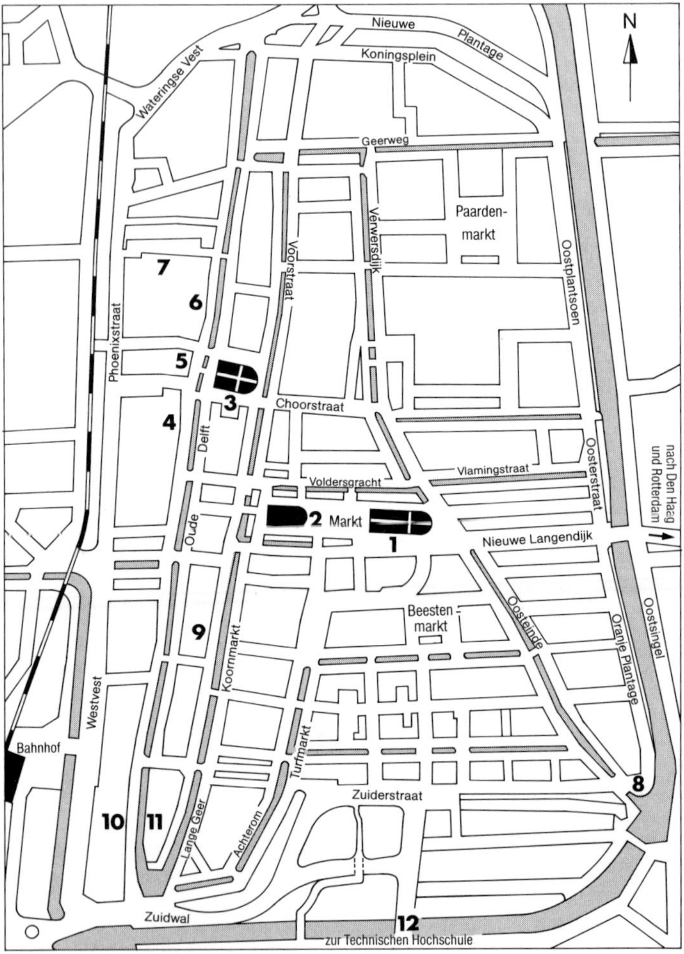

Delft: Orientierungsplan
1 Nieuwe Kerk – 2 Raadhuis – 3 Oude Kerk – 4 Gemeenlandshuis von Delfland – 5 Prinsenhof – 6 Museum Lambert van Meerten – 7 Oud Katholieke Kerk – 8 Oostpoort – 9 Museum Paul Tétar van Elven – 10 Oost-Indisch Huis – 11 Armamentarium.

Fayence-Malerin bei der Arbeit

Von der in den meisten holländischen Städten herrschenden wirtschaftlichen Flaute konnte sich Delft erst nach 1850 erholen. Seit 1863 besitzt die Stadt eine Technische Hochschule.
Nicht nur auf dem Gebiet des *Kunstgewerbes,* sondern auch auf dem der *Malerei* nahm die Stadt einen wichtigen Platz ein. Porträtmaler wie *Delff* oder *van Miereveld* arbeiteten im 17. Jh. hier, vor allem aber blühte die Perspektivmalerei mit Kircheninterieurs von *Gerrit Houckgeest, Hendrik van Vliet* oder *Emmanuel de Witte.* Auch *Carel Fabritius,* der hochbegabte Schüler *Rembrandts,* beschäftigte sich mit Perspektivproblemen. Er kam bei der Pulverexplosion von 1654 ums Leben. *Pieter de Hoogh* spezialisierte sich auf Interieurs. Ihren Höhepunkt erreichte die Delfter Schule in den lichtdurchströmten Interieurs und Stadtansichten von *Jan Vermeer* (1632–1675).

Delfter Fayence

Die italienisch-spanische Majolika hatte im 16. Jh. über ausgewanderte südniederländische Töpfer in Holland Eingang gefunden, wobei Delft bald eine führende Rolle spielen sollte. Seit Anfang des 17. Jh. beeinflußte das von der Ostindischen Kompanie importierte chinesische Wan-Li-Porzellan die gesamte Herstellung. Da die Importware teuer war, wurde eine Nachbildung lohnend. Während bis ca. 1650 italo-spanische Motive neben chinesischen vorkommen, verdrängten die chinesischen Farben Weiß-Blau, die heute als so typisch für Delfter Keramik gelten, die ursprüngliche Polychromie. Man begann das importierte Porzellan so getreu wie möglich zu imitieren, wobei man sich bemühte, nicht nur die Form und die Motive, sondern auch die Scherbe und die Glasur zu verbessern.
Zu dem chinesischen Einfluß gesellte sich bald auch der japanische (Imari- und Kakiyemon-Porzellan), nachdem die Ostindische

Kompanie als einziger europäischer Handelspartner 1641 das Recht des Handels mit Japan erhalten hatte und von dort Porzellan importierte. Bei der Entstehung der ›Chinamode‹, die seit der 2. Hälfte des 17. Jh. und vor allem im 18. Jh. die europäische Kunst und das Kunstgewerbe prägte, spielten die Importwaren und die Produkte der holländischen Manufakturen, voran die Delfter, eine außerordentliche Rolle, man denke nur an die gekachelten Räume in deutschen Rokokoschlössern oder die sog. ›Porzellankabinette‹. Neben diesen asiatisch beeinflußten Produkten brachten die Delfter Manufakturen auch typisch holländische Dekore wie Landschaften, Genreszenen und Blumenmotive in Blaumalerei oder Polychromie. Die Konkurrenz des viel härteren, 1709 erfundenen sächsischen und bald darauf auch anderswo hergestellten Porzellans und das billigere englische Steingut zwangen Delft nach 1720 zur Qualitätsminderung, die schließlich zum wirtschaftlichen Verfall führte. Um 1850 wurde die Produktion eingestellt und erst gegen Ende des Jahrhunderts wieder aufgenommen. Heute gibt es mehrere florierende Manufakturen.

Nieuwe Kerk (1)

An Stelle einer mirakulösen Marienerscheinung wurde 1381 eine Holzkirche errichtet, die seit 1384 um ein Querhaus und einen Chor in Backstein erweitert wurde. Von ihr blieb das Querhaus erhalten. Ab 1396 entstand der 108 m hohe Turm, dessen erstes Oktogon 1412, das zweite 1442 fertig waren. 1494/96 folgte die Bekrönung mit einer Laterne, die 1536 und 1872 zerstört und daraufhin erneuert wurde. Der Turm ist ein Beispiel der Brabanter Gotik.
Nach dem Abbruch der alten Kirche (1420) begann man mit dem heutigen Neubau, dessen Seitenkapellen 1434/35 fertig waren. Unter Leitung des Utrechter Dombaumeisters *Jacob van der Bosch* entstand ab 1453 der jetzige Chor, der höher als der Rest der Kirche ist und Holzgewölbe hat, während der Chorumgang in Stein eingewölbt wurde. 1476 wurde die Kirche geweiht. Die klassische Dreiteilung im Wandaufbau (Arkade, Triforium, Hochschiffenster) wird im Chor, wie auch in den Kirchen in Dordrecht, Alkmaar und Amsterdam, zu einer Zweiteilung vereinfacht.
Durch eine Erhöhung des Bodens im älteren Querhaus um etwa 1 m sind die Basen der Vierungspfeiler nicht mehr sichtbar. Nach dem Brand von 1536 hat man die Kirche wiederhergestellt, dabei aber die steinernen Gewölbe in den Seitenschiffen und die Trennwände zwischen den Seitenkapellen entfernt. Die so entstandenen breiten Seitenschiffe erhielten hölzerne Tonnengewölbe, ebenso das Querhaus, das, wie noch zu erkennen ist, auf Steingewölbe angelegt war. Für das Mittelschiff war von Anfang an eine Holztonne vorgesehen.

Grabmal Willems van Oranje

Sicher war die Kirche innen ursprünglich weißgetüncht. Das auf Sicht belassene Mauerwerk ist das Produkt der 1939/1950 durchgeführten Restaurierung.

Grabmal Willems I. van Oranje

Das wichtigste Ausstattungsstück befindet sich an der ehrwürdigsten Stelle der Kirche: im Chor. Im Auftrag der Generalstaaten entwarf *Hendrick de Keyser,* der bedeutendste holländische Bildhauer und Baumeister des frühen 17. Jh., 1614 das Grabmal für den Führer des Aufstandes gegen die spanische Herrschaft, der hier nach dem Attentat von 1584 beigesetzt wurde. Beim Tode *de Keysers* war die Arbeit nicht ganz fertig, sie wurde von seinem Sohn *Pieter* 1622 vollendet.
Unter einem auf schwarzen Marmorsäulen ruhenden weißen Baldachin liegt die weiße Marmorfigur des Verstorbenen, zu seinen Füßen ein Hund, an seinem Kopf die thronende Bronzestatue des geharnischten Prinzen als siegreicher Feldherr, hinter dem Sarkophag die posaunenblasende ›Fama‹. In den Nischen der vier Eckpfeiler, die von einem gesprengten Segmentbogengiebel mit Obelisk

abgeschlossen werden, stehen allegorische Bronzefiguren: die ›Gerechtigkeit‹ (mit Waage), links ein emblematisches Relief eines Eisvogels, der sein Nest ›saevis tranquilis in undis‹ (›ruhig inmitten wogender Wellen‹) baut. Das Emblem rechts stellt eine Hand über zwei gekreuzten Ankern inmitten von Feuer und Wasser dar. Die Devise ›Je maintiendrai‹ (›Ich werde handhaben‹) als Wahlspruch *Willems van Oranje* steht noch heute unter dem holländischen Staatswappen. Die ›Freiheit‹ hält ein Zepter und einen Hut, auf dem geschrieben steht: ›aurea libertas‹ (›Goldene Freiheit‹). Links stellt das Emblem eine Hand über einer Waage auf einem brennenden Altar dar: ›Je maintiendrai piété et justice‹ (›Ich werde Erbarmen und Gerechtigkeit üben‹). Rechts ein geöffnetes Buch mit sieben Siegeln: ›Te vindice tuta libertas‹ (Solange du rächst, ist der Frieden sicher‹). Der ›Glaube‹ hält ein Buch und ein Kirchenmodell, das linke Bein ruht auf dem Eckstein Christus; die beiden Embleme gleichen denen der ›Freiheit‹. Die mit einem Löwenfell bekleidete ›Tapferkeit‹ hält einen Dornenzweig (Embleme wie bei der ›Gerechtigkeit‹). An der Stirnseite des Baldachins ist das Wappen des Prinzen angebracht, auf dem Baldachindach halten zwei Putten Fackeln, zwei weitere eine Inschrifttafel, die die Taten des Prinzen verherrlicht.

Das Grabmal kann als ›verewigte Gelegenheitsarchitektur‹ betrachtet und in Zusammenhang mit dem zur Gruppe der sog. ›ephemeren Architekturen‹ oder Gelegenheitsbauten gehörenden ›castrum doloris‹ gesehen werden. Diese ›castra doloris‹ waren monumentale *Prunkkatafalke,* die in der Renaissance und im Barock den Mittelpunkt kirchlicher Trauerfeiern für angesehene Persönlichkeiten bildeten und die, reich mit Sinnbildern und allegorischen Figuren geschmückt, zur Verherrlichung des Verstorbenen beitrugen.

De Keyser dürfte von *Primaticcios* und *Germain Pilons* ›Grabmal für Heinrich II. und Katharina von Medici‹ in St. Denis bei Paris (1559/70), auch einer Säulenhalle mit vier allegorischen Frauenfiguren an den Ecken, beeinflußt worden sein. Die Nachwirkung *Giovanni da Bolognas* ist vor allem in der ›Fama‹ spürbar: Die drehende, schwebende Haltung erinnert an dessen ›Merkur‹ (erste Version von 1564), wobei *Pierre Biards* ›Renommée‹ (Louvre), die er für das jetzt nicht mehr bestehende ›Grabmal für Jean de Nogaret‹ 1597–1608 in Cadillac-sur-Garonne schuf, eine vermittelnde Rolle gespielt haben könnte. Das Delfter Monument ist das *bedeutendste Renaissance-Denkmal in den Niederlanden* und zählt zu *de Keysers* Hauptwerken. Das Denkmal für Wassenaer-Obdam in der Haager Jacobskerk ist eine schwache Nachahmung.

Unter dem Denkmal befindet sich die Gruft, in der fast alle Fürsten aus dem Hause Oranje-Nassau ruhen.

Im Chorumgang Grabrelief für Prinz *Willem Georg Frederik* (1774–1799) von *Antonio Canova* (1806/08), 1898 aus dem Eremitanikloster zu Padua, wo der Prinz als Befehlshaber der österreichischen Truppen gestorben war, hierher gebracht. Davor das Denkmal für den ersten holländischen König, *Willem I.*, von *Willem Geefs* (1847). Links ein Monument für *Willem Alexander* (geb. 1822, gestorben im gleichen Jahr), einem Sohn König *Willems II.* und das Grabmal für die älteste Tochter König *Willems I.*, *Wilhelmina Frederika* (1800–1806). Im nördlichen Chorumgang ein klassizistisches Denkmal für *Hugo Grotius* von *H. van Zwoll* (1781).
Die schönen, größtenteils von *Willem van Konijnenburg* entworfenen Fenster im Chor und im Querhaus wurden anläßlich des 25jährigen Regierungsjubiläums von Königin *Wilhelmina* 1932 angebracht. Dargestellt sind neben biblischen Szenen Episoden aus der Geschichte des Hauses Oranje-Nassau. Das Nordfenster im Querhaus von *Joep Nicolas* (1931) erinnert an *Hugo Grotius'* Schrift ›de jure belli ac pacis‹, die 1625 erschien.

Auf dem *Marktplatz* erhebt sich die ›Bronzestatue des Staats- und Völkerrechtlers Hugo Grotius‹ *(Huigh de Groot)* von *F. Stracké* (1886). *Grotius* wurde am 10. April 1583 in Delft geboren, studierte Jura in Leiden, wo sein Vater *Jan* Kurator der Universität war, und promovierte mit 15 Jahren 1598 zu Orléans. 1609 erschien seine Abhandlung ›mare liberum‹ (›Die Freiheit der Meere‹), ein Kapitel aus seinem Werk ›de jure praedae commentarius‹ (›Kommentar zum Recht auf Beute‹). Mit dieser Studie lieferte er seiner seefahrenden und handeltreibenden Heimat die juridische Basis für ihr Vorgehen gegen die anderen Kolonialmächte Portugal, Spanien und später England. Nachdem er 1613 Pensionär und juridischer Berater der Stadt Rotterdam geworden war, wurde er nach dem Streit zwischen Remonstranten und Contraremonstranten zu lebenslänglicher Haft auf Burg Loevestein (Nr. 8) verurteilt, von wo er 1621 in einer berühmt gewordenen Bücherkiste fliehen konnte. Er ließ sich in Paris nieder, seit 1631 als schwedischer Gesandter. 1625 erschien sein Hauptwerk ›de jure belli ac pacis‹, das ihn zu einem der Begründer des Völkerrechts machte. Er starb am 28. Aug. 1645 auf der Rückreise von Schweden in Rostock.

Raadhuis (2)

Von dem 1618 durch Brand zerstörten mittelalterlichen Rathaus ist nur der mächtige Turm erhalten, ein seltenes Beispiel eines *Belfrieds* in den nördlichen Niederlanden. Der Unterbau (ca. 1300) besteht aus grobem Backstein, der Oberbau aus Sandstein; er hat gotische Formen (Ende 15. Jh.). 1619/20 umbaute *Hendrick de Keyser* den Turm an drei Seiten mit seinem neuen Rathaus. Die Seitenfassaden sind recht schlicht, die Fassade zum Markt dagegen äußerst dekorativ. Sie besteht aus einem zweigeschossigen, breiten Mittelrisalit zwischen je zwei Seitenachsen. Bossierte bzw. kannelierte Pilaster gliedern die reich ornamentierte Fassade. Den Abschluß bildet ein Zwerggiebel mit drei Nischen, von denen die mittleren durch eine ›Justitia‹ hervorgehoben wird. Mit diesem manieristischen Spät-

Delft: Gerichtshalle im Rathaus

werk steht der Baumeister der Architektur aus der Schule von *Jacques Androuet du Cerceau* sehr nahe. Sehenswert ist die ›Vierschaar‹ (Gerichtshalle) im Vestibül.

Hinter dem Rathaus steht die *Waag* (Markt 11) mit einer schlichten Fassade von 1770, die zwei älteren Häusern vorgeblendet wurde. Die Reliefs erinnern an die Gold- und Silberschmiedegilde und an das Collegium Pharmaceuticum, die hier ihre Räumlichkeiten hatten. Der gleiche Stadtbaumeister, *Nicolaas Terburgh,* hat 1765 die Städtische *Butterhalle* (Markt 17) errichtet. Die *Fleischhalle* (Hippolytusbuurt, Ecke Cameretten) ist mit ihrer klassizistischen Fassade (1650), an der Rinderköpfe angebracht sind, leicht zu erkennen. Daneben befindet sich der *Fischmarkt.*

Oude oder Hippolytuskerk (3)

Die ursprüngliche Stadtpfarrkirche auf äußerst unregelmäßigem Grundriß ist das Resultat einer komplizierten Baugeschichte. Der für das Stadtbild so charakteristische *schiefe Turm* (1. Viertel 14. Jh.) erhielt um 1450 seine heutige Form mit vier achtseitigen Ecktürmchen um einen gemauerten Helm, typisch für die ›Küstengotik‹. Das Langhaus (2. Hälfte 14. Jh.) ist im 2. Viertel des 15. Jh. in eine Basilika umgewandelt worden. Der Chor war 1410, das Westportal 1500 fertig. 1512/25 bauten die südniederländischen Baumeister *Rombout* und *Anthonis Keldermans* den *Liebfrauenchor* mit der *Georgskapelle* und den *nördlichen Querhausarm,* alles in der reichen Formensprache der Brabanter Gotik. Nach dem Stadtbrand von 1536 folgte die Wiederherstellung in alter Form, wobei jetzt auch Renaissance-

Elemente auftraten. Das neue Querhaus mit hölzernen Kreuzrippengewölben war 1560 vollendet. Die übrige Kirche hat Holztonnen. 1953/62 fanden eingreifende Restaurierungsarbeiten statt.
Die geschnitzte *Kanzel* (von 1548) mit den vier Evangelisten in stark perspektivisch dargestellten Rundbogen bildet mit der Kanzel der Haager Jakobskerk ein wichtiges Beispiel der Renaissance-Kunst in Holland. Das *Grabmal* (im Chor) für den Admiral *Piet Hein* (1578–1629) von 1629 wird *Pieter de Keyser* zugeschrieben. *Piet Hein* stand seit 1623 im Dienste der Westindischen Kompanie. Seine bekannteste ›Heldentat‹ war die Eroberung der spanischen Silberflotte vor Cuba 1628.
Das *Grabmal* für *Elisabeth Morgan* († 1608), Tochter von *Filips van Marnix van St. Aldegonde,* einem Freund *Willems van Oranje* und Dichter des ›Wilhelmus‹, der holländischen Nationalhymne, wurde 1611 vom Schwiegersohn *Hendrick de Keysers,* dem Engländer *Nicolas Stone,* im Liebfrauenchor errichtet und lehnt sich im Aufbau an zeitgenössische französische und englische Grabmäler an.
Die benachbarte *St.-Joris(Georgs)-Kapelle* enthält das *Grabmal* für den Seehelden *Maarten Harpertszoon Tromp* (1598–1653), das *Rombout Verhulst* und Willem de Keyser 1658 nach einem Entwurf von Jacob van Campen und im Auftrag der Generalstaaten schufen. Vor einer klassizistischen Rahmenarchitektur mit reicher Bildhauerarbeit liegt die Marmorstatue *Tromps,* der während des 1. Englisch-Niederländischen Seekriegs (1652/54) 1653 in der Seeschlacht von Ter Heide (südlich von Den Haag) gefallen ist. Der *Obelisk* für den Naturforscher *Anthony van Leeuwenkoek* (1632–1723), der mit selbstgebauten Mikroskopen u.a. Bakterien (1676) und Spermatozoide (1677) entdeckte, wurde 1739 errichtet. Von den *Epitaphien* aus dem 17. Jh. sei hier nur das für Bürgermeister *Jacob van der Dussen* erwähnt, mit Allegorien von Glaube, Hoffnung und Liebe (um 1613; wohl von *Nicolas Stone*). Die gleichen theologischen Tugenden krönen die 1857 von *Bätz* gebaute eklektische *Orgel*. Die Glasmalereien schuf *Joep Nicolas* 1955/72.

Gemeenlandshuis von Delfland (**4;** Oude Delft 16): Seit 1645 dient das kurz vor 1536 erbaute spätgotische Wohnhaus als Sitz des Deichgrafen von Delfland. Über dem Eingang die bemalten Wappen Delflands und seiner Deichgrafen. Die ursprünglichen Wappen von 1652 wurden 1798 abgeschlagen.

Prinsenhof (5)

Lage: (Agathaplein; zugänglich durch ein Tor an der Oude Delft gegenüber der Oude Kerk. – *Geöffnet:* Di–Sa 10–17 Uhr, So und Fei 13–17 Uhr.

Der malerische Komplex wurde 1400 als Frauenkloster des Franziskanischen Dritten Ordens gestiftet und nach der Reformation 1572 säkularisiert. Statthalter *Willem I.* residierte hier bis zu seiner

Ermordung durch *Balthasar Gerards* am 10. Juli 1584. An der Treppe, die vom einstigen Speisesaal herunterführt, ist der *Kugeleinschlag* noch sichtbar. Nach Verlegung des statthalterlichen Hofes nach Den Haag unter seinem Sohn *Maurits* dienten die Gebäude u.a. als Tuchhalle, Kaserne und heute als Museum. An das Tuchgewerbe erinnert ein Portal (1658) an der Oude Delft 183 mit einem Relief, das das Merken des Tuches darstellt. Die Deckenmalereien (1668) des Großen Saales, die wohl die ›Himmelfahrt Christi‹ darstellen, stammen von *Leonard Bramer* (um 1595–1674), der auch die jetzt verschwundenen Wandfresken schuf. Er gehörte zu den in Holland seltenen Künstlern, die diese Technik beherrschten. Die Decke ruht auf schönen spätgotischen Kragsteinen.
Der östliche Teil der *ehem. Klosterkirche* (15.Jh.) dient jetzt als *Wallonische Kirche*. Der Flügel an der Schoolstraat im Norden war seit 1594 *Lateinschule;* über dem Portal eine wahrscheinlich von *Nicolas Stone* geschaffene ›Caritas‹ (1614).
Das im Prinsenhof eingerichtete *Städtische Museum* zeigt Mobiliar, kunstgewerbliche und lokalhistorische Gegenstände und Gemälde, darunter Porträts von Mitgliedern des Hauses Oranje und *Maerten van Heemskercks* ›Beweinung Christi‹ (1566), ein wichtiges Werk dieses Schülers *Jan van Scorels,* der während seines Romaufenthalts von der Kunst der Antike und von *Michelangelo* nachhaltig beeinflußt wurde. Selbstverständlich kann man die Entwicklung der *Delfter Fayencen* an Hand auserlesener Stücke verfolgen.

Museum Lambert van Meerten (**6**; Oude Delft 199. – *Geöffnet:* Mo–Sa 10–17 Uhr, So und Fei 13–17 Uhr): In dem 1893 von *A. le Comte* und *J. L. Schouten* erbauten Haus, das in seiner Fassade bereits *Berlages* Stil ankündigt, hat der Sammler *Lambert van Meerten* eine interessante Kollektion alter *Kacheln* und *Kacheltableaus* aus mehreren Kulturperioden zusammengetragen.

Die Oud Katholieke Kerk (**7**; Begijnhof 23) wurde 1743 als ›Versteckkirche‹ gebaut. Von der Inneneinrichtung sei *Jacob de Wits* ›Darstellung im Tempel‹ (1746) erwähnt. – Zwischen Begijnenhof und Bahndamm steht der *Begijnenturm* (16.Jh.). Die benachbarte Mühle ›de Roos‹ (18.Jh.) steht auf einem Rest der Stadtumwallung.

Oostpoort (8): Die beiden Türme des um 1400 errichteten Stadttores wurden Anfang des 16.Jh. um oktogonale Geschosse und Spitzen erhöht.

Museum Paul Tétar van Elven (**9**; Koornmarkt 67. – *Geöffnet:* Mitte April – Mitte Okt. Di–Sa 11–17 Uhr): Die Sammlung von *Gemälden aus dem 19.Jh.* wurde von dem Maler *Paul Tétar van Elven* (1823–1896) zusammengetragen.

Armamentarium (10): Der schlichte Nutzbau, der um zwei Innenhöfe angelegt ist, wurde als Arsenal für die Staaten von Holland und Westfriesland errichtet. Der südliche Teil (1602) ist im 19.Jh. durch den Abriß der ursprünglich sieben Treppengiebel stark beeinträchtigt worden. Das Relief ›Mars‹ an der Mauer des nördlichen Teils (1691/93) schuf *J. Blommendael.* – Das *Oost-Indisch Huis* (*11;* Oude Delft 39) wurde 1631 für die Delfter Vertretung der Ostindischen Kompanie umgebaut.

Südlich der Altstadt, in Delft-Zuid, liegt der *Campus der Technischen Hochschule* (12). Er wurde 1957–1973 nach einem Gesamtplan von *Cornelis van Eesteren* angelegt. Das Architektenbüro *van der Broek* und *Bakema* entwarf die eigenwillige, auf Betonpfeilern ruhende Aula (1961/64), die schon durch ihre Form das ›Herz‹ des Campus bildet, das südwärts anschließende Kollegiengebäude (1967/73) der Bauingenieurschule und die Architektenschule (1964/70).

3 Leiden

Fremdenverkehrsamt: Stationsplein 210, neben dem Bahnhof.

Geschichte: Am Zusammenfluß von Oude und Nieuwe Rijn, an dem es bereits um 1150 eine gräfliche Burg gab, entstanden um 1200 wohl gleichzeitig zwei Kirchspiele: um die Pancraskerk und um die Pieterskerk. Leiden – der Name bedeutet ›an den Wasserläufen‹ – erhielt 1266 Stadtrechte. Eine bis ins späte 17. Jh. dauernde Glanzzeit begann, als sich Weber aus Ypern, die 1347 vor der Pest flüchteten, hier niederließen. Die Stadt war lange *eines der wichtigsten Textilzentren Europas*. Das Rathaus und die Tuchhalle zeugen noch heute vom damaligen Reichtum der Bürger. 1574 belagerten die Spanier vergebens die Stadt; sie mußten sich zurückziehen, als *Willem van Oranje* die Deiche in der Umgebung durchstechen ließ, um das Land zu überschwemmen. Ein Jahr später, 1575, wurde auf seine Initiative, als Belohnung für die tapfere Haltung ihrer Einwohner, die *erste Universität Hollands* gegründet. Unbeschwert von der Last einer mittelalterlichen Vergangenheit, besaß sie mehr Freiheit für das Experiment. Die theologische Fakultät spielte im 17. Jh. eine große Rolle, vor allem durch *Jacobus Arminius* (1560–1609) und *Franciscus Gomarus* (1563–1641), deren Theologenstreit zum Politikum wurde (vgl. Nr. 7). Physik, Botanik, Anatomie und Astronomie, besonders aber klassische und orientalische Philologie bilden bis heute den Ruhm der Leidener Universität. Die Juristen *Donellus* (1527–1591) und *Hugo Grotius* (1583–1645), die Philologen *Justus Lipsius* (1547–1606), *Joseph Scaliger* (1540–1609) und *Claudius Salmasius* (1588–1653), die Mediziner *Dodonaeus* (1518–1585), *Pieter Pauw* (1564–1617) und *Herman Boerhaave* (1668–1738) und der Mathematiker *Simon Stevin* (1548–1620) lebten und wirkten hier. *Stevin,* ein Experte im Festungsbau, war maßgeblich an der Gründung einer Schule für Militäringenieure beteiligt; denn im 80jährigen Krieg war die Fortifikationskunst von lebenswichtiger Bedeutung. Auch *René Descartes* (1599–1650) arbeitete einige Jahre in Leiden. Der Kulturhistoriker *Johan Huizinga* (1872–1945), bekannt durch seine Werke ›Herbst des Mittelalters‹ (1919, dt. 1952), ›Holländische Kultur des 17. Jh.‹ (1. dt. Ausgabe 1932, holl. Ausgabe 1941) und ›Homo Ludens‹ (1938, dt. 1939), war hier Ordinarius für Geschichte. Die von der deutschen Besatzungsmacht geforderte Entlassung jüdischer Professoren führte zur Schließung der Universität bis 1945.
Leiden ist auch Geburtsort berühmter Maler: *Cornelis Engebrechtsz.* (1468–1533), *Lucas van Leyden* (1494–1533), *Jan van Goyen* (1596–1656), *Willem van de Velde d. Ä.* (1611–1693) und *d. J.* (1633–1707), *Jan Steen* (1626–1679), *Frans van Mieris d. Ä.* (1635–1681), vor allem aber *Rembrandt Harmenszoon van Rijn* (1606–1669), der bis zu seiner Übersiedlung nach Amsterdam 1631 hier arbeitete. Sein Schüler *Gerard Dou* (1613–1675) ist der Begründer der Leidener Feinmalerei.
Bis 1650 hatte sich Leiden erheblich ausgebreitet und war mit etwa 75000 Einwohnern – 1685 sogar 80000 – nach Amsterdam zur zweitgrößten Stadt der Republik geworden. Die Jahresproduktion an Tüchern betrug um 1670 ca. 130000 Stück, um 1750 weniger als die Hälfte; auch die Einwohnerzahl sank auf 35000. Die französische Zeit bedeutete das Ende der Textilindustrie.
Von der Stadtbefestigung sind Reste im Süden und Norden als Parkanlagen, sowie der *Zijlpoort* (*18;* 1677) und der *Morschpoort (19)* erhalten. Erst nach 1850 erlebte die Stadt wieder einen wirtschaftlichen Aufschwung. Heute ist Leiden vor allem

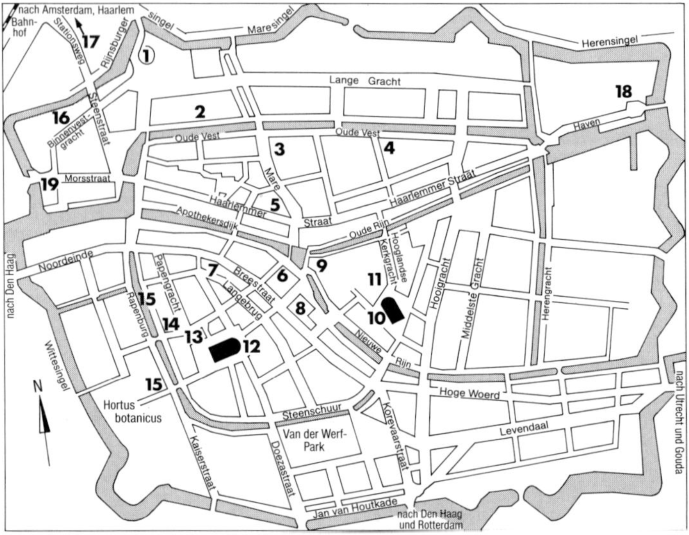

Leiden: Orientierungsplan
1 Museumsmühle ›de Valk‹ – 2 Stedelijk Museum – 3 Marekerk – 4 Meermansburg – 5 Hartebrugkerk – 6 Waag – 7 Gemeenlandshuis van Rijnland – 8 Raadhuis – 9 Die Burg – 10 St. Pancraskerk – 11 Rijksmuseum voor Geologie en Mineralogie – 12 Pieterskerk – 13 Gravesteen – 14 Rijksmuseum voor Oudheden – 15 Gracht Rapenburg – 16 Rijksmuseum voor Volkenkunde – 17 Nederlands Leger- en Wapenmuseum – 18 Zijlpoort – 19 Morschpoort.

Universitätsstadt; Handel und Industrie spielen nur eine geringe Rolle. Es hat eine große Zahl von Museen und viele malerische Hofjes.

Museumsmühle ›de Valk‹ (**1**; auf einem Rest der Umwallung. – *Geöffnet:* Di–Sa 10–17 Uhr, So und Fei 13–17 Uhr, Febr. geschlossen): Neben der Getreidewindmühle von 1743 eine Müllerwohnung aus dem 19. Jh., in der Mühlenbauerwerkstatt mehrere Mühlenmodelle.

Stedelijk Museum ›de Lakenhal‹ (2)

Lage: Oude Singel 29. – *Geöffnet:* Di–Sa 10–17 Uhr, So und Fei 13–17 Uhr.

Das Museum ist in der ehem., 1640 von *Arent van 's-Gravesande* errichteten *Tuchhalle* (›Lakenhal‹) untergebracht. Die Verkaufsräume befanden sich in den beiden Flügeln, die sich im Erdgeschoß in Säulenhallen öffnen und einen Hof umfassen, der zur Straße hin durch eine Mauer mit Portal abgeschlossen wird. Über diesem Portal sind u.a. eine in Stein gehauene Walkmühle und Tücher angebracht; wie die Reliefs mit Darstellungen der verschiedenen

Stedelijk Museum »de Lakenhal«

Stadien der Tuchherstellung an der Fassade des Verwaltungsgebäudes stammen sie von *Bartholomeus Drijfhout* und *Pieter 't Hooft*. Das Vorbild für die Anordnung der klassizistischen Baukörper muß wohl in zeitgenössischen Palastbauten (Palais Noordeinde in Den Haag) gesucht werden. Der Erweiterungsbau im Osten datiert von 1921.

Das Museum besitzt neben einer historischen, auf Leiden und seine Tuchweberei bezogenen Sammlung (u. a. Stadtsilber) Schützenporträts von *Joris van Schooten* (1587–1651), Bilder mit Darstellungen aus der Tuchherstellung von *Isaac Swanenburgh* (1538–1614), Allegorien von *Abraham van den Tempel* (1622–1672) aus dem Rathaus, das erhaltene Zimmer der Zunftmeister der Webergilde sowie eine Kollektion von Bildern bedeutender Leidener Maler: u. a. *Lucas van Leyden* (Triptychon ›Das Jüngste Gericht‹, 1526 als Gedächtnistafel für die Pieterskerk gemalt), *Rembrandt* (›Palamedes vor Agamemnon‹, 1626), *Jan Steen, Jan van Goyen* (›Ansicht von Leiden‹, 1650), *Alexander Bakker Korff* (1824–1882) und *Floris Verster* (1861–1927). Von den Silberarbeiten sei der von Königin *Elisabeth von Böhmen* der Stadt Leiden geschenkte *Pokal* genannt, ein 1641 im Ohrmuschelstil geschaffenes Hauptwerk von *Hans Coenraadt Brechtel*. Von den Stilräumen (17.–19. Jh.) ist vor allem das Chirurgenzimmer bemerkenswert.

Marekerk (3)

Der oktogonale Zentralbau mit Umgang und hoher Tambourkuppel wurde 1639/49 nach Plänen des Stadtbaumeisters *Arent van 's-Gravesande* (um 1599–1662) an dem damals noch nicht zugeschütteten Wasserlauf ›Mare‹ errichtet und gilt als sein sakrales Hauptwerk. Auf Rat *Jacob van Campens* ließ er die geplanten Fenster im Umgang weg. Von diesem stammt auch die monumentale Eingangspartie, die als Rückwand eines geplanten ionischen Säulenportikus konzipiert war. Da dieser nicht realisiert wurde, fügte *Huybert van Duyvenvlucht* 1657 Gebälk und Tympanon hinzu. Die geschwungenen Strebepfeiler zwischen dem von einer ionischen Laterne bekrönten Tambour und dem Umgang verleihen der Kirche ein elegantes Äußeres. Innen ruht der Tambour auf dem von acht ionischen Säulen getragenen Gebälk (aus Holz!), hinter dem aber die Arkaden, die als Entlastungsbögen dienen, versteckt sind.
Die sehr vage Verwandtschaft mit *Longhenas* Kirche Santa Maria della Salute in Venedig (Baubeginn 1631) könnte über den Entwurf eines ähnlichen Zentralbaus mit Kuppel in der 1640 erschienenen holländischen Ausgabe von *Scamozzis* ›L'idea della Architettura‹ erklärt werden. Von direkterem Einfluß war aber sicherlich die 1627 geweihte siebeneckige Kirche im Marienwallfahrtsort Scherpenzeel bei Löwen (Belgien). Die 1646 begonnene Oostkerk in Middelburg (Nr. 13) ist eine Variante der Marekerk. – Die quadratische Kanzel (1649) ist jener der Haarlemer Nieuwe Kerk (Nr. 16) nachgebildet. Die bei der Aufstellung 1733 modernisierte Orgel stammt aus der Pieterskerk.

Meermansburg (4; Oude Vest 159): Das wohl größte *Hofje* in Leiden wurde von Stadtbaumeister *Jacob Roman* 1681 im Auftrag eines der Präsidenten der Ostindischen Kompanie, *Maarten Meerman*, auf dem Grundstück des abgebrochenen Nazarethklosters errichtet und gegen Ende des 18. Jh. renoviert. Das Regentenzimmer im Stil Louis XIV enthält Porträts von *Jacob Cuyp, Jan de Baen* und *van Miereveld* (17. Jh.).

Hartebrugkerk (5; röm.-kath.): Die 1835/36 von *Th. Molkenboer* erbaute klassizistische Kirche mit ionischem Säulenportikus auf hohem Rustikasockel gilt als dessen Hauptwerk. Der Turm entstand erst 1892. Der Chor mit Umgang und Emporen wurde 1896/97 hinzugefügt.

Waag (6): *Pieter Post* errichtete 1657/59 den monumentalen klassizistischen Zweckbau. Das Relief mit einer Wägeszene schuf *Rombout Verhulst* 1658. Die gleichen Namen trifft man auch bei der *Butterhalle* an der Rückseite der Waage. Über dem Eingang eine Marktszene in Relief. Im Innern umgeben Galerien einen breiten, ursprünglich offenen, jetzt in Holz eingewölbten Mittelraum.

Gemeenlandshuis van Rijnland (7; Breestraat 59): Das *Wasserwirtschaftsamt des Rijnlands* residiert in einem Renaissance-Gebäude von 1598. *Pieter Post* hat 1657 das Vestibül und den großen Saal entworfen. Das Kaminstück ›Verleihung der Handfeste durch den Grafen Willem II. von Holland, 1255‹ von 1655 ist ein wichtiges klassizistisches Historienstück von *Caesar van Everdingen* (1617–1678).

Leiden: *Marekerk*

Raadhuis: Freitreppe

Raadhuis (8)

Dem mittelalterlichen, bei der Belagerung von 1574 erheblich beschädigten Rathaus wurde 1594 nach Plänen *Lieven de Keys,* eines der bedeutendsten Baumeister der holländischen Renaissance, eine neue, sehr ornamental behandelte Fassade mit manieristischen Pilasterstellungen, Rollwerk, Skulpturen, monumentalen Giebeln und doppelter Freitreppe vorgeblendet. 1604 folgte eine im gleichen Stil gehaltene Erweiterung um acht Fensterachsen nach rechts. Der aus dem 14. Jh. stammende Turm erhielt 1599 eine neue Bekrönung. Nach einem Brand 1929 blieb nur die Fassade stehen. Der neugebaute Turm wiederholt einzelne Motive des alten. Links, wo zwei dem Rathaus angegliederte Häuser standen, ist die Fassade durchgezogen. Die Reliefs stellen Szenen aus der Geschichte des Gebäudes, *eines der wichtigsten Beispiele der Renaissance-Architektur in Holland,* dar. – Den *Brunnen auf dem Vismarkt,* hinter dem Rathaus, schuf wahrscheinlich der Stadtbaumeister *Jacob Roman* (um 1690). – Die benachbarte *Brücke* über den Nieuwe Rijn (1642) wurde 1825 mittels zweier Säulenhallen zur *Weizenbörse* umgebaut.

Die Burg (**9**; Burgsteeg 14): Durch ein quasi-mittelalterliches Tor (1658) von *Willem van der Helm,* mit einem Löwen von *Rombout Verhulst* (1622), und ein Gitter (18. Jh.) zwischen zwei 1653 hier aufgestellten Pfeilern, erreicht man die auf einem künstlichen Hügel erbaute Ringburg (12./13. Jh.). Die einst gräfliche Burg wurde im 17. Jh. von der Stadt erworben. Der Wehrgang und Reste eines Torbaus sind erhalten. 1653 erhielt der Eingang sein heutiges Aussehen.

St. Pancras oder Hooglandse Kerk (10)

Geöffnet: Mai – Sept. tgl. 11–15 Uhr.

Die sehr reiche Kreuzbasilika in Brabanter Spätgotik wurde an der Stelle eines 1315 geweihten Vorgängerbaus, dessen Turm noch steht, errichtet. Der Umgangschor folgte in der 2. Hälfte des 15. Jh., das dreischiffige Querhaus mit hohen Fenstern an den Stirnseiten um 1500. Das nur bis zum Ansatz des Obergadens fertiggestellte Langhaus (1. Hälfte 16. Jh.) endet beim älteren Westturm (14. Jh.), dem ein Glockengeschoß in Holz (1622) aufgesetzt ist. Gotisierendes Westportal von 1665. Chorumgang und Seitenschiffe haben steinerne Sterngewölbe, Vierung, Hochchor und Querhaus erst 1842 angebrachte hölzerne Sterngewölbe, das Langhaus eine Holztonne.

In dem sehr schlank wirkenden Kirchenraum findet sich Mobiliar aus dem 17. Jh. Die Kanzel ruht auf einer spätgotischen Stütze. Im Chor Grabstein für den außerehelichen Sohn *Willems van Oranje, Justinus van Nassau* (1599–1631) und dessen Frau *Anna de Merode. Justinus* war 1601/25 Gouverneur von Breda (vgl. Nr. 34). Am südöstlichen Vierungspfeiler das von *Rombout Verhulst* 1661 geschaffene Epitaph für den Leidener Bürgermeister *Pieter Adriaansz. van der Werff* (gest. 1614), der sich während der Belagerung an die Spanier ausliefern wollte, um dafür seine Stadt zu schonen. Im Chorumgang Epitaph für *Zacharias Colbius* (gest. 1631).

Rijksmuseum voor Geologie en Mineralogie (11; Hooglandse Kerkgracht 17. – *Geöffnet:* Di–Sa 10–12 Uhr, 14–17 Uhr, So 14–17 Uhr, Fei geschlossen): Das Museum ist in dem ehemaligen, mehrfach erweiterten *Waisenhaus* (1607) untergebracht, an das ein Relief über dem Eingang erinnert.

Pieterskerk (12)

Die spätgotische fünfschiffige Kreuzbasilika mit Umgangschor wurde an der Stelle eines 1121 geweihten Vorgängerbaus errichtet. Die Seitenschiffe und der Chorumgang haben steinerne Kreuzrippengewölbe, alles übrige Holztonnen. Unter Meister *Rütger van Kampen* (auch wohl *Rutger von Cöln* genannt), der seit 1369 in Kampen arbeitete (vgl. Nr. 55), wurde Ende des 14. Jh. der Chor begonnen. Seit 1409 war *Aert Bruun,* Baumeister des Utrechter Domes (Nr. 22), Leiter der Bauhütte. Die Sakristei war 1399, der Chor, ein frühes Beispiel der Brabanter Gotik in Holland, 1412 fertig. Das fünfschiffige Langhaus (1450–1500) ist eine Seltenheit in Holland. An der von Treppentürmen flankierten Westfassade (kurz nach 1512) befindet sich ein 1637 um ein Stockwerk erhöhtes Portal. Das Querhaus wurde um 1500 in zwei Abschnitten eingefügt, was

sich daran zeigt, wie das Gewölbe an die durchgehende Tonne des Langhauses stößt. An der Westseite hat dieses Querhaus ein Seitenschiff, während im Osten eine Verdoppelung des Chorumgangs an das Querhaus anschließen sollte.
In der sehr geräumigen, 1947 restaurierten Kirche ist die Wandaufteilung des Mittelschiffes bemerkenswert: Über den Arkaden folgen an Stelle des Triforiums Blendbögen in zweigeschossiger Anordnung. Chorschranke (2. Hälfte 15. Jh.) mit geschnitztem Renaissance-Gebälk (Ende 16. Jh.). Die Kanzel (um 1525) zeigt am Korb den Übergangsstil von der Spätgotik zur Renaissance. Der Schalldeckel (17. Jh.) hat eine Renaissance-Bekrönung (um 1550), die Hagerbeer-Orgel (1639/41) ein gotisierendes Rückpositiv (1626), ein sog. ›Schwalbennest‹. Die Rundpfeiler im Chor enthalten Reste von Bemalungen (15. Jh.). Das im nördlichen Querhaus aufgestellte Grabmal für *Johan Polyander van Kerckhoven,* von *Rombout Verhulst* (1663), zeigt den Verstorbenen schlafend, ein bei *Verhulst* immer wiederkehrendes Motiv. Im südlichen Querhaus das Monument (1762) für *Herman Boerhaave* (1668–1738).

Südlich der Pieterskerk liegt das *Jean Pesijnshofje* (Kloksteeg 21). Hier starb der englische Theologe *John Robinson* (1575–1625), Pastor einer seit 1609 in Leiden ansässigen Exilgemeinde englischer Auswanderer, die aber 1620 ihren Zufluchtsort Leiden verließen, weil nach der Dordrechter Synode für sie keine Aussicht auf Rückkehr bestand. Die *Pilgerväter* schifften sich in Delfshaven auf der ›Mayflower‹ nach Neu-England (USA) ein, um sich dort ungestört zum Puritanismus zu bekennen: Für alle Bereiche des kirchlichen und politischen Lebens sollte nur das Gesetz Gottes gelten. Ihre Auffassung von ›god's own country‹ prägt bis heute das amerikanische Demokratieverständnis mit. Die Häuser der *Puritaner* wurden abgebrochen, um Platz zu machen für das 1683 erbaute Hofje, eines der schönsten der Stadt.

Gravesteen (**13**; zwischen Pieterskerkhof und Gerecht): Ältester Teil des malerischen Gebäudekomplexes ist der viereckige gräfliche *Gefängnisturm* (13. Jh., in der 2. Hälfte 15. Jh. erhöht). Der anschließende *Treppenturm* stammt ebenfalls aus dem 15. Jh. Der Erweiterungsflügel nach Westen entstand 1556. Das breite, am Pieterskerkhof gelegene Gebäude mit klassizistischem, von einer Justitiastatue bekröntem Mittelrisalit wurde 1655 als *städtisches Zuchthaus* errichtet. Im Norden steht das Tribunal mit seinen von korinthischen Pilastern gegliederten Fassaden auf sehr hohem rustiziertem Sockelgeschoß (1672, *Willem van der Helm;* Skulpturen von *Pieter Xavery*). Die Säulengalerie (1603) vor dem Gefängnisturm wurde 1655 bis zu dem im gleichen Jahr erbauten Zuchthaus durchgezogen. Der Komplex wird jetzt von der juristischen Fakultät benützt. – Schräg gegenüber vom Tribunal sieht man den Treppengiebel mit hübschem Portal (1600) der *ehem. Lateinschule* (Lokhorststeeg, Ecke Schoolstraat), in der *Rembrandt* in seiner Kindheit Unterricht erhielt.

Rijksmuseum voor Oudheden *(Archäologisches Museum)* **(14)**

Lage: Rapenburg 28. – *Geöffnet:* Di–Sa 10–17 Uhr, So und Fei 13–17 Uhr.

Die umfangreiche Sammlung enthält u.a. einen Tempel aus Taffeh, Bodenfunde aus Ägypten, Mesopotamien, dem Nahen Osten, Griechenland, Italien und dem Römischen Reich, außerdem Gegenstände aus der Vorgeschichte, der Römerzeit und dem frühen Mittelalter der Niederlande.

Gracht Rapenburg (15)

Außerhalb von Amsterdam findet man nirgendwo sonst in Holland so viele und verschiedenartige Beispiele klassizistischer Pilasterfassaden des holländischen Barock wie entlang der Gracht Rapenburg. Die Häuserreihe wirkt wie ein imaginäres Architekturmusterbuch.

Academie (Rapenburg 73): 1581 übernahm die junge Universität die Kapelle (1516) des kurz zuvor säkularisierten Dominikanerinnenklosters. Im Laufe der Jahrhunderte wurde sie öfters verändert. Den Dachreiter schuf 1670 *Willem van der Helm*. Im Auditorium eine Renaissance-Grabplatte (1566) von *Vintcent Lucas*. Das Senatszimmer wurde 1733/37 neu eingerichtet. In dem Bau ist auch das *Academisch historisch Museum* untergebracht (*geöffnet:* Di, Mi, Do 13–17 Uhr). Hinter der Academie liegt der *Hortus Botanicus,* einer der ältesten botanischen Gärten der Welt (1587; *geöffnet:* 1. Apr. – 1. Okt. Mo–Sa 9–17 Uhr, So 10–16 Uhr; Treibhäuser Sa und So geschlossen. 1. Okt. – 1. Apr. Mo–Sa 9–12 Uhr, 13.30–16.00 Uhr; Treibhäuser Sa geschlossen).

Das *Prentenkabinet (Kupferstichkabinett)* der Rijksuniversiteit (Rapenburg 65; *geöffnet:* Di–Fr 14–17 Uhr) enthält eine Sammlung von Zeichnungen und Druckgraphik sowie zur Geschichte der Photographie.
Biblioteca Thysiana (Rapenburg 25): Für die Bibliothek des bibliophilen Juraprofessors *Johannes Thysius* (1621–1653) entwarf *Arent van 's-Gravesande* nach dessen Tod ein klassizistisches, in seinem Ausmaß bescheidenes, in seiner Formensprache jedoch anspruchsvolles Domizil (1655).

Rijksmuseum voor Volkenkunde (**16**; Steenstraat 1. – *Geöffnet:* Di–Sa 10–17 Uhr, So und Fei 13–17 Uhr): Die sehr reichhaltigen Sammlungen des *Völkerkundemuseums* umfassen Kunst- und Gebrauchsgegenstände aus Afrika, Vorderasien, Ostasien, Indonesien, dem Pazifik, den Polargebieten und aus Nord-, Mittel- und Südamerika. – Das *Museum Boerhaave* (Steenstraat 1a; gleiche Öffnungszeiten) bietet eine interessante mathematisch-physikalische und medizinische Sammlung.

Nederlands Leger- en Wapenmuseum (**17**; Pesthuislaan – *Geöffnet:* Di–Sa 10–17 Uhr, Fr (nur Juli und Aug.) 9–17 Uhr, So 13–17 Uhr): Das *Armee-Museum* vermittelt ein Bild von 2000 Jahren Heeresgeschichte. Es ist im *ehem. Pesthaus* (1658/61) untergebracht. *R. Verhulst* schuf das Relief ›Die Pest als Furie‹ (1660).

Rijnsburg (auf dem Weg nach Katwijk aan Zee): Die holl.-ref. Kirche (16. Jh.) mit romanischem Turm (12. Jh.) ist ein Rest des 1133 von *Geertruid von Holland,* Witwe des Grafen *Floris II.*, gestifteten Damenstiftes. Die Fundamente der ehem. Klosterkirche (Dreikonchenchor) sind 1949 freigelegt worden.
Nach dem Bannfluch durch die portugiesisch-jüdische Gemeinde in Amsterdam verließ der Philosoph *Baruch Spinoza* seine Vaterstadt und lebte an verschiedenen Orten, 1660/63 in Rijnsburg, wo er sich, um existieren zu können, mit dem Schleifen von Linsen beschäftigte. Sein Haus (Spinozastraat 2) ist jetzt Museum.

Grabmal Willems van Lyere

Katwijk aan de Rijn: Die holl.-ref. Kirche (14./15. Jh.) enthält eines der bedeutendsten Grabmäler von *Rombout Verhulst.* Im Auftrag von *Maria van Reygersbergh* schuf er 1663 das Grabmal für ihren 1654 verstorbenen Mann, *Willem van Lyere,* Herr von Katwijk. Ergreifend ist die Melancholie der Witwe beim Betrachten ihres wie schlafend dargestellten Gatten. Die Orgel ist von 1765.

Im Frühling blühen zwischen Leiden und Haarlem die *Tulpenfelder.* Das Gebiet zwischen Leiden, Utrecht und Amsterdam bietet eine typisch holländische *Polderlandschaft* mit vielen Wassergräben, Kanälen, Windmühlen und Kühen.

4 Gouda

Verkehrsamt: In der Stadtwaage am Marktplatz.

Gouda entstand im 13. Jh. an der Mündung der Gouwe in die Hollandse IJssel und erhielt 1272 von Graf *Floris V.* Stadtrechte (das Glockenspiel an der Ostfassade des Rathauses erinnert daran). Während im 15. Jh. die Bierbrauereien und der Handel die wichtigsten Einnahmequellen bildeten (zur Zeit der höchsten Blüte gab es 350 Brauereien!), verdankte die Stadt im 17. Jh. ihren Wohlstand dem Käsehandel und der Herstellung von Tonpfeifen. Damals gehörte sie zu den sechs wichtigsten Städten Hollands. Noch heute spielt der Käsehandel eine große Rolle. Im Sommer findet jeden Donnerstagmorgen ein Käsemarkt statt, bei dem der bekannte ›Gouda‹-Käse gehandelt wird. Daneben besteht auch noch eine bedeutende Keramikindustrie.

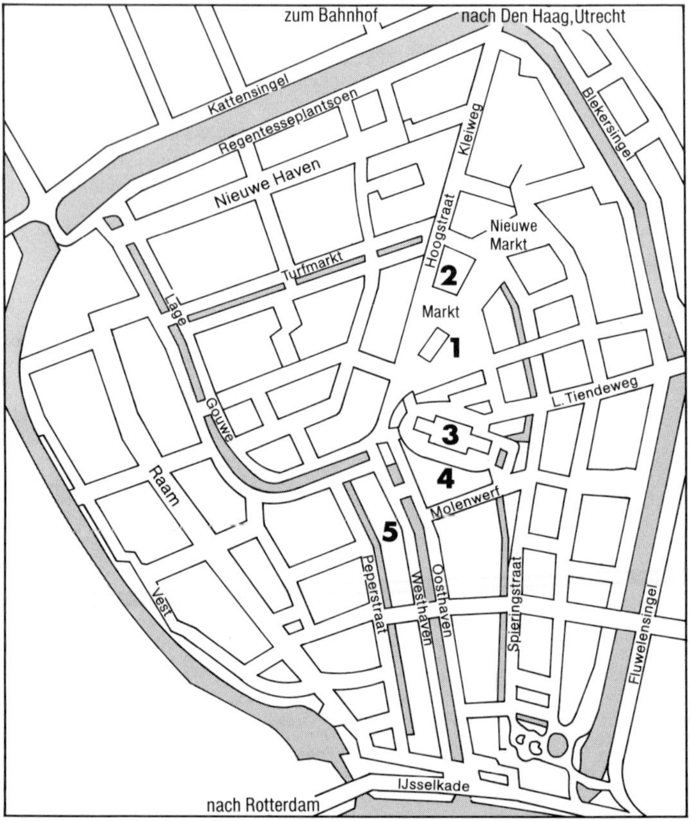

Gouda: Orientierungsplan
1 Raadhuis – 2 Stadtwaage – 3 St. Janskerk – 4 Stedelijk Museum – 5 Museum ›de Moriaan‹.

Raadhuis (1)

Das in weißem Naturstein errichtete Rathaus in Brabanter Gotik entstand 1448/59 unter der Mitarbeit *Jan Keldermans II.* 1517/18 baute man im Kellergeschoß eine Fleischhalle mit bemerkenswerten Gewölben, die auf drei Reihen gegeneinander versetzter Rundpfeiler ruhen. 1603 kamen die Renaissance-Freitreppe, 1626 die Zwerchgiebel an den Längsseiten hinzu. Bei einem Umbau 1690/97

Gouda: Raadhuis

veränderte *Hendrik Schut* den Bau innen und außen; er fügte den Baldachin an der Vorderseite und das Schafott an der Rückseite hinzu und brachte die Fensterkreuze an. Die ursprüngliche Fassade ist 1880 durch eine Kopie in einer andern Steinart ersetzt worden. 1947/52 versuchte man, nach Möglichkeit den Zustand von 1517, unter Beibehaltung der Fensterkreuze, der Zwerchgiebel, der Freitreppe und des Schafotts, zu rekonstruieren. Die Statuen der burgundischen Grafen und Gräfinnen sind modern.

Neben den Rathäusern von Middelburg und Veere (Nr. 13), an der ebenfalls Mitglieder der Familie *Keldermans* beteiligt waren, gilt das Rathaus als das bedeutendste des holländischen Mittelalters. Sehenswert sind das als ›Gerichtshalle‹ geplante Vestibül mit allegorischen Supraportes (1690) von *Jan Gijseling,* und der ›Ratssaal‹ mit Wandteppichen von *Davis Rufelaer* (1642) und einem Kaminstück von *Jacques de Roore* (1743). Werkstätten für Bildteppiche entstanden in Gouda, nachdem sich hier seit Ende des 16. Jh. 450 südniederländische Wirker niedergelassen hatten und in sechs ehem. Klöstern arbeiteten. Besonders das Geschlecht *van Rufelaer* aus Oudenaarde (Belgien) setzte die Tradition seiner Heimatstadt fort.
An der Nordseite des Marktplatzes steht die *Stadtwaage* (2; 1668, *Pieter Post*) mit ihren zwei dorischen Tempelfronten an Vorder- und Rückseite und einem Relief von *B. Eggers.*

St. Janskerk (3)

An Stelle eines älteren Vorgängerbaus (1404/12) entstand seit 1485 die jetzige spätgotische Kreuzbasilika mit hölzerner Tonnenwölbung. 1552 wurde sie bei einem Brand fast völlig zerstört. Der Wiederaufbau begann nach Plänen von *Cornelis Frederiksz. van der Goude,* wobei die Chorwände, die drei westlichen Langhausjoche und der halbeingebaute Westturm beibehalten wurden. Ob die querhausähnliche Verdoppelung der vier östlichen Langhausjoche, nach dem Vorbild der Haager Jacobskerk, vor oder nach dem Brand von 1552 erfolgte, ist unklar. Ursprünglich war eine Hallenkirche geplant; der Lichtgaden entstand erst nach 1590. Die Turmbekrönung (um 1650) hat zierliche Stützen an der Laterne, die wohl aus dem 18. Jh. stammen.

Hauptattraktion der Kirche sind die fast vollständig erhaltenen *Glasfenster,* die zwischen 1555 und 1603 von Fürsten, Prälaten, Städten und Privatpersonen gestiftet wurden. Sie zählen zu den *prächtigsten Leistungen der Renaissance-Glasmalerei in den Niederlanden.* Die wichtigsten Entwürfe stammen von *Dirck* (um 1505–1574) und

St. Janskerk: Grundriß

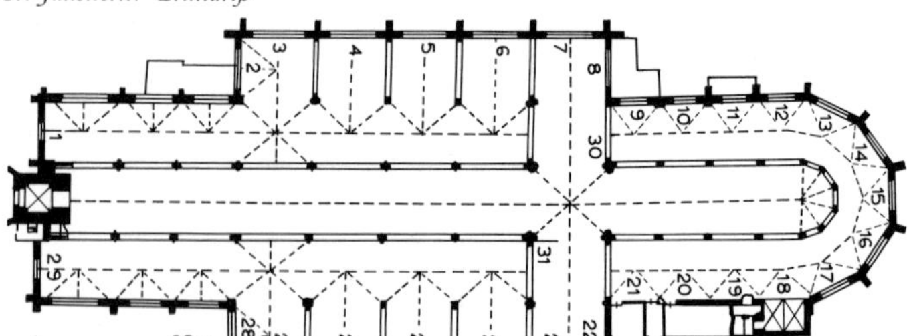

St. Janskerk: Fenster (22)

Wouter (um 1520–1589) *Pietersz. Crabeth.* Der Stil ihrer vielfigurigen Kompositionen in schönen perspektivischen Renaissance-Räumen ist manieristisch, der Einfluß des Antwerpener *Frans Floris* und der zeitgenössischen italienischen Kunst klar ersichtlich. 1901–1936 erfolgte eine Restaurierung durch *Jan Schouten* aus Delft. Die Originalkartons werden in der Kirche aufbewahrt. Die Numerierung entspricht jener unterhalb der Fenster und beginnt im Nordwesten.

1. *Jochim Wttewael:* ›Die Gewissensfreiheit‹ (1596), gestiftet von den Staaten von Südholland. – 2. *Willem Tybaut:* ›Die Eroberung Damiettes 1219‹ (1596), gestiftet von der Stadt Haarlem. – 3. *Gerrit Gerritsz. Cuyp:* ›Die Städtemagd von Dordrecht‹ (1596), gestiftet von der Stadt Dordrecht. – 4. *A. de Vrije:* ›Wappen der Deichgrafen von Rijnland‹ (1594), gestiftet von den Deichgrafen. – 5. *Wouter Crabeth:* ›Die Königin von Saba vor Salomon‹ (1561), gestiftet von Elburg van Boetzelaer, Äbtissin von Rijnsburg. – 6. *Dirck Crabeth:* ›Die Enthauptung des Holofernes‹ (1571), gestiftet von der Witwe des Grafen von Aremberg. – 7. *Wouter Crabeth:* ›Salomons Tempelweihe‹ und ›Jüngstes Gericht‹ (1557), gestiftet von Philipp II. von Spanien. – 8. *Wouter Crabeth:* ›Bestrafung des Tempelräubers Heliodor‹ (1566), gestiftet von Herzog Erich von Braunschweig, Herrn von Woerden. – 9. *Unbekannter Künstler:* ›Zacharias' Opfer‹ (1561), gestiftet von Dirk Cornelisz. van Ouwater. – 10. *Unbekannter Künstler:* ›Mariä Verkündigung‹ (1559), gestiftet vom Abt des Klosters Berne bei Heusden, 1655 durch *Daniel Tomberg* erneuert. – 11. *Lambert van Noord:* ›Geburt Johannes d. T.‹ (1562), gestiftet von den Erben des Utrechter Priesters Herman Lethmaath. – 12. *Wouter Crabeth:* ›Geburt Christi‹ (1564), gestiftet vom Kapitel der Utrechter Salvatorkirche. – 13. *Lambert van Noord:* ›Der zwölfjährige Jesus im Tempel‹ (1560), gestiftet von Petrus van Suyren, Abt von Marienwaarde. – 14. *Dirck Crabeth:* ›Predigt Johannes d. T.‹ (1562), gestiftet von Robert van Bergen, Bischof von Lüttich. – 15. *Dirck Crabeth:* ›Taufe Christi‹ (1555), gestiftet von Joris van Egmond, Bischof von Utrecht. – 16. *Dirck Crabeth:* ›Predigt Christi‹ (1556), gestiftet von Cornelis van Myerop, Probst der Utrechter Salvatorkirche. – 17. *Unbekannter Künstler:* ›Johannes d. T. warnt Herodes‹ (1536), gestiftet vom Utrechter Komtur der Johanniter, Wouter van Bijler. – 18. *Dirck Crabeth (?):* ›Christus antwortet den Jüngern des Johannes‹ (1556), gestiftet von Gerrit Heye und Frederik Adriaansz., Alt-Bürgermeistern von Gouda. – 19. *Willem Tybaut:* ›Enthauptung Johannes d. T.‹ (1570), gestiftet von Hendrik van Zwolle, dem Haarlemer Komtur der Johanniter. – 20. und 21. wurden 1929–1933 aus alten Fragmenten zusammengestellt. – 22. *Dirck Crabeth:* ›Christus treibt die Wechsler aus dem Tempel‹ (1567), gestiftet von Statthalter Willem van Oranje. – 23. *Wouter Crabeth:* ›Elias' Brand-

opfer am Berge Karmel‹ und ›Die Fußwaschung‹ (1562), gestiftet von der Regentin Margareta von Parma. – 24. *Dirck Crabeth:* ›Petrus und Johannes heilen einen Lahmen‹ und ›Philippus tauft einen Kämmerer‹ (1559), gestiftet von Philips de Ligne, Burggraf von Leiden. – 25. *Isaac Swanenburgh:* ›Befreiung Leidens im Jahr 1574‹ (1603), gestiftet von der Stadt Leiden. – 26. *Isaac Swanenburgh:* ›Die Befreiung Samarias‹ (1610), gestiftet von der Stadt Leiden. – 27. *Hendrick de Keyser (?):* ›Pharisäer und Zöllner‹ (1597), gestiftet von der Stadt Amsterdam. – 28. *Claes Wytmans:* ›Die Ehebrecherin‹ (1601), gestiftet von der Stadt Rotterdam, und *Charles Eyck:* ›Besatzung und Befreiung‹ (1947), gestiftet von Bürgern der Stadt Gouda. – 29. *Adriaen de Vrije:* ›David und christliche Ritter‹ (1596), gestiftet von den Staaten von Nordholland. – 30. *Dirck Crabeth:* ›Jonas und der Walfisch‹ (vor 1563), gestiftet von der städtischen Fischverkäufergilde. – 31. *Dirck Crabeth (?):* ›Balaam und seine Eselin‹ (?), gestiftet von der Fischergilde. – Im Lichtgaden: ›Christus und die Jünger‹ (vor 1571).
Sehr harmonisch ist das Mobiliar (Ende 18. Jh.) und die *Kanzel* im Stil Louis XVI mit ihrer bemerkenswerten Bambusbekrönung (1778 nach Plänen von *Jacob Otten Husley* gefertigt). Chorgitter von 1681. Die Stuckarbeit unter der Orgelempore datiert von 1771, die Orgel, von *Jean Moreau* aus Rotterdam, von 1733/36.
Die *Grabkapelle* nördlich des Chores enthält Grabplatten von 1613 und 1620 und wird von einem geschnitzten Gitter (Ende 16. Jh.) abgeschlossen. Sehr monumental wirkt die klassizistische Schauwand der Grabkapelle für *Hieronymus van Beveringk* (1614–1690), (jetzt Eingangsraum), der als Diplomat eine wichtige Rolle beim Friedensschluß von Nijmegen (1679) spielte.

Stedelijk Museum ›Het Catharinagasthuis‹ (4)

Lage: Achter de Kerk 32. – *Geöffnet:* Di–Sa 10–17 Uhr, So und Fei 12–17 Uhr.

Das Museum ist eingerichtet in dem ehem. mittelalterlichen *Catharinaspital,* das 1665 am Oosthaven ein neues Gebäude (wohl nach Plänen von *Pieter Post*) für die Vorsteher erhielt. Das Torgebäude, südlich der St. Janskerk, ist aus der Fassade des abgerissenen Torbaus (1609) des Aussätzigenhauses und dem Portal (ca. 1660) des Elisabethspitals (zum Museum hin) zusammengestellt. Das Relief stellt die ›Geschichte des armen Lazarus‹ dar.
Die *Sammlungen* umfassen neben mehreren manieristischen Altarstücken von *Pieter Porbus d. Ä.* (1510–1584) und *Dirck Barentsz.* (1534–1562) Schützenporträts von *Cornelis Ketel* (1599), *Wouter Crabeth* (1642) und *Ferdinand Bol* (1653), Stilräume (17.–19. Jh.) und das 1699 eingerichtete Zimmer der Chirurgengilde, das neben

Instrumenten und medizinischen Kuriositäten auch die ›Anatomische Vorlesung des Dr. Tulp‹ (1640) von *Christiaan Coevershof* enthält. Den gleichen Anatom porträtierte *Rembrandt* 1632 (Mauritshuis, Den Haag). Beide Gemälde hingen früher in den Räumen der Amsterdamer Chirurgijnsgilde. Von der Sammlung des Malers *Paul Arntzenius* (1883–1965), die aus Bildern der ›Haager Schule‹ und der ›Schule von Barbizon‹ besteht, seien die Landschaften von *Daubigny* und Werke von *O. Redon* erwähnt.

Östlich des Chores der St. Janskerk steht die *Jerusalemkapelle* (Jerusalemstraat, Ecke Patersteeg), die heute als Ausstellungsraum dient. Der zwölfeckige gotische Zentralbau (um 1498) wurde von *Gijsbrecht Willemsz. Raet,* einem Ritter des Hl. Grabes, gestiftet und ist eines der seltenen Beispiele eines Hl. Grabes in Holland.

Museum ›de Moriaan‹ (5; Westhaven 29): Das in einem Kaufmannshaus von ca. 1625 eingerichtete Museum enthält eine auserlesene Sammlung von in Gouda hergestellten *Tonpfeifen, Kacheln* und sonstiger *Keramik.* Die Inneneinrichtung der Diele datiert von ca. 1680.

5 Haastrecht

Das *Renaissance-Rathaus* des winzigen Städtchens – die Stadtrechte datieren von 1397 – an der Hollandse IJssel und dem Vlist hat Mosaikfüllungen in den Bogenfeldern über den Fenstern. – Die *holl.-ref. Kirche,* eine pseudobasilikale Kreuzkirche, wurde im 17. Jh. wiederaufgebaut, nachdem der Vorgängerbau 1573 zerstört worden war. Von dieser älteren Kirche (um 1500) sind der Chor (ursprünglich mit Umgang) und der flämisch anmutende Turm (Mitte 14. Jh.) erhalten. – Das *Museum Bisdom van Vliet* (Hoogstraat 166; *geöffnet:* 15. Apr. – 15. Okt. Di, Mi, Do, Sa 10–16 Uhr, So und Fei 14–17 Uhr) ist ein Patrizierhaus mit sehenswerter Inneneinrichtung aus dem 19. Jh.

Schoonhoven — Nr. 5

Günstig an Lek und Vlist gelegen, entwickelte sich der Ort im Mittelalter zu einem wichtigen Handelsplatz. Bereits im 14. Jh. entstand das auch heute noch bedeutende *Silberhandwerk.* Im 17. und 18. Jh. waren die Teppichmanufakturen und die Herstellung von Tonpfeifen wichtige Erwerbszweige.
Gut erhalten sind Teile der Umwallung (17. Jh.). – Am Dam, dem Zentrum des Städtchens, steht die *Grote* oder *Bartholomeuskerk* (für Besichtigung wende man sich ans Fremdenverkehrsamt im Rathaus): Aus einer um 1400 erbauten gotischen Kreuzkirche ist im 16./17. Jh. die heutige Hallenkirche entstanden. Der unvollendete Turm (um 1450) wurde 1648/50 fertiggestellt. Bei der Restaurierung 1925/35 ist die ganze Kirche stark verändert worden; u.a. wurden der Querarm um ein Joch verbreitert und die westlichen Vierungspfeiler versetzt. Den ehem. Lettner (2. Viertel 16. Jh.) wandelte man im 17. Jh. in ein Herrengestühl um. Hier liegt auch das Grab von *Olivier van Noort* (1558–1627), der als erster Holländer 1598—1601 die Erde umsegelte. Die Kanzel mit den 12 Aposteln stammt von 1658. – Die Erzeugnisse der Silberschmiede kann man im *Niederländischen Gold-, Silber- und Uhrenmuseum* besichtigen (Oude Haven 7; *geöffnet:* Di–Sa 10–17 Uhr, So und Fei 13–17 Uhr). Das weiße, 1927/29 stark veränderte Rathaus am Haven datiert von 1452.

6 Oudewater

Bereits im 12. Jh. war an der Mündung des Linschoten in die Hollandse IJssel eine Handelssiedlung entstanden, die um 1265 vom Utrechter Bischof Stadtrechte erhielt. 1575 verwüsteten die Spanier die Stadt fast völlig. Zentrum des reizenden Städtchens ist die breite Brücke über den Linschoten, auf der sich der Markt mit der *Waage,* auch als ›Hexenwaage‹ bekannt, befindet. Die Renaissance-Fassade (1595) wurde 1938 rekonstruiert. *Karl V.,* dessen Wappen die Fassade schmückt, soll der Waage das Recht verliehen haben, zu entscheiden, ob die der Hexerei verdächtigten Personen ihr natürliches Gewicht besäßen. War dies nicht der Fall, verfielen sie rettungslos dem Henker. Es steht jedoch fest, daß alle hier ausgestellten Zertifikate zum Freispruch geführt haben. Auch heute noch kann man sich hier wiegen lassen.
Viele Häuser an Havenstraat, Markt und Donkere Gaard sind nach der Zerstörung von 1575 neu gebaut worden und gehören zum ›südholländischen Typus‹; charakteristisch dafür sind profilierte Rundbogenformen mit Mosaikfüllungen über den Fenstern und in den Friesen. Ein schönes Beispiel bietet das Geburtshaus des Theologen *Jacobus Arminius* (vgl. S. 73) neben der Waage. – Das *Rathaus* mit gestreifter Fassade bildet ein schönes Beispiel holländischer Renaissance-Architektur. – Die *holl.-ref. Kirche* entstand im 15. Jh., als die romanische Pfarrkirche zur Hallenkirche mit Querhaus umgebaut wurde. Der Turm, kurz nach 1300 begonnen, zeigt in den unteren Gliederungen romanische, im oberen Teil gotische Formen.

Montfoort **Nr. 6**

Das kleinste Städtchen in der Provinz Utrecht entstand bei einer um 1170 vom Utrechter Bischof *Godfried* erbauten Burg, die später an die Herren von Montfoort kam. Von dieser 1672 von den Truppen *Ludwigs XIV.* zerstörten Anlage stehen noch ein Torgebäude und ein polygonaler Turm (15. Jh.). Der Stadtgraben und das IJsseltor blieben ebenfalls erhalten. Neben dem Tor das um 1500 erbaute, im 18. Jh. veränderte *Rathaus.* – Die spätgotische *holl.-ref. Kirche* mit stattlichem Westturm (um 1500) besitzt Mobiliar aus dem 17. und 18. Jh. 1544 gründeten die Johanniter hier eine Komturei (Hofstraat), in der sich Formen der Spätgotik und der Renaissance mischen. Die *Kornmühle* ›de Valk‹ datiert von 1753.

IJsselstein **Nr. 6**

Von weitem schon fällt der markante Turm des Städtchens auf. Der Ort entstand bei einer 1888 abgetragenen Burg (12. Jh.) der *Herren van Amstel,* von der nur ein Turm (um 1500) im Westen der Stadt erhalten blieb. Später kam IJsselstein an die *Grafen van Egmond* und an das *Haus Oranje.*
Die spätgotische *holl.-ref. Kirche* (14./15. Jh.) enthält die *Grabmäler* der Herren van IJsselstein: Das älteste, für *Gijsbrecht van IJsselstein* († 1344), in schwarzem Marmor, zeigt die Statuen *Gijsbrechts,* seiner Frau *Bertha van Heukelom,* seines Sohnes *Arnold* († 1363) und dessen Frau *Maria van Avennes.* Eine jüngere Grabstätte, für *Aleid van Culemborg* († 1471), der Frau *Frederiks van IJsselstein* († 1522), ist ein schönes Beispiel für den französisch-niederländischen Renaissance-Stil und dürfte nicht vor 1540 entstanden sein. Stilistisch ist das Werk mit Arbeiten des Bildhauers *Jean Mone* aus Mecheln verwandt.
Sehr wichtig ist der *Westturm,* eines der bedeutendsten Frühwerke der italienischen Renaissance in Holland. Kurz vor 1532 hat ihn der italienische Baumeister *Alessandro Pasqualini* südlich der Achse des Langhauses errichtet. Zum ersten Mal wurde hier eine klassische Pilasterordnung in Holland verwendet: Ionische Pilaster mit Metopen-Triglyphen-Friesen gliedern die drei unteren quadratischen

IJsselstein

Geschosse; darauf folgt ein achteckiges Geschoß. 1633/35 wurde das zweite, 1568 durch einen Brand zerstörte achteckige Geschoß wiederhergestellt. *Michel de Klerk* fand für die Wiederherstellung der 1911 abgebrannten Turmspitze eine ansprechende Lösung, die, ohne Konzessionen an historische Stilformen, auf harmonische Weise Vergangenheit und Gegenwart vereint (1925/27). Die Freiplastik schuf *Hildo Krop*.
Die neugotische *röm.-kath. Nicolaaskerk* (1855/57) von *Alfred Tepe* gilt als dessen *bedeutendstes Werk,* in dem er sich von der westfälischen (Langhaus) und niederrheinischen Gotik (Turm) inspirieren ließ. Das *Rathaus* am Hauptplatz (16. Jh.) hat einen hübschen Dachreiter und ein Eingangsportal aus dem 17. Jh. Die *Stadtwaage* (1797; Benschopperstraat 41) beherbergt heute das *Fremdenverkehrsamt.*

7 Dordrecht

Fremdenverkehrsamt: Stationsweg 1 (beim Bahnhof).

Geschichte: Dordrecht, mit seinen Stadtrechten von 1220 die *älteste Stadt der Grafschaft Holland,* erhielt 1299 Stapelrechte für den gesamten Handelsverkehr auf dem Rhein, der Maas, und der Merwede und entwickelte sich im 14. und 15. Jh. zum wichtigsten Rheinhafen Hollands. Bei Schwierigkeiten mit Brügge wich die Hanse öfters nach Dordrecht aus. Im 16. Jh. verlor der Handel mit Tuch, Salz, Wein und Holz durch den Aufstieg Antwerpens und Amsterdams, später auch Rotterdams, an Bedeutung.
Den ältesten Stadtkern bilden die Kaianlagen des *Voorstraat-* und des *Wijnhaven.* Der *Nieuwe Haven* entstand im 15. Jh., *Kalkhaven, Wolwevershaven* und *Maartensgat* folgten im 17. Jh. Mit seinen parallel zur Merwede angelegten Häfen und senkrecht darauf zulaufenden Verbindungsstraßen ist der Stadtplan typisch für eine Flußhafenstadt. Erst im 19. Jh. wuchs die Stadt aus ihrer mittelalterlichen

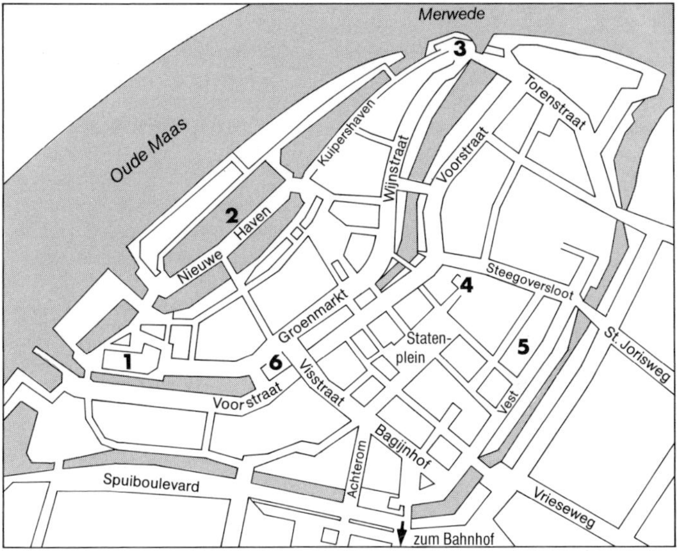

Dordrecht: Orientierungsplan
1 Grote Kerk – 2 Museum Mr. Simon van Gijn – 3 Groothoofdstor – 4 Het Hof – 5 Dordrechts Museum – 6 Rathaus.

Umwallung, von der nur das im 17. Jh. völlig umgestaltete *Groothoofdstor* erhalten blieb.
Nachdem die Stadt sich auf die Seite der Aufständischen gestellt hatte, versammelten sich hier vom 19.–23. Juli 1572 die Provinzialstände von Holland und beschlossen den gemeinsamen Kampf gegen Spanien; gleichzeitig wurde *Willem van Oranje,* den *Philipp II.* als Statthalter abgesetzt hatte, von ihnen wieder in sein Amt eingesetzt. Die Versammlung war die Ausgangsbasis auf dem Weg zur Unabhängigkeit. Eine der Grundforderungen war die Bekenntnisfreiheit, über die es Anfang des 17. Jh. noch viel Streit geben sollte.
Die innerkirchlichen Auseinandersetzungen erreichten ihren Höhepunkt ab 1604 im Streit zwischen *Arminianern* (›Remonstranten‹) und *Gomaristen* (›Contraremonstranten‹). Anlaß war ein theologischer Streit der beiden Leidener Professoren *Arminius* und *Gomarus.* Der eher freisinnige *Arminius* kritisierte das schroffe, von *Gomarus* verteidigte Zentraldogma der calvinistischen ›Prädestinationslehre‹. Die Arminianer baten 1610 in einem Memorandum (›Remonstrantie‹) die Staaten von Holland um Hilfe. Dies war Wasser auf die Mühle der Verfechter der staatlichen Mitsprache in kirchenpolitischen Fragen. Würde die Kirche auf die Entscheidung der Staaten hören, so käme dies einer Anerkennung des Primats des Staates über die Kirche gleich – eine Auffassung, die die orthodox-calvinistischen Gomaristen in einem Gegenmemorandum (›Contraremonstrantie‹) für inakzeptabel erklärten; sie wollten nur die Entscheidung einer nationalen Synode akzeptieren.
Der Streit wurde zum Politikum, da nicht nur das städtische Patriziat, sondern auch die beiden mächtigsten Männer in der Landesregierung, der Statthalter *Maurits* und der Ratspensionär *Oldenbarnevelt,* verschiedener Meinung waren.

Maurits ergriff demonstrativ Partei für die Contraremonstranten und besetzte, dazu als Statthalter berechtigt, in ›remonstrantischen‹ Städten den Magistrat neu. Den Laienanhängern der Remonstranten, *Oldenbarnevelt, Hugo Grotius* und anderen, wurde der Prozeß gemacht, *Oldenbarnevelt* sogar als ›Hochverräter‹ hingerichtet. Auf der von den Generalstaaten berufenen *Generalsynode* der reformierten Kirchen, an der auch 26 Deligierte aus England, der Schweiz und aus mehreren Staaten Deutschlands teilnahmen und die vom 13. Nov. 1618 bis 29. Mai 1619 in Dordrecht tagte, wurde der Arminianismus verurteilt und mehr als 200 Prediger abgesetzt. Vorläufig hatte die Kirche die Obrigkeit besiegt, obwohl die Regenten »sich gegen jede Verengung des Denkens sträubten« *(Lademacher).* Die Remonstranten, die sich unter der Leitung des ehem. Hofpredigers *Johannes Uyttenbogaert* in der ›Remonstrantse Broederschap‹ organisierten, erhielten schon 1630 das Recht zur freien Religionsausübung. Für die Kulturgeschichte Hollands von außerordentlicher Bedeutung ist die von der Synode veranlaßte *neue Übersetzung der Bibel,* (›Statenvertaling‹), die 1637 erschien.

Dordrecht ist der Geburtsort berühmter Maler: *Albert Cuyp* (1620–1691), der die reizende Ansicht der Stadt öfters vom Wasser aus malte, *Ferdinand Bol* (1616–1680), *Samuel Hoogstraten* (1627–1678), Verfasser eines kunsttheoretischen und künstlerbiographischen Lehrgedichtes ›Inleydinge tot de Hooghe schoole der Schilderkunst‹ (1678), *Nicolaes Maes* (1634–1693), *Aert de Gelder* (1645–1727), *Abraham van Strij,* der die Tradition der *Cuyperschen* Landschaftsmalerei im 18. Jh. fortsetzte, *Ary Scheffer* (1795–1858), ein romantischer Maler, der mit seinen melodramatischen literarischen Bildern über vier Jahrzehnte den Geschmack vor allem des französischen Bürgertums traf; sein Nachlaß befindet sich im Dordrechter Museum.

Heute ist Dordrecht eine Hafen- und Industriestadt mit vielen Erinnerungen an eine reiche Vergangenheit. Im Stadtbild findet der Besucher häufig Häuser des sog. ›Dordrechter Typus‹ (u.a. in der Hofstraat und der Visstraat). Charakteristisch sind die von Treppengiebeln bekrönten Fassaden mit überkragenden Geschossen auf profilierten Bogenstellungen, die sich über Renaissance-Kragsteinen entwickeln und die Fenster einfassen. Die Blendbögen haben häufig eine Dreipaßfüllung oder einen Ziermauerverband. Der um die Mitte des 16. Jh. aufgekommene Typus hielt sich bis ins 18. Jh.

Grote oder Onze Lieve Vrouwekerk *(Liebfrauenkirche)* (1)

Geöffnet: Mai – Sept. Di–Sa 10–12 Uhr, 14–16 Uhr.

Die dreischiffige Kreuzbasilika mit mächtigem unvollendetem Westturm wurde großenteils in der 2. Hälfte des 15. Jh. in Brabanter Gotik erbaut. Sie ist eine der bedeutendsten spätgotischen Kirchen der Niederlande und die einzige ganz in Stein eingewölbte in der Grafschaft Holland, eine erstaunliche Leistung in Anbetracht der Bodenbeschaffenheit. Daraus erklärt sich auch die geringe Höhe.

Ältester Teil ist der untere Bereich (bis zu den Fenstersimsen) der Liebfrauenkapelle (um 1280) nördlich des Umgangschores. Die Länge des Chores hängt mit der Erhebung (1366) zur Kapitelkirche zusammen. Von einem Ende des 14. Jh. begonnenen Umbau, der einem Neubau gleichkam, stammen das Querhaus, die Langhauskapellen, der Ausbau der Liebfrauenkapelle und der Aufbau des wohl 1339 begonnenes Turmes, der wegen Neigung des Unterbaus unvollendet blieb. Nach dem großen Stadtbrand von 1457 wurde die Kirche wiederaufgebaut. Als erstes entstand der heutige

Grote Kerk

Umgangschor, als dessen Baumeister *Evert Spoorwater* genannt wird und wofür eine Verschmälerung der Liebfrauenkapelle notwendig war. Der Chorumgang wurde 1502 eingewölbt. Danach folgten Querhaus und Langhaus, dessen Seitenkapellen wenig gelitten hatten. Die Einwölbung der Kirche fand erst Anfang des 16. Jh. statt. Eine Verlängerung des Langhauses beidseits des Turmes ist nie vollendet worden, nur Mauerreste neben dem Tor westlich des Turmes blieben erhalten.

Das Sichtmauerwerk des Innenraumes war bis zur Restaurierung 1903–1936 weißgetüncht. Er muß mit den früheren Bündelpfeilern, die ohne Kapitell die Gewölberippen aufnahmen, einen bedeutend schlankeren Eindruck gemacht haben als mit den jetzigen, nach 1457 angebrachten schweren Rundpfeilern mit Kohlblattkapitellen. Die Seitenschiffe vermitteln noch einen Eindruck des ursprünglichen Zustands.

Im Chorumgang Wandmalereien (Anfang 16. Jh.), ›Schmerzensmann‹ und ›Hl. Gisela‹. Die stark restaurierten Gewölbemalereien in Chor und Querhaus entstanden im 17. Jh., die im Langhaus sind modern.

Zu den wichtigsten Ausstattungsstücken gehört das herrliche, 1538/41 von *Jan Terwen* geschnitzte *Chorgestühl* mit Reliefdarstellungen: auf der Nordseite (1538) die Geschichte des *Mucius Scaevola* (als Beweis römischer Tapferkeit läßt er vor dem feindlichen Etruskerkönig Porsenna seine rechte Hand im Feuer verkohlen), ein römischer Triumphzug und der Triumphzug Kaiser *Karls V.* (er ist

deutlich von dem 1526 erschienenen ›Triumphzug Kaiser Maximilians I.‹ von *Altdorfer, Burgkmair* und *Dürer* beeinflußt). Die Reliefs auf der Südseite sind bedeutend schwächer; dargestellt sind Adam und Eva, alttestamentarische Szenen, eine Allegorie der Erlösung (Christus auf einem Triumphwagen, der von den vier Evangelistensymbolen gezogen wird, dahinter der gefesselte Tod), Märtyrer, ein Zug von Chorknaben und Mönchen und der Triumph der Kirche über die Ketzerei. Um 1550 ist das Chorgestühl nach Westen verlängert worden. Das Regence-Chorgitter datiert von 1743.
Die *Rokokokanzel* mit ihrer Materialvielfalt ist in Holland einmalig; sie wurde 1753/56 von dem skandinavischen Bildhauer *Asmus Frauen* nach Entwurf *Jacob Cressants* geschaffen. Die Reliefdarstellungen (›Taufe Christi‹, ›Der zwölfjährige Jesus im Tempel‹, ›Die Bergpredigt‹) werden von Personifikationen des Glaubens, der Hoffnung, der Liebe und des Starkmuts begleitet. Die Orgel baute *Nicolaas van Hagen* 1671, die Rokokoempore datiert aus dem 3. Viertel des 18. Jh.

Museum Mr. Simon van Gijn (2)

Lage: Nieuwe Haven 29. – *Geöffnet:* Di–Sa 10–17 Uhr, So und Fei 13–17 Uhr.

Die von dem Bankier *Simon van Gijn* (1836–1922) gesammelten Gemälde, Möbel, Gläser, Silber, Porzellan und Spielzeug kamen samt dem 1729 erbauten Haus 1922 an die Stadt Dordrecht. Sehenswert sind vor allem der Saal mit Brüsseler Wandteppichen mit Szenen aus *Guarinis* ›Pastor Fido‹ (18. Jh.), die 1886 eingerichteten Neorenaissance-Räume und der Renaissance-Kamin (ca. 1540); er wurde aus dem Kloveniersdoelen (Schützenhaus) hierher gebracht und stammt wahrscheinlich aus der Werkstatt *Jan Terwens,* der auch das Chorgestühl für die Grote Kerk schuf. Der Fries mit kämpfenden wilden Männern geht auf einen Stich *Barthel Behams* (1502–1540) zurück.

Groothoofdstor (3): Das mittelalterliche Tor von 1325 wurde 1618 umgestaltet und 1925/27 stark restauriert. Der achteckige Kuppelbau von 1692 ersetzt einen viereckigen Vorgänger. In der Durchfahrt ein spätgotisches Netzgewölbe. An der Flußseite ist der Torbau mit manieristischer Bauplastik von *Gillis Hupe* geschmückt. Von hier hat man eine herrliche Aussicht auf den Zusammenfluß von Oude Maas und Merwede. – Lohnend ist ein Spaziergang durch die Wijnstraat mit ihren historischen Häusern.

Het Hof (4) Einst lag hier das 1572 säkularisierte *Augustinerkloster,* von dem nur die wohl nach 1512 erbaute zweischiffige Kirche an der Voorstraat erhalten blieb. Die Fassade wurde 1776 vorgeblendet. Der Maler *Albert Cuyp* liegt in der Kirche begraben. Der Klosterkomplex wurde öfters umgebaut und diente u. a. als Prinsenhof und Schützenhaus. Im östlichen Flügel, dem früheren Refektorium, fand 1572 die Versammlung der Provinzialstände von Holland statt, in der die Weichen für die Unabhängigkeit der nördlichen Provinzen gestellt wurden. Die Galerie und die Pilasterfassade darüber wurden 1970/75 rekonstruiert. Das frühe *Renaissance-Portal* (Voorstraat 186/88) von 1555 gab Zugang zum *Münzamt von Holland,* das hier von 1283 bis 1795 ansässig war.

Dordrechts Museum (5)

Lage: Museumstraat 40. – *Geöffnet:* Di–Sa 10–17 Uhr, So und Fei 13–17 Uhr.

Das Museum besitzt eine wichtige *Sammlung holländischer Malerei des 17. Jh.,* mit Schwerpunkt Dordrechter Maler: *Jacob Gerritsz. Cuyp, Nicolaes Maes, Ferdinand Bol, Samuel van Hoogstraten* und *Aert de Gelder.* Von dem bedeutendsten Barock-Bildhauer, *Artus Quellinus,* kam die Marmorbüste (1665) des Staatsmannes *Johan de Witt* (1625–1672) ins Museum; *de Witt* war 1650/53 Syndikus seiner Geburtsstadt Dordrecht und von 1653 bis zu seiner Ermordung 1672 Ratspensionär von Holland. Die holländische Romantik ist durch die Brüder *van Strij, J. C. Schotel, B. C. Koekkoek, A. Schelfhout* und *A. Waldorp,* die impressionistische ›Haager Schule‹ durch die Brüder *Maris* und *A. Mauve* vertreten. Von den Malern des 20. Jh. seien *Toorop, Sluyters, Appel, Constant, Alechinsky, Lucassen* und *Raveel* erwähnt. Sehenswert ist auch der dem romantischen Maler *Ary Scheffer* (1795–1858) gewidmete Saal.

Das *Arend Maartenshofje* (Museumstraat 56) datiert von 1625. – Nordöstlich des klassizistischen *Rathauses* (*6;* 1843) steht das Denkmal für die Brüder *Johan* und *Cornelis de Witt* von *Toon Dupuis.*

Nördlich von Dordrecht, im Dorf *Kinderdijk,* wo die Noord sich mit dem Lek vereinigt und beide als Nieuwe Maas weiterfließen, hat man eine herrliche Sicht auf *19 Windmühlen,* die 1738/40 gebaut wurden, um das Wasser der Over- und Nederwaard-Polder stufenweise in den Lek zu befördern. Im Juli und August sind sie samstags in Betrieb.

8 Woudrichem

Am Zusammenfluß von Maas und Waal liegt das intakte *Festungsstädtchen* Woudrichem, dessen Geschichte bis ins Mittelalter zurückgeht. Die Umwallung von 1580 ist später immer wieder modernisiert worden. Noch in der 1. Hälfte des 20. Jh. war die Flußfischerei (Lachs) die wichtigste Erwerbsquelle. Seit 1971 wird das historische Stadtbild restauriert und, wo erwünscht, in angemessener Weise ergänzt.

Die Stadt wird von dem mächtigen spätgotischen *Turm* (15. Jh.) der *holl.-ref. Kirche* (15./16. Jh.) beherrscht. Er hat Strebepfeiler, die in den oberen Geschossen übereckgestellt sind, wie beim Turm in Zaltbommel. Renaissance-Einfluß besteht in den Medaillons und Rauten (mit Büsten von Kriegern, Mädchen und Tieren), die nicht vor 1530 entstanden sein können. Die Orgel (1680) war ein Geschenk des Statthalter-Königs Willem III. an die Kloosterkerk in Den Haag und wurde 1865 hier installiert.

Von Woudrichem ist die *Burg Loevestein* mit einer Fähre erreichbar. Sie liegt auf einer Landzunge zwischen Maas und Waal (*geöffnet:* 1. März – 1. Okt. tgl. 10–17 Uhr). Die wohl zwischen 1357 und 1368 für *Dirk Loef van Horne* gebaute Wasserburg kam um 1400 an die Grafen von Holland; sie war eine wichtige Festung an der Grenze zwischen Holland und Gelderland (Geldern). Im 17. Jh. hat man die Umwallung angelegt. Die Republik benützte den Bau als sicheres Staatsgefängnis. Trotzdem gelang es dem Juristen *Hugo Grotius,* der hier seit 1619 wegen seiner Sympathien für die Remonstranten (vgl. Nr. 7) gefangengehalten wurde, 1621 mit Hilfe seiner Frau in einer Bücherkiste zu fliehen. Von der um 1400 zerstörten Vorburg steht nur noch der Rundturm. Die Burg besteht aus einem quergelagerten Palas mit zwei schweren viereckigen Fronttürmen und einem Torbau. Im Hauptgeschoß des Palas befindet sich der Rittersaal. Auf dem Kamin der Kemenate sind die Wappen *Albrechts von Sachsen* (1443–1500), seit 1488 Statthalter der Niederlande, und des burgundischen Herzogs *Philipp des Schönen* angebracht.

Gorkum/Gorinchem — Nr. 8

Der Ort, der bei einer Fähre über die Merwede entstand, erhielt 1224 Zollfreiheit und um 1280 Stadtrechte. Als Handelsstadt war sie eine Konkurrenz für Dordrecht. 1412 kam der einstige Besitz der Herren von Arkel an die Grafen von Holland. An die einstige Burg erinnert nur noch die ›Burgstraat‹. Vom Festungsring blieb das 1597 errichtete, später veränderte *Dalemtor* im Südosten erhalten.
Als die ›Wassergeusen‹ 1572 Gorkum den Spaniern entrissen hatten, ließ ihr Befehlshaber *Willem van der Marck,* Herr von Lumey, 19 Geistliche hinrichten, weil sie sich zur tatsächlichen Gegenwart Christi in der Eucharistie bekannten; 1675 wurden die Gorkumer Märtyrer heiliggesprochen (vgl. Den Briel, Insel Voorne, Nr. 11). – Von der gotischen *Janskerk* steht nur noch der schiefe Turm, der zwischen 1450 und 1517 errichtet wurde. Auf den Unterbau, der sich bereits während der Bauarbeiten neigte, wurde ein senkrechter Oberbau gesetzt. Die historisierende Basilika (1849/51) enthält Reste eines Grabmals für *Jan III. van Arkel* (um 1300). – Hinter einer der schönsten Renaissance-Fassaden der Stadt (1566; Gasthuisstraat 25) findet man das *Städtische Museum* (*geöffnet:* 1. Mai – 1. Nov. Di–Fr 10–12 und 14–17 Uhr, Sa bis 16 Uhr).
Von Gorkum aus werden Ausflüge in das *Deltagebiet* ›De Biesbos‹ mit seinen Wasserläufen, Morastwäldern, Inselchen und Riedfeldern organisiert.

9 Rotterdam

Fremdenverkehrsamt: Stadhuisplein 19 und Bahnhofshalle.

Geschichte: Rotterdam, nach Amsterdam mit ca. 700000 Einwohnern die zweitgrößte Stadt Hollands, beeindruckt durch Tatendrang, von dem auch das neue Stadtzentrum zeugt. Nachdem die historische Innenstadt am 14. Mai 1940 von einem deutschen Bombergeschwader vollkommen zerstört worden war – die Zahl der Todesopfer betrug ca. 900 – hat man nach 1945 energisch mit dem Neuaufbau begonnen.
Die dreieckige, von Coolvest (jetzt Coolsingel), Goudse Vest (Goudse Singel) und Zeedijk begrenzte mittelalterliche Stadt war an der Mündung der Rotte in die Nieuwe Maas entstanden. Seit 1289 besaß sie Zollfreiheit, seit 1340 Stadtrechte. Der Fall Antwerpens (1585) wirkte sich auf den Handelsverkehr sehr positiv aus; um 1600 entstanden mehrere neue Hafenbecken. Rotterdam entwickelte sich zur zweiten Handelsstadt der Republik, eine Kaufmannsbörse wurde 1635 errichtet. Aus dem 17. Jh. blieben nur die Statue des hier geborenen Humanisten *Desiderius Erasmus van Rotterdam* (1467–1536), das Schielandhuis und einige Häuser am Wijnhaven erhalten. Der im 18. Jh. einsetzende wirtschaftliche Niedergang erreichte seinen Tiefpunkt während der Batavischen Republik (1795–1806). Erst die Anlage des Nieuwe Waterweg zur Nordsee (1866/72) als Ersatz für die versandete Nieuwe Maas leitete eine neue Blütezeit ein. Die Stadt wuchs, ohne urbanistisches Konzept, explosionsartig: In den 90er Jahren kamen jährlich 10000 Einwohner hinzu. In den ersten Jahrzehnten des 20. Jh. wurden Pläne für einen repräsentativen Coolsingel entwickelt, 1913 das neue Rathaus, 1915 das Postamt gebaut.
Maßgeblich von dem 1918 ernannten Stadtarchitekten *Jacobus Johannes Oud* (1890–1963) gefördert und teilweise von ihm entworfen, entstanden in den 20er Jahren epochemachende Sozialsiedlungen und Wohnblocks: u. a. Spangen (*Brinkman*, 1919/21), Tussendijken (*Oud*, 1923), Oud Mathenesse (*Oud*, 1922), Hoek van Holland und Kiefhoek (*Oud*, beide 1925/27). Auch auf dem südlichen Maasufer, das durch die 1878 eröffneten Brücken mit der Stadt verbunden war, wurde nun gebaut. Nach Plänen von *Berlage* und *Granpré Molière* entstand hier in mehreren Bauphasen 1916–1942 die Gartenstadt Vreewijk. *Brinkman* und *van der Vlugt* errichteten in den 30er Jahren die van Nelle-Fabrik, mehrere Villen im Stil der Neuen Sachlichkeit und das erste scheibenförmige Hochhaus in Holland.
Der Wiederaufbau der zerstörten Häfen und der Innenstadt (260 ha mit 25000 Wohnbauten, 23000 Geschäftshäusern, 62 Schulen und 13 Krankenhäusern) war das größte Bauproblem, das nach 1945 in Angriff genommen werden mußte. Durch Reduzierung der bebauten Fläche von 55% vor dem Krieg auf 31% und Neuordnung des Straßennetzes erreichte man eine günstigere Verteilung zwischen bebauten und unbebauten Flächen, aber auch ein vielleicht zu offenes Stadtzentrum, dessen Rückgrat die Nord-Süd-Achse ›Coolsingel‹ bildet. Große urbanistische Bedeutung kommt dabei dem Geschäftszentrum ›De Lijnbaan‹ von *J. H. van der Broek* und *J. B. Bakema* (1949/53) zu. Der 1960 errichtete Euromast von *H. A. Maaskant* und *Ossip Zadkines* Mahnmal ›Die zerstörte Stadt‹ (8; 1953) sind die neuen Wahrzeichen Rotterdams geworden.
Der *Seehafen*, der größte Europas, ist gleichzeitig Vorhafen des deutschen Ruhrgebietes für den Umschlag von Erdöl, Erz, Kohle und Getreide. Die Hafenanlage ›Europoort‹ bildet mit dem ›Botlekgebiet‹ und der Insel Rozenburg ein über 20 km langes zusammenhängendes Hafen- und Industriegebiet mit Container- und Öltankerhafen und Ölraffinerien.

Groothandelsgebouw (1): Das Großhandelsgebäude entstand 1949/51 nach einem Entwurf von *H. A. Maaskant* und enthält Büro-, Lager-, Ausstellungs-, und Parkräume für mehr als 200 Großhändler. Die um drei Innenhöfe gruppierten Räume sind über eine Rampe für Kfz-Verkehr zugänglich. – Gegenüber steht das

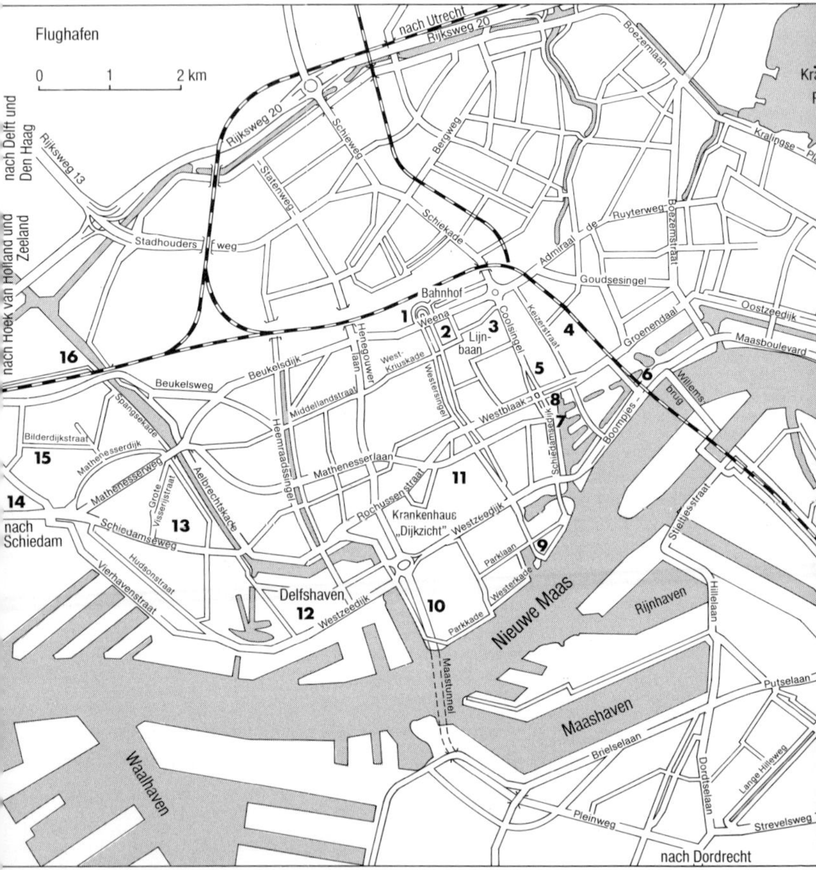

Rotterdam: Orientierungsplan

1 Groothandelsgebouw – 2 ›De Doelen‹ – 3 Lijnbaan und Coolsingel – 4 Grote Kerk – 5 Schielandhuis – 6 Het Witte Huis – 7 Museumsschiff ›Buffel‹ – 8 Mahnmal ›Die zerstörte Stadt‹ – 9 Museum voor Land- en Volkenkunde – 10 Euromast – 11 Museum Boymans-van Beuningen – 12 Delfshaven – 13 ›Tussendijken‹ – 14 ›Het witte dorp‹ – 15 ›Spangen‹ – 16 van Nelle-Fabrik – 17 ›De Kiefhoek‹.

Bouwcentrum, eine Auskunft- und Beratungsstelle für das Bauwesen (1947/49 *J. W. C. Bols,* später erweitert), mit einem Backsteinrelief von *Henry Moore* (1956). Vor dem Komplex eine Betonplastik von *Pablo Picasso.*

Konzert- und Kongreßgebäude ›De Doelen‹ (2): Der 1966 nach Entwurf von *E. H.* und *H. M. Kraayvanger* und *R. H. Fledderus* fertiggestellte Bau enthält u. a. zwei Konzertsäle für 2249 bzw. 604 Personen, die durch zwei Dächer als solche erkennbar sind. Die Konstruktion des großen Saales erinnert an Scharouns Berliner Philharmonie (1963), die jedoch wesentlich einfallsreicher ist.

Lijnbaan und Coolsingel (3)

Die Lijnbaan, deren Name an die Reeperbahn, die hier im 17. Jh. in Betrieb war, erinnert, wurde 1949/53 von dem Architektenbüro *van der Broek* und *Bakema* als verkehrsfreies Geschäftszentrum mit Wohnbauten errichtet. Sie zählt zu den großen Leistungen des Nachkriegsstädtebaus in Europa (entstanden 1954/69). Vor dem als ›Point de Vue‹ in die Planung einbezogenen Rathaus erweitert sich die Hauptachse zum Platz. Hier steht das von *Mari Andriessen* geschaffene ›Denkmal für die Kriegsopfer‹ (1957). Von den übrigen Plastiken seien noch *Auguste Rodins* ›Schreitender‹ und *Georg Rickeys* ›Kinetische Plastik‹ erwähnt.
Raadhuis (Coolsingel 40): Das 1915/20 nach Entwurf von *Henri Evers* erbaute Rathaus, ein sehr spätes Beispiel eines öffentlichen Gebäudes im Neorenaissance-Stil, ist das größte Hollands. An der Fassade Bronzestatue *Oldenbarnevelts,* der 1577/86 Pensionär (Ratssekretär) Rotterdams war. Im Innern Wandmalereien von *Johan Thorn Prikker* (Bürgersaal) und *Marius Richters* (Ratssaal). – Neben dem Rathaus das 1915/23 von *C. G. Bremer* erbaute *Hauptpostamt.* Auf der gegenüberliegenden Seite des Coolsingels steht das *Kaufhaus De Bijenkorf,* das 1955/57 von *Marcel Breuer* unter Mitarbeit von *A. Elszas* gebaut wurde. Statt eines von der Stadtplanungskommission verlangten Querbaus, den man auch bei anderen Gebäuden auf der Westseite des Coolsingels findet, den *Breuer* jedoch nicht realisieren wollte, wurde als Kompromiß die konstruktivistische Plastik *Naum Gabos* (1957) aufgestellt, um die beabsichtigte Rhythmisierung der Bebauung entlang diesem Boulevard zu gewährleisten.

Grote oder **St. Laurenskerk (4)**

Geöffnet: Di–Sa 10–16 Uhr.

Die geräumige, holztonnengewölbte Kreuzbasilika in Brabanter Gotik mit eingebautem Westturm und in Stein eingewölbten Seitenkapellen und Umgangschor wurde nach schweren Kriegsschäden 1951–1968 völlig restauriert.
An Stelle eines Vorgängerbaus wurde um 1460 das jetzige Langhaus begonnen; der Chor folgte 1488, das Querhaus 1497–1513. 1519 war die Kirche noch nicht fertig; denn es gab einen Ablaß zu ihrer

Vollendung. Der Westturm (1448/60) wurde 1547/55 nach Plänen von *Cornelis Frederiks van de Goude* um zwei Geschosse aufgestockt; 1650/55 hat *Claes Jeremiasz. Persoons* die Fundamente des sich stark neigenden Turmes erneuert und verstärkt.
Die Innenausstattung ist 1940 größtenteils verloren gegangen. Das ›Tor des Friedens und des Krieges‹ schuf der italienische Bildhauer *Giacomo Manzù* 1966/68. Die große Orgel ist modern, das Gehäuse der Orgel im Querhaus datiert von 1534. Das Chorgitter von 1715 hat man bei der Restaurierung als Chorschranke zwischen den Rundpfeilern aufgestellt. Die Kirche enthält mehrere Grabmäler für Seehelden: für Admiral *Witte de With* (1599–1658), von *Pieter Rijckx* nach einem Entwurf von *Jacob Lois* (1669), für Admiral *Egbert Kortenaer* (1605–1665), wohl aus der Werktstatt von *Rombout Verhulst* (1669), und für *Johan van Brakels* (1618–1690), von *Johan Blommendael* (1690).
Die Bronzestatue des Humanisten *Erasmus von Rotterdam* von *Hendrick de Keyser* (1622) vor der Kirche ersetzt eine ältere Statue in Stein, die wiederum an die Stelle einer im Jahre 1549 anläßlich des Einzuges *Philipps II.* errichteten geschnitzten Statue gekommen war.

Schielandhuis (5)

Lage: Korte Hoogstraat 31.

Für das Deichamt des Schieland hat der Rotterdamer Maler-Baumeister *Jacob Lois* (gest. 1676) unter Mitarbeit *Posts* 1662/65 das klassizistische Gebäude errichtet; es ist eines der wenigen, die den Bombenhagel vom Mai 1940 überstanden. Nach einem Brand 1864 wurde es unter Beibehaltung der Fassade, aber ohne das ursprüngliche hohe, steile Dach neu aufgebaut. Die gekuppelten Säulen bzw. Pilaster am Portikus und am Mittelrisalit verleihen dem Bau ein in Holland seltenes barockplastisches Aussehen: Die üblichen Pilasterfassaden der holländischen Architektur jener Zeit sind wesentlich flächiger, fast graphisch behandelt.

Het Witte Huis, das ›Weiße Haus‹ (6; Wijnhaven, Ecke Gelderse Kade), der erste ›Wolkenkratzer‹ Hollands, wurde 1897/98 noch in traditioneller Bauweise mit tragenden Außenmauern nach einem Entwurf *W. Molkenbroeks* errichtet. Die *Willemsbrücke* wurde 1981, die weiter nach Osten gelegene *Van Brienenoordbrücke* 1965 eröffnet. – Im Leuvehaven liegt das *Museumsschiff* ›Buffel‹, ein gepanzertes Rammturmschiff (1868) der königlichen Marine (*geöffnet:* Di–Sa 10–17 Uhr, So und Fei 11–17 Uhr), das eine Ausstellung über die Seefahrt im 19. Jh. zeigt.

Museum voor Land- en Volkenkunde (9; Willemskade 25. – *Geöffnet:* Di–Sa 10–17 Uhr, So und Fei 11–17 Uhr): Das *Völkerkundemuseum* enthält eine Sammlung von Kunst- und Gebrauchsgegenständen nicht-europäischer Völker. – Das *Steuermuseum* (Parklaan 14) dokumentiert die Geschichte der Steuer und der Steuereinnahme durch die Jahrhunderte und birgt eine Sammlung von Schmuggelgeräten.

Euromast (10; *geöffnet:* tgl. 9–22 Uhr): Anläßlich einer Gartenschau 1960 wurde der ursprünglich 104 m hohe Aussichtsturm mit Restaurant nach Entwurf von *H. A. Maaskant* errichtet und 1970 mit einem Panoramalift auf 185 m erhöht.

Museum Boymans-van Beuningen (11)

Lage: Mathenesserlaan 18–20. – *Geöffnet:* Di–Sa 10–17 Uhr, So und Fei 11–17 Uhr

Da das Schielandhuis für die städtische Sammlung zu klein geworden war, baute *A. van der Steur* 1928/35 einen neuen Backsteinbau mit dominierendem Turm. Der Einfluß der skandinavischen Architektur (Stockholmer Rathaus) ist unverkennbar. Der neue Flügel links wurde 1963/72 nach einem Entwurf von *A. Bodon* angefügt. In dem älteren Bau sind die Gemäldegalerie (Obergeschoß) und die kunstgewerblichen Abteilungen (Erdgeschoß) untergebracht, im Erweiterungsbau die moderne Kunst sowie Cafeteria und Verkaufsraum.

Die sehr umfangreichen Sammlungen des Museums umfassen Kunst und Kunstgewerbe vom Mittelalter bis heute: Gemälde, Plastik, Bronzen, Silber, Glas, Keramik, Möbel. 1847 kam der Gemäldebesitz des Juristen *Frans Jacob Otto Boymans* (1767–1847) testamentarisch an die Stadt Rotterdam, die die Bilder 1849–1935 im Schielandhuis präsentierte. 1864 erlitt die Sammlung durch Brand schwere Verluste. Durch Ankauf, Stiftungen und Dauerleihgaben konnten die Bestände erweitert werden.

Mit der Erwerbung der weltberühmten Privatsammlung des Geschäftsmannes *Daniel George van Beuningen* (1877–1955) im Jahre 1958 rückte das Museum schlagartig in den Rang eines Weltmuseums auf. *Van Beuningen* hatte bereits zu Lebzeiten dem Museum

Orientierungsplan: Erdgeschoß (links) und 1. Stock

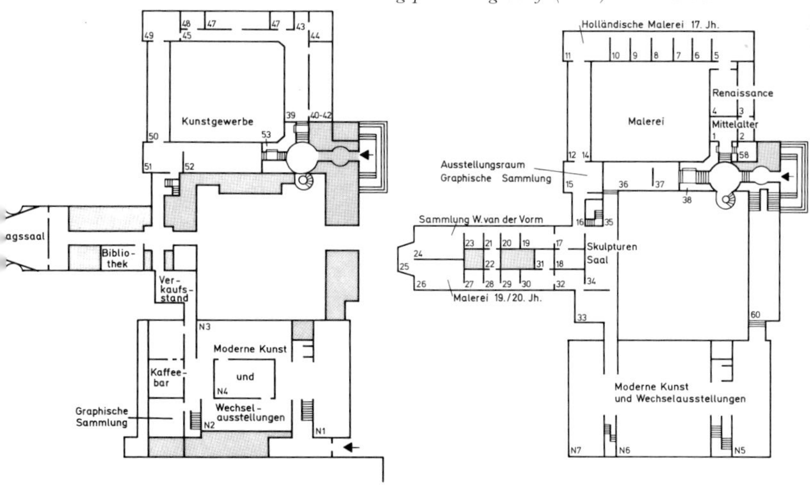

Hieronymus Bosch:
›Der verlorene Sohn‹

wichtige Meisterwerke vermacht: u. a. 7 Ölskizzen, die *Rubens* für eine Serie von Wandteppichen mit den ›Taten des Herkules‹ geschaffen hatte, und *Saenredams* ›Janskirche zu Utrecht‹. Er besaß ferner neben bedeutenden Bronzestatuetten der Renaissance *(Giovanni da Bologna, Adriaen de Vries)* u. a. Gemälde von *Jan van Eyck* (›Drei Marien am Grab‹), *Hieronymus Bosch* (›Der Verlorene Sohn‹), *Pieter Brueghel d. Ä.* (›Der Turmbau zu Babel‹), *Dürer* (›Heilige Familie‹), *van Goyen, Geertgen tot Sint Jans* (›Die Verherrlichung Mariä‹), *Memling, Lucas van Leyden, Rubens, Seghers, Steen, Tiepolo, Tizian, Veronese* und aus dem 18. Jh. Werke von *Watteau, Chardin* und *Guardi*. – Seit dem Ende der 60er Jahre sind auch die Bilder der *Stiftung Willem van der Vorm,* hauptsächlich Werke von holländischen Malern des 17. Jh., in das Museum integriert.
Die *Abteilung moderner Kunst* sei dem Besucher nachdrücklich empfohlen. Sie enthält neben Werken aus der ›Schule von Barbizon‹ und der ›Haager Schule‹ Bilder von *Monet, van Gogh, Matisse, Kandinsky, Mondriaan* und vielen jüngeren Künstlern. Der Surrealismus ist durch *Magritte, Delvaux* und *Dali* hervorragend vertreten.
Das *Graphische Kabinett* erhielt 1940 mit den etwa 2000 Zeichnungen der *Sammlung Fritz Koenigs* Weltrang, in der nahezu alle Schulen und Epochen der europäischen Kunstgeschichte durch Meisterwerke vertreten sind: u. a. *Giorgione, Dürer, Rubens, van Dijck, Watteau, Tiepolo, Tintoretto* und *Cézanne*. Sie wurde 1951 durch die Sammlung Druckgraphik von *J. C. J. Bierens de Haan* erweitert.

Delfshaven (12)

1389 gab Graf *Albrecht von Bayern* der Stadt Delft die Erlaubnis, einen Wasserweg, ›Delfhavense Schie‹, bis zur Nieuwe Maas zu graben. Dort wurde Delfshaven als Vorhafen gegründet; erst 1885 erfolgte die Eingemeindung nach Rotterdam. Vor allem die Umgebung des Voor- und Achterhaven erinnert an die Vergangenheit. Am 22. Juli 1620 schifften sich hier die ›Pilgerväter‹ auf der ›Mayflower‹ nach Amerika ein (vgl. Leiden, Nr. 3). Delfshaven ist der Geburtsort des Admirals *Piet Hein.*
Im *Zakkendragershuisje,* dem aus dem 17. Jh. datierenden Zunfthaus der Sackträgergilde (Voorstraat 13–15) ist eine *Zinngießerei* eingerichtet. – Der *Atlas van Stolk* (Albrechtskolk 12, im ehem. Rathaus von 1580) besitzt eine der wichtigsten *graphischen Sammlungen* mit Drucken, Flugblättern, Porträts und Zeichnungen, die sich auf die Geschichte der Niederlande beziehen. – In der *holl.-ref. Kirche* (Albrechtskolk 20; 15./18. Jh.) feierten die ›Pilgerväter‹ ihren letzten Gottesdienst (Gedenktafel). – Im *Historischen Museum* ›de Dubbele Palmboom‹ (Voorhaven 12; *geöffnet:* Di–Sa 10–17 Uhr, So und Fei 11–17 Uhr), einem ehem. doppelten Lagerhaus (1825), wird die Geschichte Rotterdams und seiner Häfen hervorragend dokumentiert und anschaulich gemacht.

›Tussendijken‹ (**13**; Van Duylstraat, Jan Kobbelstraat): Im Unterschied zu den älteren Volkswohnhäusern hat Stadtarchitekt *J. J. P. Oud* zum ersten Mal einen hellen und bewachsenen Hof in dieser 1920/23 erbauten Anlage entworfen. Es ist einer der frühesten Versuche, viele Wohnungen in einer größeren Anlage unterzubringen.

›Het witte dorp‹ (**14**; Aakstraat, Baardsestraat, Barkasstraat): Die aus 343 Wohnungen, 8 Läden und einem kleinen Verwaltungsbau (soziale Bewachung) bestehende Siedlung gruppiert sich um einen dreieckigen Platz. Sie wurde 1922/24 von *Oud* als Provisorium – gedacht war an 25 Jahre – für resozialisierte Arbeiterfamilien gebaut. In dem Häusertypus sind Anklänge an den Gartenstadtgedanken spürbar; Details wie Dachgesims, Schornsteine und Farbgebung deuten in Richtung ›De Stijl‹.

›Spangen‹ (15): Die Siedlung zwischen Spaanse Bocht, Potgieter-, Pieter Langedijk- und Jan Luykenstraat (*Michiel Brinkman,* 1919/21) besteht aus vier Flügeln um ein großes Binnenterrain mit Dienstleistungsgebäuden und Querbauten. Vier Durchfahrten führen zum Hof. An den Straßen sind die Fassaden durchgehend; die 273 Wohnungen sind nur von der Hofseite zugänglich, die oberen Stockwerke über eine die einzelnen Baukörper verbindende, erhöhte breite Galeriestraße. Die Siedlung ist mit ihrer durchdachten Raumordnung ein ›Meilenstein in der Geschichte des Städtebaus‹ *(Fanelli).* Details wie die Reihung der kleinen Fenster im Dienstleistungsbau und die Holzbrüstung der Balkone zeigen Verwandtschaft mit der zeitgenössischen ›Amsterdamer Schule‹.

van Nelle-Fabrik (16)

Der Bauherr, der vielseitig interessierte *Dr. C. H. van der Leeuw,* hatte bei *Freud* in Wien studiert, Kontakte zu theosophischen Kreisen geknüpft und sollte nach 1945 als Kurator und später als Präsident der Delfter Technischen Hochschule in der Auseinandersetzung zwischen Traditionalisten à la *Granpré Molière* und Vertretern des Neuen Bauens *(Bakema, van Eesteren)* zu Gunsten der letzteren entscheiden. Um 1920 nahm er den jungen Architekten *Michiel Brinkman* in Dienst, dessen benachbarte Siedlung ›Spangen‹

van Nelle-Fabrik

ihn sehr beeindruckt haben muß. *Brinkman* starb jedoch bereits 1925, ohne daß konkrete Ergebnisse vorlagen. *Leendert Cornelis van der Vlugt* (1884–1936) wurde nun ins Büro *Brinkmann* aufgenommen. *Van der Leeuw* verlangte eine Fabrik, deren Form vom streng rationalisierten Arbeitsablauf geprägt sein sollte, in der sich der funktionell schöne transparente Arbeitsplatz wie ›befreiend‹ auf die Beschäftigten auswirken konnte.

Der Komplex liegt zu beiden Seiten einer zentralen Straße. Auf der einen Seite steht der niedrigere Verwaltungsflügel, der mit einer Kurve und einer Luftbrücke zu den eigentlichen Fabriken hinüberleitet. Diese bestehen aus 8 bzw. 6 und 3 Stockwerken und dienen der Verarbeitung von Tabak, Kaffee und Tee. Auf der anderen Seite befinden sich Kesselhaus, Expedition, Lager und Werkstatt. Der runde Empfangsraum, der wie ein ›Belvedere‹ über die Fabrik ragt, ist auf Wunsch des Bauherrn hinzugefügt worden.

Van der Vlugt hat in dieser Fabrik durch die sichtbare Stahlbetonkonstruktion und den Curtain Wall eine bestechende Eleganz geschaffen, die in Industriebauten des 20. Jh. kaum je erreicht worden ist. Man kann sie eventuell mit den von *Gropius* erbauten Faguswerken (1911/14) in Alfeld an der Leine oder mit seinem Dessauer Bauhaus (1925/26) vergleichen. Sie gilt als eines der bedeutendsten Bauten des Funktionalismus.

›De Kiefhoek‹ (**17**; Kiefhoek-, Heer Arnold-, Lindstraat): Ausgehend von seinem Reihenhauskomplex in Hoek van Holland baute *Oud* 1925/29 diese Siedlung, deren 298 Wohnungen trotz kleinteiligen Grundrissen, durch die zusammenhängenden geschlossenen Flächen und durchgehenden horizontalen Fensterbänder als einheitliche, in den Ecken plastisch behandelte Wohnblöcke erscheinen. Ursprünglich war vorgesehen, die ganze Fassade aus wirtschaftlichen Gründen als Glasrahmenwerk auszuführen. Auch in der von *Oud* 1928/29 entworfenen *Kirche* (Eemstein 23) kehren die gleichen Formprinzipien zurück. – Es ist sehr aufschlußreich, *Ouds* Siedlung mit dem traditionellen, 168 Wohnungen umfassenden Komplex (1916) an der Hillevliet-, Dahlia- und Jasmijnstraat nördlich der ›Kiefhoek‹, den gleichzeitig entstandenen experimentellen Wohnungen in vorfabrizierten Betonelementen (1925, *J. N. van Hardenveld*) an der Dortsmond-, Oudeland- und Heer Danielstraat, südwestlich von der ›Kiefhoek‹, oder mit der Gartenstadt ›Vreewijk‹, im Süden zu vergleichen, die 1916/42 nach Plänen von *H. P. Berlage* und *M. J. Granpré Molière* entwickelt wurde.

Schiedam **Nr. 9**

Die jetzt mit Rotterdam zusammengewachsene Hafenstadt entstand im 13. Jh. an der Mündung der Schie in die Nieuwe Maas, bei einer Wasserburg (13. Jh.), von der Reste nahe dem Emmaplein erhalten sind. Im 17. Jh. entwickelten sich hier die *Jeneverbrennereien*. Jenever, ein Kornbranntwein, erhält seinen Geschmack durch Walcholderbeeren. Von den mehr als 20 für die Jeneverherstellung tätigen Kornmühlen sind nur 4 erhalten geblieben, auch die meisten Brennereien sind verschwunden.
Schiedam ist der Geburtsort der *hl. Lidwina* (1380–1433). Nachdem sie sich beim Schlittschuhlaufen eine Rippe gebrochen hatte, blieb sie 38 Jahre ans Bett gefesselt und hatte während dieser Zeit Visionen. Sie gilt als Vertreterin der Leidensmystik. Ihr Grabstein, ursprünglich in der St. Janskerk, befindet sich seit 1862 in der Kapelle des ›Huize Lidwina‹ (St. Lidwinastraat 20).
Die *Grote* oder *St. Janskerk* (Langekerkstraat), eine spätgotische Hallenkirche, entstand um 1500 durch den Umbau einer älteren Kirche. Im Süden sind die Fundamente der einstigen Lidwinakapelle (1434) angedeutet. Der Turm (Ende 14. Jh.?) erhielt bei der Restaurierung 1932/34 Zinnen. Im Innern sehenswertes Mobiliar: Kanzel (um 1600) mit geschnitzten Darstellungen der vier Evangelisten und Christus in illusionistischer Umrahmung, die Louis XVI-Bekrönung stammt vom Herrengestühl (1783) im südlichen Seitenschiff. Die Kapelle nördlich des Turmes hat man 1748 zur *Stadtwaage* umgebaut.
Das *Stedelijk Museum* (Hoogstraat 112), im 1787 von *Giudici* errichteten *ehem. St. Jacobsspital* untergebracht (*geöffnet:* Di–Sa 10–17 Uhr, So 12.30–17.00 Uhr), besitzt eine interessante Sammlung von Bildern der *Cobra-Gruppe:* u. a. von *Appel, Alechinsky, Corneille, Lucebert* und *Jorn*. – In der *Spitalkirche* mit ihrer korinthischen Tempelfront stehen eine Louis XVI-Kanzel und eine Rokoko-Orgel (1773). Im Spital ist das *Nationaal Gedestilleerd Museum (Spirituosenmuseum)* eingerichtet.

10 Vlaardingen · Maassluis · Hoek van Holland

Die Rotterdamer Häfen setzen sich bis *Vlaardingen* fort. Der Ort, einst ein einfaches Fischerstädtchen, das 1273 Stadtrechte erhielt, hat heute den viertgrößten Hafen Hollands. Das interesssante *Fischereimuseum* (Westhavenkade 53–54) ist geöffnet: Di–Sa 10–17 Uhr, So und Fei 14–17 Uhr. – Südlich von Vlaardingen erstrecken sich die Ölraffinerien von *Pernis*.

Maassluis (etwa 8 km westlich von Vlaardingen): Die 1629/30 erbaute *Grote Kerk* steht auf einem um 1580 zur Verteidigung der Stadt Den Briel (Nr. 11) aufgeworfenen Bollwerk und hat einen Grundriß in Form eines griechischen Kreuzes mit Anbauten in den Ecken. Der unbekannte Baumeister hat sich sichtlich von der

Amsterdamer Noorderkerk (1620/23) inspirieren lassen. Merkwürdig sind die gotisierenden Details. Den Entwurf für den Turm lieferte *Arent van 's-Gravesande* 1648/50. Die Ausstattung des geräumigen Kirchenraumes ist sehenswert: Kanzel von 1639, Chorgitter von 1660, die Orgel baute *Rudolf Garrels* 1732. Von den beiden Zunfttafeln wurde jene der Fischerzunft 1649 von *Abraham van Beyeren* (1620–1690), der vor allem für seine reichen Blumenstilleben bekannt ist, mit maritimen Szenen bemalt.

Hoek van Holland (an der Mündung des Nieuwe Waterweg, 28 km westlich von Rotterdam): Von hier gibt es eine regelmäßige Fährverbindung nach England. Der Ort ist seit 1914 Rotterdam eingemeindet. Dies erklärt auch, daß sich hier ein Meisterwerk des Stadtbaumeisters *J. J. P. Oud* befindet: seine Arbeiterwohnungen ›Tweede Scheepvaartstraat‹. Frei von der Tradition des Arbeiterreihenhauses kommt *Oud* hier 1926/27 zu einer rationalistischen Lösung mit seriell wiederholten Grundrissen, flachen Dächern und durchgehenden Balkonen. Die um die runden Enden gezogenen Balkone fassen die Häuserreihe zusammen, ›runden sie ab‹. »Es ist hier ein Meisterwerk für eine Bauaufgabe entstanden, die erst nach dem zweiten Weltkrieg von größter Bedeutung wurde, die des ›sozialen Wohnungsbaus‹« *(Fritz Baumgart)*. In seiner Rotterdamer Siedlung ›Kiefhoek‹ entwickelt *Oud* dann die neu gefundenen städtebaulichen Prinzipien weiter.

II Insel Voorne-Putten · Insel Goeree-Overflakkee

Fremdenverkehrsamt: Venkelstraat 10 (Trompmuseum).

Brielle oder **Den Briel:** Der Hauptort der Insel Voorne erhielt 1280 Markt-, 1330 Stadtrechte. Vom 15. bis ins 18. Jh. war die Handelsstadt auch die wichtigste Festung zur Verteidigung der Maasmündung; der jetzige Festungsgürtel stammt aus dem 18. Jh. – In der Geschichte des niederländischen Aufstandes spielte Brielle eine wichtige Rolle: Am 1. April 1572 überrumpelten die ›Wassergeusen‹ ›im Namen Oraniens‹ die von Spaniern besetzte Stadt. Es war der erste Erfolg für die Aufständischen; bald darauf öffneten mehrere Städte in Holland und Zeeland ihre Tore den Truppen *Willems van Oranje*. Es sollte jedoch noch 80 Jahre dauern, ehe Spanien offiziell die Unabhängigkeit der Niederlande anerkannte. Leider waren Greueltaten nicht das Monopol der Truppen Albas; die Geusen ermordeten 19 Geistliche aus Gorkum (Nr. 8), an die eine Kapelle im südlichen Stadtteil Rugge erinnert. Heute ist Brielle ein Wassersportzentrum. Hier wurde 1599 Admiral Maarten Harpertszoon Tromp geboren.

Die *Grote Kerk*, einst eine der hl. Katharina geweihte Kapitelkirche, war als große Kreuzbasilika in Brabanter Gotik geplant, aber nur das Langhaus (ohne geplante Einwölbung in Stein) mit Seitenkapellen und der mächtige Turm (1462–1482) wurden fertiggestellt. Als möglicher Baumeister wird *Evert Spoorwater*, der u. a. auch in Haarlem und Veere tätig war, genannt. Die Kirche besitzt eine Kanzel von 1778, das Grabmal für Admiral *Philips van Almonde* (1644–1711) von einem unbekannten Bildhauer und ein Fenster (südliches Seitenschiff) von 1922, das an die Vermählung des Statthalters *Willem van Oranje* mit seiner dritten Frau, *Charlotte de Bourbon*, am 12. Juni 1575 in dieser Kirche erinnert.

Hellevoetssluis: Der älteste Kriegshafen Hollands wurde um 1598 angelegt und im 17./18. Jh. als Festung ausgebaut. 1637 entstand ein Trockendock für die Schiffe der Admiralität, die sich um 1650 wohl von Pieter Post auch ein neues Domizil (jetzt Rathaus) bauen ließ. Von 1830 (Anlage des Voornse Kanals) bis 1872 (Eröffnung des Nieuwe Waterweg) war Hellevoetssluis Vorhafen von Rotterdam. – Das *Nationale Feuerwehrmuseum* (Gallasplein 5, *geöffnet:* Di–Sa 10–16 Uhr, So und Fei 11.00–16.30 Uhr), in früheren Marinegebäuden unterge-

bracht, dokumentiert die Geschichte der Feuerbekämpfung an Hand einer großen Sammlung von Apparaten und Feuerwehrwagen.
Bei Hellevoetssluis beginnt der 1970 fertiggestellte *Haringvlietdam* zwischen den Inseln Voorne-Putten und Goeree-Overflakkee. Die 17 Stahlhubtore der Schleusen sind nur bei hohem Wasserstand des Rheins geöffnet. Normalerweise sind sie geschlossen, um das Maas-, Waal- und Lekwasser über den Nieuwe Waterweg zur Nordsee abzuleiten. Dadurch will man einer Versalzung des Fluß- und des Grundwassers vorbeugen. Am südlichen Ende des Dammes, bei Stellendam, wird die ›Delta Expo‹ gezeigt, eine permanente Ausstellung über den *Deltaplan* (*geöffnet:* Apr. – Okt. tgl. 10–17 Uhr. Führungen durch das Schleuseninnere).

Deltaplan

In der Nacht vom 31. Januar auf den 1. Februar 1953 staute ein Nordwestorkan gewaltige Wassermassen in den seeländischen und südholländischen Meeresarmen auf, wodurch an 89 Stellen die Deiche brachen und 2000 qkm unter dem Meeresspiegel liegendes Land überspült wurde: 1853 Menschen, 72000 Rinder und 47000 Häuser versanken in den Fluten. Nach dieser Überschwemmungskatastrophe verabschiedete das niederländische Parlament am 5. Nov. 1957 das sog. ›Deltagesetz‹, in dem die Sicherung Südwest-Hollands durch den Abschluß der Delta-Arme und durch Deicherhöhungen geregelt wurde.
Nacheinander baute man das *Sturmflutwehr* in der Hollandse IJssel bei Krimpen aan de IJssel östlich von Rotterdam (1958), den *Zandkreekdeich* (1960), den *Veersegatdeich* (1961), den *Grevelingendeich* (1965), den *Haringvlietdeich* und die *Haringvlietbrücke* (1964) sowie

Zeelandbrücke

die *Zeelandbrücke* (1965). Der 9 km lange *Deich in der Oosterschelde* ist im Bau, doch soll er nicht so massiv wie geplant werden. Zur Erhaltung des einzigartigen Gezeitenmilieus (Prielgebiete) sowie der Miesmuschel- und Austernkultur in diesem Gebiet wird ein *Sturmflutwehr* errichtet; es besteht aus einem Deich, in dem an drei Stellen zwischen insgesamt 66 Betonpfeiler 65 stählerne Wehrtore von je 45 m Länge aufgehängt werden. Außer bei Hochwassergefahr sind sie offen, so daß der Tidenhub zu 77% erhalten bleibt.
Der Deltaplan, mit dessen Durchführung das Ministerium für Verkehr und Wasserwirtschaft beauftragt ist, bietet viele Vorteile: größerer Schutz vor Überschwemmungen, Begradigung der Meeresdeiche, wodurch die Unterhaltungskosten sinken (die Küstenlinie wurde um 700 km verkürzt), Regulierung des Wasserhaushalts im Südwesten Hollands, bessere Verbindungswege zwischen den einzelnen Inseln und dem Rest des Landes, Gewinnung von attraktiven Rekreationsgebieten. Nachteile sind die gigantischen Baukosten und der partielle Verlust von wertvollen Naturflächen.
Das *Informationszentrum* liegt auf einer künstlich angelegten Insel in der Oosterschelde, die als Baudock dient. Hier werden die bis zu 18000 t schweren Betonpfeiler für den durchlässigen Deich hergestellt. Das Zentrum (*geöffnet:* 1. Apr. – 31. Okt. tgl. 10–17 Uhr, Nov. und Febr. Mi–So 10–17 Uhr, geschlossen Dez. und Jan.) ist vom Dammansatz in der Gemeinde Westerschouwen auf der Insel Schouwen-Duiveland mit einem Sonderbus zu erreichen und vermittelt Hintergrundinformation zum Deltaplan. Begünstigt durch den Tidenhub im Deltagebiet hat sich in Zeeland eine *Miesmuschel- und Austernkultur* entwickelt, die mit ca. 100 Mill. kg pro Jahr die größte der Welt darstellt. Zentren sind *Yerseke, Zierikzee, Bruinisse* und *Tholen*. Die jungen Muscheln werden mit Netzen gefangen und in Spezialbecken ausgesetzt, wo sie sich weiter entwickeln können. Bevor sie endgültig für den Konsum geeignet sind, werden sie an bestimmte Stellen, an denen der Gezeitenunterschied ca. 3 m beträgt, gebracht und dort vom Sand gereinigt.

12 Insel Schouwen-Duiveland

Brouwershaven: Das malerische Hafenstädtchen an der Grevelingen entstand im 13. Jh., kam aber wegen des konkurrierenden Hafens von Zierikzee nie richtig zur Blüte. Der Name verweist auf das aus Holland, vor allem aus Delft, importierte Bier (Brouwer=Brauer). Das in flämischen Renaissanceformen errichtete *Rathaus* (1599) am Markt ist 1973 restauriert worden. Der gotische Teil an der Rückseite entstand um 1500. Auf dem Markt die Statue (1829) des hier geborenen Staatsmannes und Dichters *Jacob Cats* (1577–1660; vgl. Den Haag, Catshuis; Nr. 1.19). – Die *holl.-ref. Kirche* wurde in einem Übergangsstil von flämischer und Brabanter Gotik erbaut (15./16. Jh.). Typisch für die flämische Backsteingotik sind die Blendnischen in der Triforiumzone; Brabanter Einfluß zeigen die Kohlblattkapitelle. Eine Einwölbung des Chores war, nach den Diensten zu urteilen, geplant. Das um 1325 entstandene Langhaus eines Vorgängerbaus wurde im Laufe des 16. Jh. durch eine dreischiffige Halle ersetzt, wobei man aber den Dachstuhl beibehielt. In der Sakristei ein spätgotisches, in dieser Form in Holland seltenes Netzgewölbe. Das Rokokomobiliar der Kirche datiert von 1773, die schöne Renaissance-Orgel entstand 1557.

In *Renesse,* westlich von Brouwershaven, steht das malerische, großteils von 1612 stammende *Schloß Moermond,* dessen Garten öffentlich zugänglich ist. Das *Schloß* in *Haamstede* (16. Jh.) wurde im 17./18. Jh. erweitert (Führungen: Mitte Juni – Mitte Aug. Do um 10.00, 10.30, 11.00, 11.30 und 12.00 Uhr; Karten beim Verkehrsamt, Noordstraat 45 A).

Zierikzee

Verkehrsamt: Havenpark 29.

Der bereits im 9. Jh. bestehende Ort, der anfangs von der Salzgewinnung lebte, erhielt 1248 Stadtrechte. Zierikzee war von 1290 bis zur napoleonischen Zeit Sitz des Gerichtshofs für Zeeland östlich der Schelde und erfüllte als solcher die Funktion einer Hauptstadt (Gerichtshof von 1524/26; Mol 25). Wichtige Gewerbezweige waren Tuchweberei, Salzsiederei und Herstellung von *Krapprot,* einem Farbstoff, der aus den zermalenen, in Öfen getrockneten Wurzeln des *Krappes* gewonnen wurde. Die Hafenstadt unterhielt im 14. und 15. Jh. Handelsbeziehungen mit England, dem Rheinland und dem Baltikum. Trotz eines 1595–1600 gegrabenen neuen Hafens hielt der wirtschaftliche Niedergang an. Erst seit dem Bau des Grevelingendeiches und der Zeelandbrücke 1965 erwachte Zierikzee wieder aus seinem Dornröschenschlaf.

Von den ursprünglich sechs Toranlagen in der mittelalterlichen Umwallung, die nicht wie sonst im 17. Jh. den modernen strategischen Erfordernissen angepaßt wurde, stehen noch zwei am Eingang des alten Hafens. Das nördliche *Hafentor* (um 1500) ist ein Doppeltor mit Fanghof und hat an der Stadtseite einen flämischen Doppelgiebel in Renaissance-Stil (1559). Am südlichen *Hafenturm* (1. Hälfte 14. Jh.) schließt die 1960/66 stark restaurierte Stadtmauer mit Wehrgang an. An der Nordseite der Stadt steht noch das Turmtor *Nobelpoort* (um 1320). – Entlang dem Hafen und dem Hafenpark, dem zugeschütteten alten Hafen, findet man schöne Fassaden aus dem 18./19. Jh. Die *Getreidebörse* mit toskanischer Säulenarkade wurde 1651 südlich von der um 1450 umgebauten Kapelle des ehem. Elisabethspitals (2. Hälfte 14. Jh.) errichtet und enthält im Obergeschoß eine Galerie, die als Erweiterung der Kirche dient. Die Kirche besitzt Mobiliar aus der Mitte des 17. Jh. Der älteste Teil des *Rathauses* (Meelstraat) ist der markante achteckige Turm der früheren Fleischhalle (Ende 14. Jh.). An Stelle eines älteren Rathauses wurde 1550/54 östlich des Turmes ein Neubau in Renaissance-Formen errichtet; gleichzeitig erhielt der Turm seine verspielte Bekrönung. Die geschweiften Giebel enthalten Büsten *Karls V.* und *Philipps II.* Das rechte Nachbarhaus wurde in das Rathaus miteinbezogen, die ganze Fassade 1775 einheitlich gestaltet;

das Innere ist sehenswert: Die ›Gerichtshalle‹ im Erdgeschoß hat eine bemalte Balkendecke. Der frühere ›Schöffensaal‹ ist im Stil Louis XV eingerichtet (1775), der Rokokoratssaal (1776/79) daneben enthält Grisaillemalereien von *M. J. Geraerts:* über dem Kamin ›Minerva‹ und als Supraporte ›Allegorie der Schiffahrt und des Handels‹; im ›Bürgermeisterzimmer‹ (1661) ein imposanter Wappenkamin (1673). Auf dem Dachspeicher mit einem schönen offenen Dachstuhl (1554) ist das *Heimatmuseum* eingerichtet (*geöffnet:* 1. Mai – 1. Okt. Mo–Fr 10.00–12.30 und 13.30–16.30 Uhr, Juni, Juli und Aug. auch Sa). Neben städtischem Silber und Trachten findet man hier auch eine Dokumentation über die Krappkultur.

Schräg gegenüber vom Rathaus steht das sog. *Tempeliershuis* mit einem spätgotischen Treppengiebel (14. Jh.) in der Art der Brügger Bürgerhäuser; auf der anderen Seite der Meelstraat das *Huis Rome* (16. Jh.), das frühere städtische Münzamt.

An Stelle des 1832 abgebrannten gotischen St. Lievensmünsters errichtete der Middelburger Baumeister *G. H. Grauss* die *Nieuwe Kerk,* einen klassizistischen Saalbau mit dorischer Säulenvorhalle, nach einem vereinfachten Plan *P. Huysers.* Von der einst mächtigen in der Formensprache der Brabanter Gotik erbauten Basilika (15. Jh.) steht nur der Turm (1454 begonnen). Den Entwurf lieferte wahrscheinlich *Andries Keldermans d. Ä.,* dessen Sohn *Antoon* den Bau fortsetzte, ihn aber bis zu seinem Tod 1512 nicht vollenden konnte. *Rombout II.* entwarf 1530 eine aufwendige Bekrönung: Auf die beiden Geschosse sollte eine achteckige Laterne folgen, die Gesamthöhe 120 m erreichen. Doch auch dieser blieb unvollendet, da *Rombout* 1531 starb. Man muß sich den Rumpf in reichster Brabanter Weise, überwuchert von filigranem Maßwerk, Fialen und Brüstungen vorstellen. Spitze und Brüstung sind bei Restaurierungsarbeiten 1883/97 und 1965/70 zugefügt worden.
Südwestlich des Turmes steht der sog. ›Varreput‹, eine von den Tuchherstellern zum Spülen ihrer frischgefärbten Tücher benützte *Zisterne* (1569?).

13 Insel Walcheren

Middelburg

Verkehrsamt: Lammerensteeg 5.

Die schöne Hauptstadt der Provinz Zeeland auf der Insel Walcheren entstand ca. 880 als mittlere Fliehburg (›Mittelburg‹) zwischen zwei weiteren bei Domburg (›Duinburg‹ oder ›Dünenburg‹) und Soeburg (›Südburg‹), die Schutz vor den Normannen bieten sollten. Im 10. Jh. baute der Graf von Flandern sich hier eine Rundburg, um die sich die Siedlung weiter entwickelte; ihren Umfang markiert die Innenseite des kreisförmigen Straßenzuges Wagenaarstraat, Lange Noordstraat, Lange Delft und Pieterstraat.

Der erstmals 1103 (in der von Abt *Thiofried von Echternach* beschriebenen ›Vita des hl. Willibrord‹) als ›Mitthilburgensis portus‹ erwähnte Hafenort erhielt 1217 Stadtrechte (1254 erneuert) und wurde gleichzeitig bis zur heutigen Binnengracht erweitert. Er war im späten Mittelalter ein wichtiger Handelsplatz für englische Tücher und französische Weine. Der Hafen war über einen Wasserlauf mit der Schelde verbunden; als Vorhafen diente Arnemuiden.
Nach dem Fall Antwerpens 1585 ließen sich viele Kaufleute aus den spanischen Niederlanden hier nieder, wodurch die Stadt eine große Blüte erlebte. Die Ostindische und Westindische Kompanie hatten hier Verwaltungsinstanzen, sog. ›Kammern‹, die für die Ausrüstung der Flotte und den Verkauf der Waren aus den Kolonien verantwortlich waren. 1595/98 erfolgte nochmals eine Erweiterung des Stadtgebietes mit einer zeitgemäßen Umwallung, die in großen Teilen erhalten blieb und im 19. Jh. von *J. D. Zocher* gärtnerisch gestaltet wurde. Im 18./19. Jh. erlitt die Stadt einen wirtschaftlichen Niedergang, dem durch die Anlage des Kanals durch Walcheren (1867/72) Einhalt geboten wurde. Am 17. Mai 1940 zerstörten deutsche Bomben weite Teile der Altstadt mit historischer Bausubstanz. Nach 1945 ist die Stadt unter weitgehender Berücksichtigung des alten Straßenplanes wiederaufgebaut worden. Donnerstags findet ein Wochenmarkt statt, zu dem die Bäuerinnen der Umgebung in ihren schönen Trachten kommen.

Raadhuis

Lage: Markt. – *Geöffnet:* Apr. – Okt. Mo–Fr 10–12 Uhr, 13.30–16.00 Uhr, Do 10–17 Uhr.

Das spätgotische Rathaus besteht aus drei um einen Innenhof gruppierten Flügeln mit einem Belfried und einem Treppenturm an der Ecke zur Noordstraat. Auffällig ist die Ähnlichkeit mit dem Brüsseler Rathaus (1401/54), das auch aus einer schon damals altmodischen Kombination von Rathaus, Tuch- und Fleischhalle besteht. Im Gegensatz zu Brüssel fehlt hier aber der vierte Flügel. Hinsichtlich der Außengliederung und des Treppenturms ist das 1516/38 von *Rombout Keldermans* gebaute Rathaus in Gent vergleichbar.

Middelburg: Raadhuis

1452 begann der Bau dieses *bedeutendsten spätgotischen Rathauses Hollands,* ein Schmuckstück Brabanter Gotik. Seit 1556 arbeiteten die Brüder *Andries* und *Matheus Keldermans* an den Fassaden entlang der Noordstraat und dem heutigen Markt, der erst nach Abbruch (1575) des Münsters geräumiger wurde. 1456 waren die beiden Fassaden bis auf die Treppengiebel fertig, danach entstand der vordere Teil der Fleischhalle (links) als dritter Flügel.
1506/20 folgten unter Leitung von *Anthonis Keldermans* (seit 1506) und seines Sohnes *Rombout* (seit 1512) der elegante Turm (Haube von 1560), die Bekrönung des Treppenturmes (1511), die zierlichen Giebel an der Marktseite und an der Noordstraat sowie Verlängerung und Einwölbung der Fleischhalle. Das Obergeschoß ist reich mit Blendmaßwerk und 25 Statuen der Grafen und Gräfinnen Zeelands von *Michiel Ywijnszoon* aus Mecheln (1518) geschmückt; gegen Ende des 19. Jh. hat man sie durch Kopien ersetzt. 1613 verlegte man den Eingang an die heutige Stelle; die Freitreppe entstand 1756.
Nach der Zerstörung wurde das Rathaus restauriert und teilweise erneuert (1940–1968). Den Neubau an der Rückseite und entlang der Noordstraat entwarf *A. J. van de Steur* im traditionellen Stil der Delfter Schule. – Am Ende der Straße Lange Viele steht das *ehem. Schützenhaus* von 1607/11.

Abtei

Die ehem. Marienabtei wurde 1123 erstmals als Tochtergründung des Klosters der Chorherren zu Vormezeele bei Ypern erwähnt. Um 1128 kam sie in den Besitz der Prämonstratenserabtei St. Michiel in Antwerpen. Die Äbte des reich begüterten Klosters waren zugleich Mitglieder der Staaten von Zeeland und der Regierung der Insel Walcheren. Seit 1266 diente die Klosterkirche auch als Pfarrkirche, seit 1401 unterstand die Abtei unmittelbar dem Papst. Bei Neueinteilung der niederländischen Bistümer 1559 wurde der Abt gleichzeitig Bischof. *Nikolaas de Castro* (holl. = Van der Burch) war der erste und zugleich letzte Bischof von Middelburg; er starb 1573. Ein Jahr später eroberte *Willem van Oranje* die Stadt, säkularisierte die Abtei und bestimmte sie zum Sitz der Provinzialverwaltung, was sie bis zum heutigen Tag geblieben ist.
Der sehr geräumige Komplex beherbergte außerdem die Admiralität von Zeeland und die Unterkünfte des Ratspensionärs und der Abgeordneten. Am 17. Mai 1940 erlitten die Gebäude einschließlich der beiden Kirchen schwere Bombenschäden, die jedoch behoben worden sind.

Über die früheste Form der Abtei liegen keine gesicherten Erkenntnisse vor. Erhalten gebliebene spätromanische und frühgotische Elemente lassen vermuten, daß der Plan des 13. Jh. sich wenig von dem des 16. Jh. unterschied. Die bemerkenswert unregelmäßige Anlage ist wohl aus dem Bau in einem bereits bestehenden Ort zu erklären. Der älteste Kern muß beim heutigen Kreuzgang (a) gesucht werden. Dem von Graf *Willem II.* von Holland begünstigten Kloster wurde 1255 der Niederhof, der heutige Abdijplein (b),

Middelburg: Abtei und Orientierungsplan

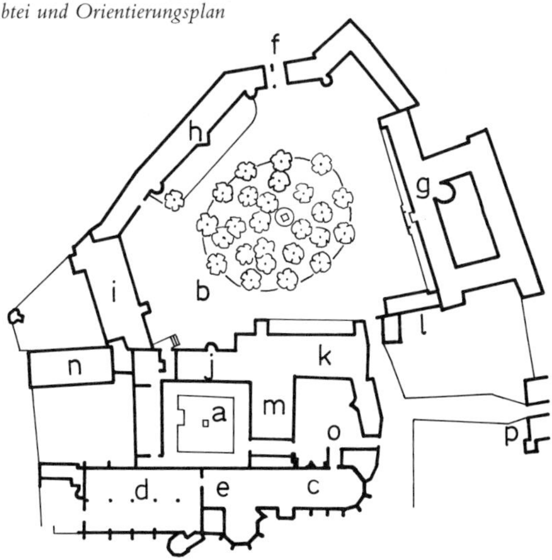

hinzugefügt. 1492 ging ein beträchtlicher Teil, samt Klosterbibliothek, durch Brand verloren, 1568 brannten die Abteikirchen ab. Seit 1886 fanden Restaurierungsarbeiten der im 17./18. Jh. stark verwahrlosten Klostergebäude statt. Die ehem. Klosterkirche im Süden besteht aus der einschiffigen Koorkerk (Mönchskirche; c) und der zweischiffigen Nieuwe Kerk (Pfarrkirche; d).

Bei Restaurierungsarbeiten hat man unter der ca. 1300 begonnenen *Koorkerk* Fundamente eines romanogotischen Vorgängerbaus gefunden. Die Netzgewölbe wurden nach einem Brand 1568 eingezogen und ersetzten das ältere Holztonnengewölbe. Die Kragsteine zeigen das Wappen des damals amtierenden Bischofs *de Castro*.
Die *Nieuwe Kerk* (d) erhielt nach 1568 ihr jetziges Aussehen. Von einem ebenfalls zweischiffigen Vorgängerbau (ca. 1300) sind Mauerreste und Fundamente gefunden worden. Da diese Pfarrkirche, die ursprünglich mit der Mönchskirche verbunden war, keinen eigenen Chor hatte, wurden die westlichen Joche der Mönchskirche dazu bestimmt. So entstand der *Mittelchor* (e), in dem sich das 1680/82 im Auftrag der Staaten von Zeeland von *Rombout Verhulst* geschaffene *Grabmal* für die Brüder *Johan* und *Cornelis Evertsen* befindet. Es stammt aus der 1833 abgerissenen Pieterskerk; beide fielen 1666 während des Zweiten Englisch-Holländischen Krieges. Das Denkmal ist eines der letzten größeren Werke *Verhulsts* und wurde hauptsächlich von seinen Werkstattgehilfen gefertigt. Die *Orgel* schuf der berühmte Orgelbauer *Johannes Duyschot* 1692 für die Amsterdamer Evangelisch-Lutherse Kerk; die Flügel des Gehäuses, das nach den Kriegsverlusten von 1940 hier aufgestellt wurde, malte *Philip Tiedeman*, ein Schüler von *G. de Lairesse*: ›Die Rückkehr Jeftahs‹ und ›David und Saul‹ (Innenseite), ›Die Verkündigung an die Hirten‹ und ›Die Anbetung der Hirten‹ (Außenseite).
Die *Koorkerk* (c) besitzt eine seltene gotische Orgel, die 1478/81 für die Utrechter Nikolaikirche gebaut und um 1560 mit einem Rückpositiv in Renaissance-Formen erweitert wurde. Die Kanzel (Ende 17. Jh.) stammt aus der Amsterdamer Zuiderkerk. Eine Nische an der Südseite birgt Reste des Grabes von Graf *Willem II.* von Holland und Zeeland (gest. 1256), die fragmentarische Ritterfigur stammt wohl aus dem 14. Jh.
Der 84 m hohe *Turm* ›Lange Jan‹ (*Turmbesteigung* Mitte Apr. – 1. Okt. Mo–Sa 10–17 Uhr, herrlicher Blick), mit achteckigem Grundriß eine Seltenheit in Holland, steht an ungebräuchlicher Stelle, südlich der Kirche, zu der sich sein Unterbau öffnet. Er entstand in der 2. Hälfte des 14. Jh., die Bekrönung nach einem Brand 1712; sie wurde nach 1940 in leicht veränderter Form wiederaufgebaut.
Die Abtei grenzt als unregelmäßiger Komplex mit drei Innenhöfen an die Kirchen. Im Norden bildet das frühgotische *Balanstor* (f; ca. 1250) den Zugang zum rings von Treppentürmen umgebenen *Abdijplein* (b). Östlich vom Tor in der Ecke das Haus des Vikars (1562) und die jetzt als Restaurant eingerichtete Brauerei (1470). Die Ostseite wird von dem modernen *Provinzhaus* (g) eingenommen, das 1956/60 nach einem Entwurf (1948) von *J. F. Berghoef* und *H. de Lussanet de la Sablonière* errichtet wurde und ein gutes Beispiel für den Stil der Delfter Schule darstellt. – An der Westseite in den

Wohnhäusern (h) der Chorherren (ca. 1550) ist jetzt das *Zeeuws Museum* untergebracht (*geöffnet:* Di–Fr 10–17 Uhr, Mai – Sept. auch Sa 13.30–17.00 Uhr, Juni – Aug. auch So 13.30–17.00 Uhr). Die Sammlung vermittelt einen Überblick über die Kultur von Zeeland (archäologische und mittelalterliche Funde, Gemälde, Silberwaren, Volkskunst, sehr schöne regionale Trachten, Porzellan). Mit Nachdruck sei auf die spätrömischen *Altarsteine* hingewiesen, die der germanischen *Göttin Nehalennia* geweiht waren und seit 1647 bei Domburg gefunden wurden. Eindrucksvoll ist auch eine Serie von *Wirkteppichen* mit Seeschlachten aus dem 80jährigen Krieg, die 1591/99 im Auftrag der Staaten von Zeeland in Middelburg gefertigt wurden und ursprünglich im großen Versammlungssaal hingen.
Der im Süden an das Museum anschließende *Amtssitz des Kommissars der Königin in Zeeland* (i) wurde nach alten Vorlagen rekonstruiert und enthält eine zierliche Säulenarkade mit Tudorbögen. Dieser ehem. Grafenhof diente während der Republik als Prinzenhof.
An die Südseite des Abdijplein schließen mehrere Gebäude an: im Westen ein Flügel, dessen Funktion unklar ist, und der nach der Säkularisation Ende des 16. Jh. einen Saal für die Staaten von Zeeland erhielt; links folgt der *Münzturm* (j; ca. 1450), dessen Tor zum Kreuzgang führt. Das *Haus des Abtes* (k), kurz nach 1492 erbaut, hat eine Galerie und ein barockes Portal (1679). Das anschließende *Portal* (spätes 15. Jh.) wird vom Wappen Zeelands mit dem Spruch ›Luctor et emergo‹ (›Ich kämpfe und tauche auf‹) bekrönt. Das *Renaissance-Haus* (l) wurde 1599 als Wohnung der Abgeordneten der Insel Tholen in den Staaten von Zeeland errichtet.
Vom ursprünglichen *Kreuzgang* (a; 16. Jh.) blieb nach der Säkularisation, als die Münze Zeelands hier einzog, nicht viel übrig. Was man jetzt sieht, ist eine Rekonstruktion aus den 80er Jahren des 19. Jh. Im *Kapitelsaal* (m), dessen Gewölbe auf einem schweren Rundpfeiler ruht, und den angrenzenden Räumlichkeiten ist die Provinzialbibliothek Zeelands untergebracht. Der Flügel westlich des Kreuzganges gehört zu den ältesten Teilen des Klosters. Die Kreuzrippengewölbe des zweischiffigen Kellerraumes ruhen auf kurzen Rundpfeilern mit Knospenkapitellen (ca. 1260). Das jetzige Aussehen datiert aus dem 15. Jh. Das an drei Seiten freistehende spätgotische *ehem. Refektorium* (n; 1500) dient als Plenarsaal der Staaten Zeelands. Der *kleine Hof* (o), einst von den ältesten Teilen des Klosters umgeben, wurde seit 1580 für die Münze Zeelands bestimmt. Das Renaissance-Portal datiert aus diesem Jahr.
Ursprünglich wurde die Abtei im Osten von einem Graben begrenzt. Das stark restaurierte spätgotische *Gisttor* (p) entstand um 1550 an Stelle eines älteren Vorgängerbaus. Die Skulpturen sind modern *(O. Wenckebach)* und stellen Graf *Willem II.* von Holland dar, der 1255/56 die Abtei erweitern ließ.

Oostkerk

Geöffnet: Mitte Juli – Mitte Aug. Do 10–16 Uhr. Sonst Schlüssel Simpelhuisstraat 12.

Eine zusätzliche Kirche für den protestantischen Gottesdienst für die schnell wachsende Bevölkerung Middelburgs – im Jahr 1660 hatte die Stadt 30000 Einwohner – wurde in den 40er Jahren des 17. Jh. dringend notwendig. 1644 faßte die Stadtregierung den Entschluß, im Osten der Stadt einen Zentralbau zu errichten. Man dachte zunächst an eine Kreuzkirche mit gleichlangen Armen, gebaut wurde aber eine achteckige Kuppelkirche aus Backstein mit Hausteineinlagen (1647/67), anfangs nach Plänen von Stadtbaumeister *Bartholomeus Frans Drijfhout* (1605–1649) in Zusammenarbeit mit *Pieter Post*. 1649 standen erst die Grundmauern, so daß man beschloß, die Kirche nach Plänen *van 's-Gravesandes* weiterzubauen. Nach dessen Tod 1662 vollendete sie *Louis Jolijt*. Am 10. Juli 1667 fand der erste Gottesdienst statt.
Die Außenseiten werden durch ionische Kolossaleckpilaster mit einem Konsolengebälk gegliedert, auf welchem eine mit Urnen und Pinienzapfen geschmückte Attika ruht. Acht korinthische Säulen fassen die Laterne ein. Die Festons mit ihrer Todes- und Auferstehungssymbolik dürften von Arbeiten von *Artus Quellinus* am Amsterdamer Rathaus inspiriert sein; sie alternieren mit Symbolen der vier Elemente. Das Eingangsportal scheint nicht nur die beiden kleineren Seiteneingänge, sondern vor allem die zwei in einer späteren Bauphase (1664) hinzugefügten Fenster zu erdrücken. Die etwas unglücklichen Proportionen der Schaufassade, die exakt in der Achse der Breestraat steht, beeinträchtigen die Monumentalität der Kirche. Der achteckige Anbau an der Rückseite enthält u. a. das Kirchenratszimmer. Die doppelschalige, halbkugelförmige Kuppel ruht innen auf einem von acht ionischen Säulen und korrespondierenden Eckpilastern getragenen Gebälk. Das Licht fällt durch große Rundbogenfenster und durch die Laterne in den großartig gestalteten Raum. Innen, über dem Hauptportal, sind Tafeln mit den Zehn Geboten angebracht. Die Kanzel ist in die Louis XVI.-Orgelfront (1779) integriert.
Die Ostkerk gehört mit der Marekerk in Leiden und der Ronde Lutherse Kerk in Amsterdam zu den in Holland seltenen Kuppelbauten, die alle möglicherweise auf einem von *Hendrick Danckert* in *Salomon de Bray's* ›Architectura Moderna‹ (1. Ausgabe 1631) veröffentlichten Entwurf für eine oktogonale Kuppelkirche zurückgehen (vgl. auch Leiden, Nr. 3).

Das freistehende *Koepoort*, im Stil Louis XIV von *J. P. Baurscheidt* d. J. entworfen (1735), ist das einzige erhaltene Stadttor. – Das nahegelegene ›Miniatuur-Walcheren‹ (*geöffnet:* Ostern – Okt. tgl. 9.30–17.00 Uhr) zeigt die wichtigsten historischen Bauten der Insel im Verhältnis 1:20.

Das sehr malerische Hafenstädtchen an dem 1961 eingedeichten ›Veerse Meer‹ erlebte seine größte Blüte zwischen 1400 und 1600 als Umschlagplatz für Wolle aus Schottland nach der Textilstadt Brügge. Dadurch und durch seine Heringsfischerei wurde Veere ein Konkurrent für Middelburg. Herrscher der Stadt waren die mächtigen Herren (seit 1545 Markgrafen) *van Borssele,* die unter den Burgunderherzögen hohe Staatsämter bekleideten: *Frank van Borssele* (ca. 1395–1471) war mit der letzten Gräfin von Holland und Zeeland, *Jacoba von Bayern* (1401–1436), verheiratet, *Wolfert II. van Borssele* mit der Schwester des schottischen Königs *Jakob I.* Der nahegelegene Stammsitz ›Sandenburg‹ wurde im 80jährigen Krieg zerstört. 1581 ging die Herrschaft von Veere an die Oranier über. Von der Umwallung (16.–19. Jh.) sind noch fünf Bastionen erhalten. Beidseits des Hafeneingangs standen einst zwei Verteidigungstürme, von denen nur der *Zuiderhaventoren* erhalten ist, der nördliche ist 1630 über Nacht im Wasser verschwunden. Der *Campveerse Turm* (ca. 1500) mit seiner gestreiften Mauer ist 1950 restauriert worden, 1738 war der südliche Flügel unter Verwendung eines Teiles der alten Stadtmauer errichtet worden. Von jeher ist der Turm Stadtherberge gewesen.

Am Hafen erinnern die sog. ›Schottischen Häuser‹ (Kade 25/27) an die Blütezeit von Veere, als die schottischen Wollhändler ihre für Brügge bestimmten Waren hier verluden. Die spätgotischen, reich dekorierten Häuser ›het Lammetje‹ (›das Lamm‹, 1539) und ›de Struys‹ (›der Vogel Strauß‹, 1561) dienten ihnen als Kontor und Lager. Beide Häuser beherbergen ein *Heimatmuseum* (*geöffnet:* 1. Mai – 1. Okt. Mo–Sa 10.00–12.30 und 13.30–17.00 Uhr), in dem u. a. die originalen Sandsteinfiguren von der Fassade des Rathauses (*Michiel Ywijnsz.,* 1517) aufbewahrt werden.

Das Rathaus (*geöffnet:* 1. Juni – 15. Sept. Mo 14–16 Uhr, Di–Fr 10–12 und 14–16 Uhr, Sa 10–12 Uhr) wurde 1474 begonnen und gilt als das bedeutendste in Formen der Brabanter Spätgotik erbaute Rathaus nach dem im benachbarten Middelburg. Hier wie dort arbeiteten *Andries Keldermans d. Ä.* als Steinmetz und der Bildhauer *Michiel Ywijnszoon,* dessen Statuen der Männer und Frauen aus dem Geschlecht *van Borssele* ins Museum gebracht und durch Neuschöpfungen von *O. Wenckebach* (1931/34) ersetzt wurden. Bemerkenswert sind die Blendspitzbögen über den Fenstern rechts vom Eingang, alle anderen Fenster haben Korbbogenverdachungen; vielleicht war hier ursprünglich ein Balkon. Die Freitreppe datiert von 1749, die Bekrönung des Turmes von 1591/99.
Die Inneneinrichtung des Rathauses datiert zum großen Teil von einem Umbau von 1699. Die schönen Türgriffe im Vestibül sind ein Geschenk des Statthalter-Königs *Willem III.,* der auch Markgraf von Veere war. In der ›Gerichtshalle‹ ein gotischer Kamin und Täfelung (1586, 1699 im gleichen Stil erweitert). Der ›Ratssaal‹ enthält einen Kamin mit gotischen Seitenwangen und einem barokken Rauchfang (1696); das ›Porträt Willems III.‹ malte *Johan van Haensberg* 1700. Hier wird auch der vergoldete Silberpokal aufbewahrt, den *Maximilian von Burgund,* Statthalter von Holland, Zee-

land und Utrecht und Markgraf von Veere, *Maximilian van Egmond-Buren,* Statthalter von Friesland, schenkte als Dank für dessen Teilnahme auf Seiten Kaiser *Karls V.* im Schmalkaldischen Krieg 1546/47. Dargestellt ist die ›Gefangennahme des Kurfürsten Johann von Sachsen‹, auf dem Deckel die ›Überfahrt des niederländischen Heeres über den Rhein bei Neuerburg‹.

Onze Lieve Vrouwekerk (*geöffnet:* Mitte Mai – Mitte Sept. Mo–Sa 10–17 Uhr, So 13–17 Uhr; So keine Turmbesteigung): An der Stelle einer 1342 gestifteten, 1472 zur Kapitelkirche erhobenen Liebfrauenkirche ist die jetzige große spätgotische Kreuzbasilika mit eingebautem Westturm wahrscheinlich nach einem Entwurf von *Evert Spoorwater* errichtet worden. Seit 1479 hatte *Anton Keldermans,* seit 1512 sein Sohn *Rombout* die Leitung der Bauhütte. Der drei-(seit 1832 zwei-)schiffige Hallenchor ist wohl im 15. Jh. beim Umbau der älteren Kirche entstanden und sicherlich nicht das, was den Baumeistern vorschwebte. Tatsächlich hat man 1938 die Fundamente eines 1542 begonnenen Umgangschores gefunden, der aus unbekannten Gründen wieder abgebrochen wurde. Die Kirche brannte 1686 ab, wurde 1809 von den Engländern bombardiert und diente 1811/13 als Militärhospital; die damals eingezogenen vier Geschosse sind entfernt worden, die entsprechende Fenstereinteilung ist geblieben. Wie andere Keldermans-Türme sollte auch dieser sehr hoch werden. In der seit 1686 abgetrennten Predigtkirche Grabmal (1771) für *Jan van Miggrode* (gest. um 1627), der sich als erster Kanoniker des Kapitels der Reformation anschloß.
Südlich der Kirche ließ *Maximilian von Burgund* 1551 das spätgotische *Brunnenhaus* für die in Veere tätigen schottischen Wollhändler bauen. Das Schirmgewölbe ruht auf toskanischen Säulen und Renaissance-Kragsteinen. Die unterirdische Zisterne wurde mit Regenwasser, das von den Kirchendächern floß, gespeist.

Domburg: In der Nähe der römischen Siedlung (1. Jh. v. Chr. – ca. 400 n. Chr.) lag ein *Heiligtum der germanischen Göttin Nehalennia.* Seit 1647 hat man mehrere ihr gewidmete Altäre gefunden, die sich jetzt im Zeeuws Museum in Middelburg befinden. – Der bedeutendste holländische Symbolist, *Jan Toorop,* und *Piet Mondriaan* haben hier oft gearbeitet; *Toorop* zeichnete und malte das Leben der Bauern und Fischer der Insel Walcheren, *Mondriaan* die Dünen und Türme von Westkapelle. Der dortige spätgotische Leuchtturm entstand nach 1432 und gehörte zu einer 1831 abgebrochenen Kirche.

Vlissingen: Der Geburtsort des Admirals *Michiel de Ruyter* (1607–1676) hatte im 16. und 17. Jh. als Kriegshafen große Bedeutung. 1548 ließ *Karl V.* am Hafeneingang eine Burg, im Grote oder Keizershoofd noch erkennbar, bauen. Ende des 16. Jh. ließen sich viele aus den Spanischen Niederlanden ausgewanderte Kaufleute hier nieder, die die Stadt zu großer Blüte brachten. *Napoleon* ließ die Festung Vlissingen ausbauen; mit dem *Fort Breskens* auf dem südlichen Scheldeufer beherrschte Vlissingen die Zufahrt nach Antwerpen.

Das *Städtische Museum* (Bellamy-Park 19; *geöffnet:* Juni – Sept. Di–Fr 10–17 Uhr, Sa und So 14–17 Uhr. Sept. – Juni Di–Fr 10.00–12.30 und 13.30–17.00 Uhr) enthält eine kleine Sammlung von städtischen Altertümern und Schiffsmodellen.

Die *Jacobskerk* (14. Jh.) wurde im 16. Jh. zur Hallenkirche erweitert.

Bei *Ritthem,* östlich von Vlissingen, liegt die *Festung Rammekens* (*geöffnet:* Mitte Juni – Sept. Do 14.30 Uhr). Zum Schutz der früheren Fahrrinne zum Middelburger Hafen bauten die Festungsingenieure *Donato de' Boni Pellezuoli* aus Bergamo und *Peter Brand* aus Antwerpen im Auftrag der Generalstatthalterin *Maria von Ungarn* 1547/56 die ursprünglich dreieckige Festung mit zwei Halbbastionen, die später öfters erweitert wurde.

14 Zuid-Beverland

Goes, der wirtschaftliche und kulturelle Mittelpunkt Zuid-Beverlands, erhielt 1342 Stadtrechte und wurde unter *Jacoba von Bayern,* Gräfin von Holland, Zeeland und Hennegau, die hier ihre Residenz hatte, 1417 mit Wällen umgeben. Als der alte Hafen des wichtigen Handelszentrums (Salz, Krapprot, Tuch) versandete, wurde 1644/51 ein Verbindungskanal mit der Oosterschelde gegraben.
Das *Rathaus* am geräumigen Markt wurde 1771/75 von Stadtbaumeister *Boudewijn Kramer* unter Verwendung der gotischen Struktur des Vorgängerbaus von 1463 völlig umgestaltet. Nachdem er die vier Ecktürmchen des Westturmes entfernt hatte, setzte er diesem Donjon eine achteckige Kuppelbekrönung auf. Der niedrigere Ostturm wurde wohl aus Symmetriegründen errichtet. Vier Rundbogen im Mittelbau bilden den Zugang zur einstigen Stadtwaage. Die Statuen der ›Weisheit‹ und der ›Gerechtigkeit‹ schuf *Hendrik van Diest.* – Hinter dem Rathaus steht die gotische *Fleischhalle,* deren Fassade ebenfalls im 18. Jh. modernisiert wurde. Sehenswert ist das Innere, vor allem der ehem. Ratssaal im

Goes: Alter Hafen

Rokokostil. Die Stuckarbeiten stammen von *Giuseppe Soldati,* die Grisaillemalereien von *Martin Joseph Geeraerts* aus Antwerpen, das schmiedeeiserne Gitter, das die ›vierschaar‹ (Gerichtsstelle) abtrennt, von *Maesime Sumel.*
Grote oder *Maria Magdalenakerk:* Der Hallenchor in Brabanter Spätgotik (1455–1470) dieser dreischiffigen Kreuzbasilika sollte an eine geplante Hallenkirche anschließen. Dieser Plan wurde dann aber zu Gunsten eines basilikalen Baus mit weitausladendem Querhaus (1505) aufgegeben, wobei jedem Seitenchor ein Seitenschiff mit Kapellenreihe entspricht. Die besonders reiche, um 1900 nicht sehr empfindsam restaurierte Nordfassade des Querhauses weist große Ähnlichkeit mit jener der etwas jüngeren Hooglandse Kerk in Leiden auf. Nach einem Brand 1618 wurde das Langhaus 1619/21 in gotisierenden Formen wiederaufgebaut. – Der hochaufgehende Chor weist Kennzeichen der Brabanter Spätgotik auf: schlanke Rundpfeiler mit Kohlblattkapitellen, in der Triforiumzone eine Rundbogennische pro Joch mit aufwendigem Maßwerk (leider nur in einem Joch ausgeführt) und schöne Netz- und Sterngewölbe (in den Nebenchören Kreuzgewölbe). *Willem Diaken* aus Haarlem baute 1643 die Orgel, die an einer ungewöhnlichen Stelle, im Chor, aufgestellt wurde; die Flügel bemalte *A. Bisschop* mit apokalyptischen Motiven (Außenseite) und ›David vor der Bundeslade‹ (Innenseite). Der auffällige Baldachin im Stil Louis XIV wurde 1739 angebracht. Unter der Empore Herrengestühl von 1654. Die Kanzel (1594) hat ein Messingpult von 1769.
Südlich der Kirche liegt das *Museum voor Zuid- en Noord-Beverland* (Singelstraat 6; *geöffnet:* Di–Sa 10–12 und 13.30–17.00 Uhr). Es ist im ehem. Altersheim (1655) und Teilen eines Nonnenklosters untergebracht und enthält eine interessante Sammlung von Schützenbildern, Stadtsilber, Trachten und Möbeln.

15 Zeeuws-Vlaanderen

Im Mittelalter gehörte dieser Teil Zeelands südlich der Westerschelde zu Flandern, was in der Profan- und Sakralarchitektur deutlich sichtbar ist (Rathaus in Sluis, Bavokirche in Aardenburg). Nachdem im 14. und 15. Jh. ausgedehnte Landstriche durch Überschwemmungen verlorengegangen waren (u. a. ›Verdronken Land van Saeftinge‹) und der 80jährige Krieg hier, im Grenzgebiet zwischen der jungen Republik und den Spanischen Niederlanden, durch häufige Belagerungen und strategisch notwendige Deichdurchstiche den verbleibenden Rest des Landes praktisch entvölkert hatte, wurde im 17./18. Jh. die Wiedereindeichung von ›Staats Vlaanderen‹ betrieben. Als Generalitätsland besaß es nicht die gleichen Rechte wie die übrigen sieben Provinzen und wurde deshalb von Den Haag aus verwaltet. Seit 1945 starke Industrialisierung (Terneuzen).

Aardenburg: Wichtigster Bau der um eine Burg entstandenen, im Mittelalter bedeutenden Textilstadt, die über einen Nebenlauf des Zwin mit Brügge und dem Meer verbunden war, ist die *St. Bavokerk.* Der Baubeginn ihrer ältesten Teile, des Querhauses und des Turmes, der gleichzeitig das erste Joch des nördlichen Seitenschiffes bildet, dürfte zwischen 1210 und 1220 gelegen haben. Mit verwandten belgischen Kirchen in Tournai und Damme gehört die St. Bavokerk der frühen *Scheldegotik* an. Charakteristisch für diesen Übergangsstil von der Romanik zur Gotik sind das durchgehende Triforium, das Drillingsfenster im Westen und die Knospenkapitelle. Gegen Ende des 14. Jh. wurde der Hallenchor errichtet und der Turm erhöht (Bekrönung 17. Jh.). Nach schweren Kriegsschäden

Aardenburg: St. Bavokerk

wurde die Kirche 1947/65 restauriert; dabei fand man bemalte Steinsarkophage aus dem 14./15. Jh. Die Kanzel (um 1760) enthält eine geschnitzte Darstellung der ›Verklärung Christi‹.

Sluis: Im späten Mittelalter war Sluis Vorhafen von Brügge, dessen Niedergang auch das Ende der Blütezeit von Sluis bedeutete. Leider fielen den Kriegshandlungen 1944 nicht nur die beiden gotischen Kirchen, sondern auch viele Bürgerhäuser zum Opfer. Im 80jährigen Krieg war die Festung Sluis ein wichtiger Stützpunkt, dessen Umwallung 1702 von *Menno van Coehoorn* modernisiert wurde. Erhalten sind u. a. sechs Bastionen und mehrere Tore, so das 1781 erneuerte Südtor. Reste der mittelalterlichen Stadtmauer hat man freigelegt.
Das im Stil der flämischen Backsteingotik errichtete *Rathaus* wurde 1390/92 als Fest- und Versammlungshaus errichtet und nach einem Brand 1423 wiederaufgebaut. Der mächtige flämische *Belfried,* Symbol der freien Bürgerschaft, ist in Holland in dieser Form

einmalig und enthält in einem der Turmfenster eine Holzplastik (Ende 16. Jh.), ›Jantje van Sluis‹, die als Glockenschläger funktioniert. Dieser kleine Jan soll Sluis einst vor einem spanischen Angriff bewahrt haben. Das schmiedeeiserne Gitter im Ratssaal stammt aus dem 1809 zerstörten Rathaus von Vlissingen und wurde 1744 nach einem Entwurf von *J. P. Baurscheidt d. J.* geschaffen.

Nördlich von Sluis liegt die gut erhaltene *Festung Retranchement,* die 1604 zum Schutz gegen die spanischen Truppen angelegt wurde. Die Garnisonskirche datiert von 1630. In der Nähe erstreckt sich das *Naturschutzgebiet* ›het Zwin‹, der Rest des einstigen Verbindungsweges von der Nordsee nach Brügge.

Hulst, das bereits vor 1000 erwähnt wird, erhielt 1180 Privilegien und 1270 Stadtrechte von den Grafen von Flandern. Wichtige Erwerbsquellen waren die Salzgewinnung, die Herstellung von Tuch und dem Farbstoff Krapprot. Die Stadt gehörte im 80jährigen Krieg zu einer Kette von Festungen an der Grenze zu den südlichen Niederlanden. Der gut erhaltene Festungsstern (1620), wurde gegen Ende des 17. Jh. von *Menno van Coehoorn* modernisiert. Ein Rest der mittelalterlichen Umwallung ist das 1957 in seinen Grundmauern freigelegte *Bollewerkstor,* ein kombiniertes Land- und Wassertor (1506) im Nordwesten. Die übrigen Stadttore entstammen dem 18. Jh.: das *Bagijnetor* (1704) im Nordosten, das *Doppelte Tor* (1771) im Nordwesten und das reiche *Gentse Tor* (1780) im Süden. Bei letzterem steht das Monument für ›Reineke Fuchs‹: *Willem,* der Verfasser des mittelalterlichen satirischen Tierepos ›Van de Vos Reinaerde‹ (Ende 12. Jh.?) soll hier gelebt haben; denn Hulst und Umgebung sind Schauplätze der Handlung. 1793 publizierte *Goethe* eine eigene Bearbeitung des ›Reineke Fuchs‹.
Die röm.-kath. *St. Willibrorduskerk,* eine Kreuzbasilika in Brabanter Gotik, hat einen schweren, in Holland seltenen, im benachbarten Flandern üblichen Vierungsturm (vgl. Haarlem, Nr. 16; 's-Hertogenbosch, Nr. 29). Ausgehend von dem bestehenden Turmunterbau (14. Jh.) einer wohl dreischiffigen romanischen Kirche, errichtete *Evert Spoorwater* den Umgangschor. Nachdem das romanische Langhaus 1469 abgebrannt war, folgte 1481 der gotische Neubau unter der Aufsicht von *Herman* und *Dominicus Waghemakere,* aber erst 1534 war die Westfassade, 1564 die ganze Kirche vollendet. Die Einwölbung des Langhauses datiert von ca. 1930. Die achteckige Laterne (1402) ist nach mehreren Bränden nur in ihrem Unterbau erhalten, die moderne Bekrönung datiert von 1953. Die Kirche besitzt eine kurz nach 1806 entstandene Kanzel, eine Orgel aus dem späten 18. Jh. und ein modernes Westfenster von *Joep Nicolas.*

In der Steenstraat 28 steht das ehem. Refugium (um 1500) des einst mächtigen Zisterzienserklosters ›Ter Duinen‹ bei Brügge. Hier ist jetzt das *Heimatmuseum* untergebracht (*geöffnet:* Mai – Aug. Di–Sa 14–17 Uhr).

16 Haarlem

Verkehrsamt: Stationsplein 1, beim Bahnhof.

Geschichte: Haarlem liegt auf den Binnendünen an der Spaarne und wurde von den Grafen von Holland als Bollwerk gegen die Westfriesen gegründet. Graf *Willem II.* verlieh den Einwohnern, die von Handel und Schiffahrt im Ostseeraum, später auch mit England und Frankreich, lebten, 1245 Stadtrechte. 1218/19 waren Haarlemer unter *Willem I.* während des Kreuzzugs von *Andreas II.* von Ungarn an der Einnahme der Stadt Damiette (Ägypten) beteiligt, ein Ereignis, das häufig in der städtischen Ikonographie auftaucht; auch die kleinen Glocken im Glockenspiel der St. Bavokirche erinnern mit ihrem Namen ›Damiaatjes‹ an diesen Sieg. Der älteste Teil der Stadt lag zwischen Oude Gracht (jetzt zugeschüttet) und Bakenesser Gracht. Eine Erweiterung nach Osten, jenseits der Spaarne, bis zum Amsterdamer Tor, datiert wohl aus dem 14. Jh.; im 15. Jh. erfolgte eine Erweiterung südlich und östlich der Oude Gracht. – Bei der Reorganisation der niederländischen Kirchenprovinz wurde Haarlem Bischofssitz (1559). Vom 11. Dez. 1572 bis 12. Juli 1573 belagerten die Spanier die Stadt; an deren – erfolgloser – Verteidigung beteiligten sich auch die Frauen, u. a. die legendäre *Kenau Hasselaer.* Nach der Übergabe ließ *Don Fadrique de Toledo* 2000 Soldaten hinrichten. 1577 wurden die Spanier wieder vertrieben. Emigranten aus den südlichen Niederlanden ließen sich Ende des 16. Jh. in Haarlem nieder und brachten die Textilindustrie zu großer Blüte. Eine zweite Zuwanderung, nach der Aufhebung des Edikts von Nantes (1685), förderte besonders die Herstellung von Luxusstoffen (Damast, Spitzen und Seide). Die 1686 nach Plänen des Maler-Architekten *Salomon de Bray* angelegte Neustadt mit zwei parallelen Grachten (Nieuwe Gracht und der jetzt zugeschüttete Parklaan) und einer Umwallung (nördlich des Bahnhofes) blieb wegen der stagnierenden Wirtschaft unvollendet. Erst seit der 2. Hälfte des 19. Jh. erlebte Haarlem, seit 1840 *Hauptstadt der Provinz Noord-Holland,* einen Aufschwung; es entstanden ausgedehnte Wohnviertel außerhalb der Umwallung. Seit dem 17. Jh. ist Haarlem das *Zentrum der Blumenzwiebelzucht* in Holland.

Haarlem war seit dem späten Mittelalter ein *wichtiges Kunstzentrum.* Im 15. Jh. arbeiteten hier der Historien- und Porträtmaler *Geertgen tot St. Jans,* im 16. Jh. die Romanisten *Jan van Scorel* und *Maarten van Heemskerck.* Die Haarlemer Manieristen *Cornelis van Haarlem,* der berühmte Stecher *Hendrick Goltzius* sowie *Karel van Mander* (1548–1606), Verfasser des künstlerbiographischen und kunsttheoretischen Werkes ›het Schilderboek‹ (1604), begründeten die ›Akademie‹ (Ateliergemeinschaft) und unterhielten enge Kontakte zum Prager Rudolfinischen Manieristenkreis (Spranger).

Das 17. Jh. brachte eine Hochblüte der Malerei: U. a. wirkten hier die Landschaftsmaler *Esaias van de Velde, Jan van Goyen, Salomon van Ruysdael, Allaert van Everdingen* und *Jacob van Ruisdael,* die Porträtmaler *Frans Hals* und *Cornelis Verspronck,* die Genremaler *Dirck Hals, Judith Leyster, Hendrik Pot, Adriaen Brouwer, Adriaen* und *Isaak van Ostade* sowie der Meister des Kircheninterieurs, *Pieter Saenredam, Gerrit* und *Job Berckheyde* malten Stadtansichten, *Pieter Claesz.* und *Willem Heda* Stilleben, *Caesar van Everdingen* vor allem Historienstücke. Zu den Haarlemer Klassizisten zählen *Pieter de Grebber, Pieter Soutman, Salomon* und *Jan de Bray.* Im 18. Jh. setzte *Wijbrand Hendriks* (1744–1831) die große Tradition fort. Auch die Hauptmeister der holländischen Architektur, *Lieven de Key* und *Jacob van Campen* waren hier tätig.

Der aus Gent stammende *de Key* (1560–1627) kam nach einem Aufenthalt in London nach Haarlem, wo er seit 1593 als Stadtbaumeister tätig war. Aus seiner Haarlemer Fleischhalle und dem Rathaus von Leiden (vgl. Nr. 3) spricht de Keys Vorliebe für die detailfreudige, malerische Richtung des ohnehin stark dekorativen Renaissance-Stils der nördlichen Niederlande.

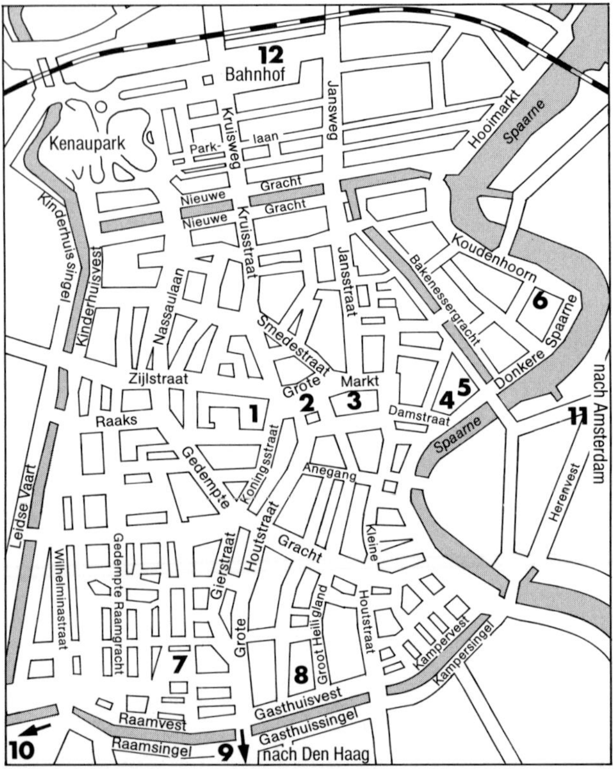

Haarlem: Orientierungsplan
1 Raadhuis – 2 Vleeshal – 3 Grote Kerk – 4 Waag – 5 Teylers Museum – 6 Teylers Hof – 7 Nieuwe Kerk – 8 Frans Hals-Museum – 9 Paviljoen ›Welgelegen‹ – 10 Nieuwe St. Bavokathedraal – 11 Amsterdamer Tor (15. Jh.) – 12 Bahnhof (D.A.N. Margadant, 1908).

Raadhuis (1)

Der Komplex wurde in mehreren Bauperioden errichtet. Ca. 1352 entstand der durch Lisenen und Rundbögen gegliederte linke Teil als Palast der Grafen von Holland. Freitreppe, Portal und Balkon stammen von 1630. 1633 blendete man die Pilasterfassade dem 1455 errichteten, vorspringenden Flügel vor, der als Gerichtslaube diente. Der oktogonale Turm wurde 1914 nach dem Muster eines 1772 abgerissenen Vorgängers (ca. 1465) rekonstruiert. Stadtbaumeister *de Key* entwarf 1622 den Flügel entlang der Zijlstraat.

Man betritt das Rathaus durch das gotische *Pandtor* (ca. 1490); es gehörte ursprünglich zu dem Ende des 13. Jh. erbauten *Dominikanerkloster,* dessen Kapitelsaal, Refektorium und Kreuzgang 1980 restauriert worden sind. Seit 1590 diente das Kloster dem Statthalter während seines Aufenthaltes in Haarlem als Wohnung (›Prinsenhof‹). – Sehenswert ist der sog. ›Grafensaal‹ mit einer schweren Balkendecke (ca. 1550); die Glasmalereien stammen aus der holl.-ref. Kirche in Bloemendaal (1635/36). Die Porträts der Grafen von Holland sind Kopien (15. Jh.) nach verlorengegangenen Wandmalereien im Karmeliterkloster. – Über dem Kamin im früheren ›Schöffensaal‹ hängt *Jan de Brays* ›Augenopfer des Seleukos‹ von 1676. Das Thema (auch in der ›Gerichtshalle‹ des Amsterdamer Rathauses) soll als sog. ›Gerechtigkeitsdarstellung‹ die Richter mahnen, auch Verwandten gegenüber streng zu bleiben. Seleukos opferte für seinen Sohn, der Ehebruch begangen hatte, eines seiner Augen, um ihm die vollkommene Blendung zu ersparen. – Der alte ›Ratssaal‹ enthält zwei schöne Kamine (1620) und Tapisserien (1629): ›Die Eroberung von Damiette‹, nach einem Entwurf von *Willem Thybaut,* ein Thema, das auch ein Gemälde von *Pieter de Grebber* (1630) zeigt. – Im früheren ›Justizzimmer‹ befindet sich die ›Allegorie der Gerechtigkeit‹ (1671) von *Adriaen Backer.*

Vleeshal *(Fleischhalle)* **(2)**

Dieses wohl *bedeutendste Bauwerk des holländischen Manierismus* wurde 1602/03 von Stadtbaumeister (seit 1593) *Lieven de Key* (ca. 1560–1627) als Schlacht- und Zunfthaus der Fleischer gebaut. Der

Grafensaal im Raadhuis

Backsteinbau mit üppigem Werksteinschmuck ist an drei Seiten freistehend; die Vorder- und Rückseite haben steile, stark horizontal gegliederte Treppengiebel. Rustizierte Eingangsportale verbinden das geduckte Kellergeschoß mit dem Hauptgeschoß; über den kleineren Seiteneingängen reiches Rollwerkornament und Stierköpfe, im Giebel das Haarlemer Stadtwappen. Die Längsseite wird von einem eigenwilligen Gesims, in dem Stier- und Widderköpfe mit Konsolen abwechseln, abgeschlossen. Die drei äußerst phantasievollen Zwerchgiebel sind Musterbeispiele der Architekturauffassung des Manierismus; die gemauerten Teile werden von Bauschmuck überwuchert und von Beschlagwerkornamentik verklammert. Der Innenraum wird durch sechs freistehende toskanische Säulen in zwei Schiffe geteilt, Wände und flache Gewölbe sind teils roh belassen, teils verputzt.

Auf dem Marktplatz steht das ›Standbild von Laurens Janszoon Coster‹ (?–ca. 1484) von *Louis Royer* (1856). *Coster* gilt in Holland als der ›Erfinder‹ der Buchdruckerkunst.

Grote oder **St. Bavokerk (3)**

Die dreischiffige spätgotische Kreuzbasilika mit tiefem Umgangschor und Vierungsturm, eine der größten Kirchen Hollands, beherrscht das Stadtbild von Haarlem. Ältester Teil ist der um 1400 vollendete Chor. Das Querschiff wurde 1445 unter der Leitung von *Evert Spoorwater* begonnen, um 1465 fertiggestellt und etwa 1490 auf gleiche Höhe mit dem Mittelschiff gebracht, das seit 1470 entstanden war. Die Seitenschiffe waren 1483 fertig, das Sterngewölbe der Vierung folgte 1500. Der jetzige achteckige Vierungsturm, der sich stufenweise verjüngt und von einer durchbrochenen Zwiebel bekrönt wird, entstand 1519/20 und ersetzt einen 1500 vom Utrechter Dombaumeister *Cornelis de Wael* begonnenen und von *Anthonis Keldermans* weitergebauten Turm, der sich als zu schwer herausstellte und wieder abgetragen wurde. Er gehört zu den frühesten Renaissancetürmen in Holland. Die schönen Sterngewölbe des Mittelschiffes und des Chores sind 1530/38 aus Kostengründen in Holz ausgeführt worden; deshalb unterblieben auch die geplanten Strebebögen. *Lieven de Key* hat 1593 die Taufkapelle (1492) südlich des Langhauses im Renaissancestil modernisiert; *Salomon de Bray* entwarf 1658 an der Südseite des Chores einen Flügel in gotisierenden Formen.
Die Kirche weist verschiedene Besonderheiten auf: So ist der Chor sehr lang, obwohl es zur Zeit des Baus noch kein Kapitel gab; es wurde erst 1560 bei der Erhebung zur Kathedrale eingerichtet. Bemerkenswert sind die vor allem im Chor gedrungenen Rundpfeiler und die großen Mauerflächen über den Arkaden, die nur durch

St. Bavokerk: Orgel

ein winziges Triforium unterbrochen werden. Hier macht sich der Einfluß der Brabanter Gotik ebenso bemerkbar wie in der Verwendung von weißem Stein für die Erhöhung des ursprünglich niedrigeren Querschiffes, das schmäler als der Chor ist, der bereits vor Beginn der Bauarbeiten am Querschiff fertiggestellt war.
Zu den erwähnenswerten Teilen der Ausstattung aus der Zeit vor der Reformation gehören die *Chorschranken* aus Eichenholz mit einem Kupfergitter (›Brennender Dornbusch‹) von *Jan Fyerens* aus Mecheln (1509/17). Vom gleichen Künstler stammt das Lesepult in Form eines Pelikans (1499). Das Chorgestühl (1512) trägt später angebrachte Wappen vornehmer Herren und deren Namen. Im Chor unter der Grabplatte Nr. 56 liegt der Maler *Frans Hals* begraben. Die Bemalungen der Rundpfeiler stammen aus dem 15. und 16. Jh. Das *Tafelbild* im südlichen Chorumgang (ca. 1515) stellt die St. Bavokirche dar, deren Vierungsturm noch ein Stockwerk niedriger ist als heute. Die *Kanzel* (1679) hat einen gotischen Schalldeckel (1432). Die große *Barockorgel* gehört zu den wichtigsten der Niederlande. Sie wurde 1735/38 von *Christiaan Müller* gebaut; das reich ornamentierte Gehäuse und die Empore gehen auf einen Entwurf von *Daniel Marot* zurück, *Jan van Logteren* schuf die bekrönenden Statuen und das Stadtwappen. Ein Gedenkstein rechts erinnert daran, daß der zehnjährige *Mozart* 1766 auf dieser Orgel gespielt hat. Das *Marmormonument* unter der Empore ist das Hauptwerk des Bildhauers *Jan Baptist Xavery* (1697–1742) und stellt die ›Frömmigkeit‹, die ›Dichtkunst‹, die ›Musik‹ und die ›Ewigkeit‹ dar. Die kleine Orgel im Chor (um 1600) wurde hier 1870 installiert. In der sog. *Heiliggeist-Bank* mit gotischen Schnitzereien (ca. 1500) im südlichen Seitenschiff verteilten die für die Armenfürsorge zuständigen Heiliggeist-Meister Brot. Die *Schiffsmodelle* im südlichen Chorumgang schuf ein Mitglied der Schifferzunft 1670.

Waag (4): Die Stadtwaage entstand 1597/98 nach Plänen eines unbekannten Baumeisters, aller Wahrscheinlichkeit nach *Lieven de Key,* der seit 1593 Stadtbaumeister war; aber auch der Maler *Cornelis van Haarlem* und *Willem Thybaut* werden genannt. Das Wappen an der linken Fassade zeigt einen Löwen inmitten des holländischen ›tuin‹ (das holländische Wort ›tuin‹ hat denselben Wortstamm wie das deutsche Wort ›Zaun‹, meint aber den Garten innerhalb des Zaunes: ›den Garten Hollands‹), das Wappen rechts ist das von Haarlem.

Teylers Museum (5)

Lage: Spaarne 16. – *Geöffnet:* Di–Sa 10–17 Uhr (Okt. – Febr. 10–16 Uhr). Am 1. Sonntag des Monats 13–17 Uhr, um 15 Uhr wird dann auch die Fokkerorgel mit einem 31stufigen Tonsystem bespielt.

Hinter der neubarocken Fassade (1878) verbirgt sich das *älteste Museum der Niederlande.* Laut Testament des vermögenden Seidenfabrikanten *Pieter Teyler van der Hulst* (1702–1778) wurde 1778 eine

Stiftung ins Leben gerufen, die, ganz im Einklang mit den herrschenden Ideen der Aufklärung, Theologie, Wissenschaft, Kunst und Wohltätigkeit fördern sollte. *Teylers* Sammlung von Zeichnungen, Münzen und Naturalien bildete die Basis für diese Stiftung. Die paläontologisch-geologische Abteilung besitzt auserlesene Fossilien, u. a. den ›Riesensalamander von Oeningen‹, den man im 18. Jh. als ›Homo diluvii testis‹, als ›Zeugen der Sintflut‹, ansah, und sehr schöne Mineralien; die fluoreszierenden werden in einem Dunkelraum gezeigt. Die physikalischen Instrumente, darunter die eindrucksvolle Elektrisiermaschine (1784) von *Martinus van Marum* (1750–1837), einem Mitglied der Teyler-Gesellschaft und spiritus rector des jungen Museums, sind in dem schönen, von *Leendert Viervant* im Stil Louis XVI entworfenen ›Ovalen Saal‹ aufgestellt; auch die kostbare Bibliothek findet hier Platz.
Die *graphische Sammlung* umfaßt u. a. das nahezu komplette graphische Werk *Rembrandts* und *van Ostades* (Sammlung *Jan Danser Nijman*) und gewann 1790 durch die Erwerbung eines wichtigen Teils (ca. 2000 Blätter italienischer Künstler) der Kollektion, die *Christina von Schweden* vor allem seit ihrer Niederlassung in Rom 1668 zusammengetragen hatte, enorm an Bedeutung. So kamen u. a. Blätter von *Raffael,* 25 Werke *Michelangelos* (u. a. Skizzen für die Sixtinische Kapelle), 70 Zeichnungen von *Claude Lorrain* und 100 von *Guercino* in den Besitz des Museums. Von den niederländischen Meistern seien *Goltzius, Rubens, Saenredam, Terborch, Ruysdael, Troost, de Wit* und der langjährige Kurator der Sammlung, *Wijbrand Hendriks,* erwähnt. Die romantische Malerei des 19. Jh. ist durch Werke von *Springer, Schelfhout, Koekkoek* und *Weissenbruch* vertreten. – Am Ende der Spaarnwouderstraat steht das *Amsterdamer Tor* (*11;* 15. Jh.).

Teylers Hof (**6**; Koudenhorn 64): Dank dem Vermögen *Pieter Teyler van der Hulsts* konnten 1787 die 24 um einen Hof gelegenen Wohnungen bezogen werden. Architekt der mit einem eindrucksvollen dorischen Säulenportikus versehene Anlage, die größte ihrer Art in Haarlem, war *Leendet Viervant* (1752–1801). In dem Louis XVI-Regentenzimmer links hängt ein Gruppenporträt (1786) von *Wijbrand Hendriks.* – Besonders elegant ragt der Turm (ca. 1530) der benachbarten *Bakenesserkerk* (15./17. Jh.) empor.

Nieuwe Kerk (7)

An die Stelle der älteren *St. Annakirche,* der *Lieven de Key* den Turm mit seinem verspielten Renaissance-Abschluß, einem der hübschesten in Holland, anfügte (1613), setzte *Jacob van Campen* 1645/49 einen Zentralbau in Form eines griechischen Kreuzes, bei dem flachgedeckte Eckräume den Gesamtgrundriß zum Quadrat ergänzen. Die Holztonnen des Kreuzes werden in der Vierung von ionischen Pfeilern getragen. In ihrer Raumeinteilung erinnert die

Kirche an das Atrium in *Palladios* ›Palazzo Iseppo Porto‹ (1552) in Vicenza. Die ebenfalls von *van Campen* entworfene Kanzel steht frei im Raum, für die damalige Zeit etwas völlig Neues, da die Kanzeln bis dahin immer an Säulen oder Pfeilern aufgestellt waren. Die Orgel stammt aus der St. Bavokirche und wurde 1791 hierher gebracht.
Van Campens Planung für die Neugestaltung der Umgebung der Kirche sah einen fast quadratischen Platz um die Kirche vor; auch sollte die monumentale Ostfassade von der Grote Houtstraat, der Hauptachse der Stadt, aus, frei sichtbar sein. Der Plan wurde jedoch nur an der Kerkstraat ausgeführt. – Der Kontrast zwischen verspieltem Turm und nüchternem Kirchenraum zeugt von der Wende, die sich mit dem Aufstieg *Jacob van Campens* in der holländischen Baukunst vollzog; sein palladianisch geschulter Klassizismus wurde bestimmend für die holländische Architektur des 17. und 18. Jh.
Das *Schützenhaus der St. Jorisgilde* (Grote Houtstraat 144) von 1591 wurde 1706 zum Provenierhuis (Pfründnerhaus) umgebaut.

Frans Hals-Museum (8)

Lage: Groot Heiligland 62. – *Geöffnet:* Di–Sa 10–17 Uhr, So 13–17 Uhr. April – Sept. ist das Museum auch an manchen Abenden geöffnet; einige Säle werden mit Kerzen beleuchtet, im Renaissancesaal wird alte Musik gespielt.

Die städtische Sammlung, die 1862 im Rathaus zusammengetragen worden war, ist seit 1913 in dem 1608 von *Lieven de Key* erbauten *ehem. Altmännerhaus* untergebracht. Von dem stark veränderten Gebäude sind nur das Eingangsportal und die gegenüberliegende Hoffassade mit Renaissance-Giebel noch original.
Das Museum besitzt vor allem Werke Haarlemer Maler, aber auch Kunstgewerbe: u. a. Silber, Goldledertapeten, eine alte Apotheke, ein Puppenhaus (18. Jh.) und Stilräume (17.–19. Jh.). Besonders eindrucksvoll ist Saal 8 mit den Haarlemer Manieristen: u. a. *Cornelis van Haarlem* ›Bethlehemitischer Kindermord‹ (1591; Seitenflügel von *Maerten van Heemskerck,* 1546), *Maerten van Heemskerk* ›Hochzeit von Peleus und Thetis‹ (1593), ›Ecce Homo Triptychon‹ (1559), ›St. Lukas malt die hl. Jungfrau mit dem Jesuskind‹ (1532), *Hendrick Goltzius* ›Minerva‹, ›Herkules‹, ›Merkur‹, »eine allegorische Verteidigung der Malkunst gegen Dummheit, Neid und Verleumdung« *(E. de Jongh).* Auch dem Stilleben, allen voran dem in Haarlem häufig gemalten monochromen ›banketje‹ (›Frühstück‹), ist ein eigener Raum (Saal 13) gewidmet mit Werken von *Willem Claesz. Heda, Pieter Claesz.* und *Floris van Dijk. Wijbrand Hendriks* ›Interieur mit schlafendem Mann‹ aus dem frühen 19. Jh. (Saal 31) ruft Erinnerungen an Bilder von *Vermeer* oder *de Hooch* hervor. Höhepunkt der Sammlung ist aber das Werk von *Frans Hals.*

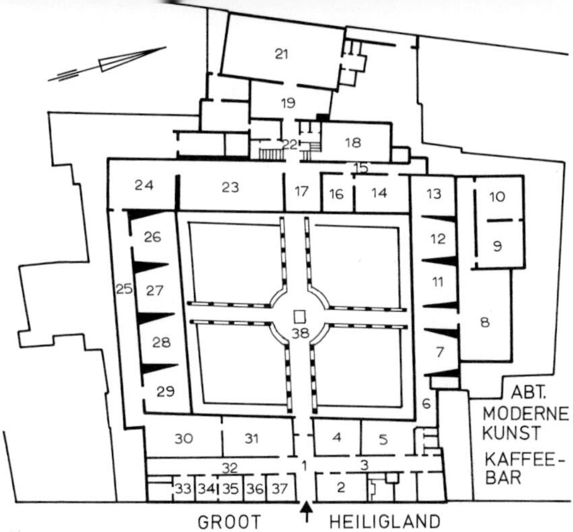

Frans Hals-Museum: Orientierungsplan

Frans Hals wurde zwischen 1581 und 1585 in Antwerpen als Sohn eines Tuchmachers geboren, der, wie so viele andere Handwerker, aus den von der spanischen Soldateska heimgesuchten südlichen Niederlanden floh, um im sicheren Norden eine neue Existenz aufzubauen. 1591 wurde die Familie in Haarlem erwähnt, wo der Maler bis zu seinem Tod 1666 arbeitete. Er wurde in der St. Bavokirche begraben. Seit ca. 1600/03 war er wohl Schüler *Karel van Manders;* 1610 wurde er Mitglied der Lukasgilde. Sein Oeuvre umfaßt ca. 300 Gemälde, vor allem Porträts und Gruppenbildnisse, von denen das früheste, das im Museum gezeigte ›Porträt von Probst Jacobus Zaffius‹, von 1611 datiert. Seinen ersten offiziellen Auftrag, die Offiziere der St. Jorisgilde zu porträtieren, erhielt er 1616; ihm sollten noch viele Aufträge der Schützengilden folgen. – Vor allem in den Genrebildern der 20er Jahre (›Der Fröhliche Trinker‹, Amsterdam, ›Der Lautenspieler‹, Paris) zeigt sich der Einfluß der zeitgenössischen Utrechter Caravaggisten (vgl. S. 134), thematisch (Fünfsinnen-Darstellungen) wie kompositorisch (Halbfiguren vor hellem Hintergrund). *Hals'* vom Anfang an sehr lockere Pinselführung kulminiert in den beiden letzten Gruppenbildnissen von 1664 (Saal 29).

In Saal 21 hängen die ›Schützenstücke‹, die *Frans Hals* für die beiden Haarlemer Schützengilden malte: ›Festmahl der Offiziere der St. Jorisgilde‹ (1616 und 1622), ›Festmahl der Offiziere der St. Adriansgilde‹ (1627), ›Offiziere und Unteroffiziere der St. Jorisgilde‹ (1639; mit einem Selbstbildnis: zweiter von links in der 2. Reihe).
Die *Schützengilden,* im Mittelalter als Bürgerwehr entstanden, entwickelten sich im 16. und 17. Jh. als Vereinigungen zur Pflege des Waffensports, deren Zusammenkünfte, Mahlzeiten, zeremonielle Aufzüge und Preisschießen vor allem der Geselligkeit dienten. Im Schützenhaus (Doelen) trafen sich der Kleinhändler und der Großkaufmann; die Offiziere rekrutierten sich jedoch nur aus dem städtischen Handelspatriziat. Die Schützen waren in Vereinen organisiert, die nach ihren Schutzheiligen, Sebastian, Joris (Georg),

Frans Hals: ›St. Georgsschützen‹ (1627)

Adrian, oder nach ihren Waffen, Handboog (Bogen), Voetboog (Armbrust) oder Klovenier (Gewehr), benannt wurden.
Häufiger Anlaß, ein Gruppenbildnis für das Schützenhaus in Auftrag zu geben, waren die von der Stadt kontrollierten Vorstandsänderungen; aber auch die Mannschaften ließen sich porträtieren, wobei jeder seinen Anteil am Bild bezahlte. Der Monotonie früherer Schützenporträts – das erste malte *Dirck Jacobsz.* für die Amsterdamer Kloveniersdoelen 1529 (Historisch Museum, Amsterdam) – mit ihrer Aneinanderreihung von Köpfen wurde bald dadurch begegnet, daß man die Beteiligten um einen Tisch setzte, wodurch der Maler die Möglichkeit hatte, eine geschlossene Gruppe zu komponieren. Das ›Schützenstück‹, eine Unterabteilung des ›Gruppenporträts‹, erreichte seinen Höhepunkt in den Werken von *Frans Hals* und *Rembrandt* (›Staalmeesters‹, ›Nachtwache‹).
Auch *Frans Hals'* ›Regenten des Elisabethspitals‹ (1641) und ›Regenten und Regentinnen des Altmännerhauses‹ (1664; Raum 29) zählen zur Gattung ›Gruppenporträt‹. Die Verantwortung für die Sozialfürsorge, die bisher bei den Klöstern gelegen hatte, war in Holland seit Mitte des 16. Jh. von den städtischen oder protestantisch-kirchlichen Autoritäten übernommen worden. Die Spitäler, Altmänner-, Waisen-, Pest-, Irren- und auch Zuchthäuser wurden von ehrenamtlichen ›Regenten‹, ›Regentinnen‹ oder ›Vorstehern‹ verwaltet. Als Zeichen ihres Bürgersinns hingen ihre und die Porträts ihrer Vorgänger in den Regentenzimmern.

Paviljoen ›Welgelegen‹ (9): Die ›villa suburbana‹ entstand 1785/88 wohl nach Plänen *Leendert Viervants* für den Amsterdamer Bankier *Henry Hope,* aus dem berühmten schottischen Geschlecht der Hope, das sich u. a. als Kunstsammler und Mäzen von *Canova, Thorwaldsen* und *Flaxman* einen Namen gemacht hat. Die in französisch-klassizistischem Stil errichtete Zweiflügelanlage diente u. a. zur Aufnahme der bedeutenden Gemäldesammlung *Hopes.* Seit 1930 ist es *Sitz der Provinzialverwaltung Noord Hollands.*

Nieuwe St. Bavokathedraal *(röm.-kath.)* **(10)**

Lage: Leidsevaart 146. – *Geöffnet:* 1. April – 1. Okt. tgl. 9.30–12.00 und 14.00–16.30 Uhr.

Die fünfschiffige Kreuzbasilika mit Vierungskuppel, Westtürmen, Kapellenkranz und Kapellenreihen an den Seitenschiffen wurde in drei Bauabschnitten 1895–1930 nach Plänen von *Joseph Cuypers* (1861–1943) errichtet; sie gilt als sein Hauptwerk und markiert den Übergang von der Neugotik zu einer neuen Kirchenarchitektur. Der eklektische Bau läßt Anklänge an romanische, frühgotische, maurische und assyrische Architektur erkennen. In den Türmen (1920/30) und dem auf Sicht belassenen Mauerwerk ist der Einfluß *Berlages* und des *Jugendstils* spürbar. Von der reichen Ausstattung seien die Kacheltableaus von *Jan Toorop* (1907, unvollendet) und das Chorgitter von *Leo Brom* erwähnt; die Skulptur stammt großenteils von *J. P. Maas.*

In der Gemeinde *Velsen,* nördlich von Haarlem, finden sich mehrere *Landsitze* Amsterdamer Patrizier aus dem 17. und 18. Jh. An der Grenze von Binnendünen und Wasser (erst im 19. Jh. ist das IJ zwischen Amsterdam und Haarlem trockengelegt worden), hatten sie ausgedehnten Grundbesitz erworben, an dem zunächst häufig Sand abgebaut wurde, der bei den Stadterweiterungen von Haarlem und Amsterdam und als Schiffsballast Verwendung fand. Später entstanden dann vornehme Villen. Schönstes Beispiel solch eines Landhauses ist ›Beeckestijn‹ (Rijksweg 136, 1 km südlich des Velsertunnels; *geöffnet:* tgl. außer Mo 14–17 Uhr, Juni – Sept. auch 10–12 Uhr). Bereits im 17. Jh. stand hier ein einfaches Landhaus, das 1716/21 im Stil Louis XIV umgebaut wurde. 1742 erwarb *Jacob Boreel,* Sproß einer Amsterdamer Regentenfamilie, das Anwesen und ließ es um zwei Seitenflügel erweitern. Der Barockgarten (um 1700) wurde im Westen um 1800 in einen englischen Landschaftsgarten umgestaltet. Seit 1963 ist die Gemeinde Velsen Besitzerin von ›Beeckestijn‹, das 1959/69 restauriert wurde. Die (nicht ursprüngliche) Inneneinrichtung vermittelt einen guten Eindruck, wie das Amsterdamer Regentenpatriziat im 18. Jh. wohnte.

Am Rande des *Haarlemermeerpolders,* zwischen Haarlem und Hoofddorp, steht das *Dampfpumpwerk* ›Cruquius‹. Es wurde 1849 als eines der ersten Dampfpumpwerke Hollands gebaut und diente dazu, das ›Haarlemermeer‹, einen 24 km langen, 11 km breiten Binnensee, trockenzulegen. Man brauchte hierfür nur 3 Pumpwerke statt 80 Windmühlen. 1852 war die Arbeit fertig; man hatte 18 302 ha neues Land gewonnen. Das im neugotischen Stil als ›Wasserburg‹ errichtete Gebäude ist seit 1933 *Poldermuseum* (*geöffnet:* April – Sept. Mo–Sa 9.30–17.00 Uhr, So 12–17 Uhr, Okt. – Nov. Mo–Sa 10–16 Uhr, Dez. – März geschlossen). Man bekommt hier einen guten Überblick über die Geschichte des Wasserhaushalts in Holland und sieht Modelle von Mühlen sowie die schöne Dampfmaschine mit eindrucksvollen Zylindern.

Südlich von Haarlem, in Hillegom, Lisse und Sassenheim blühen im Frühling die Blumenfelder. Der *Keukenhof* in Lisse liegt auf dem ehem. Landgut der Gräfin von Holland, *Jacoba von Bayern* (*geöffnet:* März – Mai tgl. 8–20 Uhr).

17 Alkmaar

Verkehrsamt: in der Waage.

Geschichte: Die wegen ihres *Käsemarkts* am Freitagmorgen berühmte Stadt wurde bereits im 9. Jh. erwähnt. 985 kam die Siedlung, die der Benediktinerabtei von Egmond gehörte, an die Grafen von Holland und entwickelte sich im 12. und 13. Jh. zum wichtigen Handelsplatz. Für die Grafen bildete er den strategisch günstigen Ausgangspunkt für ihre Expeditionen gegen die aufständischen Westfriesen, die Ende des 13. Jh. unterworfen wurden. 1255 baute Graf *Willem II.* hier eine Burg, die noch heute im Stadtwappen geführt wird. Ein Jahr zuvor hatte er Alkmaar die Stadtrechte verliehen. Die Lateinschule, deren Rektor seit 1513 der Humanist *Johannes Murmellius* (1480–1517) war, wurde 1390 erstmals erwähnt. Die Stadt, die 1528 befestigt worden war, erwies sich 1573, bei der Belagerung durch die spanischen Truppen unter *Don Fadrique de Toledo,* als uneinnehmbar; ›Alcmaria Victrix‹, (›bei Alkmaar fängt der Sieg an‹) hieß es damals. Um die Truppen zum Abzug zu zwingen, hatte man die Umgebung der Stadt überschwemmen lassen. – Als erste holländische Stadt erhielt Alkmaar 1573/94 eine Umwallung nach dem sog. ›altholländischen System‹ (vgl. S. 159) nach einem Plan von *Adriaan Anthonisz.;* Teile davon sind später in Parkanlagen umgewandelt worden. Landesbedingter Steinmangel und Wasserreichtum führten zum sog. ›altholländischen‹ System, das sich vom traditionellen Bastionssystem in dreierlei Hinsicht unterscheidet: Der Wallkörper besteht hier nur aus Erde und wird in Haupt- und Niederwall aufgegliedert, der Graben bewässert. Das System wurde von *Simon Stevin* (vgl. Leiden; Nr. 3) theoretisch untermauert. Dank der Einpolderung der Umgebung (Zijpe 1598, Heer Hugowaard 1631, Schermer 1635) wuchs die Bedeutung Alkmaars als Agrarmarkt erheblich. Seit dem 19. Jh. (Anlage des Noordhollands Kanals) 1819/24 hat sich die Stadt sehr ausgebreitet, wobei die Innenstadt relativ intakt blieb.

Alkmaar: Orientierungsplan
1 Grote Kerk – 2 Raadhuis – 3 Stedelijk Museum – 4 Waage – 5 Hofje van Sonoy (17. Jh.) – 6 Laurentiuskerk (Cuypers, 1861) – 7 Dominikuskerk (Cuypers, 1866).

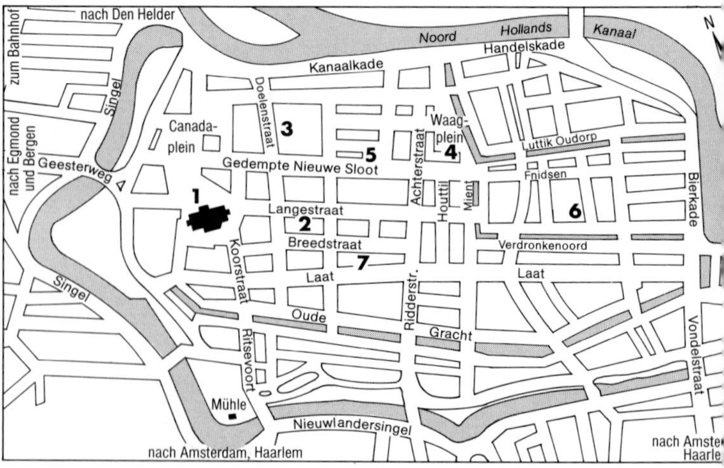

Grote oder **Laurentiuskerk (1)**

Die mächtige spätgotische Kreuzbasilika mit Umgangschor und einer Reihe von Seitenkapellen an den Seitenschiffen wurde 1470–1512 gebaut. Mittelschiff, Querhaus und Chor haben Holztonnengewölbe, Seitenschiffe, Kapellen und Chorumgang steinerne Sterngewölbe. 1497–1501 leitete *Anthonis Keldermans* die Bauhütte. Die Kirche ist eines der besten Beispiele der Brabanter Gotik in Holland. Charakteristisch für die nordholländische Stadtkirche ist das Fehlen eines Kapellenkranzes; dafür sind an den Seitenschiffen Kapellen angefügt. Von der beim Bildersturm 1566 zerstörten Skulptur sind nur die Statuen der beiden Schutzheiligen der Kirche, *Laurentius* und *Mathias,* in den Giebeln des südlichen bzw. nördlichen Querhauses erhalten geblieben. Ein Westturm war geplant, die Fundamente sind im Straßenpflaster angedeutet. Der hübsche Vierungsturm enthält ein Glockenspiel von 1688/89. Die ›Librije‹ (Bibliothek) im Südosten ruht auf Arkaden.
Der helle Kirchenraum ist bei der Restaurierung 1923/27 leider seiner weißen Tünche, die damals zu Unrecht als nicht historisch galt, beraubt worden. Der Wandaufbau ist dreigeschossig, wobei die vertiefte Fensterzone und das niedrige Triforium, das fast wie eine Brüstung vor den Blendnischen wirkt, als Einheit behandelt sind. Die *Gewölbemalerei* (›Jüngstes Gericht‹) im Chor (1519) stammt wohl von *Cornelis Buys* und seinem Bruder *Cornelis van Oostzanen.* Die *Chorschranken* zeigen sowohl Formen der Gotik als auch der Renaissance. Obwohl die Kirche nie zur Kapitelkirche erhoben wurde, besitzt sie Chorgestühl für die Chorherren, die es hier seit 1426 gab. Im nördlichen Chorumgang hängt eine spätgotische *Schwalbennestorgel* (1511) von *Hans von Koblenz,* die älteste noch bespielbare Orgel in Holland. Die *Kanzel* datiert von 1655, das an den Pfeilern angebrachte *Herrengestühl* stammt wohl aus derselben Zeit; das mit einem Baldachin auf ionischen Säulen versehene Gestühl wurde nach einem Entwurf *Jacob van Campens* gefertigt. Der gleiche Maler-Baumeister hat auch die streng architektonisch konzipierte, monumentale *Orgel* (1641/43) entworfen. 1644 malte *Caesar van Everdingen* den ›Triumphzug Davids‹ auf die Außenseite der Flügel. 1723 hat der berühmte Orgelbauer *Caspar Schnitger* aus Hamburg das Instrument, das zu den schönsten in Holland zählt, erneuert. Über der Orgel eine allegorische *Wandmalerei* ›Die Tugend besiegt das Laster‹ (1693) von *Romeyn de Hooghe.*
Die *Taufkapelle* im Südwesten wird von einem Gitter mit Löwen und Pelikanen abgeschlossen (1605). In einer der südlichen Seitenkapellen steht ein früher *Renaissance-Sarg* mit steinerner Deckplatte (16. Jh.) für den 1296 von den Westfriesen ermordeten *Floris V.* von Holland. Im südlichen Querschiff die schön gravierte *Messing-*

Käsemarkt in Alkmaar

Grabplatte für Bürgermeister *Pieter Palinck* (gest. 1546) und seine Frau *Josina van Foreest* (gest. 1541), der Stifterin des gleichnamigen ›Hofje‹ (westlich der Kirche, von 1540, später verändert).

Raadhuis (2)

Das spätgotische Rathaus (1509/20) ist 1877/81 völlig erneuert worden, die Bekrönung des achteckigen Treppenturmes wurde 1927 rekonstruiert. Der rechte Flügel datiert von 1694. Das Innere ist trotz erheblicher Veränderungen (1910) sehenswert. *Caesar van Everdingens* Gemälde ›Lykurgs Hundeparabel‹ (1662), wohl als politische Allegorie im Zusammenhang mit der Erziehung des zukünftigen König-Statthalters *Willem III.* gedacht, war für das Prinzenzimmer bestimmt (heute im Städtischen Museum).

Stedelijk Museum (**3**; Doelenstraat 3. – *Geöffnet:* Mai – Okt. Di–Fr 10–17 Uhr, So 13–17 Uhr): Die Sammlung des Museums, die u. a. Gruppenporträts der Schützengilde von *Caesar van Everdingen* und *C. J. van der Heck,* Kacheln, altes Spielzeug und Gemälde der sog. ›Bergener Schule‹ enthält, ist im ehem. Schützenhaus (1561) der Sebastiansgilde eingerichtet.

Waage (**4**; Waagplein): 1582, nachdem *Willem van Oranje* die Einnahmen der 1491 gräflich gewordenen Waage der Stadt überlassen hatte, begann man die Heiliggeist-Kapelle, eine einschiffige Kreuzkirche (15. Jh.), zur städtischen Waage umzubauen. Leider wurde sie bei einer Restaurierung unsachgemäß verändert und mit dem polychromen Kacheltableau ›Allegorie des Handels‹ (1889) versehen. Den quadratischen Vierungsturm mit polygonalem Oberbau errichtete man 1597, er enthält ein Reiter- und ein Glockenspiel von 1687/88. In der Waage ist das *Holländische Käsemuseum* untergebracht.
Auf dem Platz seitlich der Waage findet im Sommer freitags ab 10 Uhr der traditionelle *Käsemarkt* statt. Die runden Edamer Käse werden von den Großhändlern geprüft, dann folgt das Feilschen um den Preis. Ist man sich einig, wird der Kauf durch Handschlag besiegelt, der Käse gewogen und in die Lagerhäuser der Käufer getragen. Die weiß gekleideten Träger mit ihren Tragbahren gehören zu den vier an ihren Farben Gelb, Blau, Grün und Rot am Hut erkennbaren Körperschaften der Käseträgerzunft, die seit 1622 existiert. Jede Körperschaft hat sieben Mitglieder: sechs Träger und einen ›tasman‹ oder Schatzmeister, der an einem silbernen Schildchen erkennbar ist.

18 Bergen · Egmond aan de Hoef · Egmond Binnen · Egmond aan Zee

Bergen zieht seit Anfang dieses Jahrhunderts viele Maler an. Die sog. ›Bergener Schule‹, deren wichtigste Vertreter *Leo Gestel* (1881–1941), *Matthieu Wiegman* (1886–1971) und *Charles Toorop* (1890–1955) sind, läßt in ihren Werken kubistische, fauvistische und expressionistische Tendenzen erkennen.
Mittelpunkt des hübschen Ortes ist die Ruine einer dreischiffigen Kirche (15. Jh.), die 1574 zerstört und deren Chor später wiederaufgebaut wurde. – An der nordwestlichen Ecke des Friedhofes steht das *Heimatmuseum* ›Het Sterkenhuis‹ (Prinsweg 21). – Interessant sind die Villen im ›Meerwijk‹-Park am Meerweg, die 1917/18 nach Entwürfen von *J. F. Staal, C. J. Blaauw, P. L. Kramer* und *M. Kropholler* entstanden. Die markanten reetgedeckten Dächer und die sehr plastischen Backsteinfassaden sind charakteristisch für die Architektur der ›Amsterdamer Schule‹.

Egmond aan de Hoef: Von der *Wasserburg*, dem Stammsitz (13./14. Jh.) der später in den südlichen Niederlanden ansässigen Grafen von Egmond, sind seit der Zerstörung 1574 nur die Fundamente übriggeblieben. – *Lamoraal*, 4. Graf von Egmond (1522–1568), hatte am Hof *Karls V.* und *Philipps II.* wichtige Ämter inne. Er sympathisierte mit den Aufständischen, ohne jedoch selbst gegen den spanischen König kämpfen zu wollen. Nach seiner Festnahme wurde er zusammen mit dem Grafen von Hoorne 1567 in Brüssel enthauptet. – Die Glasmalereien der um 1430 errichteten, 1633 wiederaufgebauten *Schloßkapelle* datieren von 1634.

Egmond aan Zee: Der 1830 errichtete *Leuchtturm* wurde 1840 in ein *Denkmal* umgewandelt (monumentaler Sockel mit einem Löwen von *Louis Royer*) zur Erinnerung an *Jan van Speyck* (1802–1831), der sich während des Feldzugs gegen Belgien 1830/31 mit seinem Pulverschiff vor Antwerpen in die Luft gesprengt hatte, um nicht in die Hände der aufständischen Belgier zu fallen. Er wurde als Nationalheld gefeiert und in der Nieuwe Kerk in Amsterdam beigesetzt.

Egmond Binnen: Die heutige *Benediktinerabtei St. Adalbert* ist ein Werk des Baumeisters *Alexander Jacobus Kropholler* (1882–1973) und entstand 1933/34 (1945/50 erweitert). Die alte, 1573 zerstörte Abtei, das älteste Kloster Hollands, kam bereits 922 als Geschenk des westfränkischen Königs *Karl* an *Dirk I.*, Graf von Holland. Sie war Privatbesitz der Grafen von Holland und besaß eine berühmte Bibliothek.

19 Den Helder

Nachdem Statthalter *Willem V.* den Priel ›Nieuwe Diep‹ 1781 zum Kriegshafen bestimmt hatte, wurde der Ort Den Helder auf Befehl *Napoleons* seit 1811 zum ›Gibraltar des Nordens‹ ausgebaut. Nach dem Bau des Noordhollands Kanaal (1824) kam Den Helder als Vorhafen von Amsterdam zu relativer Blüte. Noch immer ist er der *wichtigste Marinehafen der Niederlande*. In dem ehem. Pulvermagazin von 1827 ist das *Marinemuseum* eingerichtet (Hoofdgracht; *geöffnet:* Di–Fr 10–17 Uhr, Sa, So 13.00–16.30 Uhr). – Fährverbindung mit der Insel Texel.
Auch südlich von Den Helder, in *Julianadorp, Breezand* und *Anna Paulowna*, blühen im Frühling die Blumenfelder. Der 1846 trockengelegte *Anna Paulowna-Polder* erhielt seinen Namen zu Ehren der russischen Großfürstin *Anna Paulowna* (1795–1865), Schwester des Zaren *Alexander I.*, die 1816 den zukünftigen König *Willem II.* heiratete.
Mitte Juni bis Mitte August findet donnerstagmorgens in *Schagen* der traditionelle *westfriesische Markt* statt, u. a. mit einem Trachtenaufzug und Volkstänzen.

20 Hoorn

Verkehrsamt: Roode Steen 2 (beim Westfries Museum).

Geschichte: Der an der ehem. Zuiderzee gelegene Ort erhielt 1356 von *Willem V.* Graf von Holland Stadtrechte. Früh entstanden Handelskontakte mit dem Gebiet um die Ostsee und mit England. Die Stadtumwallung von 1508 wurde 1577/78 erweitert und modernisiert. Der Hafen mußte in der 1. Hälfte des 17. Jh. für die wachsende Zahl von Handelsschiffen erweitert werden. Die Blütezeit der Stadt dauerte von ca. 1560 bis ca. 1650, dann wurde sie von Amsterdam überflügelt. Als Sitz einer Kammer (Verwaltungsinstanz) der Ostindischen Kompanie und, abwechselnd mit Enkhuizen, der Admiralität von Westfriesland, behielt Hoorn aber als Verwaltungszentrum große Bedeutung.
Jan Pieterszoon Coen (1587–1629), der mit der Gründung Batavias (Djakarta) den Grundstein zum holländischen Kolonialreich legte, stammte aus Hoorn, ebenso *Willem Schouten* (1580–1625), der als erster um die Südspitze Südamerikas segelte und diese Kap Hoorn nannte (1616). Der wirtschaftliche Abstieg der Stadt begann im 18. Jh. Mit seinen ausgedehnten Neubauvierteln hat Hoorn heute eine wichtige Entlastungsfunktion für die wachsende Bevölkerung des Westens von Holland. Als Wassersportzentrum genießt die Stadt große Popularität.

Westfries Museum (1)

Lage: Rode Steen 1. – *Geöffnet:* April – Sept. Di–Sa 10–17 Uhr, So 12–17 Uhr, Okt. – März Di–Sa 10–12 und 14–17 Uhr, So 14–17 Uhr.

Der frühbarocke Bau mit seiner von Pilasterstellungen gegliederten Fassade wurde 1631/32 als Tagungsgebäude für die Abgeordneten der sieben stimmberechtigten Städte des sog. ›Noorderkwartier‹ (Nordholland nördlich des IJ) errichtet. Löwen halten die Wappen der sieben Städte (v. l. n. r.) Medemblik, Edam, Hoorn, Alkmaar, Enkhuizen, Monnikendam, Purmerend; in der Mittelachse das Wappen Westfrieslands (unten) und das der Oranier (oben). Der Hof wird von einem schmiedeeisernen Gitter (1729) abgeschlossen. Der zurückspringende Museumsflügel datiert aus dem späten 18. Jh.
Im ehem. Versammlungssaal der Abgeordneten hängen ›Schützenbilder‹ von *Jan Albertsz. Rotius* (1624–1666) und *Jan de Baen* (1633–1702). Die Verknüpfung Hoorns mit der Vereinigten Ostindischen Kompanie kommt u. a. in den Porträts von *J. P. Coen,* in asiatischem Porzellan und den Schiffsmodellen zum Ausdruck. Neben mehreren Stilzimmern besitzt das Museum eine einmalige Sammlung von Bildern westfriesischer naiver Maler und regionaler Trachten.
Vor dem Museum steht die ›Bronzestatue Jan Pietersz. Coen‹ von *F. Leenhoff* (1893). – Die Renaissance-Waage baute *Hendrick de Keyser* 1609.

Hoofdtoren (2): Als Teil der seit 1508 angelegten Umwallung wurde 1532 der noch gotisch gestaltete Turm mit einer Giebelfassade zur Stadtseite gebaut; der Dachreiter kam 1651 hinzu.

Oosterkerk (3; Grote Oost): Die spätgotische Kreuzkirche (1450–1519) hat nur ein Schiff, eine Seltenheit in dieser Region, wo basilikale oder Hallenkirchen üblich sind. Das alte Langhaus war wohl zweischiffig und wurde 1615/16 durch einen einschiffigen Neubau ersetzt. Die ornamental behandelte Renaissance-Fassade, u. a. mit Scheinbalustraden, verrät den Einfluß *Lieven de Keys,* während das Portal mehr in der Art *Hendrick de Keysers* gestaltet wurde. Die Glasmalerei (›Die Seeschlacht vor Gibraltar‹ 1607, bei der *Jacob van Heemskerck* fiel) ist ein Geschenk der Admiralität von Westfriesland (1620). Die Orgel stammt von 1764.

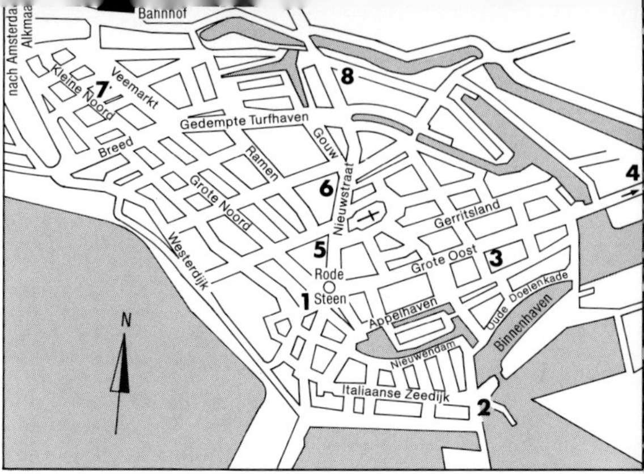

Hoorn: Orientierungsplan
1 Westfries Museum – 2 Hoofdtoren – 3 Oosterkerk – 4 Nieuwe Oosterpoort – 5 St. Jansgasthuis – 6 Raadhuis – 7 Noorderkerk. – 8 Schützenhaus der Sebastiansgilde –

Von den drei sog. *Bossuhäusern* (Grote Oost, Ecke Slaperstraat) zeigt jedes einen Fries mit der ›Darstellung der Schlacht in der Zuiderzee‹ am 11. Okt. 1573, in der der spanische Admiral *Maximilian de Hennin,* Graf von Bossu, seit 1567 Statthalter von Holland, Zeeland und Utrecht, von den Aufständischen gefangen wurde. Für *Willem van Oranje* bedeutete der Sieg eine Festigung seiner Position.

Nieuwe Oosterpoort (4): 1578, bei einer Stadterweiterung in östlicher Richtung, wurde das Tor mit segmentbogenförmigem Grundriß und schönem Renaissance-Portal nach einem damals modernen, aus Italien stammenden, niedrigen Modell von *Joost Jansz. Bilhamer* aus Amsterdam errichtet; Oberbau von 1601.

St. Jansgasthuis oder **St. Jansspital** (**5**; Kerkplein 39). Die Fassade des in Back- und Sandstein ausgeführten Baus von 1563 bildet eines der *schönsten Frührenaissance-Beispiele in Holland.* Bemerkenswert sind die figurativen Zwickel in der Art von *Cornelis Floris* am Giebel.

Raadhuis (**6**; Nieuwstraat, Ecke Nieuwsteeg): Erst seit 1796 dient das ehem. ›Statenlogement‹ (Gasthaus der Abgeordneten des Noorderkwartier) als Rathaus. Es wurde 1613 im Stil der holländischen Spätrenaissance gebaut und liegt an einer stumpfen Straßenecke, wodurch es sich entsprechend knickt. Ursprünglich stand hier das St. Ceciliakloster, dessen Kapelle 1787 in einen Speisesaal für die Abgeordneten umgestaltet wurde. Dieser Raum hat eine Louis XVI-Einrichtung von *L. Viervant,* das Kaminstück ›Schlacht auf der Zuiderzee 1573‹ von *J. Blanckerhoff* (1668) einen figuralen Rahmen mit Trophäen und nautischen Instrumenten.
Nahe dem Rathaus (Muntstraat) befindet sich die *ehem. Hoorner Kammer der Vereinigten Ostindischen Kompanie,* deren Wappenschild das Giebeldreieck schmückt (ca. 1665). Die Herren der VOC waren die wichtigsten Arbeitgeber der Stadt.

Noorderkerk (**7**; Grote Noord): Die spätgotische Hallenkirche entstand 1450–1519 beim Umbau einer Kreuzkirche von 1426. Die Kanzel datiert von 1635, die Chorschranken von 1642.
Von Mai bis Mitte Sept. verkehrt auf der sonst stillgelegten Schmalspurstrecke Hoorn – Medemblik eine touristische Dampfeisenbahn. Abfahrt Bahnhof.
Das *Schützenhaus der Sebastiansgilde* (*8;* Achterstraat 2), jetzt Hotel, hat eine Pilasterfassade (17. Jh.), die im 18. Jh. nach rechts erweitert wurde.

21 Enkhuizen

Verkehrsamt: im Bahnhof.

Der hübsche, etwas verträumte Ort mit seinem wichtigen Wassersporthafen erhielt 1357 von *Floris V.*, Graf von Holland, Stadtrechte. Die durch Handel und Fischfang ermöglichte Stadterweiterung von 1590 im Westen erwies sich als zu großzügig; weite Teile des Stadtgebietes blieben ungenützt. Die Blütezeit Enkhuizens fiel in die 1. Hälfte des 17. Jh., als der Handel mit den Baltischen Staaten, mit England, Frankreich, Westafrika und Ostindien florierte. Die Stadt hatte eine Kammer (Verwaltungsinstanz) der Ostindischen Kompanie und war, abwechselnd mit Hoorn, Sitz der Admiralität von Westfriesland. Ursache des wirtschaftlichen Niedergangs waren die Handelskriege zwischen Holland und England, vor allem aber eine Untiefe südlich der Stadt, der sog. ›Enkhuizerzand‹, der die Schiffahrt stark beeinträchtigte. Die Schließung der Zuiderzee (1932) bedeutete auch einen schweren Schlag für die Fischerei.

Zuiderzee-Museum

Lage: (Wierdijk 18. – *Geöffnet:* Di–Sa 10–17 Uhr, So 12–17 Uhr, geschlossen 1. Jan. – 15. Febr.).

Das *Volkskundemuseum* wurde im *Peperhuis* (Pfefferhaus), dem einstigen Lagerhaus (1625) der Ostindischen Kompanie, und einem Nebengebäude eingerichtet und 1950 eröffnet. Man will so die durch den Abschluß der Zuiderzee (1932) vom Aussterben bedrohte Kultur der Fischerdörfer und Handelsstädte am heutigen IJsselmeer dokumentieren und für die Nachwelt erhalten. In einer hohen Halle liegen alte Schiffstypen, die zusammen mit der Sammlung von Modellen, nautischen Instrumenten und Karten einen kulturhistorischen Spiegel der Seefahrt, der Fischerei und des Holzschiffbaus des 19. Jh. darstellen. In mehreren Stilräumen, u. a. aus Urk, Volendam, Marken, der Zaanstreek und Hindeloopen kann man nicht nur die charakteristischen Inneneinrichtungen, sondern auch die bunten, fast ausgestorbenen Trachten bewundern. Außerdem besitzt das Museum eine Sammlung von Volkskunst: u. a. bemalte Möbel aus Hindeloopen (Nr. 63), Fayence, Silber und Trachtenschmuck. Bilder und Graphik, die die Zuiderzee-Kultur zum Thema haben, runden die Sammlung ab.

Buitenmuseum

Geöffnet: Mitte April – Mitte Okt. tgl. 10–17 Uhr. Zu erreichen mit der Museumsfähre, die in der Nähe des Bahnhofs oder in der Nähe der Schleusen im Deich Enkhuizen-Lelystad abfährt.

Das ›Freilichtmuseum‹ gibt eine Vorstellung vom Leben in den Dörfern und Städtchen an der Zuiderzee zwischen 1880 und 1932. Unter Berücksichtigung der typischen, historisch gewachsenen urbanistischen Strukturen der ursprünglichen Standorte Marken,

Enkhuizen: Dromedaris

Hindeloopen, Kolhorn, Edam, Staveren, Urk und Zoutkamp bilden 130 Wohnhäuser, Fischerkaten und Werkstätten sowie Bauernhöfe und eine Dorfkirche ein harmonisches und nicht museales Ensemble. Unter den Werkstätten befindet sich auch eine Muschelkalkbrennerei, in der Muscheln aus dem Wattenmeer zu Kalk gebrannt wurden, sowie eine funktionierende Dampfwäscherei, eine Fischräucherei und eine Segelmacherei. Ferner findet man ein Deichdorf (besonders bei der Anfahrt über Wasser reizvoll), die für die Insel Marken charakteristische ›Werften‹ (künstliche Fluchthügel) um den eigenen Museumshafen, wo historische Schiffe instandgesetzt werden, und eine Stadtgracht, die eine Kombination der Grachten aus Staveren und Edam bilden. Typisch für die Gracht aus Staveren sind die sog. ›Gegenüber-Gärten‹ zwischen Straße und Gracht.

Raadhuis

Lage: Breedstraat.

Der 1686/88 nach Plänen von *Steven Vennecool* (1657–1719) errichtete fast quadratische Bau in Backstein hat eine Sandstein-Fassade, in der der dreiachsige Mittelrisalit durch den Balkon und die Rundbogenfenster hervorgehoben wird. Die subtile Behandlung der klassizistischen Barockfassade ist typisch für das letzte Viertel des 17. Jh., in dem der bis dahin übliche Pilasterstil von einer

Enkhuizen: Raadhuis

flacheren Bauweise abgelöst wird. Mit dem Rathaus in Deventer (Nr. 52) gehört *Vennecools* Schöpfung zu den bedeutendsten Bauten des ausgehenden 17. Jh. – Zu den bedeutendsten Ausstattungsstücken zählen allegorische Gemälde von *Theodoor van Thulden* (›Caritas‹) und *Dirk Ferreris*.

Hinter dem Rathaus ist in dem ehem. städtischen Gefängnis (1612) ein *Waffenmuseum* eingerichtet worden. Der *Dromedaris-Turm* (16./17. Jh.) wurde zum Schutz des Hafens errichtet.

Stadtwaage (Kaasmarkt 8. – *Geöffnet:* Di–Sa 10–12 und 14–17 Uhr, So 14–17 Uhr.): Der hübsche Renaissance-Bau von 1559 mit seinen geschweiften Giebeln, die von Tugend-Personifikationen flankiert werden, enthält einen Raum, der seit 1636 von der Chirurgijnsgilde benützt wurde. Dem Naturforscher Bernardus Paludanus (1550–1633), dem Gründer der Gilde, gehörte die sehenswerte Raritätensammlung. Außerdem sind lokale Kunstgegenstände ausgestellt.

Zuider- oder **St. Pancraskerk**

Die spätgotische Hallenkirche (15. Jh.) besitzt wichtige *Deckenmalereien* eines namentlich nicht bekannten Künstlers (1484; 1609 übermalt), die 1914 freigelegt wurden. Holzschnitte aus der Mitte des 15. Jh. dienten als Vorlage für die typologische Gegenüberstellung aus dem alten Testament und dem Leben Jesu.
Weitere Ausstattungsstücke: eine Kanzel (1610) mit Rokokotreppe, eine Orgel von 1799 und ein Marmorepitaph für den Naturforscher und Geographen *Paludanus* (1635). Der zierliche, 75 m hohe *Turm* datiert in seinem Unterbau aus der 2. Hälfte des 15. Jh. Er wurde 1518 erhöht, die achteckige Laterne, eine merkwürdige Übersetzung der Laterne des nachgeahmten Turmes des Utrechter Domes in Holz, war 1526 fertig.

Wester- oder **St. Gomaruskerk**

Die geräumige Hallenkirche wurde 1427–1519 in mehreren Bauabschnitten errichtet. Bemerkenswert ist der dreiseitige Chorabschluß, der die drei Schiffe umfaßt und von schlanken Treppentürmchen flankiert wird. Der Portalbau an der Südostseite hat eine schöne Renaissance-Fassade von 1603. An der Südwestecke befindet sich die Taufkapelle, ein spätgotisches Portal und ein Anbau, wohl aus dem frühen 17. Jh., in dem die sog. ›Librije‹ (Bibliothek)

eingerichtet ist. Wegen Geldmangels hat man an Stelle des geplanten Turmes 1519 einen *Glockenstuhl* errichtet, der im 19. Jh. im klassizistischen Sinne verändert wurde.
Wichtigstes Ausstattungsstück der Kirche ist die fein geschnitzte *Chorschranke,* ein 1542 begonnenes *Hauptwerk der Frührenaissance:* Sieben von Pilastern eingefaßte Arkaden, deren mittelste und breiteste den Durchgang bildet. Über dem bronzenen Gitterwerk füllen Lunettenreliefs die Arkadenbögen. In der Haltung der vier Evangelisten, die Christus und Moses flankieren, ist der Einfluß *Michelangelos* (Sixtinische Kapelle) unverkennbar. – Die Kanzel (1567/68) ist stilistisch stark von der Kanzel in der Haager Jacobskerk abhängig. Der flache Schalldeckel und die Rokokotreppe sind spätere Zufügungen. Die Bemalung der seltenen Frührenaissance-Orgel (1547) ist nicht ursprünglich.

Bei *Medemblik* liegt *Slot Radbout* (*geöffnet:* Juni – Aug. tgl. 10–17 Uhr, Sept. – Mai nur So 14–17 Uhr), ein Geviertbau mit Rundtürmen an den Ecken und Vierecktürmen in der Mitte der Seiten. 1890 erfolgte eine unsachgemäße Restaurierung der im 17. Jh. teilweise abgebrochenen Anlage; nach einem Plan von *P. J. H. Cuypers,* der einige neugotische Elemente hinzufügte. Im Innern sind zwei spätgotische Kamine und ein Frührenaissance-Portal (um 1550) erhalten.

Bei *Den Oever* auf der ehem. Insel Wieringen, wo der Sohn des letzten deutschen Kaisers 1918–1923 als Verbannter im Pfarrhaus zu Oosterland wohnte, beginnt der 1932 geschlossene Deich nach Friesland. Hier steht auch die Statue von *Cornelis Lely,* dem ›Vater‹ des Zuiderzee-Projekts. Auf dem ›Afsluitdijk‹ erinnert ein Monument (1933, *Willem Marinus Dudok*) an die Stelle, an der nach fünfjährigem Kampf mit dem Meer am 28. Mai 1932 das letzte Stück des Deiches geschlossen wurde.

Waterkerk: Chorschranke

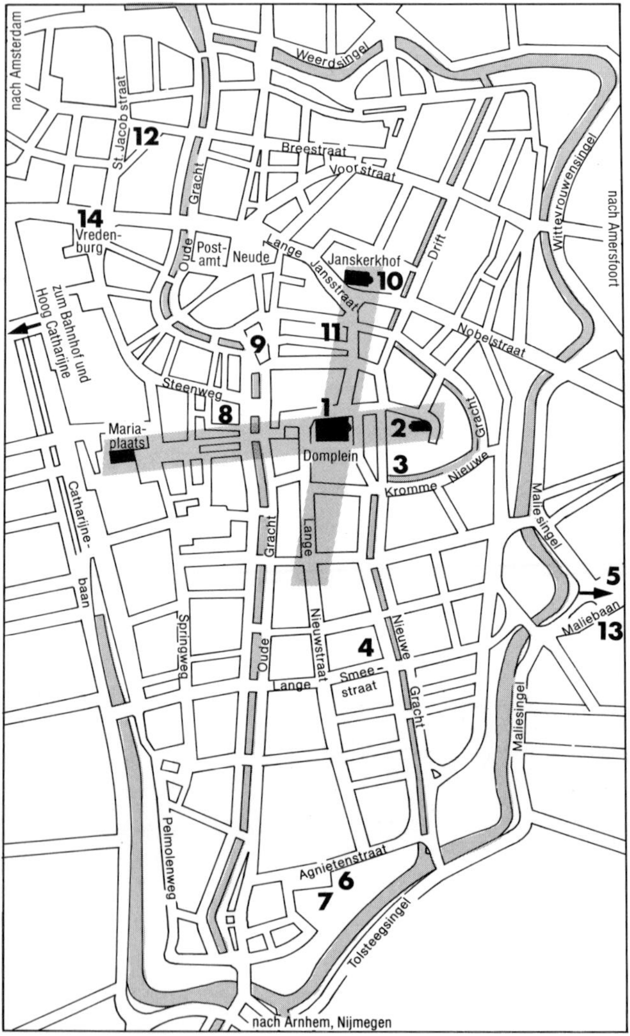

Utrecht: Orientierungsplan
1 Dom – 2 Pieterskerk – 3 Paushuize – 4 Rijksmuseum ›Het Catharijneconvent‹ – 5 Nederlands Spoorwegmuseum – 6 Centraal Museum – 7 Klaaskerk – 8 Buurkerk – 9 Raadhuis – 10 Janskerk – 11 Willibrorduskerk – 12 Jacobikerk – 13 Schröderhaus – 14 Musikzentrum ›Vredenburg‹ (H. Hertzberger, 1978).

22 Utrecht

Verkehrsamt: Vredenburg 90 (im Musikzentrum)

Geschichte: Utrecht, eine der ältesten Städte Hollands, entstand als römisches castellum ›Trajectum ad Rhenum‹ (1.–3. Jh.), dessen Reste unter dem heutigen Domplatz nachweisbar sind, an einem Nebenarm des Oude Rijn. Der fränkische König *Dagobert I.* (628–638) stiftete in dem castellum, das nun an der Nordgrenze seines Reiches lag, eine Kirche, die aber 714 von den Friesen zerstört wurde. 695 erfolgte die Ernennung *Willibrords* zum 1. Bischof der Friesen mit Sitz in Utrecht. Die Geschichte der Stadt als Wiege des Christentums in den nördlichen Niederlanden hängt eng mit jener des Bistums Utrecht zusammen. Die Bischöfe, deren Gebiet sich bis Groningen und Drente im Norden erstreckte, waren bis 1517 auch Vertreter der kaiserlichen Gewalt. Im 11. und 12. Jh. gehörten sie zu den wichtigsten Verbündeten der ottonischen Kaiser, die hier öfters residierten: *Konrad II.* starb hier 1038, *Heinrich V.* 1125; er hatte 1122 die von Bischof *Godebald* verliehenen Stadtrechte bestätigt. Als Kathedrale dienten die Salvatorkerk oder das Alt-Münster, später die Maartenskerk. Außerhalb des Kastells entstand längs dem wiederholt veränderten Rijnlauf (jetzt Oude Gracht) die Bürgerstadt mit der Buurkerk als Stadtpfarrkirche. Auf Bischof *Bernold* (1027–1054) geht die Gründung zweier Stifte, der Pieterskerk im Osten und der Janskerk im Norden, sowie die Verlegung der Paulusabtei zurück, die in Kreuzform den Dombezirk umgaben. Eine ähnliche Kirchenanlage wie dieses sog. *Bernold-* oder *Bernulphus-Kreuz* findet sich in Münster und in Paderborn. Bischof *Konraad* ließ gegen Ende des 11. Jh. die Mariakerk errichten, die das symbolische Kreuz im Westen vervollständigte. Die Kapitel dieser Kirchen, deren Immunitäten noch im heutigen Straßenverlauf erkennbar sind, waren sehr einflußreich; sie wurden 1811 aufgehoben.
Seit dem 12. Jh. kam Utrecht immer mehr in den Machtbereich der Grafen von Holland, 1456 mit der Ernennung *Davids von Burgund* zum Bischof dann unter den Einfluß Burgunds. Am 23. Jan. 1579 wurde im Sitzungssaal des Domkapitels, heute Aula der Universität, die ›Utrechter Union‹ geschlossen, ein Sonderbund der sieben nördlichen Provinzen, der die Trennung von den spanischen, südlichen Niederlanden vorbereitete. Bis 1593 blieb die Stadt Sitz der Generalstaaten, die sich danach in Den Haag versammelten. 1636 wurde die Universität gegründet. Im 17. Jh. hatte die Stadt kaum Anteil an der wirtschaftlichen Blüte der Republik; erst im Laufe des 19. Jh. wuchs sie über ihre mittelalterliche Umwallung hinaus. Heute ist sie mit ca. 250000 Einwohnern die *viertgrößte Stadt Hollands* und dank ihrer zentralen Lage die *wichtigste Messe- und Kongreßstadt* des Landes. Von besonderem Reiz ist die *Oude Gracht,* ein Rheinarm, der als Vecht (vgl. Nr. 23) weiter nach Norden fließt. Charakteristisch sind ihre niedrigen Kais und unterkellerten Uferstraßen, die man sonst kaum irgendwo findet.

Dom St. Martinus (1)

Eine Bronzetafel an der Südmauer des restlichen Langhauses zeigt die Lage des römischen Kastells und die verschiedenen Vorgängerbauten. Die Vorgeschichte der Kathedrale ist sehr wechselvoll: Der fränkische König *Dagobert I.* stiftete in dem Kastell eine später von den Friesen zerstörte Kirche. 695 machte *Willibrord* Utrecht zum Sitz des friesischen Bistums und baute die Abtei St. Salvator und den Martinusdom als ›Doppelkathedrale‹, von denen keine Spuren gefunden wurden. Unmittelbarer Vorgänger der heutigen Kathedrale war die von Bischof *Balderik* (918–976) erbaute und 944 im Beisein Kaiser *Ottos I.* geweihte Kirche, die nach einem Brand 1017 von Bischof *Adelbold* (1010–1025) wiederhergestellt wurde; die Weihe folgte 1023 in Anwesenheit Kaiser *Heinrichs II.* Sie wurde bei Stadtbränden öfters zerstört, so daß man sich 1253 entschloß, ein neues Gotteshaus zu bauen.

Utrecht: Domturm

Bischof *Hendrik van Vianen* (1250–1287) legte 1254 den Grundstein zum Umgangschor mit fünf flachen Kapellen, der 1288 vollendet war. Um 1300 folgte der Weiterbau des südlichen Umgangs mit zwei Seitenkapellen nach leicht veränderten Plänen: Anstelle von Rundpfeilern mit Kapitellen verwendete man Bündelpfeiler, die ohne Kapitell in das Gewölbe überleiten. Der Hochchor wurde auch breiter als in der ersten Planung vorgesehen. Der ganze Umgangschor war wohl 1317 vollendet.

Der Turm

Turmbesteigung: 1. Jan. – 2. April und 13. Sept. – 31. Dez. Sa und So 11.30–16.00 Uhr, 3. April – 12. Sept. tgl. 10.30–17.00 Uhr.

Da das alte romanische Langhaus im Wege stand und über den Weiterbau Uneinigkeit herrschte, begann man 1321 westlich der romanischen Kirche mit dem Bau des 112 m hohen Turmes. Baumeister war *Jan van Hennegau,* der 1321/55 die Bauhütte leitete; ihm folgten *Godijn van Dormael* aus Lüttich (1356/62) und *Jan van den Doem* (gest. 1385). 1381 war der Turm vollendet; er ist bis heute das *Wahrzeichen der Stadt.* Die Masse der beiden kubischen

Geschosse, die ohne Strebepfeiler ineinander übergehen und von einer achteckigen durchbrochenen Laterne bekrönt werden, wird durch tiefe Spitzbogennischen und Fenster ausgehöhlt. Das harte Aufeinanderstoßen der Blöcke hat man im 16. Jh. durch die filigrane Brüstung etwas gemildert. Über der Durchfahrt befindet sich die *Michaelskapelle* (von hier aus erreichte man einst die Bischofskapelle, die als Brücke zwischen Dom und Turm gebaut worden war), ein Stockwerk höher die *Egmondkapelle*. Der Turm, dessen Form einen *typisch holländischen Beitrag zum gotischen Turmbau* darstellt, sollte wegweisend für viele Türme in Holland werden (vgl. Amersfoort, Nr. 24; Groningen, Nr. 66; Maastricht, Nr. 38; Rhenen, Nr. 25). Vom höchsten Söller ist das sog. *Kirchenkreuz des Bernulphus* deutlich auszumachen: im Osten die *Pieterskerk*, im Norden die *Janskerk*, im Süden die *Paulusabtei* (heute Landgericht), im Westen (beim Gebäude für Künste und Wissenschaften) die *Mariakerk*.

Erst nach Fertigstellung des Turmes 1381, der alle Geldmittel beansprucht hatte, wurde der Kirchenbau wiederaufgenommen. Zunächst entstand der Obergaden des Chores mit Kreuzrippengewölben und Strebebögen. Die Strebepfeiler zeigen die charakteristischen Formen der Hochgotik mit Blendmaßwerk und übereckgestellten Fialen. Ebenfalls in der 2. Hälfte des 14. Jh. wurden das Kapitelhaus südlich des Chores (Einwölbung mit Sterngewölbe 1495) sowie der östliche und südliche Arm des Kreuzganges errichtet; der westliche Arm in flamboyanten Formen folgte 1455/60. Die Sakristei nördlich des Chores entstand 1396, das Querhaus 1455–1479; die Orgel des Altmünsters wurde 1482 in der neuen Kirche aufgebaut. 1480–1507 arbeitete man an dem fünfschiffigen Langhaus. Die geplanten acht Joche verkürzte man auf sieben und überbrückte den verbleibenden Raum zwischen Turm und Langhaus mit einer Bischofskapelle. 1517 war das Langhaus fertig, hatte aber kein Steingewölbe mit Strebepfeilern, die die hochaufgehenden Mauern hätten stützen können, sondern nur eine Einwölbung in Holz. Trotzdem hat es fast zwei Jahrhunderte bis zum schweren Sturm von 1674 gehalten, dann fiel das Langhaus in sich zusammen; erst 1826 hat man die Trümmer entfernt.

Der Bau folgt den französischen Kathedralen der Hochgotik (12./13. Jh.), wobei der Grundriß der Kathedrale von Tournai maßgebend war. Typisch französisch ist der Umgangschor mit ausgebautem Kapellenkranz, abweichend jedoch der zweigeschossige Wandaufbau, das Fehlen einer größeren Kapelle in der Mittelachse und die Tatsache, daß die fünf gleich großen Kapellen nicht frei ausgebaut sind, sondern eher als dreiseitige, zwischen den Strebepfeilern angelegte Erker an den Chorumgang anschließen. 1583 wurde diese einstige Hauptkirche der Katholiken in den Nördlichen Niederlanden von den Reformierten übernommen.

Inneres

Man betritt die Kirche im Westen, durch die beiden stehengebliebenen Seitenschiffjoche des Langhauses. Trotz des fehlenden Langhauses ist die Raumwirkung großartig; obwohl sie in mehreren Bauphasen errichtet wurde, wirkt die Kirche harmonisch. Die verschiedenen Bauzeiten lassen sich am Chor gut unterscheiden: Der Kapellenkranz (1254/88) stellt die schwere Bauweise der Frühgotik dar. Die Gewölbe ruhen auf Pfeilern, die aus Säulen und Diensten bestehen, während ein Blattkapitell die Verbindung zum Gewölbeansatz herstellt. Das Kapitell fehlt an den westlichen Pfeilern des südlichen Chorumgangs, was auf die spätere Bauzeit (um 1300) hinweist. Das Maßwerk der hier anschließenden Seitenkapellen (1. Viertel 14. Jh.) zeigt deutschen Einfluß. Besonders groß ist der Unterschied zwischen der Frühgotik und der reifen Gotik des 15. Jh. an den Stirnseiten des Querhauses, die völlig in große Fenster mit reichem Maßwerk aufgelöst sind. Dieses Maßwerk wurde im 19. Jh. restauriert, wobei aber anzunehmen ist, daß man sich dabei an die Zeichnung der ursprünglichen Füllung gehalten hat. Das Scheingewölbe des Transepts stammt ebenfalls aus dem 19. Jh.

Ausstattung

In der Kapelle des Bischofs *Guy van Avesnes* († 1317), südlich des Chorumgangs, wurde 1919 eine monumentale *Wandmalerei* (›Die Kreuzigung‹, um 1430) freigelegt, die zu den wichtigsten Werken der niederrheinischen Kunst in den Niederlanden zählt. Die benachbarte Grabkapelle des Bischofs *Jan van Arkel* († 1378), dessen Grabmal nur in Teilen erhalten ist (Renaissance-Gitter an der Kapelle) birgt ein spätgotischess *Retabel* ›Anna selbdritt‹ (Anfang 16. Jh.). – Zwischen Hochchor und Chorumgang befindet sich der *Kenotaph* in Form eines Renaissance-Triumphbogens (1549) für Bischof *Gregorius van Egmond,* dessen kniende Statue leider verschwunden ist. – Direkt hinter dem früheren Hochaltar befindet sich das eindrucksvolle *Heilige Grab* (1501) von *Gerrit Splintersz.* in einer Mischung aus gotischen und Renaissance-Formen; auch hier wurden die Engelsfiguren während des Bildersturms zerstört. Die benachbarte Wendeltreppe in flamboyanter Gotik (17. Jh.) führte einst zum Sakramentshäuschen. – Im nördlichen Chorumgang schöner spätgotischer Türrahmen mit stark restaurierter Tür, die zur Sakristei (1396) führt.

An der Stelle des Hochaltars steht das von *Rombout Verhulst* 1676 geschaffene *Grabmal* für Admiral *Willem Jozef Baron van Ghendt* (ca. 1625–1672), der in der Seeschlacht von Solebay während des 3. Holländisch-Englischen Seekriegs fiel. Im Fußboden vor dem

Denkmal, das nicht zu *Verhulsts* besten Werken zählt, erinnern neun Steine mit Reichskrone und Wappen an die sog. ›Kaisergräber‹. *Konrad II.* und *Heinrich V.* starben 1039 bzw. 1125 in Utrecht; sie wurden im Dom zu Speyer begraben, ihre Eingeweide aber hier beigesetzt. Die ›Teppichmalereien‹ an den Bündelpfeilern stammen aus dem 14. Jh. Die neugotische Orgel baute *Jonathan Bätz* 1831, die Kanzel darunter stammt von 1925. Im Querhaus sind Reste des Chorgestühls (1563) aufgestellt. *Richard Roland Holst* schuf die Glasfenster: ›Evangelisten‹ im Süden (1926), ›Propheten‹ im Norden (1936).

Der *Kreuzgang* im Süden (14./15. Jh.) ist frei zugänglich. In den Wimpergen ›Szenen aus dem Leben des hl. Martin von Tours‹ (1958/62 erneuert). Im anschließenden *Kapitelsaal* (um 1450, Netzgewölbe von 1495/96, jetzt Aula der Universität. Eingang Domplein 29; Besichtigung nach Vereinbarung Mo–Fr 9.00–13.00 und 14.30 Uhr) wurde am 23. Jan. 1579 unter Vorsitz des Grafen *Johan van Nassau* die ›Union von Utrecht‹ geschlossen. Der Vertragstext ist als ›Geburtsurkunde und Grundgesetz der niederländischen Republik‹ *(Lademacher)* anzusehen. Die Wandteppiche wurden nach Entwürfen *W. van Konijnenburgs* gefertigt.

Auf dem *Domplatz* steht die ›Statue des Grafen Johan van Nassau‹ von *J. Th. Stracké* (1888). Die Kopie des mit wikingischer Tierornamentik dekorierten ›Runensteins von Jelling‹ (Dänemark) erinnert an die Bekehrung der Dänen zum Christentum. Er wurde 980 von König *Harald Gormson* errichtet und bildet einen Fixpunkt für die Chronologie der Wikingerzeit.

Östlich des Domchores (Achter de Dom 12) befindet sich das Museum ›Von der Spieluhr bis zur Straßenorgel‹ (*Führungen:* Di–Sa 11, 12, 13, 14, 15, und 16 Uhr, So ab 13 Uhr) mit einer interessanten *Sammlung alter Musikautomaten* vom 18. Jh. bis heute. Das *Museum für moderne Kunst* (Achter de Dom 14) besitzt zeigenössische Kunst der 70er und 80er Jahre (*geöffnet:* Di–So 12–17 Uhr).

Pieterskerk (2)

Die ehem. Stifts-, jetzt wallonische Kirche, eine der ältesten und besterhaltenen romanischen Kirchen in Holland, wurde 1039 von Bischof *Bernulphus* gestiftet und 1043 geweiht. Sie bildet das östliche Ende des sog. *Bernulphus-Kreuzes*.

Die ursprünglich wohl flachgedeckte Säulenbasilika mit Querhaus hat unter dem gestaffelten Dreiapsidenchor eine Hallenkrypta. Bis zur Zerstörung durch den Sturm von 1674 besaß sie auch einen Westbau mit zwei Türmen (1150) und einer Eingangshalle mit Kreuzgratgewölben über zwei Säulen, darüber eine zur Kirche geöffnete Empore. Die jetzige Westfassade entstand 1677. Die schlanken Säulen im Mittelschiff, ursprünglich monolithisch, haben attische Basen und Würfelkapitelle. Bemerkenswert ist die Tatsache, daß die sechs Fenster in den Seitenschiffen zwar mit den Interkolumnien korrespondieren, im Lichtgaden aber sieben Fen-

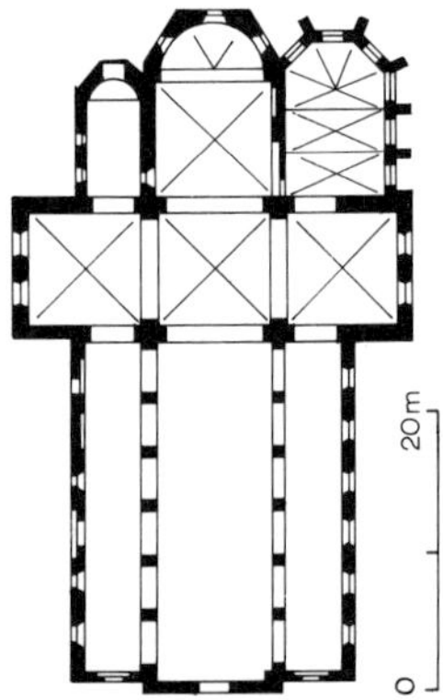

Pieterskerk: Hallenkrypta und Grundriß

ster vorhanden sind. Die dreiteilige Choranlage mit polygonalen Apsiden und zweigeschossigen Nebenchören ist nur in Resten erhalten, ihr Grundriß ist aber durch die schöne Krypta gegeben. Der quadratische Oberchor ist außen dreiseitig und war ursprünglich innen halbrund geschlossen; seit der Einwölbung von Querhaus und Chor im 13. Jh. ist auch er innen dreiseitig geschlossen. Der südliche Chor wurde um 1300 durch die frühgotische St. Nikolaaskapelle ersetzt.

Das Kreuzgratgewölbe der von den Nebenchören aus zugänglichen *Hallenkrypta* ruht auf Säulen mit (versetzt) schräglaufenden Kanneluren und Würfelkapitellen. Hier findet sich der *Sarkophag von Bischof Bernulphus,* den man 1656 entdeckte, als man den Boden des bis in die Vierung vorgezogenen Chores tiefer legte, um den Raum für die wallonische Gemeinde besser nutzbar zu machen. Die gotische *Petronellakapelle* und das *Eingangsportal* entstanden Anfang des 16. Jh., die südlichen Anbauten um die Mitte des 17. Jh.

Das ›Kreuzigungsfresko‹ am südwestlichen Vierungspfeiler datiert von ca. 1325. Am nordwestlichen Vierungspfeiler Rest einer um 1400 entstandenen ›Kreuzigung‹, darüber das ›Martyrium des hl. Hippolyth‹. Beidseits der Treppe zum Chor *Reliefs* in rotem Sandstein aus dem 12. Jh. (links ›Kreuzigung‹ und ›Pilatus auf dem Richterstuhl‹, rechts ›Das leere Grab‹ und ›Die drei Marien‹). Diese *bedeutenden Werke der Maaskunst* wurden erst 1965 entdeckt und sind mit der Plastik (Heimokapitell) der Liebfrauenkirche zu Maastricht verwandt (vgl. Nr. 38). Die Gewölbemalereien im Querhaus entstammen dem 13. Jh. Im nördlichen Nebenchor eine romanische Gewölbemalerei ›Christus in einer doppelten Mandorla‹. Unter der Orgelempore ein bemalter Sarkophag (14. Jh.?).

Paushuize (3; *Papsthaus;* Achter de Sint Pieter, Ecke Kromme Nieuwe Gracht): Der Ziegelhausteinbau wurde 1517 für den Erzieher *Karls V., Adriaan Florisz. Boeyens* (1449–1523), den späteren Papst *Hadrian VI.*, errichtet. Der spätgotische Stil erinnert an das südniederländische Architektengeschlecht der *Keldermans*. Als Baumeister käme *Rombout Keldermans* in Betracht.
Im 16. Jh. entstand der Flügel entlang der Kromme Nieuwe Gracht, die die Immunitätsgrenze des Stiftes der Pieterskerk bildete. – Schräg gegenüber (Nieuwe Gracht 7/9) sieht man durch das Tor die Querhausfassade (11. Jh.) der ehem. Paulusabtei, die den südlichen Punkt des Kreuzes von Bernulphus markierte.

Rijksmuseum ›Het Catharijneconvent‹ (4)

Lage: Nieuwe Gracht 63. – *Geöffnet:* Di–Fr 10–17 Uhr, Sa, So 11–17 Uhr.

Das Museum zeigt in einer museumstechnisch vorbildlichen Weise die Geschichte des Christentums und der christlichen Kultur in den Niederlanden. Es ist im *ehem. Karmeliterkloster* (ab 1468 errichtet) untergebracht, das später von den Johannitern übernommen wurde und der Krankenpflege diente. Nach der Reformation kam das Kloster an die Provinzialstaaten von Utrecht, die es seit 1581 verwalteten. Es entwickelte sich allmählich ein weltliches Krankenhaus, das erst 1812 aufgehoben wurde; im 19. und 20. Jh. diente der Komplex unterschiedlichen Zwecken. 1971/78 fanden eingreifende Restaurierungsarbeiten statt, um die Gebäude für ihre neue Museumsfunktion geeignet zu machen.
Die *Klosterkirche*, eine spätgotische Kreuzbasilika, wurde 1468 begonnen, der tiefe Chor 1524 eingewölbt, die Westfassade um 1550 fertiggestellt. 1898–1900 hat *A. Tepe* die Kirche restauriert und um ein Joch verlängert, wobei die Westfassade getreu kopiert, das Fenster vergrößert und der Turm errichtet wurde. Der neugotische Lettner (1868/71) steht jetzt im Westen. Nach Wiederherstellung der bischöflichen Hierarchie ist die Kirche zur *Kathedrale der Erzdiözese Utrecht* erhoben worden.

In dem 1978 eröffneten Museum sind drei bis dahin getrennte Sammlungen mit hervorragenden Kunstwerken zusammengeführt worden: das *Erzbischöfliche Museum Utrecht,* das *Bischöfliche Museum Haarlem* und das *Altkatholische Museum.*
Von den Malern seien *Geertgen tot Sint Jans* (›Schmerzensmann‹), *Jan van Scorel, Abraham Bloemaert, Claes Moeyaert, Thomas de Keyser, Rembrandt* (›Taufe des Kämmerers‹, ein Frühwerk von 1626), *Pieter Saenredam* (›Grote Kerk, Alkmaar‹) und *Frans Hals,* von den Bildhauern *Adriaan van Wesel* genannt. Auch die auserlesene Sammlung liturgischer Gewänder verdient Beachtung.
Ein Museumsrundgang sollte im unterirdischen Verbindungsgang zwischen Grachtenhaus (Eingang) und eigentlichem Klosterkomplex beginnen, in den beiden Stockwerken des ehem. Klosters fortgesetzt und im Grachtenhaus beendet werden, immer von unten nach oben.

Unterirdischer Verbindungsgang: Christianisierung, Kirche und Staat im Mittelalter, frühmittelalterlicher Kirchenbau, liturgische Gewänder. – *Keller:* mittelalterliche Kultformen und Frömmigkeit. – *Erdgeschoß:* mittelalterlicher Kirchenbau, religiöse Praxis, Pilgerfahrten, Klosterleben, Heiligenverehrung, Devotio Moderna (vgl. Nr. 53), Reformation, Freiheitskampf gegen Spanien. – *1. Stock:* Alt-Katholisches Museum, Religion und Theologie im 17. Jh., Protestantismus und Katholizismus, die Dordrechter Synode von 1619 (vgl. Nr. 7), Geschichte des Catharijneconvent, Wechselausstellungen. – *Grachtenhaus 1. Stock:* Kircheneinrichtung im 17. und 18. Jh., protestantischer und katholischer Alltag, die Aufklärung. – *2. Stock:* das neue Verhältnis von Kirche und Staat nach 1800. – *3. Stock:* Protestantismus und Katholizismus im 19. und 20. Jh., Arbeiterbewegung, Versäulung (vgl. S. 18), Entkonfessionalisierung im 20. Jh.

Nederlands Spoorwegmuseum (5; *Eisenbahn-Museum,* Johan van Oldenbarneveltlaan 6. – *Geöffnet:* Di–Sa 10–17 Uhr, So und Fei 13–17 Uhr): Die in einem stillgelegten Bahnhof (1874) untergebrachte Sammlung, darunter eine große Zahl technikgeschichtlich wichtiger Fahrzeuge, die an drei Bahnsteigen aufgestellt sind, vermitteln einen lückenlosen Überblick über die Geschichte der Eisen- und Straßenbahn in Holland, seit die erste Dampflokomotive 1839 zwischen Amsterdam und Haarlem fuhr.

Centraal Museum (6)

Lage: Agnietenstraat 1. – *Geöffnet:* Di–Sa 10–17 Uhr, So 14–17 Uhr.

Seit 1921 dient das *ehem. Kloster der Augustiner-Chorfrauen,* dessen 1512/16 erbaute Kapelle noch erhalten ist, als *Städtisches Museum.* Sammlungsschwerpunkte sind die Bilder Utrechter Maler. Besonders gut vertreten sind die sog. ›Romanisten‹ (niederländische Maler, die Anfang des 16. Jh. in Italien von der Renaissance-Kunst besonders beeinflußt wurden) mit ihrem Hauptmeister *Jan van Scorel,* den *Hadrian VI.* zum Konservator der vatikanischen Antiquitäten ernannte (›Lockhorst-Triptychon‹, 1526/27); seine Porträts der Jerusalemfahrer von 1525, 1535 und 1541 gehören zu den frühesten Gruppenporträts der holländischen Malerei.
Haarlem und Utrecht waren Zentren des *Manierismus,* der direkt auf *Scorel* zurückgeht. Die bedeutendsten Vertreter sind *Joachim Wttewael* (1566–1638) und *Abraham Bloemaert* (1564–1651; ›Anbetung der Hl. Drei Könige‹, 1624), der eine ganze Generation von Malern ausgebildet und auch als Lehrer auf die ebenfalls im Museum gut vertretenen sog. ›Utrechter Caravaggisten‹ einen entscheidenden Einfluß ausgeübt hat. Zu ihnen zählen vor allem *Hendrick Terbrugghen* (1588–1629, ›Berufung des Matthäus‹, 1621, ›Schlafender Mars‹, eine Friedensallegorie, 1629) und *Gerard Honthorst* (1590–

1656; ›Kupplerin‹, 1625, ›Granida und Daifilo‹, 1625) sowie *Dirck van Baburen* (1590–1624; ›Grablegung‹, 1617), *Paulus Bor* (um 1600–1669; ›Der zwölfjährige Jesus unter den Schriftgelehrten‹, um 1635) und *Paulus Moreelse* (1571–1638) vertreten. Charakteristische Themen dieser Maler, die Anfang des 17. Jh. in Rom von der naturalistischen Hell-Dunkel-Malerei *Caravaggios* (1573–1610) beeinflußt wurden, wie die aus dem biblischen Thema des verlorenen Sohnes hervorgegangenen Bordellszenen oder die Darstellung der ›Fünf Sinne‹, finden sich später auch bei *Jan Vermeer* (›Bei der Kupplerin‹, Dresden) oder *Frans Hals* (›Fröhlicher Trinker‹, Amsterdam), während ihre Hell-Dunkel-Malerei von *Rembrandt* aufgenommen und zur Vollendung geführt wurde. Die *Kostümsammlung* umfaßt den Zeitraum vom 18. Jh. bis heute. In einem Flügel sind *Stilräume* von der Spätgotik bis zur Zeit um 1800 eingerichtet. Von den archäologischen Exponaten sei das um 800 gebaute ›Utrechter Schiff‹ erwähnt. Der Stadtgeschichte ist eine eigene Abteilung gewidmet.

Die gotische *Klaaskerk (7)* entstand 1472 beim Umbau einer romanischen Kreuzbasilika (12. Jh.). Romanisch ist die Doppelturmfassade und das bemerkenswerte kupplige Kreuzgewölbe im Chor.

Buurkerk (8): Diese älteste Pfarrkirche der Stadt wurde bereits 1130 erwähnt und nach einem Brand 1279 als Kreuzbasilika mit Westturm errichtet. Teile dieser romanischen Kirche sind in der heutigen Kirche, einer fünfschiffigen Hallenkirche, die in zwei Bauabschnitten (1435/56 und 1514/40) entstand, erhalten. Der Turm wurde 1370 errichtet, seine geplante Laterne nach dem Vorbild des Domturmes ist nie ausgeführt worden. Nach der Reformation 1586 wurde die gesamte Chorpartie abgerissen, weshalb der sehr breite Kirchenraum nun einen etwas richtungslosen Eindruck macht. Die Wandmalereien entstanden um 1500, die Kanzel in der 2. Hälfte des 16. Jh.
Hinter dem *Gebouw voor Kunsten en Wetenschappen* (Mariaplaats) findet man die stark restaurierten Reste des romanischen Kreuzganges des einstigen *Marienstiftes* (2. Hälfte 11. Jh.). Die nach der Aufhebung des Stiftes (1811) abgebrochene *Marienkirche* war architekturgeschichtlich von größter Bedeutung. Die dreischiffige Emporenbasilika in gebundenem System markierte das um die Mitte des 11. Jh. geschaffene ›Kirchenkreuz‹ im Westen und wurde angeblich mit Unterstützung von Kaiser *Heinrich IV.* 1081 gestiftet und 1099 geweiht. Sie war mit ihren von Diagonaldiensten getragenen Bandrippengewölben und ›lombardischem‹ Querschiff eine der »großartigsten frühstaufischen Gewölbebasiliken von unverwechselbarer Eigenart, ein Schöpfungsbau, der im Niederrhein-Maasgebiet eine beträchtliche Wirkung ausübte« *(Kubach)*. Ihr Äußeres und Inneres ist von *Pieter Saenredam* öfters gemalt und gezeichnet worden.

Raadhuis (**9**; Oude Gracht): Hinter der klassizistischen Tempelfront (1824/47, *P. Adams* und/oder *J. van Embden*) verstecken sich drei frühmittelalterliche Häuser. Der linke Flügel datiert aus dem 13.–15. Jh. Am 11. April 1713 fand hier die Unterzeichnung des Friedens von Utrecht statt, der den Spanischen Erbfolgekrieg beendete. Die Brücke vor dem Rathaus (14. Jh.) bildet den längsten Brükkenplatz in Holland.
Das *Hauptpostamt* an der Neude entwarf *J. Crouwel* 1918. Mit seinen dekorativen Mauerverbänden, parabolischen Formen (die Halle) und reicher Bauplastik von *H. A. van den Eijnde* steht der Bau in der Tradition der expressionistischen Amsterdamer Schule.

Janskerk (10): Die ehem. Stiftskirche wurde kurz nach 1040 von Bischof *Bernulphus* erbaut und bildet den nördlichen Markierungspunkt des Kirchenkreuzes; 1148 und 1279 entstanden Schäden durch Brände. Der hochaufgehende spätgotische Chor mit Nebenchören entstand 1508/39. Beim Umbau 1657 ist jeder zweite Pfeiler entfernt worden, um die Kirche den Bedürfnissen des protestantischen Wortgottesdienstes anzupassen; aus dieser Zeit stammen auch die breiten Spitzbogenarkaden. Im Straßenpflaster werden die Fundamente des Westbaus (wohl nach dem 11. Jh.) und seiner zwei Türme angedeutet. Er wurde 1674 bei einem Orkan zerstört und 1681 abgerissen. Die neue Fassade datiert von 1682. Bereits 1660 hatte man die Kapelle links zur Hauptwache umgestaltet. Der Kreuzgang im Norden ist nicht erhalten.
Das südlich des Janskerkhof gelegene *ehem. Minoritenkloster,* später Sitz der Utrechter Provinzstände, hat ein schönes Barockportal (1643).
Die 1876/77 von *Alfred Tepe* (1840–1920) erbaute *Willibrorduskerk (11)* ist repräsentatives Beispiel der Utrechter Richtung der holländischen Neugotik. *Tepe* gehört mit *Cuypers* zu den führenden Neugotikern Hollands. Er arbeitete 1865 unter dem Kölner Dombaumeister *Vincenz Statz* und gehörte mit dem Bildhauer *Friedrich Mengelberg* zu den führenden Mitgliedern der 1869 gegründeten, in Utrecht tätigen ›St. Bernulphusgilde‹. Sie versuchte nach dem Vorbild mittelalterlicher Bauhütten, die christlichen Künste (Bildhauerei, Malerei, besonders Glasmalerei, Goldschmiedekunst) neu zu beleben. Die Gilde war verantwortlich für die Innenausstattung der Willibrorduskerk. Im Gegensatz zu *Cuypers* fand *Tepe* seine Inspiration vor allem in der niederrheinischen und westfälischen Gotik.

Jacobikerk (12): Bereits 1173 wurde an dieser Stelle eine Pfarrkirche erwähnt. Gegen Ende des 13. Jh. stand hier eine frühgotische Kreuzbasilika mit Westturm. Um 1400 hat man den Turm erhöht und an der Ostseite des 1433 abgerissenen Querhauses ein neues Querhaus und einen Chor mit Nebenchören gebaut. Dieser wurde Ende des 15. Jh. in einen Hallenchor umgestaltet, nachdem schon 1423/33 die Basilika zur Hallenkirche umgebaut worden war. Von der frühgotischen Kreuzbasilika sind drei westliche Joche im Langhaus erhalten geblieben. Die Kirche besitzt schöne Chorschranken; die seitlichen spätgotischen Formen fertigte *Jan van den Ende* aus Mecheln 1516/19. *Jan de Clerck* aus Antwerpen lieferte 1566 das Renaissance-Gitter vor dem Mittelchor, das in einen älteren gotischen Rahmen integriert ist. Die Renaissance-Kanzel entstand um 1600, das Herrengestühl 1621.

Schröderhaus (13)

Lage: Prins Hendriklaan 50

Dieses revolutionäre Haus, eines der berühmtesten Architekturmonumente des 20. Jh. und das wohl bekannteste Werk der ›De Stijl‹-Bewegung, hat *Gerrit Thomas Rietveld* (1888–1964), der bis dahin vornehmlich Möbel (›Rot-Blauer Stuhl‹, 1918) entworfen hatte, in engster Zusammenarbeit mit der Auftraggeberin, der Innenarchitektin *Truus Schröder-Schräder,* 1924 entworfen. Es ist nicht, wie man meinen könnte, als Stahlskelett mit einer Verkleidung aus Betonplatten errichtet, sondern in verputztem Backstein mit Holz, Stahlprofilbalken und wenig Beton (Terrassen), und scheint nur aus gegen- und übereinandergeschobenen und sich durchdringenden, fast schwebenden Flächen und Linien zu bestehen. In *Rietvelds* Meisterwerk nehmen die Prinzipien der ›De Stijl‹-

Gruppe, Architektur als Verbindung zwischen Außen- und Innenraum, in großartiger Weise Gestalt an. Aus dem unbegrenzten Raum wird ein umgrenzter Raum. Der ursprünglich freie Blick aufs umliegende Land, ein essentielles Element der Planung, wird jetzt allerdings durch die Schnellverkehrsstraße beeinträchtigt.
Das traditionelle Bauvolumen wird von *Rietveld* zuerst völlig aufgelöst und dann wieder assembliert, wobei die typische ›De Stijl‹-Farbgebung (Primärfarben) die einzelnen Bauteile, besonders die lineare, akzentuiert und von den Flächen absetzt. Ein wesentliches Merkmal des Hauses ist die Flexibilität des Grundrisses: Im Obergeschoß sind die Wohnräume durch Schiebewände beliebig zu variieren und in ein räumliches Kontinuum zu verwandeln. »Architektur skandiert, rhythmisiert den Raum, ebenso wie die Linien und Farbflecken auf Mondriaans Bildern einen Ansatz zur Skandierung der ins Unendliche fortgesetzt gedachten Bildebene darstellen.« *(J. J. Vriend).* – (Vgl. auch S. 41).

Kastell De Haar **Nr. 22**

Lage: Haarzuilen bei Vleuten. – *Geöffnet:* 15. Febr. – 15. Aug. und 15. Okt. – 15. Nov. Di–Sa 9.00–11.45 und 13.30–16.45 Uhr, So 13.30–16.45 Uhr.

Wenige Kilometer westlich von Utrecht, nahe der Autostraße A 2 Utrecht–Amsterdam liegt das monumentale, seit 1892 von dem bedeutendsten Neugotiker Hollands, *P. J. H. Cuypers,* in einem romantischen mittelalterlichen Burgenstil erneuerte Wasserschloß. Auftraggeber waren *Etienne Baron van Zuylen van Nuyevelt* und seine Frau *Hélène der Rothschildt,* die über fast unbeschränkte Geldmittel verfügten, um das ursprüngliche, aus dem 14. Jh. stammende, von den Truppen *Ludwigs XIV.* 1672 schwer beschädigte und inzwischen verfallene Kastell neu aufzubauen. *Cuypers* achtete nicht allzuviel auf Authentizität. So hat er z. B. den Hof überdacht, um eine eindrucksvolle ›Ritterhalle‹ in üppigster Neugotik gestalten zu können. – Die Inneneinrichtung mit erlesenen Gobelins (15./16. Jh.), Gemälden, Möbeln und Porzellan vermittelt einen Eindruck des um die Jahrhundertwende herrschenden Geschmacks. Neben dem Rijksmuseum und dem Amsterdamer Hauptbahnhof gehört De Haar zu *Cuypers* bedeutendsten Bauten.

23 Die Vecht

Zwischen Utrecht und dem Gooimeer, an den Ufern der Vecht, liegen viele elegante Landsitze, besonders in und um *Maarssen* und *Breukelen.* Ihr Ursprung geht auf das frühe 17. Jh. zurück, als die Amsterdamer Handelsherren ihr Kapital in Grundbesitz anlegten. In den verpachteten Gehöften reservierten sie sich für den Sommeraufenthalt ein Herrschaftszimmer. Diese Entwicklung kann man auch in der Umgebung von Amsterdam, entlang der Amstel, sowie in den damals trockengelegten Poldern (Beemster) beobachten. Mit der Zeit wollte man jedoch eine komfortablere Unterkunft. So entstanden an Stelle der ländlichen Gehöfte elegante Häuser, zuerst nach dem Vorbild der Grachtenhäuser, dann aber auch palladianisch-beeinflußte Villen (z. B. ›Ten Bosch‹ bei Maarssen). Leider ist diese Art ›villa suburbana‹ der Zerstörung durch die Truppen *Ludwigs XIV.* 1672 und der veränderten Mode im 18. Jh. fast völlig zum Opfer gefallen. Im 18. Jh. galt es als modern, sein Haus an der Vecht- oder Straßenseite durch einen polygonalen Ausbau zu erweitern, einem sog. ›Kuppelzimmer‹, von den man, ebenso wie von den an günstiger Stelle errichteten ›Teepavillons‹, eine schöne Aussicht hatte. Charakteristisch für das 18. Jh. sind auch die reichen schmiedeeisernen Gartentore.

Wasserschloß Zuylen (zwischen Utrecht und Maarssen, beim Dorf Oud-Zuilen. – *Führungen:* 15. März – 15. Nov. Di–So 10.15, 11.15, 14.15 und 16.00 Uhr): Das spätmittelalterliche Wasserschloß wurde 1753 umgebaut und der Gobelinsaal mit Wandteppichen aus der Delfter Werkstatt von *Maximilian van der Gucht* (17. Jh.) versehen. Berühmte Bewohner waren im 15. Jh. *Frank van Borssele* und seine Frau *Jacoba von Bayern,* Gräfin von Holland, und im 18. Jh. die Schriftstellerin *Belle van Zuylen* (1740–1805); durch ihre Heirat mit einem Schweizer 1771 besser bekannt als *Madame de Charrière,* eine der emanzipiertesten Frauen ihrer Zeit.

Maarssen (wenige Kilometer nördlich von Utrecht) ist ein Städtchen mit vielen Häusern aus dem 17./18. Jh., die direkt an der Vecht liegen. Die holl.-ref. Kirche (ca. 1500) mit ihrem romanischen Turm (ca. 1200) enthält die Grabkapelle (1720/21) für das Amsterdamer Patriziergeschlecht der Huydecooper. Auf dem rechten Vechtufer, östlich des Ortes, findet sich die Villa ›Ten Bosch‹, die *Jacob van Campen* (?) 1628 im palladianischen Stil umgebaut hat. Westlich des Ortes liegen ›Doornburgh‹ (17. Jh., 1721 modernisiert) und das jetzt als Rathaus genutzte ›Goudestein‹ (1754) in einem frei zugänglichen Park.

Auch in und um *Breukelen* liegen mehrere Landsitze: auf dem rechten Ufer der Vecht ›Boom en Bosch‹ (17. Jh., heute Rathaus), ›Gunterstein‹ (eine im Kern mittelalterliche Wasserburg in einem von Adriaan Dortsman beeinflußten klassizistischen Stil; 1681) und ›Oudaen‹ (ein ebenfalls mittelalterlicher, im 17. Jh. umgestalteter Bau). – Am linken Ufer liegt ›Nijenrode‹ (seit 1946 Institut für Betriebswirtschaft), eine um 1250 erbaute, im 17. und 19. Jh. umgestaltete Wasserburg. Bei Restaurierungsarbeiten (2. Hälfte 19. Jh.) ist das Torgebäude an der Vecht erneuert und der Donjon erhöht worden.

Östlich von Breukelen erstrecken sich die durch Torfgewinnung entstandenen *Loosdrechtse Plassen,* ein beliebtes Wassersportzentrum. Nahe dem Dorf Nieuw Loosdrecht liegt das erst Anfang dieses Jahrhunderts nach mittelalterlichen Vorbildern gebaute *Kastell Sijpestein* mit einer schönen Sammlung von ›Loosdrechts‹-Porzellan, das in einer Manufaktur in Oud Loosdrecht im letzten Viertel des 18. Jh. hergestellt wurde (*Führungen:* 1. Mai – 15. Sept. Di–Sa 10.15, 11.15, 14.15 und 16.00 Uhr).

24 Amersfoort

Verkehrsamt: Stationsplein 28 (beim Bahnhof).

Amersfoort entstand, wie der Name besagt, bei einer ›Furt der Eem‹ und erhielt 1259 Stadtrechte. Die malerische Altstadt wird von einem doppelten mittelalterlichen Verteidigungsgürtel umgeben. Den inneren Ring bildeten eine Mauer und ein Wassergraben (13./14. Jh.). Diese Mauer ist noch erhalten in den Fassaden der sog. ›Muurhuizen‹ und den beiden achteckigen Türmchen (vor 1425) des ›Kampenbinnenpoort‹ (das Tor selbst wurde 1931/33 rekonstruiert). Vom äußeren Ring (1380–1450) blieben der Wassergraben, ein Stück Mauer im Nordosten, das Wassertor ›Monnikendam‹ (1430) im Südosten und das schöne ›Koppelpoort‹

(vor 1427) im Nordwesten, ein kombiniertes Wasser- und Landtor, erhalten. Während der Republik besaß die Stadt eine wichtige Textilindustrie (Tuch, Seide), während in der Umgebung Tabak angebaut wurde. Nach dem Niedergang im 19. Jh. ist Amersfoort heute Industrie- und Verwaltungsstadt.

St. Joriskerk: Die Kirche liegt am zentralen Marktplatz der Stadt, dem ›Hof‹. Ihr ältester Teil, der Turm (Unterbau um 1250, Aufbau um 1500), gehörte zu einem romanischen Vorgängerbau, der 1248 abbrannte. Von dem in der 1. Hälfte des 14. Jh. begonnenen Neubau, einer Kreuzbasilika, sind im westlichen Mittelschiff die Hochschiffwand und das frühgotische Kreuzrippengewölbe erhalten. In der 2. Hälfte des 14. Jh. wurde das Mittelschiff um zwei Joche nach Westen verlängert und der Hallenchor, unter Einbeziehung des Querhauses, errichtet. Ende des 15. Jh. wurde das Langhaus in eine Halle umgewandelt und der Turm einbezogen. Wichtigstes Ausstattungsstück ist der spätgotische *Lettner* (um 1480) mit Renaissance-Balustern in den Türen. Die Kirche besitzt auch noch Wand- und Gewölbemalereien (14.–17. Jh.). Im nördlichen Seitenchor befindet sich das *Epitaph* für *Jacob van Campen,* den bedeutendsten holländischen Baumeister des 17. Jh., aus der Werkstatt *Rombout Verhulsts* (1658).

Wahrzeichen der Stadt ist der *Onze Lieve Vrouwentoren* (Liebfrauenturm). Dieser eindrucksvolle 100 m hohe Turm war ursprünglich mit der Liebfrauenkirche (14. Jh.) verbunden, die 1787 einer Pulverexplosion zum Opfer fiel. Baubeginn war wohl kurz nach 1444, als eine wundertätige Marienstatue gefunden wurde. Der Überlieferung nach soll die Turmsilhouette mit dem Treppentürmchen gegen die Laterne die Jungfrau mit dem Jesuskind symbolisieren. Die gotische Spitze ging 1547 verloren. Die um 1560 entstandene Haube, die man 1807 entfernt hatte, wurde 1968 rekonstruiert. In seinem Aufbau (zwei Geschosse und eine achteckige Laterne) geht der Turm auf den Utrechter Domturm zurück (vgl. Nr. 22); im Gegensatz zu diesem wirkt die Silhouette durch die Strebepfeiler aber weniger eckig; sie verklammern gewissermaßen den Unter- und Oberbau.
Das *Städtische Museum* ›Flehite‹ (Westsingel 50; *geöffnet:* Di–Sa 10–17 Uhr, So 14–17 Uhr) enthält eine Sammlung lokaler und regionaler Gegenstände: u. a. illusionistische Wandmalereien von *Jacob van Campen* aus dessen 1644/45 erbautem Landsitz ›Het Hoogerhuis‹ in der Umgebung von Amersfoort.
Gegenüber steht das *St. Pieters- und Bloklands Gasthuis* (Spital), das 1379 gestiftet und 1907 teilweise abgebrochen wurde. Von Interesse sind hier besonders der Männersaal (um 1536) mit seinem Holztonnengewölbe und noch intakten Bettnischen sowie eine ältere Kapelle, an die früher der Frauensaal anschloß (für Besichtigung wende man sich an das Fremdenverkehrsamt).

In den ehem. Fischerdörfern *Bunschoten* und *Spakenburg* am *Eemmeer* nördlich von Amersfoort tragen die Frauen noch ihre Trachten, die vor allem durch bemerkenswerte Schulterstücke auffallen.

Schloß Soestdijk (ca. 10 km westlich von Amersfoort, kurz nach Soest, an der Straße nach Baarn): 1672 kaufte Statthalter *Willem III.* das Landhaus ›Soestdijk‹ von der Amsterdamer Patrizierfamilie *de Graeff* und ließ es seit 1674 von *Maurits Post* (1645–1677) zum Jagdschloß, dem heutigen Mittelbau, umgestalten. Das Gut kam 1815 als Geschenk des jungen Königreiches an Kronprinz *Willem,* den späteren König *Willem II.,* für seine Tapferkeit in der Schlacht bei Quatre Bras gegen die napoleonischen Truppen (16. Juni 1815). Zwei Tage später wurde *Napoleon* bei Waterloo endgültig geschlagen. *Jan de Greef* gestaltete den Kernbau im klassizistischen Stil um und erweiterte ihn durch gebogene, weit ausgreifende niedrige Flügel, die sich in Galerien öffnen. Die Anlage ist *die bedeutendste des holländischen ›Palladianismus‹ im 19. Jh.* Der Palast ist nicht zugänglich, da er als Wohnsitz der früheren Königin Juliana dient. Der Landschaftsgarten wurde seit 1816 von *J. D. Zocher* und dessen Sohn angelegt. Am Ende einer Allee in der Achse des Palastes erinnert ein Obelisk an die Schlacht bei Quatre Bras.

25 **Schloß Zeist**

Führungen: Ganzjährig Sa und So 14.30 und 16.00 Uhr; Juni, Juli, Aug. auch Mo–Fr 10.30 und 14.30 Uhr.

Willem Adriaan Graf van Nassau-Odijk (1632–1705), Enkel des Statthalters *Maurits* (sein Vater war ein unehelicher Sohn der ›Joffer‹ *Margaretha von Mecheln*), erwarb 1677 das Rittergut Zeist und ließ die zerfallene Burg in den folgenden Jahren durch ein neues Schloß ersetzen, das 1686 fertig war. Allgemein wird *Jacob Roman* als Architekt genannt; *Daniel Marot* war für die Inneneinrichtung und die Gartenanlage verantwortlich, deren kilometerlange Achse teilweise erhalten blieb, während der Garten selbst verloren ging. Die benötigten Gelder hatte der Graf, Günstling seines statthalterlichen Vetters, *Willems III.*, und seit 1668 dessen Vertreter in der Provinz Zeeland, dort mit dem skrupellosen Verkauf von Ämtern zusammengetragen. Nach dem Tod *Willems III.* 1702 verlor er seine lukrative Position in Zeeland.
1746 erwarb der Amsterdamer Kaufmann *Cornelis Schellinger* das Schloß. Er war Mitglied der *Herrnhuter Brüdergemeinde* und verkaufte seinen Besitz 1767 einer Tochter des Reichsgrafen *Nikolaus Ludwig von Zinzendorff.* Dieser hatte die wegen ihres Glaubens aus ihrer Heimat in Böhmen und Mähren Vertriebenen auf seinem Gut Berthelsdorf am Hutberg (Oberlausitz, DDR) ›in des Herren Hut‹ angesiedelt und am 13. Aug. 1727 die ›Erneuerte Brüder-Unität‹ oder ›Brüdergemeinde‹ gegründet. Ihr Glaube ist durch strengen Bezug auf die Bibel, Ablehnung von Wehrdienst und Eid sowie durch Pietismus gekennzeichnet. Die neuen Besitzer errichteten zu beiden Seiten der Auffahrtsallee, am Broeder- und Zusterplein, die sog. Brüder- und Schwesternhäuser; die Brüdergemeinde ist nach Geschlecht, Alter und Familienstand in ›Chöre‹ gegliedert. Der Kirchensaal datiert von 1786. Die holländischen Herrnhuter widmeten sich seit dem späten 18. Jh. der Mission in Surinam, damals Teil des niederländischen Kolonialreiches. 1830 kam das Schloß wieder an einen privaten Besitzer, bis es 1924 von der Gemeinde Zeist in ruinösem Zustand erworben wurde. 1960/69 fand eine musterhafte Restaurierung statt. Heute dient das Schloß als Kultur- und Kongreßzentrum; seit 1973 ist es auch Sitz des Niederländischen Amtes für Denkmalspflege.

Das *Vestibül* (a) wurde in der 1. Hälfte des 19. Jh. von *Zocher* im klassizistischen Stil stuckiert. Die Oranierporträts sind erst bei der jüngsten Restaurierung angebracht worden. Die illusionistischen

Schloß Zeist: Grundriß

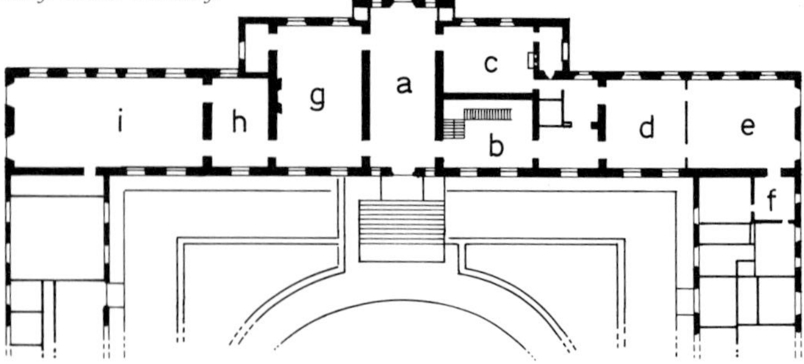

Wandmalereien im *Treppenhaus* (b) schuf *Daniel Marot*. Das *Marmorzimmer* (c) verdankt seinen Namen dem gemalten Imitationsmarmor. Der *Gartensaal* (d) enthält illusionistische Wandmalereien. Das an den *Blauen Saal* (e; mit ›Doppelporträt von Frederik Hendrik und Amalia van Solms‹) anschließende *Kabinett* (f) hat noch die ursprüngliche, von *Marot* entworfene Stuckdecke. Der *Saal* (g) links vom Vestibül ist *Willem III.* gewidmet; das Deckenbild (›Der Frieden besiegt den Krieg‹) wurde nach einer von dem Haager Maler *Augustin Terwesten* gefertigten Entwurfzeichnung bei der Restaurierung erneuert. Durch die *Antichambre* (h) betritt man den *Großen* oder *Spiegelsaal* (i); die Decke im Stil *Marots* stammt aus einem Utrechter Wohnhaus, die Deckenbilder schuf *Jacob de Wit*.

Haus Doorn **Nr. 25**

Lage: Doorn Langebroekerweg 10 – *Geöffnet* 15. März – 1. Nov. Di–Sa 9.30–17.00 Uhr, So 13–17 Uhr.

Das Gut wurde im 14. Jh. als Sommersitz der Utrechter Dompröbste erbaut und 1536 zum Rittergut erhoben. 1780 erhielt das Haus sein heutiges Aussehen. Bekannt wurde Doorn als Exil des deutschen Exkaisers *Wilhelm II.* Nachdem er seit 1918 Gast des *Grafen Bentinck* auf Kastell Amerongen gewesen war, erwarb er 1920 Doorn als ständigen Wohnsitz und ließ das Torgebäude in holländischer Neorenaissance errichten. Er starb hier am 4. Juni 1941 und wurde im Park begraben. Seit 1945 ist der holländische Staat Besitzer des Hauses Doorn und seiner Sammlungen.
Auf Grund einer Vereinbarung mit der Deutschen Republik durfte der Kaiser einen Teil der Möbel und Kunstgegenstände aus den Hohenzollernschlössern in Berlin und Potsdam nach Doorn überführen lassen. Er wählte vor allem Objekte, die an die alten dynastischen Bande zwischen dem Haus Oranje-Nassau und dem Haus Hohenzollern erinnern (der Große Kurfürst *Friedrich Wilhelm* war z. B. mit einer Tochter des Statthalters *Frederik Hendrik* und Statthalter *Willem V.* mit einer Nichte *Friedrichs d. Gr.* verheiratet). Aus der Epoche des friderizianischen Rokoko stammt die wohl bedeutendste Sammlung im Haus Doorn: Schnupftabakdosen, Möbel sowie Bilder von *Nicolas Lancret* (›Das Spiel Cache-cache Mitoulas‹, ›Das neckische Mädchen‹), *Jean-Baptiste Pater* (›Der Tanz vor dem Zelt‹), *Antoine Pesne* (›Porträt des Baumeisters Knobelsdorff‹, ›Porträt Charles Etienne Jordan‹), *Liotard* (›Porträt des Grafen Algarotti‹, der u. a. als Kunstagent für den Berliner und Dresdener Hof tätig war) und *Chodowiecki* (›Friedrich d. Gr. nimmt eine Parade ab‹). Aus der wilhelminischen Ära seien die vielen Uniformen erwähnt.

Kastell Amerongen Nr. 25

Geöffnet: 1. April – 1. Nov. Di–Sa 10–17 Uhr, So und Fei 14–17 Uhr.

Die spätmittelalterliche, von den Truppen *Ludwigs XIV.* 1672 zerstörte Wasserburg der Herren *von Reede* wurde 1673 im Auftrag *Godard von Reedes* von *Maurits Post* neuaufgebaut. Der Bauherr war jahrelang Botschafter am Berliner Hof, sein Sohn *Godard* (1644-1703) Günstling des Statthalter-Königs *Willem III.*, der ihn zum *Earl of Athlone* erhob und häufig auf Amerongen weilte. Das Haus kam 1879 durch Erbschaft an den Grafen *Godard van Aldenburg Bentinck*, der 1918/20 Exkaiser *Wilhelm II.* hier Gastrecht gewährte. *Wilhelm II.* unterzeichnete hier die Verzichterklärung auf die deutsche Kaiserkrone.

Sehenswert ist die ursprüngliche, aus dem 17. und 18. Jh. stammende Inneneinrichtung, darunter Porträts des Statthalter-Königs *Willem III.* und Pastelle von *Liotard.* Bemerkenswert ist auch der durch zwei Stockwerke gehende Saal mit einer Ahnengalerie. Charakteristisch für den holländischen Klassizismus des 17. Jh. ist die Pilasterstellung. Die historisierende Deckenbemalung, die grüne Marmorverkleidung der ursprünglich weißen Pilaster und die Balustrade gehen auf einen Entwurf von *P.J.H. Cuypers* zurück, der auch das Speisezimmer historisierend einrichtete (ca. 1910).

Der Garten wurde seit 1879 von *Hugo Poortman*, einem Schüler des französischen Gartenarchitekten *Edouard André,* in historisierendem französischem Stil mit Elementen des Landschaftsgartens angelegt.

Rhenen Nr.25

Wichtigstes Monument des bei schweren Kämpfen zwischen holländischen und deutschen Truppen am 11. und 12. Mai 1940 zerstörten Städtchens ist die *St. Cunerakerk* (15. Jh.). Der Turm, einer der schönsten spätgotischen Türme der Niederlande, erlitt ebenfalls schwere Schäden, die nach 1945 behoben wurden. Die Größe der Kirche hängt wohl mit Wallfahrten zu den hier aufbewahrten *Reliquien der hl. Cunera* zusammen, einer der 11000 Jungfrauen, die mit der legendären *hl. Ursula* von England über Köln nach Rom pilgerten und auf dem Rückweg in Köln fast alle den Märtyrertod erlitten; *Cunera* konnte sich nach Rhenen retten, wurde dort aber von der eifersüchtigen Frau des Herrn von Rhenen umgebracht. Die Kirche besitzt ein Renaissance-Chorgestühl (1570) und einen bedeutenden *Lettner* (ca. 1550/60).

Rhenen war vorübergehend Residenz des ›Winterkönigs‹, *Friedrich V. von der Pfalz*, der nach der Schlacht am Weißen Berg bei Prag (1620) nach Holland geflohen war und für den der Maler-Architekt *Bartholomeus von Bassen* 1630/31 neben der Kirche das sog. ›Königshaus‹ baute, das nach dem Tode des fürstlichen Exilanten langsam zerfiel und 1812 abgetragen wurde.

26 Vianen

Einst gehörte die quadratische Festung Vianen den Herren van Brederode, die ihre Stammburg in der Nähe von Haarlem hatten, jedoch meistens hier wohnten. Von ihrer Burg Batenstein ist nur das *Hoftor* (2. Hälfte 17. Jh.) erhalten geblieben. Nachdem die Familie 1679 ausgestorben war, verkauften die Erben 1725 die Herrlichkeit an die Provinz Holland. Im Norden blieb das *Lektor*, im Süden das *Landtor* erhalten.
Die *holl.-ref. Kirche*, eine um 1450 aus dem Umbau einer Pseudobasilika (um 1350) hervorgegangene spätgotische Hallenkirche mit Querhaus, steht in der Nähe des Landtors. 1542 hat man das Langhaus durch eine Aneinanderreihung von querhausähnlichen Seitenkapellen, die mit ihren Quertonnen die Tonne des Mittelschiffs durchdringen, vergrößert, wodurch die eigentümliche Raumwirkung (›Haager Hallentypus‹, vgl. Jacobskerk in Den Haag, Nr. 1.12) entsteht.

Grabmal für Reinout III. van Brederode

Die Kirche besitzt *eines der bedeutendsten Frührenaissance-Werke der Niederlande:* das *Grabmal für Reinout III. van Brederode* († 1556) und seiner Frau *Philipote van der Marck* († 1537). Der Bildhauer ist unbekannt; die Arbeit stammt aus einer Brüsseler Werkstatt. Diese Form von Grabstätten (der Baldachin wurde erst im 17. Jh. hinzugefügt), bei der der Verstorbene in zwei Gestalten dargestellt wird, einmal unversehrt, fast schlafend (›gisant au vif‹) und einmal deutlich vom Zerfall gezeichnet (›transi‹), hat ihren Ursprung im frühen 15. Jh. in England, wo man für mehrere Erzbischöfe und Adlige solche ›doppelgeschossigen‹ Monumente errichtete (Canterbury, Lincoln, Wells). Bald tauchte dieser Typus auch auf dem Festland auf, z. B. in Trier, Marburg und Baden-Baden. Wichtig für die Verbreitung waren sicher die Grabmäler in Brou (Frankreich) für Margaretha von Österreich († 1506) und Philipp den Schönen († 1530) sowie in St. Denis bei Paris für die französischen Könige (seit 1517). In St. Denis ist die mittelalterliche Darstellungsweise (die verwesende Leiche) durch eine weniger abstoßende, eher elegische Präsentation des Todes (der im Sinne der Renaissance fast idealisierte Leichnam) abgelöst worden.

Culemborg, ein Festungsstädtchen an der Lek, mit seiner spätgotischen *Grote* oder *Barbarakerk* (15./16. Jh.) und dem von *Rombout Keldermans* 1534/39 in Brabanter Spätgotik erbauten *Rathaus* ist der Geburtsort von *Jan van Riebeeck* (1619–1677). Seit 1639 stand er als Schiffsarzt im Dienste der Vereinigten Ostindischen Kompanie, die ihn 1651 mit der Gründung einer Niederlassung an der Südspitze Afrikas (h. Kapstadt) beauftragte. Dies bedeutete den Beginn der Kolonie Kapland (h. Südafrika), der van Riebeeck bis 1622 als Gouverneur vorstand; später ging er nach Niederländisch-Indien und starb in Batavia (Djakarta). Sein Geburtshaus (Achterstraat 28) ist jetzt Museum.

Wijk bij Duurstede — Nr. 26

Die Altstadt der jetzigen Industriestadt Wijk bij Duurstede besitzt noch einige Monumente einer reichen Vergangenheit: Die holl.-ref. Kirche (14./16. Jh.) und das Rathaus (1666). Unter dem Namen *Dorestad* entstand im frühen Mittelalter auf dem nördlichen Rheinufer eine blühende Handelsstadt, die 863 von den Wikingern zerstört wurde. Später entwickelte sich ungefähr an gleicher Stelle Wijk bij Duurstede (d. h. ›vicus‹,= ›Handelsplatz‹, bei Dorestad). Im 15. und 16. Jh., unter den mächtigen Utrechter Bischöfen *David* und *Philipp von Burgund,* die das hiesige Kastell zu ihrem Wohnsitz ausbauen ließen, war die Stadt ein wichtiges Kulturzentrum, in dem u. a. der Maler *Jan Gossaert,* genannt Mabuse (1478–1532), für Bischof *Philipp,* arbeitete. *Philipp,* ein Bastardsohn *Philipps des Guten,* war ein typischer Renaissance-Geistlicher: Er diente zunächst als Admiral, wurde 1516 Bischof von Utrecht, interessierte sich für klassische Kunst und hatte Kontakte zu *Erasmus von Rotterdam.*
An der Westseite der Altstadt stehen die Ruinen der *Wasserburg:* ein viereckiger Donjon (13. Jh.) und ein Rundturm, den *David von Burgund* im 15. Jh. hat errichten lassen und den man im Sommer besichtigen kann. – Das *Heimatmuseum* (Volderstraat 15) zeigt u. a. archäologische Funde aus der frühmittelalterlichen Handelsstadt.

27 Zaltbommel

Umgeben von seiner weitgehend intakten Umwallung liegt Zaltbommel idyllisch am Südufer des Waal. Der Ort ›Bomela‹, 850 zum ersten Mal erwähnt, erhielt 1231 Stadtrechte. Als Hansestadt, in der Salz umgeschlagen wurde (›Salt-Bommel‹), hatte die Stadt im 15. Jh. einige Bedeutung. Erst die Anlage der Eisenbahnlinie Utrecht–'s–Hertogenbosch 1868 holte die Stadt aus ihrer Isolierung.

Wenn man von Süden in die Stadt kommt, findet man links, in der Nonnenstraat 5 das *Maarten van Rossumhaus* (jetzt *Heimatmuseum; geöffnet:* Mai und Juni tgl. 14–16 Uhr, Juli – Aug. tgl. 10–12 und 14–16 Uhr, Sept. – April Mi und Sa 14–16 Uhr), das als Torbau (ca. 1535) für ein (nie gebautes) Schloß für den gefürchteten Kriegsobersten des letzten Herzogs von Geldern, *Maarten van Rossum* (1478–1555) entworfen wurde. Die Kandelabersäulen und die Fensterverdachungen zeigen frühe Renaissance-Formen.
Die *St. Maartenskerk* wurde 1303, nach der Erhebung zur Stiftskirche, erneuert. Ältester Teil ist der im Gegensatz zum späteren Langhaus und Turm, die ganz mit Naturstein verkleidet sind, in Backstein errichtete Chor, an den sich ursprünglich ein Querhaus anschloß, das aber beim Bau des Langhauses (um 1450) abgerissen wurde; vielleicht war Gisbert Schairt Leiter der Bauhütte. Obwohl basilikal, macht der Raum durch den geringen Höhenunterschied zwischen Mittel- und Seitenschiffen, den Eindruck einer Hallenkirche, wie man sie in der Spätgotik am Niederrhein öfters findet. Bemerkenswert sind die gerundeten bzw. schrägen Enden der Seitenschiffe im Osten und Westen. Die Netzgewölbe des Mittelschiffs setzen bereits in der Triforiumzone, direkt über den Arkaden, auf Blattkapitellen an. Im Norden ein schönes Portal, im Süden eine ›Heilig-Grab-Kapelle‹ sowie ein Portal und das spätgotische zweigeschossige ›Van Rossum-Chörlein‹. Die Kirche besitzt *Wandmalereien:* südlich des Turmes ›Die Legende der drei Lebenden und der drei Toten‹ (um 1500), im nördlichen Seitenschiff ›Hl. Christophorus‹ (um 1540). Die Überreste des *Chorgestühls* (um 1450) zeigen geschnitzte Heiligengestalten. Die *Kanzel* stammt von 1678, die Louis XVI–Orgel von 1784, das *Herrengestühl* von 1679.
Prunkstück der Kirche ist der reich ornamentierte, etwa 70 m hohe viergeschossige *Westturm* (um 1450), einer der schönsten am Niederrhein. Er wird von übereckgestellten Strebepfeilern begleitet. Die drei oberen Geschosse werden jeweils von vier hohen Fenstern und Blendnischen aufgelöst, wobei die aufstrebende Bewegung ein Gegengewicht in der Maßwerkbrüstung findet. Ein Uhrengeschoß bekrönt diesen herrlichen Turm, der u.a. in Woudrichem (Nr. 8) einen Nachfolger hat. 1696 ging die Spitze verloren.
Zaltbommel besitzt noch einen weiteren interessanten Turm: den

Zaltbommel: St. Maartenskerk

Gasthuistoren (*Spitalturm;* 15. Jh., Zwiebel 1530, Reiterspiel 1700), der von einem Treppentürmchen begleitet wird. Mit diesem Turm ist eine Geschichte der musikalisch sehr begabten *Suzanne Leenhoff* verknüpft: Als *Franz Liszt* mit einem Dampfer nach Rotterdam fuhr, hörte er in Zaltbommel das Glockenspiel des Spitalturms und ging an Land. Hier lernte er den Beiardier *Leenhoff* und dessen Tochter kennen. Sie folgte ihm als Schülerin nach Paris, wo sie *Edouard Manet* und seinen Brüdern Klavierunterricht erteilte. 1852 bekam sie einen Sohn. Am 28. Okt. 1863 heiratete sie der Maler in ihrer Geburtsstadt, erkannte aber nie die Vaterschaft des Jungen an. – Am Marktplatz steht das 1761/63 umgebaute, im Kern mittelalterliche *Rathaus* mit einer Pilasterfassade. Die *Waage* (1798) gegenüber wird von einer Frauenfigur, die das Wägen symbolisiert, geschmückt. Das Haus Markt 9 ist das Geburtshaus von Anton und Gerard Philips, den Gründern des Philips-Konzerns (vgl. Eindhoven, Nr. 32).

28 **Buren**

Buren liegt zwischen Obstgärten und ausgedehnten Poldern an dem Flüßchen Korne. 1395 erhielt die Siedlung, die sich um ein Kastell (1804 abgetragen) gebildet hatte, Stadtrechte und wurde daraufhin verstärkt. Der ehem. Herrensitz der Grafen van Buren kam durch die Vermählung *Willems van Oranje* mit *Anna van Egmond,* Gräfin van Buren, am 8. Juli 1551 in Brielle an das Haus Oranje. Die Umwallung (16./17. Jh.) ist gut erhalten.

Die spätgotische *Lambertuskerk* (*geöffnet:* 1. Mai – 1. Okt. Di–Sa 10.30–12.00 und 14.00–16.00 Uhr) enthält die Gruft der Grafen van Buren. Auf den romanisierenden Turmunterbau (um 1400) setzte *Pasqualini* (?) im 16. Jh. einen achteckigen Aufsatz im Renaissance-Stil, den *Pieter Post* 1665 mit einem Uhrengeschoß und einer Laterne bekrönte.
Der wichtigste Bau des Städtchens ist das *Koninklijk Weeshuis (Waisenhaus)*, in dem jetzt das *Museum der Koninklijke Marechaussee* eingerichtet ist (*geöffnet:* 1. Mai – 1. Okt. Di–Fr 10–12 und 14–16 Uhr, Sa, So, Fei 13–17 Uhr): Die Sammlung veranschaulicht die *Geschichte der Polizei in Holland*. In einem Raum wird auf die Verbundenheit Burens mit dem Haus Oranje hingewiesen. 1613 beauftragte *Maria van Nassau*, Tochter *Willems van Oranje*, den Baumeister *Adriaen Fredericksz. van Oudendijck* mit der Errichtung eines Waisenhauses. Er entwarf einen stattlichen zweigeschossigen Backsteinbau mit Sandsteineinlagen und hohem Dach mit Dachreiter – ein interessantes Beispiel der holländischen Renaissance-Architektur mit flämischem Einschlag, der sich im Dachgesims und im Gartentor bemerkbar macht (Allegorien von Liebe, Hoffnung, Glaube). Vestibül und Vorsteherzimmer blieben erhalten.

29 's-Hertogenbosch

's-Hertogenbosch oder Den Bosch, seit 1815 Hauptstadt der Provinz Noord Brabant, wurde 1185 von Herzog *Hendrik von Brabant* am Zusammenfluß der Aa und der Donge gegründet. Um 1400 hatte die Stadt etwa den Umfang der heutigen Altstadt. Durch den blühenden Woll- und Tuchhandel konnte Den Bosch, das als Transithafen u. a. rege Kontakte mit dem Rheinland und dem Ostseeraum unterhielt, sich im späten Mittelalter durchaus mit anderen Brabanter Städten, wie Brüssel, Antwerpen oder Löwen, messen. Mit ihren vielen Klöstern, die 1629 aufgelöst wurden, war sie auch ein bedeutendes religiöses Zentrum.
Der wirtschaftlichen und kulturellen Blüte wurde 1629 ein jähes Ende gesetzt. Die Einnahme der Stadt durch *Frederik Hendrik*, nach viereinhalbmonatiger Belagerung, war der erste große Erfolg des ›Städtebezwingers‹, der seit 1625 Statthalter und damit Heerführer der Republik geworden war. Schon 1601 hatte sein Bruder *Maurits* vergebens versucht, die von ausgedehnten Sumpfgebieten umgebene, als uneinnehmbar geltende Stadt zu erobern. Sie büßte viele ihrer Freiheiten und Rechte ein; denn als sog. ›Generalitätsland‹ wurde Brabant nun von Den Haag aus verwaltet. Im Westen und Süden sind noch einige Reste der Umwallung (17. Jh.), im Norden, nahe dem Zuid-Willemsvaart, der Graben und 4 Bastionen der einstigen Zitadelle (1648) erhalten. Den Bosch ist der Geburtsort der Maler *Hieronymus (Jeroen) Bosch* (1450–1516) und *Theodoor van Thulden* (1606–1669). Leider besitzt die Stadt kein einziges Bild von *Bosch*.

Raadhuis (1)

Nach einem unbedeutenden Brand 1669 entschloß sich die Stadt, das mittelalterliche Rathaus von 1529 unter Beibehaltung des Kellergeschosses, vieler Mauerteile und des Turmes von 1649 umzugestalten. Den Plan für die klassizistische Fassade zeichnete *Pieter Minne* aus Den Haag. Die Giebelskulpturen fertigte *Jacob van der Hoeven*, im Gebälk unter dem Tympanon ist ein Reiterspiel angebracht. Die Wandmalereien (1884/96) im Vestibül stammen von *Anton Derkinderen* (1859–1925), dem Erneuerer der Monumental-

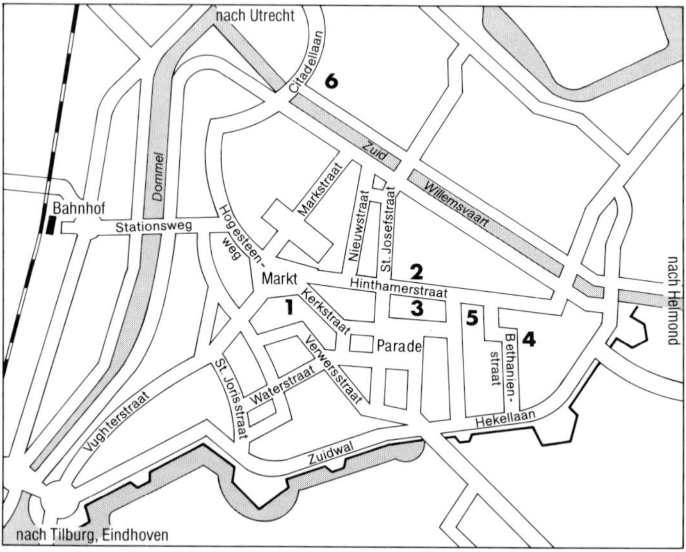

's-Hertogenbosch: Orientierungsplan
1 Raadhuis – 2 Zwanenbroederhuis – 3 St. Janskathedrale – 4 Noordbrabants Museum – 5 St. Jacobskerk – 6 Kruitshuis.

malerei in Holland: ›Stadtgründung durch den Brabanter Herzog 1185‹, ›St. Janskathedrale als Symbol des Glaubens‹. Der hintere Teil des Vestibüls diente als Gerichtsplatz. Durch die von *Jacob Roman* entworfene Galerie (1691) erreicht man das Vorzimmer des ›Eheschließungssaals‹. Hier hängt *Jacob Cuyps* ›portrait historié‹: ›Die Sieben Provinzen huldigen Frederik Hendrik‹, der als David nach dem Sieg über Goliath dargestellt ist (1630); im Hintergrund die Stadtansicht von Den Bosch. Der ›Ratssaal‹ im 1. Stock hat einen Kamin von *Jacob Roman;* das Kaminstück von *Th. van Thulden* symbolisiert die ›Gerechtigkeit‹ und die ›Einheit› (1648). Die ›Vier Erdteile‹ an der Decke malte *Elyas van Nijmegen* nach einem Entwurf von *Roman.* Die Wirkteppiche stammen aus der Delfter Werkstatt von *Maximiliaan van der Gucht* (1679). Das ›Bürgermeisterzimmer‹ enthält weitere Gemälde *van Thuldens:* ›Brabant ersucht die Generalstände, als gleichwertige Provinz in die Republik aufgenommen zu werden‹ (1650), was jedoch nie geschah, und ›s'-Hertogenbosch als Justitia‹. – Vor dem Rathaus steht das Standbild (1930) des Malers *Hieronymus Bosch.*

Zwanenbroederhuis (**2;** Hinthamerstraat 94): Es gehört der 1318 gegründeten *Liebfrauen- oder Schwanenbruderschaft* und wurde 1846/

47 von *Jacobus Laffertée* errichtet. Den Namen erhielt die im 17. Jh. säkularisierte Bruderschaft, weil früher bei ihrem jährlichen Festmahl auch ein Schwan verzehrt wurde. – Die *Illustre Lieve Vrouwe Broederschap* wurde 1318 gegründet. Ihre Mitglieder widmeten sich besonders der Verehrung der hl. Jungfrau und stifteten 1480/96 die spätgotische Kapelle nördlich des Chores der Kathedrale. U. a. gehörten *Hieronymus Bosch* und Mitglieder des Hauses Oranje der Bruderschaft an, die heute mehr ein historischer Verein ist. Als Auftraggeber spielte sie vor allem im 15. und 16. Jh. eine große Rolle im religiösen und kulturellen Leben der Stadt: *Hieronymus Bosch,* der bedeutendste spätmittelalterliche Bildhauer *Adriaen van Wesel* und der Komponist *Clemens non Papa* (1510–1550) arbeiteten in ihrem Auftrag. Die reiche Sammlung illuminierter Handschriften (16./17. Jh.) kann freitags 11–15 Uhr besichtigt werden. – Das Gebäude ist ein frühes Beispiel für einen neugotischen Profanbau. Die modernen Skulpturen schuf *Marius van Beek* 1962.
Anstelle des jetzigen Hauses Hinthamerstraat 74 stand einst das Geburtshaus von *Hieronymus Bosch.*

St. Janskathedrale (3)

Baugeschichte

Die fünfschiffige, ganz in Stein eingewölbte Kreuzbasilika mit Umgangschor, Kapellenkranz und eingebautem Westturm ist das *wichtigste Beispiel der Brabanter Gotik in den Niederlanden.* Wohl im Zusammenhang mit der Erhebung zur Kapitelkirche 1366 durch den Bischof von Lüttich, zu dessen Bistum Den Bosch damals gehörte, wurde an der Stelle der frühgotischen Pfarrkirche der heutige Bau errichtet.
Der Grundriß des Umgangschores mit Kapellenkranz stimmt mit dem der Kathedrale von Amiens (1220/70) überein, dort wie hier ist die in der Achse gelegene Kapelle um ein Joch tiefer als die sechs übrigen. Der dreigeschoßige Wandaufbau ist jedoch viel reicher als in Amiens. Als Mittlerin dürfte die ebenfalls von Amiens inspirierte, 1355 begonnene St. Romboutskirche in Mecheln, der erste Bau in reifer Brabanter Gotik, in Betracht kommen. Der Chor war wohl vor 1415 fertig. *Willem van Kessel,* nach dessen Plan die Kathedrale errichtet wurde, leitete die Bauhütte von ca. 1360 bis ca. 1419. Das nördliche Querhaus entstand 1420–1450, das südliche 1430–1470 in drei Bauphasen, was an den unterschiedlichen Formen des Trifo始riums ablesbar ist. Seit 1478 arbeitete man am nördlichen, seit 1497 am südlichen Seitenschiff des Langhauses, wobei die zwei östlichen Joche im Norden wohl gleichzeitig mit dem Chor entstanden sind.

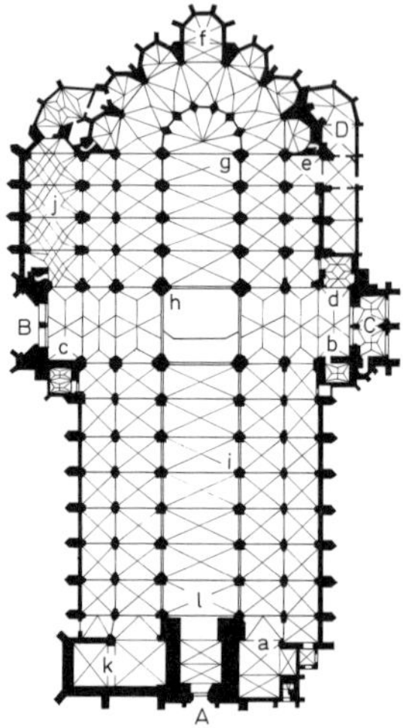

St. Janskathedrale und Grundriß

1505 wurde der Vorgängerbau abgetragen, 1522 war das Langhaus fertig.
Der erhaltene romanische *Turm* (13. Jh.) wurde gegen Ende des 15. Jh. um zwei Stockwerke erhöht, die Spitze datiert von 1505. Die an seiner Nordseite anschließende ehem. *Taufkapelle*, jetzt *Marienkapelle*, datiert von 1268 und wurde im 14. Jh. neu eingewölbt. Im gleichen Jahrhundert entstand die *Südkapelle* mit ihrem um 1525 erhöhten Treppentürmchen. Der *Vierungsturm* (1523) hat Ähnlichkeit mit dem der Antwerpener Kathedrale. Nach Blitzeinschlag 1584 wurde der jetzige kuppelähnliche Abschluß errichtet. Nach *Willem van Kessel* waren als Leiter der Bauhütte tätig: *Alard Duhamel* 1478 bis ca. 1495, *Jan Heyns* bis zu seinem Tod 1516, *Jan Darkennis* bis ca. 1545 und dessen Sohn *Jan* bis zu seinem Tod 1572.
Nach der Einnahme der Stadt durch *Frederik Hendrik* 1629 wurde die Kirche den Protestanten zugesprochen. Erst 1816 erhielten sie wieder die Katholiken. 1853 bei der Wiederherstellung der bischöflichen Hierarchie in Holland wurde sie zur Kathedrale erhoben. 1860/90 erfolgte eine grundlegende Restaurierung, bei der man die Skulpturen des Nord- und Südportals durch (schlechte) Kopien ersetzte. Seit 1951 wird die Kathedrale erneut restauriert.

Äußeres

Das bei anderen gotischen Kirchen häufig reich ornamentierte *Westportal* (A) ist hier sehr schlicht. Das *Nord-* oder *Marienportal* (B) zeigt in seiner Ornamentik Einfluß der niederrheinischen Gotik.

Leider sind bei der Restaurierung im 19. Jh. viele Skulpturen verloren gegangen. Das Tympanon zeigt oben ›Christus, von Engeln begleitet‹, darunter rechts ›Ester und König Ahasver‹, links ›Abigail und König David‹, umrahmt von der ›Wurzel Jesse‹. In den Archivolten befinden sich die ›24 Ältesten der Offenbarung des Johannes‹, am Trumeaupfeiler eine Marienfigur, an den Strebepfeilern sind die ›Zwölf Apostel‹ und das ›Gleichnis von den Klugen und Törichten Jungfrauen‹ dargestellt, im Wimperg die ›Verherrlichung Mariens‹. Links vom Portal befindet sich die *Sakramentskapelle* (j: Ende 15. Jh.), an die im Osten die zugehörige, niedrige *Sakristei* anschließt.
Auf den oberen der übereinander angebrachten Strebebögen sitzen rittlings Menschen- und Tierfiguren, wie man sie auch an der Westminsterabtei in London und der Kathedrale von Reims findet. Die Wimperge sind mit figürlichen Reliefs geschmückt. An der Südseite des Chores schließt die niedrige *Sakristei* (D) mit sieben spitzen Giebeln an. Das *Süd-* oder *St. Jansportal* (C) an der Südseite des Querhauses ist mit reichem spätgotischem Maßwerk verblendet; die Brüstung wurde bei der Restaurierung verändert. In den Zwickeln über den Eingangstüren sind noch ursprüngliche skulpturale ›Szenen aus dem Leben Johannes d. T.‹ (15. Jh.) erhalten. Die üppige Ornamentik der Nord- und Südgiebel des Querhauses ist einmalig in der Brabanter Gotik.

Inneres

Die St. Janskathedrale macht mit ihren fünf Schiffen einen sehr geräumigen Eindruck. Dadurch, daß Kapitelle an den Bündelpfeilern fehlen – wie bei der Antwerpener Kathedrale und in der St. Pieterkirche in Löwen – scheint das Mittelschiff höher, als es mit seinen 28 m wirklich ist. Bemerkenswert in Anbetracht der Größe der Kirche (Länge 115 m, Breite 62 m) ist das Fehlen von Seitenschiffen am Querhaus. Sakramentskapelle und Querhaus haben Netzgewölbe (im südlichen Querhaus 1609 erneuert), einige Anbauten (Sakristei der Sakramentskapelle), Sterngewölbe, die übrige Kirche Kreuzrippengewölbe. Die Triforiumzone ist trotz langer Bauzeit bemerkenswert einheitlich behandelt worden. Charakteristisch für die Brabanter Gotik ist die Tatsache, daß die Fensterstäbe des Obergadens mit denen des Triforiums korrespondieren, wodurch beide Geschosse miteinander verbunden werden; die Fenster der Seitenschiffe sind denen des Obergadens angeglichen und somit beide Fensterzonen optisch zusammengezogen. Die zahlreichen Statuen und Baldachine datieren aus dem 19. Jh. In der *Taufkapelle* (a; 14. Jh.) fällt das monumentale *Messingtaufbecken* auf. Es wurde 1492 von *Aert van Tricht* aus Maastricht gegossen. Auf dem turmförmigen Deckel, der durch einen geschmiedeten Schwenkarm beiseite geschoben werden kann, ist u. a. die ›Taufe Christi‹ dargestellt, auf dem Becken ›Kranke am Teich Betesda‹. *P. Wiegersma* schuf die *Glasmalereien* 1953. – Südlich der Taufkapelle hängt *Abraham Bloemaerts* Bild ›Christus als Mittler‹ (1620; früher am barocken Hochaltar), im südlichen Querhaus (b) die ›Hl. Sippe‹ aus dem Umkreis von *Rubens*. – Die Glasmalereien mit Motiven aus der Apokalypse entwarf *Lambert Hezenmans* 1883. Das Fenster an der Nordseite (c) stammt von *Marius de Leeuw* (1966) und stellt das ›Apokalyptische Weib‹ dar. Im nördlichen Querhaus hängen zwei Bilder, die aus dem Umkreis von *H. Bosch* stammen könnten.

In der kleinen an das südliche Querhaus anschließenden *Kapelle* (d) ein geschnitztes Altarretabel mit bemalten Flügeln (Antwerpen, um 1500). – Die *Chorkapelle* (e) enthält das *Grabmal* für den 1614 verstorbenen Bischof *Gijsbert Masius*, wohl von dem Antwerpener Bildhauer *Hans van Mildert*- – Die Wandmalerei der *St. Annakapelle* (f) wurde 1431 im Auftrag der Fischerzunft angebracht. – Bis 1866 wurde der Chor zur Vierung hin von einem herrlichen, 1611/13 von *Coenraad van Norenburch* errichteten *Renaissance-Lettner* abgeschlossen. Die Veräußerung dieses Prunkstücks, das sich heute im Victoria und Albert-Museum in Londen befindet, war für den ›Vater der niederländischen Denkmalpflege‹, *Victor de Stuers*, 1873 Anlaß zu seinem aufsehenerregenden Artikel ›Holland op zijn smalst‹.

Die *Renaissance-Chorschranken* (um 1540) enthalten geschnitzte Reliefs mit biblischen Szenen (g). Das spätgotische Chorgestühl entstand 1430/60, der neugotische Altar 1869. Die Statuen an den Pfeilern schuf *J. H. van der Ven* 1854/58. Auffällig ist der vielleicht von *Alard Duhamel* entworfene gedrehte *Baldachin* (1470) am nordöstlichen Vierungspfeiler (h). Der Korb der *Renaissance-Kanzel* (i) ist mit fünf Reliefs, die Predigten Christi, Johannes d. T. und der Apostel Petrus, Paulus und Andreas darstellen (1550), der Schalldeckel (1567) mit vielen Statuetten verziert.

In der *Sakramentskapelle* (j), 1480/96 von *Alard Duhamel* für die Liebfrauen- oder Schwanenbruderschaft in flamboyanter Gotik errichtet, sind die Strebepfeiler nach innen gezogen und durch reiche Ornamentik an Konsolen und Baldachinen verdeckt (Bronzeleuchter von 1424). – In der *Marienkapelle* (k; 1268), die im 14. Jh. eingewölbt wurde, steht das 1380 gefundene *Gnadenbild* der ›Zoete Lieve Vrouw van den Bosch‹ (wohl 13. Jh.). Das Gemälde ›Die Verlobung von Joseph und Maria‹ wird *Th. van Thulden* zugeschrieben. Die Fenster stammen von *P. Wiegersma* (1953). – Die *Renaissance-Orgel* (1) wurde 1618/23 von dem Kölner Orgelbauer *Floris Hocque* gebaut. *Frans Symons* aus Leiden und *Georg Schissler* aus Tirol waren für die Schnitzereien verantwortlich. Unter der Uhr ein rotierender Zylinder mit Figuren aus dem Totentanz.

Noordbrabants Museum (**4**; Bethaniestraat 4. – *Geöffnet:* Di–Fr 10–7 Uhr, Sa, So 13–17 Uhr): Das seit 1924 in der ehem. Jacobuskerk (15./16. Jh.) untergebrachte Museum zeigt Funde aus römischer Zeit, Gegenstände aus der Geschichte Brabants (u. a. wird die Belagerung von 's-Hertogenbosch im Jahr 1629 dokumentiert), Gemälde von *Theodoor van Thulden* und Volkskunst (Devotionalien).

Ein bemerkenswertes Stück Militärarchitektur stellt das *Kruithuis* (6; Pulvermagazin, Zuid-Willemsvaart) dar. Es wurde 1618/21 von *Jan van der Weeghen,* Militäringenieur der Generalstatthalter der Spanischen Niederlande, *Albrecht* und *Isabel*, als sechseckiger Bau um einen Innenhof errichtet und 1975 restauriert. Der Graben um den an der Außenseite fensterlosen Bau wurde 1769 zugeschüttet. Nordwestlich des Pulvermagazins ist die 1644/48 angelegte *Zitadelle* größtenteils erhalten geblieben.

30 **Heusden**

Das Städtchen an der Maas entstand bei einer vor 1200 erbauten Burg und erhielt 1231 Stadtrechte. Reste der Burg sind im Hertenkamp (Hirschgarten) im Westen der Stadt erhalten. Nachdem die Stadt sich 1577 den Aufständischen angeschlossen hatte, wurde seit 1581 der elliptische Festungsring nach dem alt-niederländischen System angelegt (vgl. Alkmaar, Nr. 17); 1968/78 erfolgte eine Restaurierung der Wehranlagen. Im Westen sind der *Wijkse Poort,* im Norden der *Veerpoort* (Fähretor) erhalten. Schön ist der Hafen mit Zugbrücke und Bockwindmühle. Die *Grote* oder *Catharijnekerk* in der Kerkstraat ist eine spätgotische Pseudobasilika (14. Jh.), deren nördlicher Querarm und Seitenkapellen von 1550 stammen. Die hier praktizierte Methode, die Kirche mittels hochgezogener Kapellen mit Quertonnen zu vergrößern, weist Ähnlichkeit mit der Jacobskerk in Den Haag auf (Nr. 1.12, ›Haager Hallentypus‹). Der Chor (1637) wurde 1672 nach einem Brand restauriert. Als die zurückweichende deutsche Armee 1944 den Turm sprengte, fielen auch drei Langhausjoche in Trümmer; sie sind im Straßenpflaster markiert. Im Chor befindet sich das *Grabmal* für *Johan Theodoor Baron van Friesheim* (1642– 1733), Gouverneur von Heusden und später von 's-Hertogenbosch, das *J. B. Xavery* nach einem Entwurf *Jacob Marots* (1733) schuf.
Die gotische Kirche (15./16. Jh.) von *Bokhoven* an der Maas nördlich von 's-Hertogenbosch besitzt ein von *Artus Quellinus d. Ä.* geschaffenes Grabmal (1650) für *Engelbert van Immerzeel* und seine Frau.

31 **Helmond**

Helmond, die bedeutendste Stadt des *Peelgebietes,* benutzt seit 1923 die um 1400 erbaute *Wasserburg* als *Rathaus*. Blickfang der Stadt ist das *Theater* ›'t Speelhuis‹. *Piet Blom* hat es zusammen mit einem Ring von Wohnhäusern 1975/78 errichtet. Er geht dabei aus von einem auf die Ecke gestellten Kubus, der bei den umliegenden Wohnhäusern auf einem Erschließungsschaft ruht (›Baumhaus‹). Die ›Baumhäuser‹, die zusammen einen ›Wohnwald‹ bilden, erinnern in ihrer Wandgliederung an Gemälde von *Mondriaan* und sind zur Zeit die avantgardistischste Äußerung der holländischen Baukunst.

In *Asten*, südöstlich von Helmond, ist auf das *Nationaal Beiaardmuseum* (Ostadestraat 23; *geöffnet:* Di–Sa 10–17 Uhr) hinzuweisen. Es dokumentiert die *Geschichte der Glocke* und besitzt frühe chinesische, tibetanische, afrikanische und europäische Glocken, Glöckchen und Schellen, schwere Kirchenglocken, ein funktionierendes Glockenspiel, Turmuhrwerk und Spielwerke. Vieles kann der Besucher selbst zum Klingen bringen.

32 Eindhoven

Die dynamische ›Lichtstadt‹ verdankt ihr heutiges Ansehen vornehmlich dem *Philipskonzern,* der 1891 hier als Glühbirnenfabrik gegründet wurde. Stadtrechte hatte Eindhoven, das im 80-jährigen Krieg öfters zerstört wurde, bereits 1232 erhalten. Ältere Kunstdenkmäler wird man hier vergebens suchen, dafür ist die moderne Baukunst mit interessanten Beispielen vertreten.
Das *moderne Rathaus* am Stadhuisplein wurde 1965/69 von *Dom van der Laan* gebaut, das *Kaufhaus* ›De Bijenkorf‹ 1966 nach einem Entwurf des Italieners *Gio Ponti.* Die *neugotische Catharinakerk* an der Kerkstraat ist eine Arbeit von *P. J. H. Cuypers* (1860/67). Sie zählt mit ihren symbolischen Türmen (dem schlankeren ›elfenbeinernen Turm‹ und dem schweren ›Turm Davids‹) und zentralisierender Raumwirkung zu *Cuypers'* bedeutendsten Kirchen.
Das *Stedelijk van Abbe-Museum* (Bilderdijklaan 10; *geöffnet:* tgl. 10–17 Uhr, So und Fei 13–17 Uhr) ist in einem 1935 von *A. J. Kropholler* errichteten Bau untergebracht; die Bauplastik schuf *John Raedeker.* Die Sammlung konzentriert sich vor allem auf die Kunst des 20. Jh. und umfaßt u. a. Werke von Kubisten (*Picasso, Braque*), Konstruktivisten (*El Lissitzky*), der Gruppe ›De Stijl‹ (*van Doesburg*), von ›Materienmalern, der ›COBRA-Gruppe‹, der ›Gruppe Zero‹ sowie ›minimal‹ und ›conceptual art‹.
Das *Museum Kempenland* (Stratumseind 32; *geöffnet:* tgl. 10.00–17.00 Uhr, Sa, So 13.00–17.00 Uhr), ein Heimatmuseum, in dem die Geschichte der Stadt und der Umgebung dokumentiert wird, ist im ehem. Justizgebäude (1843) untergebracht.
Die sicherlich auffälligste Behausung in Form einer sog. ›Fliegenden Untertasse‹ hat das *Museum für Wissenschaft und Technik* ›Evoluon‹ (Noord Brabantlaan 1a; *geöffnet:* Mo–Fr 9.30–17.30 Uhr, Sa 10–17 Uhr, So 12–17 Uhr). Es wurde 1966 anläßlich der 75-Jahrfeier des Philipskonzerns eröffnet und vermittelt dem Besucher einen faszinierenden Einblick in die modernsten Errungenschaften von Wissenschaft und Technik: Modelle und Geräte, die man selbst bedient, informieren über Energie und Ernährung, Licht und Farbe, Bild und Ton u. v. a.

In *Nuenen,* nordöstlich von Eindhoven, steht das Pfarrhaus (1764) der holl.-ref. Kirche, in dem *Vincent van Gogh* 1883/85 weilte, als sein Vater dort Pfarrer war. *Hildo Krop* schuf das Van Gogh-Denkmal. Hier malte *van Gogh* vor allem das Leben der Weber und Bauern (›Kartoffelesser‹); seine Palette ist in dieser Zeit noch sehr dunkel, die Linienführung schwerfällig vereinfachend.

Bedeutendste Sehenswürdigkeiten der zwischen Eindhoven und Tilburg gelegenen Orte *Hilvarenbeek* und *Oirschot* sind die um 1450 bzw. um 1500 errichteten monumentalen Kirchtürme, bedeutende Beispiele der sog. *Kempener Gotik*, einer Übersetzung der Brabanter Gotik in Backstein.

33 Tilburg

Erst 1809 erhielt der Ort, der im 19. Jh. durch die Wollindustrie groß wurde, Stadtrechte; ältere Monumente wird man hier kaum finden. Kronprinz *Willem*, der spätere König *Willem II.,* hatte 1831 während des Feldzugs gegen Belgien in der Stadt sein Hauptquartier und ließ später hier ein neugotisches Palais errichten (jetzt Teil des Rathauskomplexes), das jedoch bei seinem Tod (1849) noch nicht fertig war. Die Spitzbogenfenster sind erst bei einem Umbau (1934) an die Stelle von rechteckigen Fenstern gekommen. – Die klassizistische *St. Dionysiuskirche* gegenüber dem Rathaus datiert von 1828. – Das *Nederlands Textielmuseum* (Gasthuisring 23; *geöffnet:* Di–Fr 10–17 Uhr, So 12–17 Uhr) dokumentiert die Geschichte der Textilherstellung.

34 Breda

Geschichte: Die Geschichte der Stadt ist eng mit den Adelsgeschlechtern der Polanen und Oranje-Nassau verbunden. Die Stadt, am Zusammenfluß von Mark und Aa, erhielt 1252 Stadtrechte und ist damit eine der ältesten Brabants. Tuch- und Wollhandel führten zu erheblichem Wohlstand. *Jan I. van Polanen,* der um 1350 Stadt und Herrlichkeit Breda vom Herzog von Brabant erworben hatte, ließ das Kastell errichten (1362 vollendet, später erneuert). 1403 heiratete die Erbtochter *Johanna van Polanen* Graf *Engelbert I. van Nassau-Dillenburg.* Seitdem war Breda Residenz der Nassauer, die den Titel ›Baron von Breda‹ führten. Unter *Hendrik III.,* seit 1504 Herr von Breda, und seiner dritten Frau, *Mencia de Mendoza,* wurde Breda ein *Kulturzentrum der Frührenaissance. Mencia de Mendoza* vergab Aufträge an die Maler *Jan Gossaert, Barent van Orley, Jan Cornelisz. Vermeyen* und *Maarten van Heemskerk;* ihr Mann besaß das berühmte Triptychon ›Der Garten der Lüste‹ von *Hieronymus Bosch* (heute im Prado, Madrid), von dem auch sie Werke erwarb. 1534 wurde die Stadt befestigt.

Der sog. ›Kompromiß von Breda‹, ein 1566 geschlossenes Bündnis der Adligen gegen die spanische Inquisition war der Wegbereiter für den Aufstand der Niederlande gegen Spanien. Die Stadt war abwechselnd in den Händen der Aufständischen und der Spanier. Sie mußte 1625 nach zehnmonatiger Belagerung von ihrem Gouverneur, *Justinus van Nassau,* dem spanischen Feldherrn *Ambrosio Spinola* übergeben werden. Dieses Ereignis hat *Velázquez* 1634 in seinem berühmten Bild ›Die Übergabe von Breda‹ (Prado, Madrid) festgehalten; eine Kopie befindet sich im Rathaus. 1637 gelang es *Frederik Hendrik,* die Stadt zurückzuerobern. Der 2. Englisch-Holländische Krieg endete mit dem Frieden von Breda (1667), in dem der Besitz an Kolonien endgültig festgelegt wurde; England behielt New York, Holland u. a. Ostindien und Surinam.

Die im 19. Jh. aufkommende Industrialisierung bedeutete eine neue Chance für die bis dahin ziemlich verschlafene Stadt, die heute kulturelles und wirtschaftliches Zentrum Nordwestbrabants ist. Das Kastell ist seit 1826 Sitz der *Königlichen Militärakademie.*

Kastell

1536/38 begann der gebürtige Bologneser Architekt *Tomas Vincidor,* der seit 1520 in den Niederlanden, vornehmlich in Antwerpen, wohnte, an Stelle der älteren Burg mit dem Bau der neuen *Residenz, der ersten im Renaissancestil in den nördlichen Niederlanden.* Auftraggeber war *Hendrik III. van Nassau,* einer der reichsten und einflußreichsten Adligen des Landes. Unter *Willem I. van Oranje* geriet der Bau ins Stocken; erst unter *Willem III.* führte ihn *Jacob Roman* mit dem Südflügel und einem Teil des Ostflügels (1668/81) nach den ursprünglichen Plänen weiter.

Das Wasserschloß, eine Vierflügelanlage, hat an den Ecken des Ostflügels, an dem sich auch der Eingang befindet, achteckige Türmchen. Im gegenüberliegenden Flügel war ein 50 m langer Festsaal, zu dem eine Prunktreppe vom Innenhof hochführte. Verglichen mit anderen zeitgenössischen Schlössern, etwa Chambord, ist das Bredaer Kastell ›moderner‹; statt eines quasi-Donjons oder schweren Ecktürmen findet man hier zierliche Ecktürmchen und durchfensterte Außenwände, die keinen Wehrcharakter mehr

Breda: Kastell

haben. – Beim Umbau zur Militärakademie (1828) ist vieles verlorengegangen, nur der Hof mit seinen Arkaden blieb teilweise erhalten. Das Torgebäude im Süden (1532/36) hat ein späteres Portal (17. Jh.). Im Südwesten sind zwei siebeneckige Türme (um 1509) des äußeren Verteidigungsgürtels erhalten, zwischen denen sich ein Wassertor (1610) befindet. Auf dem *Kasteelplein,* südlich des Haupteingangs zum Kastell, steht das ›Reiterdenkmal des Statthalter-Königs *Willem III.*‹ von *Dupuis* (1921). – Das Eckhaus Kasteelplein/Singelstraat wurde 1608 für den damaligen Gouverneur von Breda, *Justinus van Nassau,* Bastardsohn *Willems I.,* gebaut und 1790 stark verändert; heute beherbergt es ein *Völkerkundemuseum.*

Rathaus (Grote Markt): Seine jetzige Form gab ihm 1766/68 *Philips Willem Schonck.* Im Vestibül (Stuckarbeiten von *François Beretta*) hängt die Kopie von *Velázquez'* berühmtem Bild ›Die Übergabe von Breda‹; die Statue der ›Justitia‹ schuf *Jan Notelaer. Joep Nicolas* fertigte die Glasfenster des Treppenhauses und des Ratssaales (1926). – Das *Stedelijk en Bisschoppelijk Museum* (Grote Markt 19; *geöffnet:* Di–Sa 10–13 und 13.45—17.00 Uhr, So, Fei 13.45–17.00 Uhr) besitzt eine kleine Sammlung lokaler Kunstgegenstände und religiöser Kunst und ist in der *ehem. Fleischhalle* (17./18. Jh.) untergebracht. Die Georgsstatue erinnert an die *St. Jorisschützengilde,* die seit 1617 das obere Stockwerk benützte.

Grote oder **Onze Lieve Vrouwekerk** *(Liebfrauenkirche)*

Die besonders reiche spätgotische Kreuzbasilika mit eingebautem Westturm ist eines der schönsten Beispiele der Brabanter Gotik. 1304 wurde ein Vorgängerbau zur Kollegiatskirche erhoben. Der Bau der jetzigen Kirche wurde um 1400, unter Graf *Engelbert I. van Nassau,* dem Stifter des 1410 fertiggestellten Chores, begonnen. Ursprünglich hatte der Chor keinen Umgang; die Seitenschiffe waren wohl gerade geschlossen, eine Merkwürdigkeit bei einer Kirche dieses Ausmaßes! 1457 stürzte der Turm ein und wurde durch den 96 m hohen neuen Turm

(1468—1509), einen der reichsten Hollands, ersetzt. Der dreigeschossige Bau mit übereckgestellten Strebepfeilern und einer oktogonalen Laterne weist Ähnlichkeit mit Kempischen Türmen auf. Die Spitze brach 1694 nach Blitzeinschlag ab; *Willem III.* stiftete 1702 eine neue (vielleicht nach Plänen von *Gijsbert Blooteling* oder *Jacob Roman*). Das Turmportal wurde 1543 eingewölbt, Querschiff und Langhaus um 1468 vollendet. Die Seitenkapellen des Langhauses waren seit dem 1. Viertel des 16. Jh. im Bau, die westlichen Kapellen 1547 eingewölbt. Chorumgang, südliches Seitenschiff und Kapitelsaal (a) entstanden 1525/36, vielleicht nach Plänen von *Rombout Keldermans*. Die Liebfrauenkapelle (b), seit der Reformation ›Prinsenkapel‹ genannt, war 1533 vollendet; 1537 waren die beiden westlichen Langhausjoche eingewölbt. 1950/69 sind Kirche und Turm restauriert worden.

Die dekorativen *Gewölbemalereien* entstammen dem 15. Jh. Im *nördlichen Querarm* (c) eine Wandmalerei (›Verkündigung‹) in der Art des *Meisters von Flémalle* (um 1450). Dort hängt auch ein ›Triptychon‹ (um 1541) aus der *Werkstatt Jan van Scorels:* ›Die Auffindung des Kreuzes‹ (Mitte), ›Das Erkennen des wahren Kreuzes‹ (links), ›Konstantins Schlacht bei der Milvischen Brücke‹ (rechts); auf den Außenseiten ›Hl. Hubertus‹ und ›Hl. Hieronymus‹. – Im *Chor* (d) befindet sich eine ursprünglich farbig emaillierte Messinggrabplatte von 1539. Das Chorgestühl (um 1450) zeigt Miserikordien und Darstellungen aus dem Leben der hl. Barbara und Maria. Die Kanzel entstand um 1650, die *Prinzenbank* (e) 1663. Die Orgel (1715) hat bemalte Flügel (um 1650). – Neben dem Turm eine Wandmalerei ›Hl. Christophorus‹ (2. Hälfte 15. Jh.). – In der fünfeckigen *Kapelle südlich des Turmes* (f) ein schönes Messing-Taufbecken im Frührenaissance-Stil, 1540 angekauft, wohl eine Arbeit aus Mechelen.
Die größten Sehenswürdigkeiten der Kirche sind die vielen *Grabmäler,* von denen einige jedoch unter dem Bildersturm von 1566 gelitten haben. Das wohl wichtigste und eines der bedeutendsten der Niederlande ist das *Grabmal für Engelbert II. van Nassau* (1451–1504) und seine Frau *Cimburga von Baden* († 1501) in der *ehem. Liebfrauenkapelle* (b). Der Schöpfer des Monuments, das zwischen 1526 und 1538 entstand, ist unbekannt; möglicherweise kommt

Onze Lieve Vrouwekerk: Grundriß

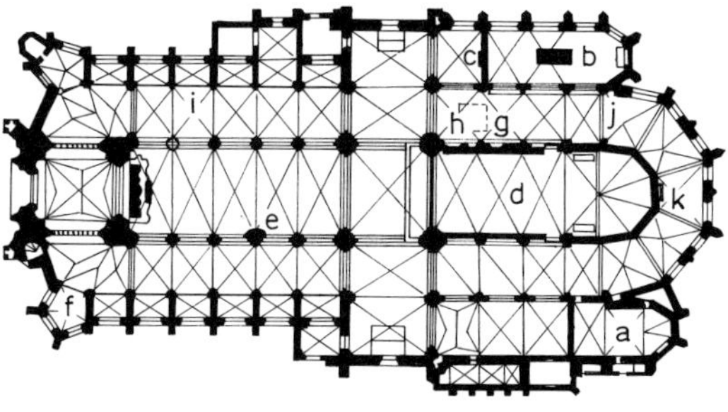

Grabmal Engelberts II. van Nassau

Tomas Vincidor da Bologna, der Architekt des Bredaer Schloßes in Betracht. Auf dem schwarzen Marmorsockel, der an den Seiten mit weißen Wappen besetzt ist, ruhen Alabasterfiguren der Toten, halb in Laken gehüllt. Vier kniende Männer, ebenfalls in Alabaster, tragen eine schwarze Marmorplatte, auf der die Teile der Waffenrüstung des Grafen liegen. Die Träger werden duch Texttafeln als Tugendfiguren gekennzeichnet: *Julius Caesar* im Harnisch, mit der Inschrift ›C. Julius Caesar. Virtute bellica imperavi. Fortitudo‹ (›Durch Kriegstugend habe ich regiert‹. Tapferkeit). *Attillius Regulus* mit nacktem Oberkörper, mit der Inschrift ›M. Attillius Regulus. Fidem infractus servavi. Magnanimitas‹ (›Mein gegebenes Wort habe ich unverbrüchlich gehalten‹. Edelmut). *Hannibal* im Harnisch, die Inschrift fehlt; Perseverantia (Ausdauer). *Philipp von Makedonien* in Waffenrüstung, ohne Inschrift; Prudentia (Vorsicht). Die Trägerfiguren in Breda scheinen die 4 Standartenträger (um 1595) am Ludwigsgrab in der Münchener Frauenkirche anzukündigen, das von dem niederländischen Bildhauer *Hubert Gerhard* und seinem Schüler *Carlo Pellago* in Bronze gegossen wurde.

In der Grabgruft unter dem Denkmal ruhen der Auftraggeber, *Hendrik III.* und sein Sohn *René de Chalon* (oder *René van Nassau;* 1518–1544), der von seiner Mutter das Fürstentum Orange in Südfrankreich geerbt hatte und es seinerseits samt Titel seinem Vetter *Willem I. van Nassau (Willem van Oranje)* weitervererbte. Als *Willem I.* in Delft ermordet wurde, konnte er nicht in Breda, das von den Spaniern besetzt war, begraben werden. Man brachte ihn in die Nieuwe Kerk in Delft, wo seitdem die Mitglieder des Hauses Oranje-Nassau beigesetzt werden.

Im *nördlichen Chorumgang* (g) findet man das spätgotische *Grabmal* (1440/43) der *Grafen Engelbert I.* (†1443) und seiner Frau *Johanna van Polanen* (†1446) sowie *Jan IV. van Nassau* (†1475) und seiner Frau *Maria* (†1500): links Jan und Maria mit Johannes d. T. und Hieronymus, in der Mitte die Jungfrau Maria mit dem Kind, rechts Engelbert und Johanna mit hl. Georg und hl. Bernhard. 1860/63 hat *P. J. H. Cuypers* das Grabmal restauriert. Daneben befindet sich das gefaßte Epitaph mit vergoldetem Relief des hl. Georg für *Joris van Froenhusen* († 1512). – Das gotische Grabmal (Ende 14. Jh.) für *Jan I. van Polanen* und seine beiden Gattinen (h) ist stark beschädigt, ebenso das Grabmal für *Dirk van Assendelft* († 1553) und seine Frau *Adriana van Nassau* (i; † 1558). Es zeigt das kniende Ehepaar in Alabaster in einer Nische mit einer Darstellung des ›Jüngsten Gerichts›, darüber die ›Eherne Schlange‹. – In einer Nische östlich der *Prinzenkapelle* (j) steht das Grabmal für *Jan II. van Polanen* († 1393), im östlichen Chorumgang das stark beschädigte Grabmal für *Frederik van Renesse* († 1538) und seine Frau (k), in der Nische Tondi der ›Pietà‹ und der ›Sieben Schmerzen Mariä‹. – Die weiteren streng architektonisch aufgebauten Epitaphien mit Ornamentik im Stile von *Cornelis Florisz* entstammen dem 16. Jh.

Die klassizistische *Antoniuskerk* (1838, *P. Huysers;* St. Jansstraat) dient als *Kathedrale* des Bistums Breda. Der 1519–1527 errichtete Turm der Janskerk (15. Jh.) in *Oosterhout,* nördlich von Breda, ist eine Wiederholung in Backstein des Turmes in Breda.

Zundert (südwestlich von Breda) ist der Geburtsort *Vincent van Goghs* (1853–1890).

Geertruidenberg: Da das hübsche Festungsstädtchen an der Maas den Oraniern gehörte, ließ *Willem V.* im 3. Viertel des 18. Jh. durch seinen Baumeister *Philip Willem Schonck* u. a. das Rathaus am Markt (um 1400) umbauen und das Zeughaus errichten. Die spätgotische Geertruidskerk, eine Hallenkirche (15./16. Jh.) mit bemerkenswertem polygonal geschlossenem Querhaus besitzt eine unvollendete Krypta.

35 Willemstad

1583 gab *Willem van Oranje* Befehl, das am Hollands Diep gelegene Städtchen zur Festung auszubauen. Bis dahin war es nur ein Dorf, *Ruigenhill,* im gleichnamigen, 1564 trockengelegten Polder. Nach der Ermordung seines Vaters 1584 taufte *Maurits* den Ort Willemstad. Der nach dem holländischen System von *Adriaan Anthonisz.* angelegte *Festungsstern* mit regelmäßigem Straßenraster bildete mit etwa zwanzig weiteren befestigten Städten einen Verteidigungsgürtel, der sich von Groningen bis Zeeuws-Vlaanderen erstreckte und um 1600 die Grenze zwischen den aufständischen nördlichen Provinzen und den südlichen spanischen Niederlanden markierte. Die Wallbefestigung ist sehr gut erhalten und sehenswert (vgl. Alkmaar, Nr. 17).
Im Zentrum, in der Achse der Voorstraat, die zum Hafen führt, steht die *holl.-ref. Kirche,* ein achteckiger Zentralbau, der als erste Kirche in Holland für den

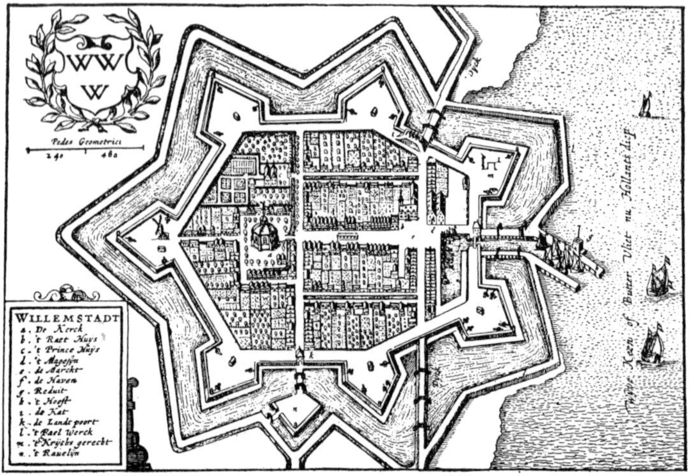

Festung Willemstad

protestantischen Gottesdienst erbaut wurde (1597–1607). Baumeister war wohl *Coenraat van Norenburch*. Im Innern deuten die toskanischen Halbsäulen auf eine geplante, doch nie ausgeführte Einwölbung in Stein. Das 1950 bei einem Brand verlorengegangene ursprüngliche Mobiliar wurde ersetzt.
Nordwestlich der Kirche (an der Hofstraat) befindet sich der *Prinsenhof* (h. Rathaus), 1623 wohl von *Melchior van Herbach* als Jagdhaus für den Statthalter *Maurits* gebaut. – Das *ehem. Rathaus* am Hafen, ein Renaissance-Gebäude (1587), wurde 1620 nach einem Brand verändert wiederaufgebaut (geschweifter Giebel). Ebenfalls am Hafen (an der Benedenkade) steht das klassizistische *Arsenal* (1793, *Ph. W. Schonck*). Am benachbarten *Waterpoort* markieren mehrere Gedenksteine die Wasserstände bei Überschwemmungen. Die *Kornmühle* datiert von 1734. Von Willemstad gibt es Rundfahrten zu den Deltawerken (vgl. S. 89).

36 **Oudenbosch**

Die *Basilika der hll. Agatha und Barbara,* eine Kopie der römischen Peterskirche, wurde 1867/80 auf Anregung des *Zuavenpfarrers Hellemons* von *P. J. H. Cuypers* errichtet. 1892 fügte ihr *G. J. van Swaay* die Fassade an als Kopie der Lateransbasilika in Rom. *Frans de Vriendt* aus Antwerpen fertigte die Skulpturen und den Baldachin. Die Kirche ist eines der sprechendsten Beispiele für den Ultramontanismus, die starke Orientierung des holländischen Katholizismus im 19. Jh. auf Rom. Das Denkmal vor der Kirche (1911 von *B. Stracké*), erinnert an die 3000 niederländischen Zuaven, die mit dem Bataillon von General *Lamoricière* den Kirchenstaat gegen *Garibaldi* verteidigten – vergebens, wie man weiß; denn 1870 zogen die italienischen Truppen in Rom ein, das kurz darauf zur Hauptstadt des Königreichs Italien erklärt wurde; der Papst zog sich in den Vatikan zurück. – Die Kapelle des Instituts St. Louis wurde 1889 von *G. J. van Swaay* gebaut; im Institut ist ein *Zuavenmuseum* eingerichtet.

37 Bergen op Zoom

Um eine im 7. Jh. gestiftete Kapelle war im 13. Jh. eine befestigte Stadt, die Hauptstadt der Markgrafschaft Bergen op Zoom im Herzogtum Brabant herangewachsen. Neben Antwerpen, dessen Vorhafen und Bollwerk Bergen op Zoom bildete, war die Stadt Freihandelsplatz im Scheldedelta. Vom Reichtum ihrer Bürger, die sich vor allem dem Tuchhandel widmeten, legte die 1972 durch Brand großenteils zerstörte Geertruidskerk Zeugnis ab. Auch der Markgrafenpalast deutet auf den Wohlstand der Herren von Bergen op Zoom. *Jacob Obrecht* (um 1405–1505), Komponist unzähliger Motetten und Messen, wurde hier geboren. Er arbeitete zunächst als Musikmeister in seiner Heimat, dann als Kapellmeister an den Kathedralen von Courtrai und Antwerpen und seit 1504 am Hofe *Ercoles I.* in Ferrara, wo er 1505 starb. Im Kampf gegen die Spanier stand die Stadt seit 1576 auf der Seite der Aufständischen; die strategisch äußerst wichtige Grenzfestung wurde 1588, 1597 und 1622 vergebens belagert. Anläßlich dieser letzten Belagerung entstand die berühmteste politische Ballade des 17. Jh., das *Geusenlied* ›Merck toch hoe sterk‹: »Seht, wie mit Stärk er ans Werk sich gestellt, / Er, der allzeit unsre Freiheit mit Füßen getreten / Seht, wie er grabet und trabet im Feld. / Droht unserm Gut, unserm Blut und unsern Städten! / Hör die spansche Trommel schlan, die Trompeten schallen! / Sieh nur zu, schon rückt er an: Bergen soll jetzt fallen! / Berg op Zoom, halt dich fromm, wehr den spanschen Scharen / Landeskron, seinen Strom, hilf uns treu bewahren!«
Angesichts der drohenden Gefahr aus Frankreich hat der berühmte Militäringenieur *Menno van Coehoorn* zwischen 1700 und 1740 die bestehende Umwallung modernisiert. 1747 bombardierten französische Truppen unter *Löwenthal* die Stadt, die seit 1722 zur Kurpfalz gehörte, und beschädigten dabei die Geertruidskirche schwer. 1801 hat die Batavische Republik die Markgrafschaft aufgekauft. Durch die Anlage des Theodorushafens in den 60er Jahren des 20. Jh. an dem geplanten und bereits teilweise ausgeführten Schelde-Rhein-Kanal erlebt die Stadt einen wirtschaftlichen Aufschwung.
Der *Markiezenhof* (Steenbergsestraat 8, jetzt *Museum, geöffnet:* Di–So 14–17 Uhr, 15. Juni – 15. Aug. Di–Sa 10–17 Uhr, So 13–17 Uhr) ist der malerische Palast der 1533 von *Karl V.* zu Markgrafen ernannten Herren van Bergen. Der im Kern mittelalterliche, um 2 Innenhöfe errichtete Komplex wurde 1485–1532 gebaut, ab 1495 unter Leitung von *Anthonis Keldermans* und dessen Sohn *Rombout.* Von der ursprünglichen Ausstattung ist nur der eindrucksvolle Christophoruskamin erhalten, eine Arbeit von *Rombout Keldermans* (1522), die im Aufbau gotisch ist, in den Formen jedoch bereits Renaissance-Einflüsse aufweist. Die Sammlungen umfassen Kunsthandwerk, Stilräume und eine Dokumentation zur *Geschichte des Fortifikationswesens.*
Am Ende der Lievevrouwestraat steht das *Liebfrauentor* (14.–16. Jh.), Überrest der mittelalterlichen Festung. Das *Rathaus* am Markt besteht aus drei spätmittelalterlichen Häusern, denen 1611 die heutige Fassade mit Renaissance-Giebel vorgeblendet wurde. Der Ratssaal entstammt dem 17. Jh. und wurde 1753 stuckiert. Die *Geertruidskerk* wurde öfters zerstört, das letzte Mal 1972 durch Brand. Der Antwerpener *Evert Spoorwater* lieferte den ersten Plan, nach dem 1443 der Chor begonnen wurde. 1504 erfolgte ein Neubau in Brabanter Spätgotik nach Plänen seines Nachfolgers *Anthonis Keldermans.* Nach der Zerstörung durch die Franzosen (1747) wurde die Kirche als dreischiffige Hallenkirche wiederaufgebaut. Der Turm (ca. 1350), der nach 1752 einen Kuppelaufbau erhielt, hat den Brand von 1972 überstanden. Die Kirche besitzt mehrere *Renaissance-Grabmäler:* u. a. für *Adriaan van Reymerswale* († 1543), für den Gouverneur *Willem van de Reydt Broeckem* und seine Frau (1625; mit den kopflosen Statuen der Verstorbenen) und für *Louis de la Kethulle* († 1631); die beiden letzten von *Nicolas Stone.* Das wichtigste jedoch ist das Grabmal für *Charles Morgan* († 1642), den Gouverneur der Stadt, von *François Dieussart.* Tochter und Enkelin (der Sohn Thomas links fehlt) stehen trauernd bei dem Toten.

Tholen (nordwestlich von Bergen op Zoom), Hauptort der gleichnamigen Insel, besitzt ein vielleicht von *Andries Keldermans* kurz nach 1452 erbautes *Rathaus* in Brabanter Spätgotik mit einer Rokokotreppe von 1758. – Die *Liebfrauenkirche* wurde in der 2. Hälfte des 15. Jh. als Kreuzbasilika in den reifen Formen der Brabanter Spätgotik begonnen. Der Lichtgaden und der größte Teil des Chorumgangs sind nicht mehr vorhanden. Der südliche Nebenchor (2. Hälfte 16. Jh.) dürfte das Ergebnis einer geänderten Planung sein; vielleicht ist der Chorumgang hier nie zustande gekommen. Der Turm, dessen Unterbau zum Vorgängerbau (14. Jh.) gehörte, wurde Ende des 15. Jh. erhöht und mit einem neuen Eingang versehen.

38 Maastricht

Fremdenverkehrsamt: Vissersmaas 4/6, südlich der Servaasbrücke.

Geschichte: Die Hauptstadt der Provinz Limburg mit ihrer südländisch anmutenden Atmosphäre ist die älteste Stadt Hollands. Sie war ein bedeutender römischer Brückenkopf (Traiectum Superius ad Mosam oder Moseatraiectum) an der Mündung der Jeker in die Maas zum Schutz des Maasübergangs der Heerstraße von Köln/Aachen nach Westen über Tongern-Bavay. Das Castellum (3. Jh.) umfaßte nur den Kern der Siedlung zwischen Vrijthof, Jeker, Maas und Markt. Im Stokstraatviertel sind Reste der Mauer und dreier Rundtürme gefunden worden. Außerhalb lagen mehrere Friedhöfe, darunter ein frühchristlicher.
Maastricht entwickelte sich unter den Merowingern und Karolingern zum wichtigen Handelsort, nicht zuletzt durch die Verlegung des Bischofssitzes von Tongern durch *Servatius* um 350. Nach seinem Tode 384 wurde er an der Landstraße ›bei der Brücke‹ begraben. Bei der Grabeskirche entwickelte sich später das Servatiusstift. 722 wurde der Bischofssitz nach Lüttich verlegt. Seit der Belehnung (1204, 1284 bekräftigt) des Herzogs von Brabant mit einem Teil der Stadt, bestand eine Doppelherrschaft, die bis 1794 dauerte: Die Brabanter Herzöge teilten die Macht mit den Fürstbischöfen von Lüttich, bis im Westfälischen Frieden 1648 die Generalstaaten in die Rechte der Herzöge traten (faktisch war dies schon 1632 geschehen).
Tuchindustrie und Handel bildeten die wirtschaftliche Grundlage der großen Blüte im 12. und 13. Jh. Die bedeutenden romanischen Kirchen waren mit hervorragenden Goldschmiedearbeiten ausgestattet (vgl. *Maaskunst,* S. 167). Die seit 1229 angelegte Stadtmauer, von der im Süden beträchtliche Teile erhalten sind (Hellepoort), bezog auch das mächtige Servatiusstift mit ein. Um 1370 wurde ein viel ausgedehnteres Stadtgebiet ummauert, auch von dieser Mauer stehen im Süden Teile (Pater Vincktoren). Seit dem späten Mittelalter kamen zahlreiche Ordensniederlassungen hinzu: u. a. Franziskaner, Dominikaner und Augustiner, später die Jesuiten.
1579 nahmen die Spanier unter *Parma* die Stadt und töteten ein Drittel der Bevölkerung. Dies bedeutete das Ende der Wirtschaftsblüte. Seit der Eroberung durch *Frederik Hendrik* 1632 gehörte Maastricht zur Republik und wurde zum Schutz der Südflanke zu einer der stärksten Festungen Europas ausgebaut. Symbol des holländischen Einflusses ist das von *Pieter Post* erbaute Rathaus. *Ludwig XIV.* nahm die Stadt 1673 ein. Ein ähnliches Schicksal erlitt sie im Österreichischen Erbfolgekrieg 1748 und 1784. Dank der Verteidigung des Generals *Dibbets* blieb sie während des Belgischen Aufstandes 1830 holländisch, doch wirkte sich ihre Lage durch die 1839 festgelegten Grenzen der Niederlande ungünstig aus. Im 18. und 19. Jh. war der belgo-französische Kultureinfluß sehr groß (Lütticher Rokoko und Klassizismus), bis Ende des 19. Jh. blieb Französisch Gesellschaftssprache. Im 19. Jh. gab *Petrus Regout* mit seiner Keramikfabrik (1834), in der Steingut nach englischer Art hergestellt wurde, den Anstoß zur industriellen Entwicklung.

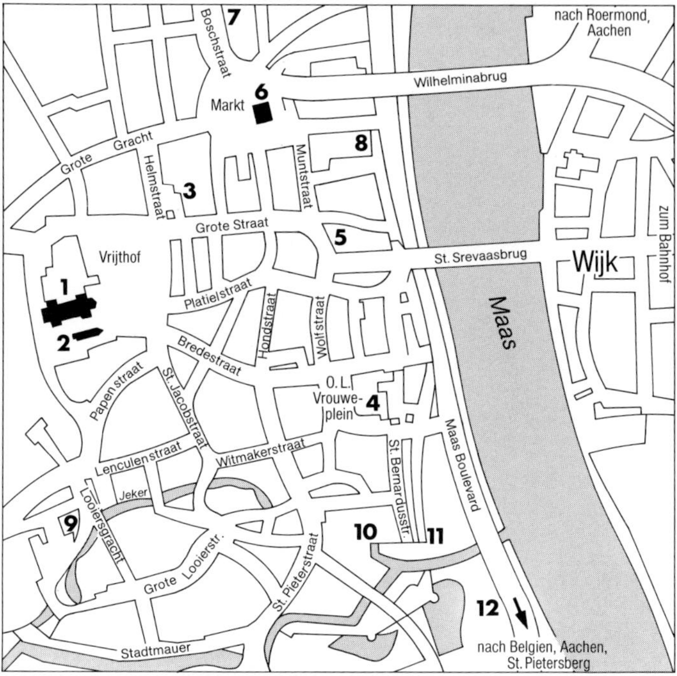

Maastricht: Orientierungsplan
1 St. Servaaskerk – 2 St. Janskerk – 3 Dominikanerkirche und Bonnefantenmuseum – 4 Onze Lieve Vrouwekerk – 5 Dinghuis – 6 Stadhuis – 7 St. Mathiaskerk – 8 Augustinerkirche – 9 ehem. Sepulkrinenkloster – 10 Pater Vincktoren – 11 Heltor – 12 St. Pietersberg.

St. Servaaskerk *(Pfarrkirche, ehem. reichsunmittelbares Chorherrenstift)* **(1)**

Die Baugeschichte der heutigen Kirche, einer der wichtigsten romanischen Bauten in Holland, läßt sich in drei Hauptabschnitte fassen. Im 11. Jh. entstand eine Basilika, die in einer 2. Bauperiode 1160/80 um eine Chorpartie und einen Westbau erweitert wurde. In der Gotik wurden der Kirchenraum eingewölbt sowie Seitenkapellen und Kreuzgang errichtet. Das Innere wird vor allem von der historisierenden Polychromie, die im Rahmen der 1881 begonnenen, eingreifenden Restaurierung unter *P. J. H. Cuypers* entstand, geprägt. Gleichzeitig wurden die Krypten wiederhergestellt und die Türme mit neuer Bekrönung versehen. Seit 1960 wird die Kirche wieder restauriert, wobei man erwägt, die Bemalung zu entfernen. Dies würde sicher dem Inneren sein ursprüngliches (?) Aussehen zurückgeben, gleichzeitig aber auch den Verlust eines wichtigen Beispiels historistischer Denkmalspflege des ausgehenden 19. Jh. bedeuten, die, wie die Neugotik im Kirchenbau, eng mit der Emanzipation des holländischen Katholizismus seit der Wiederherstellung der bischöflichen Hierarchie 1853 zusammenhängt.

St. Servaaskerk: Chorfassade

An Stelle der hölzernen Grabeskirche des 384 in Maastricht verstorbenen und später heiliggesprochenen Bischofs von Tongern, *Servatius*, wurde im 6. Jh. ein großer Neubau errichtet. Das 743 erstmals erwähnte Stift wurde 1087 reichsunmittelbar. Die Grabkammer des hl. Servatius könnte noch aus dem 1. Jtsd. stammen. 1039 erfolgte im Beisein Kaiser *Heinrichs III.* die Weihe der jetzigen Kirche. Die große romanische Pfeilerbasilika mit niedrigem Ostquerhaus (um 1070) war ursprünglich flachgedeckt. Das Chorgeviert entstand 1063/76 und wurde unter Domprobst *Gerhard von Are* um 1150/69 eingewölbt. Gleichzeitig entstand die ›turmflankierte Chorfassade‹ (*Kubach*), von der sich die runde Apsis mit ihrer rheinischen Zwerggalerie plastisch abhebt. Ein ähnlicher Bau hätte auch in Köln errichtet werden können. Er beherrscht den Vrijthof, die einstige Immunität des Stiftes. Ursprünglich waren die südlich und nördlich der Flankentürme gelegenen Kapellen offene Eingangshallen. Doppelchörig wurde die Kirche um 1180 durch die Errichtung des mächtigen *Westbaus (a)*, aus dessen Massiv zwei Türme herausragen; der mittlere Turm ist eine spätere Zutat, die Bekrönungen der Seitentürme sind erneuert. Lisenen und Bogenfriese gliedern den Westbau.

Die von einigen Gelehrten vertretene Meinung, der Westbau enthalte Reste eines älteren, um 1000 entstandenen Baus, ist zweifelhaft und bedarf einer näheren Bestandsuntersuchung. Als Chorhalle mit darüberliegendem ›Kaisersaal‹ dokumentiert der Westbau die

Bedeutung des Reichsstiftes zur Zeit des Kaisers *Friedrich Barbarossa,* eine Bedeutung, die auch in dem etwas früher entstandenen prunkvollen Servatiusschrein zum Ausdruck kommt. Die Chorhalle, deren Raumwirkung durch die Orgel beeinträchtigt wird, ist an drei Seiten von Emporen umgeben. Die mittlere wird durch einen gestaffelten Dreierbogen als (symbolische?) Kaisergalerie hervorgehoben. Die *Würfelkapitelle* der Emporensäulen zeigen Menschen und Tiere im Rankenwerk und sind eng mit denen des Chores der Onze Lieve Vrouwekerk verwandt.
Die Statue *Karls d. Gr.* von *W. Geefs* wurde 1843 aufgestellt, da man glaubte, dieser habe den Westbau errichten lassen. Auch wenn die Chorhalle erst unter seinen staufischen Nachfolgern entstand, so erinnert die Statue den modernen Betrachter vor allem an deren politisch motivierte Verehrung für *Karl d. Gr.*, die 1165 in der von *Friedrich Barbarossa* betriebenen Heiligsprechung zur Stärkung des Reichsgedankens gipfelte. Bei den 1881 eingeleiteten Restaurierungsarbeiten ist der Boden der Chorhalle tiefergelegt und der Marienaltar verändert worden. Leider hat man die stark restaurierten romanischen *Reliefs* (›Maria zwischen Engeln‹ und ›Christus zwischen Petrus und Servatius‹) fälschlich nach Westen gedreht.
Der *Kaisersaal*, dessen Funktion unklar ist, wiederholt den Grundriß der Chorhalle und hat über dem Mittelraum ein Kuppelgewölbe auf Ecktrompen. Bis zur Einziehung des gotischen Netzgewölbes (15. Jh.) öffnete sich der Raum mit einer Bogenreihe ins Mittelschiff. Vielleicht diente er als ›cappella‹ im ursprünglichen Sinne, d. h. als Raum, in dem der Eid auf die ›cappa‹, den Mantel des fränkischen Nationalheiligen, St. Martin von Tours, geleistet wurde. Die Zwillingsarkaden an den Seiten des Mittelraumes hat *Cuypers* nach Ansätzen ergänzt.

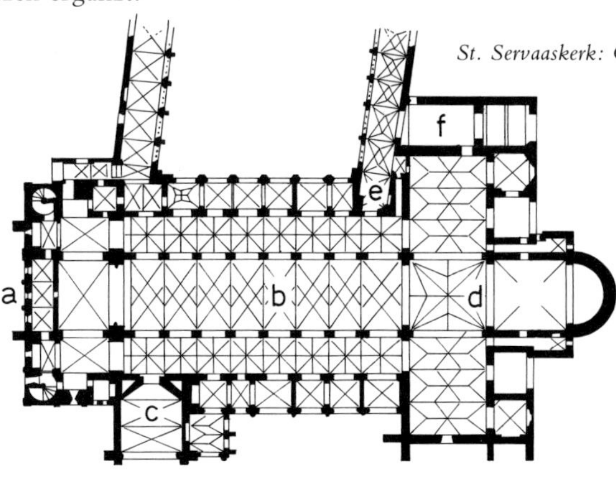

St. Servaaskerk: Grundriß

Das *Langhaus (b)*, dessen Mittelschiff fast 11 m breit ist, erhielt spätgotische Seitenkapellen (14./15. Jh.); die romanische Blendgliederung ist jedoch außen am Obergaden gut sichtbar. Um 1230 wurde als *Hauptportal* das sog. ›Bergportal‹ (c) errichtet, eine provinzielle Nachahmung der Säulenportale frühgotischer Kathedralen Nordfrankreichs und in den Details noch stark romanisch. Vor den siebenfach getreppten Gewänden zwischen Doppelsäulen links Johannes d. T., David, Moses, Abraham, rechts Maria (urspr. Simeon), Johannes d. T., der Evangelist Johannes und Servatius; allerdings sind nur die Köpfe von Abraham und Johannes d. T. original, die Fassung stammt von der *Cuyperschen* Restaurierung. Im Tympanon Reliefdarstellungen des Todes, der Himmelfahrt und der Krönung Mariens. Die Figuren in den Bogenwülsten sind nicht mehr in ihrer ursprünglichen Bedeutung erkennbar; es dürfte sich aber um Könige, Propheten und Heilige handeln.
Die *Krypten (d)* unter der Vierung und dem Ostchor sind von den Seitenschiffen erreichbar. Sie wurden 1811 beseitigt und 1881 wiederhergestellt. Erhalten geblieben war lediglich die kleine Krypta westlich der Vierung, die als Vorraum zur sog. ›Grabkammer des hl. Servatius‹ dient. Man vermutet, daß diese Anlage auf die einstige Confessio mit dem Servatiusgrab zurückgeht. Neben dem Sarkophag des *hl. Servatius* befinden sich hier auch die Sarkophage des 1007 beigesetzten Grafen *Karl von Brüssel* († 991) und seines Sohnes Herzog *Otto von Lothringen*. Im Osten schließen die dreischiffigen Vierungs- und die Chorkrypten an; letztere waren ursprünglich wohl eine freiliegende Außenkrypta mit fünf Jochen und dürften aus dem frühen 11. Jh. stammen.
Von der Ausstattung der Kirche sei hier das Grabmal von Graf *Herman Frederick van den Bergh* († 1669) und seiner Frau *Walburgis von Löwen-Rochefort* († 1683) im nördlichen Seitenschiff erwähnt, das in der Komposition der Verstorbenen auf das Katwijker Grabmal von *Rombout Verhulst* (Nr. 3) zurückgeht. Die ›Sedes Sapientiae‹ in der nordöstlichen Langhauskapelle ist wohl um 1300 im Maasland entstanden, das spätgotische *Taufbecken* (15. Jh.) hat einen 1908 von *Jan Brom* gefertigten schwenkbaren Deckel. Die geschnitzten Barockbeichtstühle (17. Jh.) stammen aus der profanierten Dominikanerkirche.
Der spätgotische *Kreuzgang* (*e;* um 1475) ist an der Ostseite durch eine Säulenpforte (spätes 12. Jh.) mit der Darstellung der ›Maiestas domini‹ im Tympanon, im Westen durch ein ähnliches Portal mit dem ›Lamm Gottes‹ zu erreichen. Das Portal am Keizer Karelplein im Norden ist völlig erneuert worden.
Als *Schatzkammer (f)* dienen seit dem 13. Jh. die sog. Stiftskapelle (um 1070) und angrenzende Räume. Kostbarstes Ausstellungsstück ist der herrliche *Servatiusschrein* (um 1160) oder ›Noodkist‹, ein

Hauptwerk der Maaskunst. Der hausförmige Schrein in vergoldeter Treibarbeit in Silber mit Email, Filigran und Edelsteinen zeigt an den Stirnseiten Christus und Servatius, an den Längsseiten unter kräftig profilierten Doppelarkaden jeweils ein disputierendes Apostelpaar und auf den Dachschrägen das ›Jüngste Gericht‹. Die Ikonographie des Schreins hängt eng mit jener der ursprünglichen, 1860 stark aufgefrischten, 1960/64 soweit möglich wieder freigelegten Gewölbemalereien (12. Jh.) im Chor und in der Vierung zusammen. Zentrale Themen sind das Priestertum von Joshua, Christus und Servatius und ebenfalls das ›Jüngste Gericht‹, was für den Chor oder die Vierung als einstigen Standort des Schreines spricht. Weitere wichtige Exponate: u. a. Brustkreuz (Trier?, Ende 10. Jh.), Schlüssel (die Datierung schwankt vom 6.–12. Jh.), Pilgerstab (mit Rankenwerk aus dem 12. Jh.) und eine Reliquienbüste des hl. Servatius (gestiftet von *Alexander Farnese* als Ersatz für eine ältere; bei der Belagerung Maastrichts durch die Spanier 1579 verlorengegangene), ein spätgotischer Schnitzaltar (Brabant, um 1500) und antike Textilmuster.

Servatiusschrein

Die Schatzkammer ist geöffnet: 1.Mai – 1.Nov. Mo–Sa 10.30–17.00 Uhr, So 11– 17 Uhr.

Maaskunst

Die vom 11.–13. Jh. blühende Kunstlandschaft ›Maasland‹ deckte sich mit dem einstigen Bistum Lüttich, das sich von frühchristlicher Zeit bis 1559 von Löwen bis Aachen und vom Rhein/Maas-Delta bis zu den südlichen Ardennen erstreckte. In diesem Gebiet war nicht nur der Einfluß der Römer beträchtlich, hier stand auch die Wiege der Karolinger. Maastricht, bereits unter den Römern ein Schnittpunkt der Ost-West- (Köln-Ärmelkanal) und der Nord-Süd-Wege (Utrecht-Nijmegen-Maastricht), blieb auch nach dem Zerfall des Römerreiches als Handelsplatz von Bedeutung. Vom 4.–8. Jh. war es Bischofssitz, der dann nach Lüttich verlegt wurde, dem neuen wirtschaftlichen und kulturellen Zentrum. Die römische Infrastruktur (Wege) und die gut befahrbare Maas begünstigten die Expansion des Metall- und Textilgewerbes. Die Gegend war reich an Holz, Sandstein, Blaukalkstein und Tuff, im Süden (bei Dinant und Huy) gab es Eisenerz und Kohle, Kupfer für den Gelbguß verschaffte man sich in Köln, Zinn in England. Bischöfe, Klöster und Stifte waren wichtige Auftraggeber für Baumeister, Bildhauer, Miniaturmaler, Elfenbeinschnitzer und vor allem für die hervorragenden Metallkünstler.

Glänzender Ausgangspunkt der *Goldschmiedekunst* ist das Taufbekken, das *Reinier von Huy* 1107/1118 für *Hellin,* Abt von Nôtre-Dame-aux-Fonts herstellte (Lüttich, St. Barthélémy). Die Blütezeit der Goldschmiedekunst war das 12. Jh. In verschiedenen Techniken, wie Treibarbeit, Filigran, Gruben- und Zellenschmelz und Braunfirnis, wurden liturgische Gefäße, aber auch Buchdeckel, Antependien, Altaraufsätze (z. B. der sog. ›Verduner Altar‹ in Klosterneuburg bei Wien) und Reliquienschreine (›Dreikönigsschrein‹, Köln; ›Noodkist‹, Maastricht) gefertigt und reich mit (Halb)edelsteinen besetzt. Inhaltlich ist die Vorliebe für typologische Bildfolgen charakteristisch für die Maaskunst, die auf benachbarte Zentren wie Aachen und das Rheinland ausstrahlte. Die monumentalen gotischen Taufbecken in Den Bosch und in Maastricht zeugen von einer ungebrochenen Tradition bis ins 15. Jh.

Die *Elfenbeinschnitzerei* entwickelte sich stark, anfänglich unter Einfluß der Schule von Metz, später jedoch setzte man nicht einfach die ottonische Tradition fort, sondern griff bewußt auf frühkarolingische Vorbilder zurück. Dies hängt sicherlich mit dem von Kaiser *Friedrich Barbarossa* propagierten, politisch motivierten Karlskult zusammen. Auch in der Architektur finden sich bewußte Anlehnungen an die Karolingerzeit, so im Westbau der Servaaskerk in Maastricht.

Die *Buchmalerei,* deren bis ins 9. Jh. zurückreichende Anfänge Einflüsse der franko-sächsischen und der Schule von Reims erkennen lassen, erlebte seit dem 11. Jh. durch die zahlreichen Skriptorien in den neugegründeten Klöstern neuen Aufschwung. Ihr Höhepunkt lag um 1150 (Bibel von Floreffe, London).

Die *Skulptur* ist in erster Linie als Relief, an Kapitellen (Chor Onze Lieve Vrouwekerk und Westbau St. Servaas, Maastricht) und an Portalen (Bergportal St. Servaaskerk, schon unter französischem Einfluß) zu finden.

St. Janskerk (2): Südlich der Kapitelkirche St. Servaas wurde deren *Pfarr- und Taufkirche* errichtet. Das frühgotische basilikale Langhaus entstand Ende des 14. Jh., der Chor mit Nebenkapelle und Sakristei um 1450. Das Langhaus macht durch die nach innen gezogenen Strebepfeiler und die unter den Pultdächern der Seitenschiffe unsichtbar bleibenden Strebebögen einen etwas monotonen Eindruck im Vergleich zu dem reicher behandelten Turm. Auf dem Unterbau (14. Jh) errichtete man nach einem Sturm 1373 zwei weitere Geschosse, die achteckige Laterne stammt aus dem 15. Jh. Der Turm zeigt bis auf die Strebepfeiler Verwandtschaft mit dem Utrechter Domturm, ist aber brabantisch in seinem reichen Maßwerk. Die Spitze ist in dieser Form eine Erfindung der Restaurierung von 1877/85. Die Säulen im Innern haben Maaskapitelle, die Dienste im hochaufgehenden Chor ruhen auf 12 Apostelköpfen. Die Louis XVI-Kanzel entstand 1780, das Epitaph für *Margaretha de Grijse* 1658 (ihr Bildnis fehlt). Die Kirche wird seit 1632 für den protestantischen Gottesdienst genutzt.

Der *Henric van Veldeken-Plein* (südlich der beiden Kirchen) ist nach dem maasländischen Minnesänger benannt, der durch seine ›Legende von Sente Servas‹ (12. Jh.) eng mit dem Höhepunkt des Servatiuskults in Maastricht verbunden und dessen vermeintliches Porträt in der berühmten ›Manessischen Liederhandschrift‹ überliefert ist. Auf dem Platz ein um 1770 im Lütticher Louis XV-Stil errichtetes *Kanonikerhaus*.

Auf der Südseite des *Vrijthof* findet sich das sog. ›Spaans oder Brabants Gouvernement‹. Es wurde 1545 an der Stelle eines älteren Hauses, in dem seit 1397 die Brabanter Herzöge als Herren der Stadt gelegentlich residierten, errichtet und zeigt über den gotischen Fenstern das Emblem *Karls V.*. Die *ehem. Hauptwache* nahe dem Chor der Servaaskerk wurde 1736 errichtet und 1773 im klassizistischen Stil umgebaut.

Die Bredestraat führt von der südöstlichen Ecke des Vrijthof zur *Stadsschouwburg*, dem *Stadttheater*, das 1786 in der *ehem. Jesuitenkirche* eingerichtet wurde, nachdem der Orden 1773 aufgehoben worden war. Nur die Fassade mit ihrer Pilasterstellung erinnert noch an die einstige Funktion des Hauses, das 1606/14 von *Petrus Huyssens S. J.* (1577–1637) errichtet wurde. Von ihm stammt auch eine der berühmtesten südniederländischen Barockbauten, die Karl Borromäuskirche (1615/21) in Antwerpen.

An der Nordostecke des Vrijthof finden sich nebeneinander das *Bonnefantenmuseum* und die *ehem. Dominikanerkirche (3)*. Die basilikale kreuzrippengewölbte Kirche wurde 1294 eingeweiht, die nördliche Seitenkapelle um 1350, die südliche um die Mitte des 15. Jh. errichtet. Letztere erhielt 1617 einen polygonalen Abschluß mit Renaissance-Details an der Außenseite. Der Bau ist ein Beispiel für die von der französischen Gotik abgeleitete regionale Maasgotik. Charakteristisch sind die ›Maaskapitelle‹ mit ihren aufrechtstehenden stilisierten Blättern. – Das *Bonnefantenmuseum* (Dominicanerplein 5; *geöffnet:* Di–Fr 10–12 und 13–17 Uhr, Sa, So 14–17 Uhr) enthält neben archäologischen Funden aus der Römerzeit Gemälde (16.–20. Jh), Skulpturen und kunstgewerbliche Gegenstände, darunter viele aus den Kirchen und Klöstern Maastrichts. Der Name des Museums kommt von der volkstümlichen Bezeichnung ›dames des bonnes enfants‹, der ›Schwestern vom Hl. Grab‹, die sich der Mädchenerziehung widmeten. In ihrem Kloster war das Museum früher untergebracht.

Onze Lieve Vrouwekerk *(Liebfrauenkirche)* (4)

Nach Auflösung des Stiftes 1797 wurde die Kirche profaniert, 1837 aber als Pfarrkirche eingerichtet, nachdem die nördlich gelegene Pfarrkirche St. Nicolaas von 1342 wegen Baufälligkeit abgetragen worden war. Beim Rundgang darf man nicht vergessen, daß spätere Änderungen und die puristischen, von *P. J. H. Cuypers* geleiteten Restaurierungsarbeiten (1887–1917), bei denen auch die Ausmalung und die dunkelfarbige Verglasung im Sinne des späten Historismus vorgenommen wurden, den Eindruck des ursprünglichen Baus erheblich beeinträchtigten. Der Außenbau ist weitgehend reromanisiert worden.

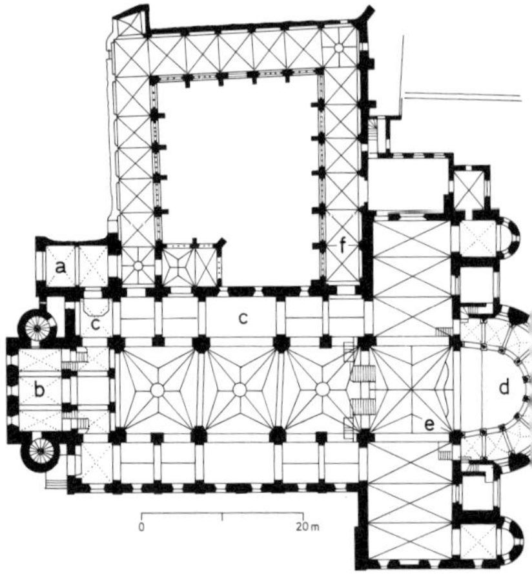

Onze Lieve Vrouwekerk: Westbau u. Grundriß

Die Baugeschichte der romanischen Pfeilerbasilika mit weitausladendem Querhaus und anschließender rheinischer Apsis mit doppelgeschossigem Umgang zwischen Flankentürmen und durch Apsiden geschlossenen Nebenchören im Osten und beeindruckendem Westbau läßt sich grobweg in zwei Hauptabschnitte fassen: Der erste fällt ins frühe 11. Jh., der zweite in die Mitte des 12. Jh. Der spätgotische Kreuzgang entstand im frühen 16. Jh. Man betritt die Kirche durch das im 15. Jh. stark veränderte *Nordportal* (*a;* 13. Jh.). Die Vorgeschichte der heutigen Kirche ist dunkel; von einem Vorgängerbau, vielleicht der Bischofskirche (6. Jh.?), sind im Nordosten Fundamente gefunden worden. Im Zusammenhang mit dem wahrscheinlich von Bischof *Notker von Lüttich* (972–1008) gegründeten Chorherrenstift wurde im frühen 11. Jh. ein Kirchenbau eingeleitet. Aus dieser Periode stammen die Untergeschosse des *Westbaus (b)* mit einer Krypta und darüberliegendem Westchor für den Pfarrgottesdienst sowie die Umfassungsmauer des Querschiffs und die Kryptengeschosse der östlichen Flankentürme.

Während der Blütezeit des Stiftes, wohl gegen 1150 fand ein umfassender Ausbau der Kirche statt, über die aber keine direkten Nachrichten vorliegen. Zunächst war vielleicht eine Pfeilerbasilika geplant, mit Kreuzrippengewölben in den Seitenschiffen, sofern diese nicht dem älteren Bau angehörten. Sie wurden jedenfalls im gebundenen System ausgeführt. Die sichtlich auf Kreuzgewölbe mit Bandrippen angelegte Mittelschiffswölbung, die auf diagonalgestellten Rechteckvorlagen an den Pfeilern und Halbsäulen für die Gurtbögen ansetzte, und das zum *Pseudoquerschiff (c)* erhöhte westliche und mittlere Langhausjoch deuten auf die Nachfolge der im

19. Jh. abgetragenen Utrechter Mariakerk (vor 1138) mit ihren *lombardischen Elementen* (Pseudoquerschiffe mit ansteigenden Tonnengewölben zur Stützung dieses ersten frühromanischen Gewölbebaus im Gebiet des Niederrheins) und der ähnlichen Stiftskirche in Rolduc (um 1143) hin. Das westliche Halbjoch wirkt innen wegen seiner Emporen nicht als Querschiff. Die Mittelschiffswölbung wurde um 1700 in gotisierendem Stil erneuert.
Der wuchtige, kaum gegliederte *Dreiturmwestbau* aus Sandsteinquadern, der bis in halbe Höhe wohl der ersten Bauperiode (frühes 11. Jh.) angehört, wurde im 12. Jh. mit einem Mergelgeschoß (Glockenhaus) mit sechs Rundbogenöffnungen und reicher Blendgliederung auf Säulen aufgestockt, gleichzeitig hat man die seitlich zu einem Drittel eingebundenen Rundtürme erhöht. Die verschüttete Westkrypta wurde 1905/06 wiederhergestellt. Das erste Obergeschoß (der einstige Westchor) ist im späten 12. Jh. eingewölbt worden, es öffnet sich in drei großen Rundbögen zum Schiff hin und war ursprünglich nur über die seitlichen Wendeltreppen erreichbar. Das zweite ungewölbte Geschoß (hinter der Orgelempore) öffnete sich ebenfalls in drei Bogen zum Langhaus. Ungeklärt ist, ob die Aufstockung des Westbaus (ohne das Glockengeschoß) und der Ausbau zur Westempore vor oder im Zusammenhang mit dem Ausbau des Langhauses im 12. Jh. stattfand. Der *Westbau* ist ein besonders monumentales Beispiel für die frühromanische Abwandlung des vielleicht von der karolingischen Pfalzkapelle in Aachen abgeleiteten *Dreiturmtypus.*
Ist der Westbau vor allem von außen ein Blickfang, so verdient der um 1170/80 erbaute reichgegliederte *Ostchor (d),* ein *Höhepunkt maasländischer Architektur,* im Innern alle Aufmerksamkeit. Nach dem erhöhten Stiftschor folgt die Apsis, die nach einem schmalen Vorjoch leicht eingezogen wird. Sie öffnet sich zum doppelgeschossigen Umgang in je neun Scheidbögen. Das Emporengeschoß, von halber Höhe des Erdgeschosses, entstand später, im beginnenden 13. Jh. Die mittlere Arkade ruht auf Bündelsäulen, die anderen auf einfachen Säulen, deren ursprünglich regelmäßiger Materialwechsel zwischen dunklem Baustein und hellem Mergel durch schwarzen Anstrich der Schäfte verdeckt ist. Die gleichzeitig mit jener der Westchorhalle der Servaaskerk entstandenen *Figurenkapitelle* aus Mergel zeigen Menschen und Fabeltiere zwischen Rankenwerk und biblische Szenen: ›Kain und Abel‹, ›Bileams Eselsritt‹, ›Abraham und Jakob‹. Die an einem Kapitell als *Heimo* gekennzeichnete Figur, die der Jungfrau ein Kapitell anbietet, könnte der Werkmeister oder der Stifter sein. Im Unterschied zu der fließenden Einbindung der früheren Umgangschöre des 11. Jh. im Rhein-Maas-Gebiet (St. Maria im Kapitol, Köln) ist hier der Umgang deutlich räumlich abgeschnürt.

Die vierschiffige kreuzgratgewölbte *Krypta (e)* entstand gleichzeitig mit dem Chor und hat wie dieser einen Umgang. Die Gewölbe ruhen auf Säulen und Pfeilern mit Würfelkapitellen. Der *Kreuzgang (f)* im Norden (frühes 16. Jh.) hat reiches gotisches Maßwerk sehr späten Datums (1558/59) u. a. mit den Wappen der Stadt, des Lütticher Bischofs und Philipps II. Der einstige *Kapitelsaal* (spätes 12. Jh.) am Ostflügel dient jetzt als *Sakristei*. Östlich schließt die *Annakapelle* (13. Jh.) an.

Der barocke Hochaltar und die geschnitzten Beichtstühle (2. Hälfte 18. Jh.) stammen aus der profanierten Jesuitenkirche. Der Gelbgießer *Aert van Tricht* hat um 1500 das spätgotische Taufbecken gefertigt; die zugehörigen Statuen fehlen. Die Kanzel im Stil Louis XIV ist von 1721. Die Orgelflügel wurden 1652 bemalt. Die maasländischen Reliefs (Ende 12. Jh.) am *Eingangsportal (a)* stellen ›Christus als Triumphator‹ und den ›Schwur auf die Reliquien‹ dar. Wahrscheinlich ist hier die Kommendation, der Treueid des Vasallen gegenüber seinem Lehnsherrn abgebildet. Das Gnadenbild ›Stella Maris‹ ist wohl eine böhmische Arbeit aus der 1. Hälfte des 15. Jh. Die *Schatzkammer* enthält sehenswerte Beispiele der Maaskunst (*geöffnet:* 15. April – 15. Okt. Mo–Sa 13.00–16.30 Uhr).

Die *St. Servaasbrücke* mit sieben (urspr. neun) Bögen (1280/98) ist mehrfach erneuert und verbreitert worden. Die Verteidigungstürme an beiden Enden sind nicht erhalten.
Das spätgotische *Dinghuis (5), der einstige Gerichtssitz (um 1470), wurde 1793 im klassizistischen Sinne umgebaut.*

Stadhuis (6)

Das freistehende Rathaus, einen klassizistischen Bau über quadratischem Grundriß, baute *Pieter Post* 1659/64. Auf ein Sockelgeschoß folgen zwei Hauptgeschosse von je neun Fensterachsen. Pilasterstellungen gliedern die Hauptfassade über ihre ganze Breite; an den übrigen Fassaden sind sie nur an den kaum vorspringenden Mittelrisaliten angebracht. Dem Mittelportal ist ein Hallenbau mit Balkon und Freitreppe vorgelagert. Die Skulptur des Frontispiz und die Trophäen seitlich des Attikageschosses schuf *Artus Quellinus*. Der achteckige Kuppelturm war erst 1684 fertig. Das Fehlen der ursprünglichen Kamine auf den Dachecken und die jetzigen Dachrinnen beeinträchtigen das einst harmonische Aussehen dieses wichtigen Baus erheblich.
Im Innern liegen die Räume um ein durch zwei Stockwerke gehendes Vestibül, an das die Treppe anschließt. Von *Theodoor van der Schuer* (1643–1707) stammen die allegorischen Deckenmalereien. Das Bürgermeisterzimmer enthält schöne Ledertapeten mit Chinoiserien (1737), eine Regence-Stuckdecke von *Thomas Vasalli* (1737) und ein Kaminstück ›Allegorie der Doppelherrschaft‹ von *Egmond Plumier* (1714). Die ›verdure‹-Wandteppiche im Zimmer der Stadträte (ehem. Ratssaal) nach Kartons von *Pieter Spirinx* lieferte *François Guillaume van Verren* aus Oudenaarde 1735. Ein bedeutender Limburger Künstler der Nachkriegsperiode, *Charles Eyck,* bemalte die Decke 1965. Das Kaminstück ›Die Doppelherrschaft‹ stammt von *Th. van der Schuer* (1705). Brüsseler Wandteppiche aus der Werkstatt von *François van der Borght* mit Szenen aus dem Leben von Moses (1737) nach Kartons von *Abraham van Diepenbeeck* schmücken das Prinzenzimmer. *Th. Vasalli* schuf die Stuckdecke (1737). Die verfeinerten Stuckreliefs (1789) in der kleinen Wethouderskamer von *Pieter Nicolaas Gagini* stammen aus einem 1922 abgerissenen Wohnhaus. Im Vorzimmer des Ratssaales eine Gerechtigkeitsdarstellung (um

1499), die *Jan van Brüssel* aus dem Umkreis von *Rogier van der Weyden* zugeschrieben wird. Sie wurde im Auftrag der Stadt für das Dinghuis gemalt.

Die *St. Mathiaskerk (7)* an der Boschstraat, wurde als Pfarrkirche gebaut, die Mittel stammten von der mächtigen Tuchmachergilde. Das Mittelschiff der kleinen maasländischen Pfeilerbasilika entstand Ende des 14. Jh., die Seitenschiffe und der Chor im 15. Jh. Der Turm (13./14. Jh.) erhielt 1769 seinen Helm. Auf dem westlichen Maasufer, steht die *ehem. Augustinerkirche (8)* von 1661 mit einer bemerkenswerten Barockfassade im südniederländischen Stil.

Die *Universitätsbibliothek* ist in dem *ehem. Sepulkrinen-*(›Bonnefanten‹-)*kloster (9)* untergebracht. Es wurde 1626 gegründet und nach einem Brand 1672 wiederaufgebaut. Über der Fassade der Kirche (1710) ein Auferstehungsrelief. – Ein wenig nach Süden steht das *Konservatorium*, 1965 von *P. H. Dingemans* auf den Fundamenten einer ehem. Wassermühle und eines Lagerhauses errichtet und hervorragend in die Umgebung eingefügt. – Das malerische *Grauwzusterkloster* (17./18. Jh) (De Bosquetplein; *geöffnet:* Di–Fr 10–17 Uhr) dient jetzt als *Naturhistorisches Museum*.

Im südlichen Stadtteil sind beträchtliche Teile der ersten (ab 1229) und zweiten (nach 1370) *Stadtmauer* erhalten: Der sog. *Pater Vincktoren (10)* gehört zur zweiten Umwallung. Das eindrucksvolle *Heltor (11)* mit seinen schlanken Türmen entstand im 13. Jh.: Die beiden Bastionen südöstlich des Tores gehörten zu der Wehranlage, die 1516 außerhalb der Stadtmauer angelegt wurde.

Südlich der Stadt liegt der *St. Pietersberg (12)*. Da er aus Mergel besteht, einer weichen, leicht zu bearbeitenden Gesteinsart, ist im Laufe der Jahrhunderte beim Abbau dieses vorzüglichen Baumaterials ein Labyrinth aus Gängen und unterirdischen Räumen entstanden, das u. a. bei Belagerungen der Stadt eine strategische Rolle spielte. (*Eingang:* Luikerweg bei Chalet Bergrust und bei Casino Slavante; *geöffnet:* 1. April – 1. Okt. tgl.). Von der 1701 angelegten Festung hat man eine schöne Sicht auf Maastricht.

39 Meerssen · Houtem-St. Gerlach · Valkenburg · Vaals

Auf dem Königsgut Meerssen wurde am 9. August 870 der sog. ›Vertrag von Meerssen‹ unterzeichnet. Im ›Vertrag von Verdun‹ 843 war es zur endgültigen Teilung des fränkischen Universalreiches gekommen. Kaiser *Lothar I.* erhielt neben Italien einen schmalen Streifen von der Nordsee bis zur Rhonemündung (das Mittelreich oder Lothringen), *Ludwig der Deutsche* das Ostreich und *Karl II., der Kahle,* das Westreich. Nach dem Tod *Lothars II.* (869) wurde sein Mittelreich im Vertrag von Meerssen zwischen *Ludwig* und *Karl* geteilt. Die Grenze zwischen beiden Reichen fällt weitgehend mit der Sprachgrenze zusammen. Das Ostreich ist zum Vorläufer des mittelalterlichen Deutschen Reiches geworden. Aus dem Königsgut entwickelte sich eine Propstei. Die jetzige Kirche, eine schöne gotische Basilika der reifen Maasgotik wurde 1288 nach der Zerstörung eines Vorgängerbaus errichtet. Das urspr. dreijochige Langhaus wurde 1318 vollendet, Querschiff und Chor nach 1334 begonnen und Ende des 14. Jh. beendet. Bei der Verlängerung des Langhauses nach Westen (1936/38) entdeckte man Reste eines 1649 eingestürzten romanischen Westturmes oder -baus. Das stark restaurierte spätgotische Sakramentshäuschen datiert aus der 1. Hälfte des 16. Jh., das Triumphkreuz entstand im gleichen Jahrhundert, die Barbarastatue im südlichen Querschiff um 1500.

Houtem-St. Gerlach: Die um 1725 erbaute ehem. Klosterkirche des Damenstiftes St. Gerlach ist vor allem wegen der *Decken- und Wandmalereien* im süddeutschen Rokokostil von *Johann Adam Schöpff* (1702–1772) aus Wien sehenswert. Die für Holland seltene Ausstattung hängt mit der Tatsache zusammen, daß das Stift auf dem Territorium der südlichen, damals österreichischen, Niederlande lag.

Valkenburg, das in Holland als Ferienort große Popularität genießt, entstand am Fuß der einzigen Höhenburg Hollands (11. Jh.). Reste des Palas mit Kapelle sind erhalten. Der im neugotischen Burgenstil erbaute Bahnhof (1853) ist der älteste des Landes. Das *Modellbergwerk* (Daalhemerweg 31) ist geöffnet Ostern – Okt. tgl. 9–17 Uhr. Eine Nachbildung der frühchristlichen *Katakomben* in Rom findet man an der Plenkertstraat.

Vaals (nahe dem Dreiländereck Holland, Belgien, Deutschland, mit 322,5 m der höchste Punkt der Niederlande), war im 17./18. Jh. durch seine besondere geographische Lage als Staatsgebiet der Republik der Sieben Vereinten Provinzen, umgeben von freien Reichsherrlichkeiten und dem Territorium der spanischen, später österreichischen Niederlande, ein Zufluchtsort für protestantische Glaubensflüchtlinge: Calvinisten, Lutheraner, Hugenotten, Mennoniten. Von der *ehem. katholischen Kirche,* die für den calvinistischen Gottesdienst beschlagnahmt wurde, steht nur der Turm (13. Jh.), das Langhaus datiert von 1671. Die *Lutherse Kerk,* jetzt Kulturzentrum, ein achteckiger Zentralraum (1737), wurde von einem gewissen *Von Littich* im Stil des Aachener Baumeisters *L. Mefferdatis* errichtet. Sie enthält Rokokogestühl, u. a. für Aachener Textilfabrikanten, die in Vaals die Tuchindustrie gründeten. Zu ihnen gehörte die sehr erfolgreiche Familie *von Clermont,* die sich von *Joseph Moretti* aus Aachen mehrere prunkvolle Wohnhäuser und Villen bauen ließ, darunter auch das jetzt als *Rathaus* benutzte Haus am Clermontplein (1761).

40 Ehem. Kloster Rolduc

Das ehem. Kloster Rolduc (Kloosterrade), seit 1831 Priesterseminar, liegt östlich von Kerkrade über dem Wormtal. 1104 gründete *Albertus von Antoing* aus Tournai mit Zustimmung des Herrn von 's-Hertogenrade oder -rode (Herzogenrath, frz. Rode-le-Duc) die Abtei der Augustinerchorherren, die 1797 aufgehoben wurde. Ihren Reichtum verdankt die Abtei Steinkohlevorkommen, die seit dem 12. Jh. abgebaut wurden.

Die Klosterkirche, architekturgeschichtlich eine der interessantesten romanischen Bauten Hollands, ist eine dreischiffige Kreuzbasilika mit Dreikonchenchor, Krypta und Stützenwechsel. Ein 1106 erbauter Chor wurde wieder abgetragen. Ältester Teil der Kirche ist die 1108 geweihte, in Kleeblattform angelegte *Hallenkrypta* mit

Kloster Rolduc: Grundriß

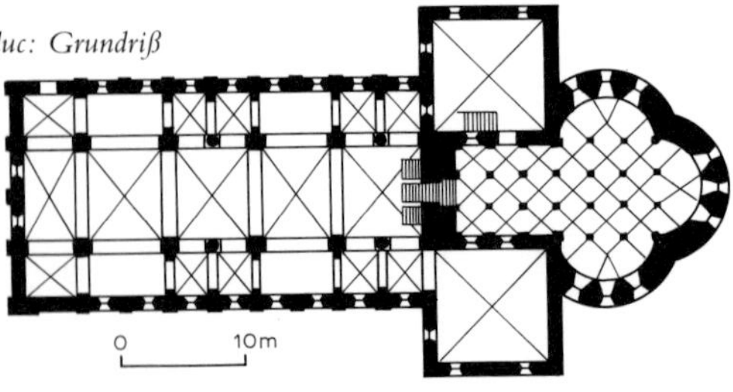

einer späteren Erweiterung um drei Joche (Anfang 13. Jh.) unter der Vierung. 1107/08 hat man die Fundamente für das Querschiff und das Langhaus gelegt. Die Kirche brannte 1123 ab, von der Krypta aber nur das Dach. 1130 benutzten die Chorherren nur die Krypta, die Kirche war erst mannshoch. Im gleichen Jahr baute man unter Abt *Fridericus* den rheinischen Dreikonchenchor. Der jetzige Chor ist eine Rekonstruktion durch *P. J. H. Cuypers;* denn der ursprüngliche Chor war 1522/57 abgebrochen und durch einen spätgotischen Langchor ersetzt worden.
Unter Abt *Erpo* aus Maastricht war das Langhaus 1143 bis zum östlichen Joch gediehen, als man, wohl nach dem Vorbild der jetzt nicht mehr existierenden Utrechter Mariakerk von 1138, die Pläne änderte. Wie dort entstand auch hier ein frühromanischer Gewölbebau nach dem sog. ›lombardischen System‹: An Stelle der niedrigen Seitenschiffe wurden im zweiten und vierten Langhausjoch Stummel- oder Pseudoquerschiffe errichtet, die mit ihren ansteigenden Tonnengewölben das Mittelschiff stützen und das gebundene System unterbrechen. Diesem ersten Versuch eines Gewölbebaus in dieser Region folgte in der Maastrichter Onze Lieve Vrouwekerk ein weiterer in einfacherer Form.
Der dreiteilige Westbau (Einweihung 1209) entstand Anfang des 13. Jh., der überhöhte Mittelteil wurde 1624 in spätgotischer Form umgebaut, der Helm stammt von 1678. Von besonderem Interesse sind die figuralen und ornamentalen *Kapitelle* und *Säulenbasen* in Krypta und Langhaus. Die im westlichen Teil der Krypta (um 1200) sind mit jener der Kathedrale von Tournai verwandt. Unter einem Messinggitter (17. Jh.) im Mittelschiff befindet sich eine Kopie (1687) der Grabplatte Herzog *Walrams III. von Limburg* († 1926).

Die mittelalterlichen Klostergebäude sind nicht erhalten. Die *Abtswohnung* (1671) links der Kirche zeigt die Formen der Maasrenaissance. Den Flügel rechts baute *Franz Klausener* 1849, der Ostflügel mit zwei Eckpavillons entstand 1751/54 nach Plänen des Aachener Baumeisters *H. Moretti.* Die *Bibliothek* enthält reichen Rokokostuck. In der Abtei ist ein *Bergbaumuseum* eingerichtet.

Heerlen **Nr. 40**

Heerlen, von der Jahrhundertwende bis 1975 Zentrum des holländischen Kohlereviers, entstand als ›vicus‹ (Handelssiedlung) Coriovallum oder Coriovalium unter Kaiser *Augustus* an der Kreuzung der Heerstraßen Boulogne–Köln und Xanten–Aachen–Trier. Die Emmastraat gibt den Lauf des Grabens um die nördlich des römischen Zentrums entstandene mittelalterliche Stadt an.
Die *römischen Thermen* (Coriovallumstraat 9; *geöffnet:* Di–Fr 10–17 Uhr, Sa 10–13 Uhr) aus der Mitte des 1. Jh. n. Chr. sind 1941 freigelegt worden. Die für die römischen Soldaten gebaute Badeanlage des sog. ›Reihentypus‹ gehört zu den frühkaiserzeitlichen Thermen und ist im Gegensatz zu vielen anderen frühen Bädern nicht erweitert worden, wodurch wir einen guten Eindruck der ursprünglichen Anlage erhalten. Das *Thermenmuseum* zeigt Funde, Bronzestatuetten, Münzen, terra sigillata und Glas aus vier Jahrhunderten römischer Besiedlung.

Die *St. Pancratiuskerk,* eine romanische Pfeilerbasilika (2. Hälfte 12. Jh.) im gebundenen System ist 1903 restauriert und mit einem neuromanischen Querhaus und einem Vierungsturm versehen worden. Der Aufbau des Westturms (12. Jh.) datiert von 1394. Die Kirche besitzt zwei geschnitzte Reliefs mit Szenen aus dem Leben des hl. Bruno (Anfang 18. Jh.). Nordöstlich der Apsis steht der sog. *Schelmenturm,* der im 12. Jh. als Donjon für die Herren van Are errichtet wurde und im 13. Jh. Teil der Festungsmauer wurde. Der heutige Kirchenplatz war damals der Innenhof dieser Festung. Das *Rathaus* wurde nach einem Entwurf von *F. P. J. Peutz* gebaut (1941).

Schloß Hoensbroek (unweit der Straße A76 Geleen–Heerlen, Ausfahrt Nuth): Das eindrucksvolle Wasserschloß der Herren von Hoensbroek wurde seit 1640 unter Verwendung einer älteren Anlage, von der der runde Eckturm (14. Jh.) erhalten blieb, nach Plänen von *Matthieu Dousin* im Stil der Maas-Renaissance und nochmals im 18. Jh. erweitert. In dem 1928/43 restaurierten Komplex ist ein *Schützenmuseum* und ein *geologisch–archäologisches Museum* untergebracht (*geöffnet:* tgl. 10–12 und 13.30–17.30 Uhr).

41 Sittard

Große Teile der Befestigung (16. Jh.) Sittards, das 1243 Stadtrechte erhielt, sind erhalten, doch ist viel historische Bausubstanz im 2. Weltkrieg verloren gegangen. Die im Zentrum gelegene *St. Petruskerk,* eine gotische Kreuzbasilika (14./15. Jh.), war bis 1802 Kapitelkirche. Der Turm wurde Anfang des 16. Jh. begonnen. Die Strebebögen und der Turmaufbau sind 1859/61 von *P. J. H. Cuypers* hinzugefügt worden. Die Kirche besitzt Chorgestühl (14. Jh.?) mit geschnitzten Miserikordien, ein spätgotisches Kruzifix (um 1500) unter dem Triumphbogen, eine Mondsichelmadonna (um 1600), eine Rokokokanzel von 1774 und einen neugotischen Altar von 1893. Die neun Bilder der Maler *Jean Latour* und *Henri Deprez* aus Lüttich stellen ›Szenen aus dem Leben des Ap. Petrus‹ dar (18. Jh.) – Die nordöstlich der Petruskerk gelegene neugotische *Onze Lieve Vrouw van het Heilig Hartkerk* am Oude Markt errichtete *J. Kayser* 1876. Im neugotischen Kreuzgang (1891) gegenüber ist ein Kreuzweg aufgestellt. – Die barocke *Michaelskerk* am Markt wurde 1659/68 für das Dominikanerkloster gebaut. Der einfache Saalbau enthält einen Hochaltar aus dem frühen 18. Jh., eine Kanzel von 1668 und eine Wandtäfelung in ionischer Ordnung, in die die Beichtstühle integriert sind. – Das *Heimatmuseum* (Gruizenstraat 27) ist in einem Bauernhof von 1652 eingerichtet.

Susteren: Ehem. Damenstift St. Salvator — Nr. 41

Der Frankenkönig *Pippin II.* schenkte *Willibrord* bei der ›villa Suestra‹ um 714 ein Grundstück, um dort eine Benediktinerabtei zu gründen, die dieser als Missionszentrum für Friesland und die Eifel einrichtete. Nach der Zerstörung durch die Normannen 882 schenkte Kaiser *Arnulf* 891 das mittlerweile in ein Frauenkloster umgewandelte Kloster der Abtei Prüm. Im 11. Jh. war Susteren Kanonissenstift. Ende des 18. Jh. wurde es aufgehoben.

Die Kirche ist in ihrem jetzigen Zustand das Produkt einer perfekten Reromanisierung (1885/92) mit Rekonstruktionen der später veränderten Teile, nach Plänen von *Lambert von Fisenne* unter Mitarbeit von *P. J. H. Cuypers.* Bei einer späteren Restaurierung 1972 ist die neuromanische Ausmalung beseitigt worden. Trotzdem ist die

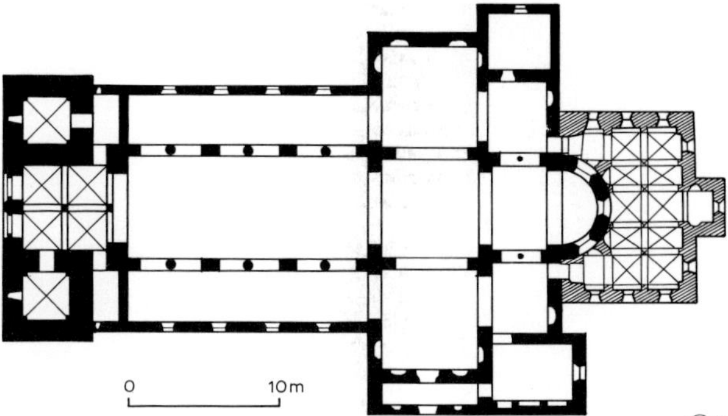

Grundriß

Kirche in ihrer fast vollständigen Erhaltung eines der besten Beispiele für das *Nachleben spätottonischer Architektur im salischen Kirchenbau des Maas-Rhein-Gebietes.*

Da Baudaten der flachgedeckten Kreuzbasilika mit Westbau und Außenkrypta fehlen, kann die Datierung nur durch Vergleich mit verwandten Bauten, wie der Essener Damenstiftskirche, der Luziuskirche in Werden und der Georgskirche in Köln, vorgenommen werden. Die Kirche wirkt als einheitliches Werk aus dem 3. Viertel des 11. Jh. und kann, was die unregelmäßige Chorgestalt betrifft, von Vorgängern (nach 714 und nach 891?) beeinflußt sein. Die radikale Restaurierung und die Stuckierung läßt gegenwärtig keine genauere Bestimmung zu.

Vorbild war sichtlich die um 1060 von der Äbtissin *Theophanu* (1040–1058), einer Enkelin Kaiser *Ottos II.*, errichtete Damenstiftskirche (Münster) zu Essen. Die dreiteilige Choranlage in Essen mit der 1051 geweihten Außenkrypta wurde hier in vereinfachter Form wiederholt. Die dreigeschossige Gliederung der Chorwände ist mit jener der 1063 geweihten Luziuskirche in Werden verwandt. Mit der Klosterkirche in Echternach hat die Stiftskirche den übergreifenden ›rheinischen‹ (*H. Jantzen*) Stützenwechsel gemeinsam. Die rekonstruierte *Zweiturmfront* entspricht nicht dem ursprünglichen Zustand, die viel zu hoch gezogenen Türme verfälschen den ursprünglichen Eindruck einer im Rhein-Maas-Gebiet üblichen Dreiturmgruppe; denn es ist sicher, daß der quadratische Mittelteil mit wenigstens drei Geschossen einen turmartigen Aufbau mit eigenem Zeltdach besaß. Das Westtor ist wohl erst im 17. Jh. geöffnet worden. Innen bildete der Mittelteil ursprünglich eine Art von Westchor. Da hier aber ein Zwischengeschoß eingezogen war, nimmt man an, daß darüber eine in weitem Bogen zum Mittelschiff geöffnete Empore war.

Susteren: Salvatorkirche

Mittelschiff und Querhaus mit ausgeschiedener Vierung mit stark hervortretenden Pfeilern und fast quadratischen Flügeln und Hauptchor sind flachgedeckt. Die vier Rundbogenfenster in der Hochschiffwand entsprechen nicht den Arkadenachsen. Der Chor ist durch Scheidbogenpaare auf Mittelsäulen mit korinthisierenden Blattkapitellen mit den Nebenchören verbunden. Über diesen Scheidbögen folgen ein Blendtriforium und wieder zwei Fenster. Von den Nebenchören erreicht man die *in Holland einmalige fünfschiffige Außenkrypta,* die unmittelbar an die Chorapsis anschließt und nur zwei Joche tief ist. In der Mittelachse ist ein rechteckiger Chor mit drei Muldennischen – in der Art einer Dreikonchenanlage – ausgebaut. Die Krypta ist mit Kreuzgratgewölben und Gurtbögen über Wandvorlagen und vier quadratischen Pfeilern gedeckt.
Von dem einst reichen *Kirchenschatz* sind ein Evangeliar (Fulda, 9. Jh.) und getriebene Silberplatten (10. Jh.), die einst zu einem Reliquienschrein oder Antependium gehörten und zur Maaskunst gezählt werden (vgl. S. 167), erhalten geblieben. Die Triumphkreuzgruppe besteht aus den Statuen von Maria und Johannes (Anfang 14. Jh.?) und dem viel späteren Kruzifix. Die Katharinastatue stammt aus der Werkstatt des Meisters von Elsloo (16. Jh.).

42 **Roermond**

Fremdenverkehrsamt: Markt 24.

An der Mündung der Roer/Rur in die Maas entstand im 12. Jh. eine Siedlung Ruregemunde, die 1230 von Graf von Geldern, *Otto II.*, Stadtrechte erhielt. Seit ca. 1200 gehörte Roermond zur Grafschaft – später Herzogtum – Geldern und war auch Hauptstadt des geldrischen ›Overkwartier‹ oder Obergeldern (Geldern war in vier Bezirke oder ›kwartiere‹ eingeteilt). Ihre Blütezeit erlebte die Stadt im 14./15. Jh. durch das Tuchgewerbe und den Handel (seit 1441 war sie Mitglied der

Hanse). Im 80-jährigen Krieg wurde die Stadt, die mit Geldern 1543 an *Karl V.* fiel, abwechselnd von Spaniern und Niederländern besetzt, bis sie nach dem Spanischen Erbfolgekrieg im Frieden von Utrecht 1713 endgültig zu Österreich kam. Erst seit 1815 gehörte sie wieder zum Königreich der Niederlande; während des Belgischen Aufstandes 1830/39 war sie belgisch. 1559–1801 und wieder ab 1852 war Roermond Bischofssitz. Im 2. Weltkrieg hat die Stadt, die wichtigste in Mittellimburg, schwer gelitten. Durch Kiesabbau ist südwestlich von Roermond entlang der Maas ein ausgedehntes Seengebiet entstanden, das sich vorzüglich für Wassersport eignet.

Münsterkerk Onze Lieve Vrouw
(ehem. Zisterzienserinnenkirche, jetzt Rektoratskirche)

Südöstlich der mittelalterlichen Siedlung um den heutigen Markt stiftete gegen 1218 *Gerhard III.*, Graf von Geldern, ein Zisterzienserinnenkloster. Teile der Kirche konnten bereits 1220 und 1224 geweiht werden; insgesamt war sie wohl erst nach 1250 vollendet. Das Stift wurde Ende des 18. Jh. aufgehoben, die letzten Reste der Klostergebäude 1924 niedergelegt.

Obwohl das Münster bald nach der Stiftung dem Zisterzienserorden zugewiesen wurde, zeigt der Bau nicht die sonst üblichen stilistischen Merkmale dieses Ordens. Er hat seit der Restaurierung (1863/91) durch *P. J. H. Cuypers,* bei der vor allem die vier Türme ausgebaut wurden, das Aussehen einer ›Kirchenburg‹ (*Kubach*), wie man sie in Speyer, Trier oder Maria Laach findet. Mit ihrer Dreikonchenanlage, aufwendigen Turmgruppen und besonders reichen Einzelformen gehört diese hervorragende Kirche zweifellos zu den *schönsten Beispielen der Spätromanik im Maas-Rhein-Gebiet,* wobei der Westbau schon frühgotische Formen aufweist.
Die gewölbte spätromanische Emporenbasilika mit Dreikonchenchor, zwei östlichen Chorflankentürmen, achtseitigem Vierungsturm, hohem Westbau und schmalerem Westflügel, wurde in drei Bauphasen von Ost nach West errichtet, wobei es jedesmal zu Planänderungen kam. Die Ostpartie entstand in zwei Bauabschnitten ca. 1218/24, das Langhaus um 1230, der Westbau um 1244/58. Der dreigeschossige *Westbau* in einem Übergangsstil von der Romanik zur Frühgotik überragt als selbständiger Baukörper das Langhaus und wird von zwei Türmen flankiert, die an den vortretenden Westflügel anschließen. Der Ausbau der Türme war, wie Ansätze über den Gewölben zeigen, sicherlich vorgesehen, vielleicht waren sie als achteckige Türme gedacht und sollten einen starken Mittelturm begleiten. Sicherlich waren sie jedoch kleiner geplant, als *Cuypers* sie ausgebaut hat. Es dürften statische oder finanzielle Gründe gewesen sein, die den Bau verhinderten.
Die *Cuypersche* Restaurierung basiert auf der (falschen) Vorstellung, für die Kirche habe es einen einheitlichen Entwurf ›wie aus einem Guß‹ gegeben, der nur nicht vollendet werden konnte. Der zum Langhaus hin offene Mittelraum des Westbaus wird an drei Seiten in

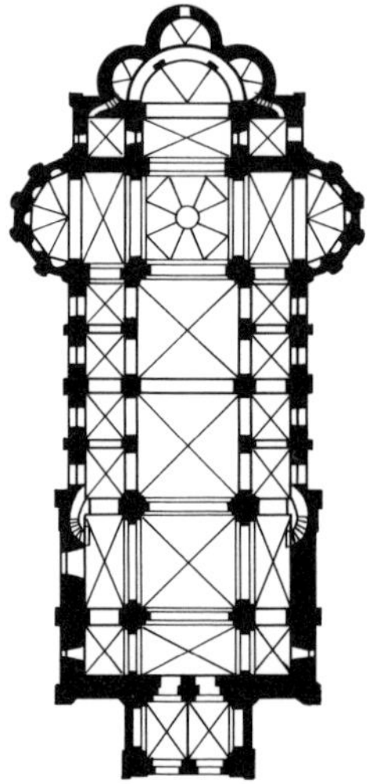

Munsterkerk: Apsis und Grundriß

zwei Geschossen von Nebenräumen umgeben. Auch der anschließende Westflügel ist in zwei Geschosse unterteilt. Durch die bis zur Wölbung hochgehenden Emporen entsteht eine hallenartige Raumwirkung, die im Maas-Niederrhein-Gebiet sonst kaum vorkommt. Wahrscheinlich war vorgesehen, auch den Mittelraum in zwei Geschosse zu unterteilen, wodurch eine durchgehende Nonnenempore und darunter eine Art Krypta oder Portalraum entstanden wäre.

Das kurze *Langhaus* hat nur zwei quadratische Joche im gebundenen System. Die Kreuzrippengewölbe ruhen auf durchgehenden Eck- und dreifach gebündelten Mitteldiensten. Die Langhausinnenwand ist dreigeschossig und reich gegliedert. Über den vier halbrunden Scheidbögen öffnet sich die Empore in je zwei von rundbogigen Blenden umfaßten Drillingsfenster mit entsprechend vorgelegter Arkatur, wodurch ein schmaler Laufgang entsteht; die Emporen enden im Osten in Chörlein, die in das Querschiff auskragen. Säulen und Dienste haben Kelchblattkapitelle.

Die *rheinische Dreikonchenanlage* besteht aus einer quadratischen Vierung, an drei Seiten anschließenden Rechteckjochen und drei Apsiden, von denen die mittlere halbrund, die seitlichen polygonal geschlossen sind. Die Wand ist innen zwei-, außen dreigeschossig gegliedert und zeigt dort die charakteristischen Zwerggalerien. Die *Vierung* geht über in einen offenen achteckigen Tambour mit umgehender Galerie. Die achtkappige Rippenkuppel ruht auf zweistöckigen Diensten, die auf Konsolen über Eckzwickeln ansetzen. Der

Vierungsturm wird von einem gefalteten Kuppeldach bekrönt, das wie jenes in Aachen in der 2. Hälfte des 17. Jh. entstand. Die Ostapsis öffnet sich unten seltsamerweise in drei halbrunde Strahlkapellen, die durch schmale Durchgänge miteinander verbunden sind, wodurch eine Art Chorumgang angedeutet wird. Wie der Laufgang hinter vorverlegten Säulen im Lichtgaden des Langhauses und in den beiden Querapsiden und der zweischalige Tambour erinnert auch dieses Motiv an die Frühgotik der Normandie, die seit ca. 1050 die Wand in zwei Schichten zerlegt. Bei der Restaurierung 1960 wurde die Bemalung des Chores, die bereits 1850 nach Entwurf von *Cuypers* ausgeführt war, beseitigt und die ursprüngliche, am Niederrhein übliche farbige Fassung, die das Gliederwerk betont, freigelegt.

Mitten in der Vierung steht das bedeutende spätromanische Grabmal des Stifterpaares *Gerard III. von Geldern* († 1229) und *Margaretha von Brabant* († 1231) mit den nebeneinander liegenden Gestalten der Verstorbenen. Die Fassung datiert von der Restaurierung von 1879. Neben anderen Skulpturen, ›Thronende Madonna mit Kind‹, ›Hl. Bernhard‹, beide aus der Werkstatt des *Meisters von Elsloo* (I. Hälfte 16. Jh.), ›Christus Triumphator‹ (13. Jh.?), besitzt die Kirche ein Altarretabel mit geschnitztem Schrein (Brabant, um 1530) und bemalten Flügeln.

Südlich der Kirche steht die Statue (1929) von *P. J. H. Cuypers.*

Petrus (Pierre) Josephus Hubertus Cuypers (1827–1921) wurde in Roermond geboren und studierte Architektur an der Antwerpener Akademie. Nachdem er 1850 zum Stadtbaumeister seiner Heimatstadt ernannt worden war, gründete er hier eine Werkstatt für christliche Kunst (1852). Die Emanzipation des holländischen Katholizismus im 19. Jh. (Wiederherstellung der bischöflichen Hierarchie 1853) stimulierte den Kirchenbau enorm. Es galt, den Rückstand von mehreren Jahrhunderten nachzuholen; denn von Ende des 16. Jh. bis 1798 war es den holländischen Katholiken nicht erlaubt, sich in aller Offenheit zu ihrem Glauben zu bekennen. Dies bedeutete u. a., daß ihre Kirchen nicht als solche erkennbar sein durften. Man war somit gezwungen, unauffällige, nach außen hin kaschierte ›schuilkerken‹ oder ›Versteckkirchen‹ zu bauen. Vor allem im 2. Viertel des 19. Jh. entstanden klassizistische oder ›waterstaatskerken‹. Sie wurden so benannt, weil in Folge eines königlichen Erlasses von 1824 protestantische wie katholische Kirchen praktisch nur von Ingenieuren des Ministeriums für Wasserbau errichtet werden durften.

Im Gegensatz zu Deutschland, wo die Gotik als Nationalstil (Kölner Dom) empfunden wurde, galt sie in Holland eher als Monopol des Katholizismus, deshalb wurde die Neugotik fast ausschließlich für katholische und nur selten für protestantische Kirchen gewählt. Vor diesem Hintergrund muß die rasch sich verbreitende Neugotik in der holländischen Sakralarchitektur, deren absoluter Meister *Cuypers* war, gesehen werden. Seine Erfahrung im Umgang mit historischen Stilen, die er bei seinen puristischen und kunsthistorisch akribisch durchgeführten Restaurierungsarbeiten (Münster Roermond, Abteikirche Rolduc, Servaaskerk Maastricht, Mainzer Dom) gesammelt hatte, und seine engen Kontakte zu führenden Architekten und Denkmalpflegern im In- und Ausland hinterließen deutliche Spuren in seinem Kirchenbau, in dem man zwei Perioden unterscheiden kann: Von ca. 1855 bis ca. 1870 ist der Einfluß der rheinländischen Romanogotik

und der Gotik der Ile-de-France aus dem 13. Jh. spürbar, die er aber originell verarbeitet (u. a. Catharinakerk, Eindhoven, 1859/67, und Dominicuskerk, Alkmaar, 1863/66).
Seit ca. 1870 wird *Cuypers'* Architektur von einem virtuosen Eklektizismus gekennzeichnet. Ausländische wie holländische Sonderformen der Gotik wirken anregend (u. a. Jacobskerk, Den Haag, 1875/78; Bonifatiuskerk, Leeuwarden, 1882/84; Vituskerk, Hilversum, 1891/92). In der originellen Amsterdamer Vondelkerk (1870/80) verbindet *Cuypers* in virtuoser Weise einen Zentralraum mit einer neugotischen Basilika.
Seine wichtigsten Profanbauten stehen in Amsterdam: das Rijksmuseum (1877/85) und der Hauptbahnhof (1881/89), beides monumentale Neorenaissance-Bauten in Backstein, einem Material, das er auch für seine Kirchen verwendete. Bei der sehr aufwendigen Restaurierung des Kastells ›De Haar‹ (1892/94) konnte *Cuypers* seiner Phantasie freien Lauf lassen. Mit seinem Bestreben nach materialgerechtem Bauen, Verwendung modernster Techniken (Gußeisenkonstruktion) und Betonung des verwendeten Materials, weist Cuypers, der als der *bedeutendste holländische Architekt des 19. Jh.* gilt, den Weg in die Moderne. Die große Zahl seiner Schüler stand im Schatten des Lehrers; nur einige, wie *K. P. C. de Bazel, J. L. Lauweriks* und sein Sohn *Joseph (Jos) Cuypers,* sollten um 1900 zur Erneuerung der holländischen Architektur beitragen.

Das *Gemeentemuseum* (Andersonweg 8; *geöffnet:* Di–Fr 10–12 und14–17 Uhr, Sa, So 14–17 Uhr) besitzt neben Gegenständen von lokalem Interesse eine umfassende Dokumentation über Leben und Schaffen des Baumeisters *P. J. H. Cuypers,* in dessen Wohnhaus das Museum teilweise untergebracht ist.

St. Christoffelkathedrale

Die jetzige (seit 1559) Kathedrale wurde 1410 als Pfarrkirche errichtet, und zwar als Basilika mit eingebautem Westturm, weitausladendem polygonal geschlossenem Querschiff und Radialkapellen zwischen Querschiff und dem ebenfalls polygonal geschlossenen Langchor. Im 15./16. folgte ein Umbau zur Hallenkirche. An Stelle der Kapellen zwischen Chor und Querschiff entstanden die jetzigen Seitenchöre, das Seitenschiff an der Südseite wurde verdoppelt, während an der Nordseite Kapellen hinzugefügt wurden, die Anfang des 20. Jh. miteinander zum Seitenschiff verbunden wurden. Das stark restaurierte Südportal datiert wohl aus der ersten Bauperiode, die östlich anschließende Jakobskapelle aus dem letzten Viertel des 15. Jh. Der nach schweren Kriegsschäden wiederaufgebaute Turm mit seinen Ecktürmchen von 1604 (?) hat eine moderne Bekrönung.
Die Kirche, deren Inneres infolge der Umbauten wenig harmonisch wirkt, besitzt ein Renaissance-Retabel von *Hans van Aicken* (1593/95), dessen Turmform wohl auf spätgotische Sakramentshäuschen zurückgeht. Die Fassung ist nicht ursprünglich, einige Statuen sind 1879 im Rahmen einer Restaurierung hinzugefügt worden. Die Kanzel im Stil Louis XIV schuf *Petrus Vinck* 1725/32. Als Trägerfigur dient die Statue des hl. Johannes von Capistrano, einem großen franziskanischen Wander- und Kreuzzugsprediger. Auch die Trä-

gerfiguren der Beichtstühle, die wie die Kanzel aus der Minoritenkirche stammen, stellen Heilige dar, die von den Franziskanern besonders verehrt wurden. Das in Holland eher seltene Ensemble ist typisch für den südniederländischen Barock. Die Marmorbüste am Epitaph des Grafen *Angelus d'Ognies,* Bischof von Roermond († 1722) fertigte *J. P. van Baurscheidt* 1705. Die moderne Verglasung stammt von *Joep Nicolas.* Von den Gemälden seien eine ›Kreuzabnahme‹ in der Art von *Jan van Scorel* (1544), *Th. W. Bosschaert* ›Himmelfahrt Christi‹ (1651, ursprünglich am Hochaltar) und *Jacob de Wit* ›Pfingstwunder‹ (1722) erwähnt. Die spätgotische ›Anna Selbdritt‹ stammt aus der Umgebung des *Meisters von Elsloo* (Anfang 16. Jh.)

Das um 1700 errichtete *Rathaus* am Markt wurde 1955 stark restauriert, wobei u. a. die Fassade ganz erneuert wurde. – Das *ehem. Kartäuserkloster* (Swalmerstraat 52, östlich des Marktes) wurde 1376 gegründet und ist inzwischen aufgehoben. Die Kapelle (Ende 15. Jh.) erhielt im 3. Viertel des 18. Jh. eine Stuckierung im süddeutschen Rokokostil. Der ursprüngliche Altar befindet sich seit der Aufhebung des Klosters 1786 in Thorn (Nr. 42). Die Orgel ist von 1750.

Auf dem westlichen Hochufer der Maas, gegenüber von Roermond, liegt die 1243 erstmals erwähnte *Stammburg der Herren, später Grafen, van Hoorne* (oder Horn). Sie stammt aus dem 13./15. Jh. Der bekannteste Graf van Hoorne war *Philipp de Montmorency-Nivelle* (1518–1568), der auf Grund des Testamentes seines Stiefvaters den Grafentitel van Hoorne erhielt. Er wurde 1560 zusammen mit Egmond in Brüssel enthauptet.

St. Odilienberg *(ehem. Stiftskirche St. Peter, jetzt Pfarrkirche)* **Nr. 42**

Nach der Überlieferung sollen anglo-irische Mönche an dieser landschaftlich schön gelegenen Stelle um 700 ein Kloster gegründet haben. Das inzwischen zum Kanonikerstift umgewandelte Kloster kam 858 als kaiserliche Schenkung an das Utrechter Domstift. Nachdem die Stiftsherren 1361 nach Roermond übergesiedelt waren, verfiel die Kirche. Die Klostergebäude wurden 1467 von den Kanonikern vom Hl. Grab übernommen, die Kirche bis 1480 wiederhergestellt. Der Konvent wurde im 16. Jh. aufgelöst. Die Kirche, 1613 durch Kriegswirren verwüstet, wurde 1680/86 als Pfarrkirche teilweise wiederaufgebaut. Erhalten blieben Hauptschiff, nördlicher Querflügel und Chor mit Nordturm. Ihre jetzige Gestalt verdankt die Kirche der einem Neubau gleichkommenden Restaurierung von 1880/83. Große Teile der Ostpartie stürzten durch die Sprengung der Türme 1944/45 ein. 1950 war der Wiederaufbau vollendet.
Die romanische flachgedeckte Pfeilerbasilika mit niedrigerem Querhaus wurde wohl um die Mitte des 12. Jh. unter Benutzung älterer Fundamente (9.–12. Jh.) im Westen begonnen. Gegen 1200 war die rheinische Ostpartie mit Flankentürmen zwischen Chor und Seitenchören vollendet. Nördlich der Kirche steht die sog. *Taufkapelle.* Sie wurde wohl um 1000 als Pfarrkiche errichtet und später im 11. oder 12. Jh. erweitert (zugemauerte Arkaden in der Nordmauer). Sie besitzt Kopien von um 1200 entstandenen Sandsteinreliefs mit den Aposteln Johannes und Jakobus (jetzt Rijksmuseum, Amsterdam), die bei der Restaurierung im 19. Jh. in der Stiftskirche gefunden worden sind, und eine ›Sedes Sapientiae‹ (Maasland, 13. Jh.)

Die Geschichte des charmanten Städtchens ist eng mit jener des ehem. Stiftes Thorn verbunden. Ehe er 995 Bischof von Utrecht wurde, stiftete Graf *Ansfried* 985 das reichsunmittelbare Benediktiner-Doppelkloster in der Herrlichkeit Thorn, die nun dem Kloster unterstellt wurde. Im 13. Jh. wurde das Kloster in ein Damenstift umgewandelt. Die Äbtissin war gleichzeitig Reichsfürstin und hatte Sitz im westfälischen Landtag. 1795 wurde das Stift aufgehoben. Die *Klosterkirche,* seitdem Pfarrkirche, ist eine gotische Kreuzbasilika aus dem 14./15. Jh. mit Netz- und Sternrippengewölben aus dem 16. oder 17. Jh. und hat eine Ostkrypta, Seitenkapellen (15. Jh.) sowie einen erhöhten Fürstinnenchor im südlichen Querschiff.
Von dem romanischen Vorgängerbau blieb die Dreiturmgruppe des *Westbaus* (12. Jh.) erhalten. *P. J. H. Cuypers* hat den quadratischen Mittelbau 1860/65 als gestreiften neugotischen Turm ausgebaut. Er enthält eine Krypta, die von vier Kreuzgratgewölben auf einem Mittelpfeiler überwölbt wird. Darüber befindet sich der Westchor. Die Kreuzrippengewölbe der *Ostkrypta* ruhen auf drei Pfeilern mit maasländischen Kapitellen. Sie ist von dem niedrigen Raum unter dem Fürstinnenchor zugänglich. Um 1780 wurde die Kirche innen im Stil Louis XVI umgestaltet, wobei u. a. die Treppenaufgänge entstanden. Im 2. Viertel des 19. Jh. fand nochmals ein Umbau des Langhausinneren statt.
Das bedeutendste Ausstattungsstück ist der *Hauptaltar.* Er wurde 1769 von *Franz Xaver Baader* für die Kartäuserkirche in Roermond entworfen und kam 1786 nach Thorn. Ganz im Stil ähnlicher Altäre in Süddeutschland hat *Baader* das Retabel als ›theatrum sacrum‹ aufgefaßt, auf dessen Bühne die Hirten das Jesuskind anbeten. Die freiplastisch gearbeitete Gruppe agiert unter einem offenen, von Säulen getragenen Rocaille-Baldachin; vom gleichen Künstler auch die Stuckreliefs im Chor. Die vielen Seitenaltäre entstammen dem 17. Jh. Die spätgotische Madonna mit Kind im Langhaus ist eine Arbeit des *Meisters von Elsloo* (1. Hälfte 16. Jh.)

Die Geschichte des Stiftes wird im *ehem. Kapitelsaal* und im Archivraum (Gewölbemalereien 15. Jh.) dokumentiert.

43 **Venlo**

Venlo – die Stadtrechte stammen von 1343 – gehörte früher zum Herzogtum Geldern, das 1543 an *Karl V.* fiel. Der südliche Teil, ›Ober-Geldern‹ mit Venlo-Roermond, blieb nach dem Westfälischen Frieden 1648 unter spanischer Herrschaft. Erst beim Frieden von Utrecht wurde Venlo mit sieben weiteren Städten zwischen Nordsee und Maas der Republik als Barriere gegen Frankreich zugesprochen. Im letzten Kriegswinter 1944/45 hat die Stadt schwer gelitten. Im benachbarten Mühlbracht wurde der Grafiker und Maler *Hendrick Goltzius* (1558–1616) geboren.

Die *Martinuskerk* an der Grote Kerkstraat, eine spätgotisch Hallenkirche, ist in der 1. Hälfte des 15. Jh. aus dem Umbau einer älteren Kreuzkirche (um 1400) entstanden. Der Turm wurde nach dem Krieg an Stelle eines um 1900 von *Cuypers* erbauten neugotischen Turms errichtet. Die Kirche besitzt spätgotisches Chorgestühl (Ende 15. Jh.), einen neugotischen Altarretabel (um 1900) und eine geschnitzte Barockkanzel (Anfang 18. Jh.). In der Taufkapelle steht ein monumentales Renaissance-Taufbecken, das *Herman* de *Potgieter* 1619/21 gegossen hat; unter dem zierlichen Deckelaufbau eine vergoldete Gruppe ›Die Taufe Christi‹. Auch ist eine Kalkstein-Pietà (15. Jh.) erwähnenswert. *Jan van Cleef* (1646–1716) aus Venlo malte ›Die Verkündigung‹ (1699), ›Hl. Georg und die Jungfrau‹ und ›Ecce Homo‹ (1693).

Das *Renaissance-Rathaus* entstand 1596/1601 beim Umbau des alten Rathauses (um 1550) nach Plänen von Willem van Bommel aus Emmerich. 1609 wurde die Freitreppe hinzugefügt. – Das *Museum van Bommel–van Dam* (Deken van Oppensingel 8; *geöffnet:* Di–Fr 10–12 und 14–17 Uhr, Sa, So 14–17 Uhr) besitzt eine Sammlung moderner holländischer Malerei, das *Goltziusmuseum* (Goltziusstraat 2) u. a. römische Funde, Münzen und Stilräume des 19. Jh.

44 **Nijmegen**

Verkehrsamt: St. Jorisstraat 72.

An der Stelle einer auf dem südlichen Hochufer des Waal gelegenen älteren keltischen Siedlung bauten die Römer im 1. Jh. n. Chr. zur Verteidigung ihres Limes ein Castrum. Unterhalb dieses Kastells entstand eine Siedlung, die 105 von Kaiser *Trajan* zur Stadt erhoben wurde: ›Civitas Ulpia Noviomagus‹ (Ulpius war des Kaisers Familienname). *Karl d. Gr.* ließ um 770 eine Pfalz, den jetzigen ›Valkhof‹, bauen, die der staufische Kaiser *Friedrich Barbarossa* um 1155 erweiterte. Nijmegen, das seit 1230 freie Reichsstadt war, kam 1248 an die Herzöge von Geldern und wurde 1343 deren Residenz. Es entwickelte sich allmählich die Ober- und Unterstadt, jede mit eigenem Zentrum: die Oberstadt um den Grote Markt und die Stephanskerk, die Unterstadt um den Lagemarkt. Als Hansestadt unterhielt Nijmegen Handelsbeziehungen mit dem Ostseegebiet. 1543 fiel die Stadt mit Geldern an *Karl V.*, 1591 endgültig an die Republik, für die sie strategisch äußerst wichtig war: Von hier zog der Statthalter *Frederik Hendrik* fast jeden Sommer gegen die Spanier im Süden zu Felde. Während der beiden ersten Jahre des Holländischen Krieges (1672/79) war die Stadt von den Truppen *Ludwigs XIV.* besetzt, 1678 wurde im Rathaus der Friede von Nijmegen geschlossen, in dem der territoriale Bestand der Republik wiederhergestellt wurde und die spanischen Niederlande als Barriere gegen Frankreich noch mehr Bedeutung erhielten. 1785/87, während des Höhepunktes der bürgerkriegsähnlichen Auseinandersetzungen zwischen Patrioten und Anhängern des Hauses Oranje, wohnte der Statthalter *Willem V.* auf dem Valkhof. Von der um 1900 geschleiften Umwallung (15./17. Jh.), die in Parkanlagen verwandelt wurde, stehen noch das *Kronenburgtor* von 1525 und der *Belvedereturm* von 1646. Die im 2. Weltkrieg völlig zerstörte Unterstadt am Fluß hatte schon durch die Eröffnung der Waalbrücke (1936) ihre Bedeutung verloren. 1923 wurde auf dem Gut Heyendael die *Radbout-Universität,* die einzige römisch-katholische Universität Hollands, gegründet.

Nijmegen ist der Geburtsort von *Petrus Kanis,* besser bekannt als *hl. Petrus Canisius S. J.* (1521–1597), der als ›zweiter (nach Bonifatius) Apostel Deutschlands‹ die Gegenreformation aktiv mitbestimmte.

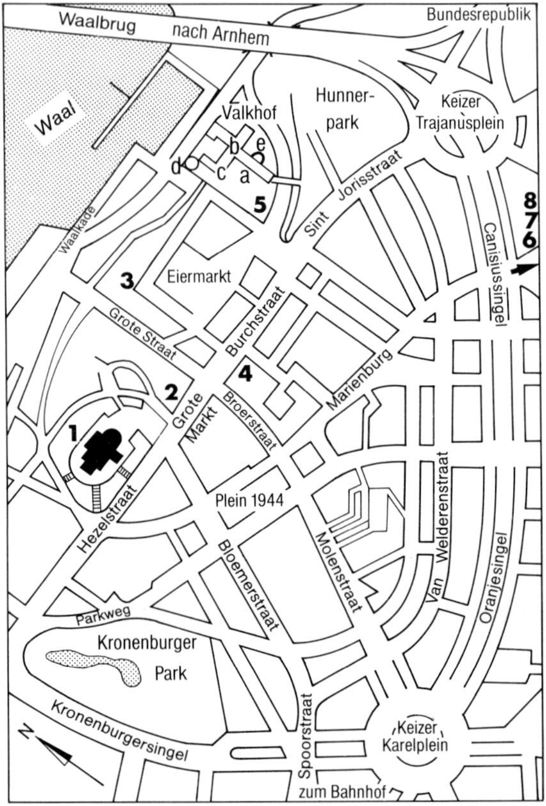

Nijmegen: Orientierungsplan
1 St. Stevenskerk – 2 Waage – 3 Städt. Museum – 4 Raadhuis – 5 Valkhof – 6 Rijksmuseum G. M. Kan – 7 Afrikamuseum – 8 Hl. Land Stichting.

St. Stevenskerk (1)

An Stelle der heutigen, nach schweren Kriegsschäden 1969 wiederhergestellten Kirche stand eine romanogotische Basilika (3. Viertel 13. Jh.) mit einem um 1307 vollendeten Turm. Von dieser Kirche sind die unteren Turmgeschosse und die Tuffsteinpfeiler, einige mit Knospenkapitellen im westlichen Mittelschiff, erhalten. Anfang des 14. Jh. hat man das Langhaus gotisch umgestaltet und 1343–1361 an Stelle des alten Chores das Querhaus und daran anschließend einen neuen Staffelchor errichtet.
Da in der 1. Hälfte des 15. Jh. beim Bau des heutigen Umgangscho-

res der bestehende Chor noch nicht abgebrochen war, mußte um ihn herum gebaut werden, wodurch der Umgang im Westen besonders breit geraten ist. Die Umgestaltung des Langhauses zur Halle erfolgte ca. 1375 – ca. 1425, gleichzeitig entstand der sehr reiche Portalbau im Süden. Anschließend fand in mehreren Phasen ein umfangreiches Umbauprogramm statt: Im Osten entstand der Umgangschor mit Kapellenkranz und einer Sakristei im Süden (1420/30, Einwölbung des Umgangs 1456), alles in niederrheinischer Spätgotik. Bemerkenswert sind die zweiseitig geschlossenen Umgangskapellen und die Netzgewölbe im Umgang. Für die Pläne war *Gisbert Schairt* aus Zaltbommel verantwortlich. Es folgten das dreischiffige Querhaus und die nördlich davon gelegene Heiliggrab-Kapelle (ca. 1543–1566). Der fünfseitige Portalbau im Süden ist in Holland einmalig. Chor und Querhaus waren basilikal geplant, wurden jedoch nie vollendet, wohl weil ein geplanter Umbau der Halle zur fünfschiffigen Basilika auch nicht zustande kam. Erst 1772 hat man die hölzernen Scheingewölbe angebracht.

Gisbert Schairt lieferte auch den Entwurf für den beim Brand von 1429 zerstörten Oberbau des Turmes. Die typisch manieristische Bekrönung datiert von 1605 und wurde 1953 erneuert.

Wichtigstes Ausstattungsstück ist das spätgotische Grabmal, das *Karel von Gelre* 1512 für seine Mutter *Anna Catharina von Bourbon* errichten ließ; die bemerkenswerten gravierten Kupfertafeln mit Aposteldarstellungen und Pleurants schuf *Wilhelm Loemans* aus Köln. Die Reste des Renaissance-Chorgestühls datieren von 1577, die Kanzel von 1639. Das spätgotische Relief ›Jüngstes Gericht‹ über dem südlichen Zugang zum Chor trägt die Jahreszahlen 1484 und 1505, die ›Anbetung der Könige‹ über dem Zugang zur Heiliggrab-Kapelle im nördlichen Querhaus die Jahreszahlen 1517 und 1559. Die Grabnische wurde rekonstruiert; sie enthält Reste einer Bemalung: ›Nikodemus‹ (links) und ›Joseph von Arimathea‹ (rechts). Das Rokoko-Herrengestühl wurde 1771 geschaffen. Die Orgel im Stil Louis XVI baute *Ludwig König* aus Köln, die Bildhauerarbeit stammt von *J. Keerbergen* und *J. Otten.*

Für die Chorherren des seit 1479 mit der Kirche verbundenen Domkapitels wurden an der Nordseite Häuser errichtet, die 1970 rekonstruiert worden sind. Südlich der Kirche zeigt die Fassade der *ehem. Lateinschule* (1544/45) gotische und Renaissance-Ornamentik. Östlich des Chores erreicht man den Grote Markt durch ein spätgotisches *Doppeltor,* dessen Oberbau mit flämischem Renaissance-Giebel 1605/6 entstand und einst der Ärztezunft als Versammlungsraum diente.

Die *Renaisscance-Waage* (2; 1621) ist mit Bauten des Amsterdamer Architekten *Hendrick de Keyser* verwandt. Links war die Fleischhalle, rechts die Waage, im Obergeschoß das Wachlokal der Schützengilde. Die Statue von ›Mariken van Nieumeghen‹ seitlich der Waage stellt die Hauptperson des gleichnamigen Mysterienspiels (15. Jh.) dar.

Auf einer Anhöhe über dem Waal liegt das *Städtische Museum* ›Commanderie van St. Jan‹ (3; Franse Plaats 3; *geöffnet:* Di–Sa 10–17 Uhr, So und Fei 13–17 Uhr). Die Sammlung, darunter *Jan van Goyens* ›Ansicht von Nijmegen mit dem Valkhof‹ (1641) und ›Die Unterzeichnung des Friedensvertrages von Nijmegen 1679‹, im Auftrag *Ludwigs XIV.* von *Henri Gascard* gemalt, ist seit 1974 in der sehr frei restaurierten ehem. Komturei der Johanniter, die seit 1196 in Nijmegen tätig waren, untergebracht. – Unterhalb des Museums, in der Nonnenstraat, steht die *ehem. Synagoge* (18. Jh.), nebenan die jüdische Schule in einem orientalisierendem Stil (1873).

Raadhuis (4; Burchstraat): *Herman van Herengrave* errichtete 1554/55 den Backsteinbau im Renaissancestil. Die Restaurierung 1879/82 kam einem Neubau gleich. Bis auf die Fassaden ging der Bau im 2. Weltkrieg verloren. Die Kaiserfiguren, die Köpfe über den Fenstern und die Medaillons in der Attika von *Cornelis Sass* aus Utrecht sind durch Kopien ersetzt worden. Das klassizistische Barockportal rechts datiert von 1663. Der Turm ist eine Ergänzung der Nachkriegsrestaurierung. Den Erweiterungsbau entwarf *P. Dijkema* 1982. Das Rathaus enthält drei Serien von Wandteppichen: sog. ›Verdures‹ aus der Werkstatt *van der Gucht* (Delft, 1665/66) sowie Ovids ›Metamorphosen‹ und ›Aeneas und Dido‹ aus der Antwerpener Werkstatt von *Michiel Wauters* (2. Hälfte 17. Jh.); sie wurden nach Entwürfen von *Daniel Janssens* und *Pieter Spierinx* bzw. *Giovanni Romanelli* gewirkt und anläßlich des Friedenskongresses, der seit 1676 in Nijmegen stattfand und zum gleichnamigen, im Rathaus unterzeichneten Frieden (1678/79) führte, zur Ausstattung der verschiedenen Versammlungsräume erworben.

Valkhof (5)

Auf einem Hügel über dem Waal ließ *Karl d. Gr.* 768 eine Pfalz errichten. Sie wurde 880 von den Normannen und 1047 durch Brand zerstört und seit 1155 von *Friedrich Barbarossa* wiederaufgebaut und erweitert. Der Name hängt wohl mit den Falken zusammen, die *Karls* Sohn *Ludwig der Fromme* hier für die Jagd im nahegelegenen Reichswald hielt. Die Pfalz wurde unter den fränkischen, sächsischen und hohenstaufischen Kaisern oft als Residenz benutzt. Hier starb 991 die Frau *Ottos II.*, die byzantinische Kaisertochter *Theophanu,* hier heiratete 1036 *Heinrich II.* die dänische Königstochter *Gunhild,* hier wurde 1165 *Heinrich VI.*, Sohn *Friedrich Barbarossas* und *Beatrix von Burgund,* geboren.

Die Anlage, die aus einem ummauerten Gebäudekomplex mit *Palas, Bergfried* und *Wohntrakt* bestand und seit 1611 als Prinzenhof diente, erlitt bei der Eroberung der Stadt durch die Franzosen 1794 Schaden und wurde 1796/97 abgebrochen. Erhalten blieben die *Nikolaaskapelle,* die früher fälschlich als ›karolingische Kapelle‹ bezeichnet wurde, und die Ruine der *St. Maartenskapelle.*

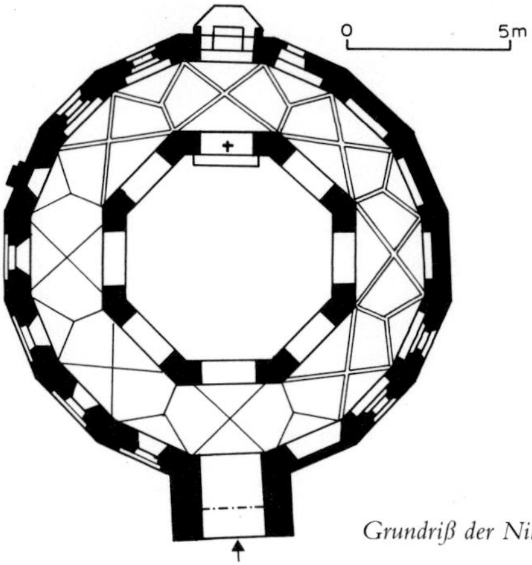

Grundriß der Nikolaaskapelle

Die architekturgeschichtlich sehr bedeutende *Nikolaaskapelle* steht in der Nachfolge (Lüttich, 992; Ottmarsheim, um 1020; Damenstift Essen, letztes Viertel 10. Jh.) der unter *Karl d. Gr.* erbauten Aachener Pfalzkapelle (kurz vor 800), die seit Kaiser *Otto I.* (962–973) zum Symbol des auf *Karl d. Gr.* zurückgehenden Kaisertums der sächsischen Ottonen wurde. Der freistehende Zentralbau in Tuffstein kann als politisch motivierter Rückgriff der sächsischen Nachfolger *Karls d. Gr.* auf dessen Kapelle in Aachen betrachtet werden (vgl. auch Servaaskerk, Maastricht, Nr. 38). Er entstand um 1030 als hoher oktogonaler Zentralraum mit einem 16-eckigen Umgang, der sich im Erdgeschoß in acht Arkaden zum Mitttelraum öffnet. Die Gratgewölbe entstammen dem 14. Jh.; früher waren Umgang und Empore flachgedeckt. Das Aachener Emporenmotiv findet sich wieder in den acht durch Säulen mit Würfelkapitellen gebildeten Doppelarkaden zum Mittelraum. Es folgt ein Tambourgeschoß, das in der Gotik (14. Jh.) erhöht wurde (Wehrturm), wie der Unterschied im Baumaterial zeigt. Die zweigeschossige Vorhalle im Westen enthielt wohl die Kaiserempore. Die Umfassungsmauer aus Backstein im Süden und Osten mit einer gotischen Altarnische und Dreipaßfenster stammt wohl aus dem 14. Jh.
Die östlich an den nicht mehr vorhandenen Palas angebaute *St. Maartenskapelle* entstand um 1155/60 unter *Friedrich Barbarossa.* Sie steht wahrscheinlich, wie die karolingischen Reste im Westen und das Patrozinium andeuten – der hl. Martin von Tours war der fränkische Nationalheilige – an der Stelle der ursprünglichen karolingischen Pfalzkapelle und war als Doppelkapelle gebaut, deren kryptenähnliches Erdgeschoß über Säulen mit älteren antikisieren-

Valkhof: Nikolaaskapelle

den Kapitellen gewölbt war. In der oberen Kapelle erkennt man links die zweigeschossige Wandarkadengliederung. Der Apsisbogen ruht wohl auf römischen Säulen (Spolien), deren antikisierende Kapitelle jedoch aus karolingischer Zeit stammen. Gemäß der Tradition der rheinländischen Romanik gliedern Lisenen, Rundbogenfriese und Halbsäulen die Außenseite der Apsis, eine Gliederung, die nicht mit der an der Innenseite übereinstimmt.

Die Befestigungsmauer, die das leicht gerundete Dreieck des Valkhof umgibt datiert von 1388/90. Über eine Brücke im Osten kommt man in den *Hunnerpark* mit dem Belvedere, einem 1646 umgebauten mittelalterliche Mauerturm. Im Südosten befinden sich die Reste der *St. Geertruidskapelle* von 1460.

Das *Rijksmuseum G. M. Kan* (*6;* Museum Kanstraat 45, nahe der Straße in Richtung Berg en Dal und deutsche Grenze; *geöffnet:* Di–Sa 10–17 Uhr, So und Fei 13–17 Uhr) enthält römische Funde aus den Ausgrabungen in Noviomagum. Den Grundstock bildet die Sammlung des Amateur-Archäologen *Gerard Marius Kam,* die um 1920 an den niederländischen Staat fiel. Von besonderer Bedeutung ist die Keramik gallo-keltischen Ursprungs, die sog. ›terra nigra‹ und ›terra rubra‹.

Südöstlich der Stadt, Richtung Groesbeek, befindet sich das *Afrikamuseum* (*7;* Postweg 6, Berg en Dal; *geöffnet:* Di–Sa 9–17 Uhr, So 11–17 Uhr). Es enthält Ethnografica aus dem afrikanischen Erdteil und ein kleines Freilichtmuseum. – Die nahegelegene *Heilige Land Stichting* (8; Mgr. Suyslaan 4) ist ein biblisches Freilichtmuseum (*geöffnet:* Ostern – 1. Nov. tgl. 9.00–17.30 Uhr).

45 Arnhem

Verkehrsamt: Stationsplein 45 (beim Bahnhof).

Arnhem, Hauptstadt der Provinz Gelderland und deren kulturelles und wirtschaftliches Zentrum liegt am rechten Ufer des Niederrheins, an einem Ausläufer der bewaldeten Geesthügellandschaft ›Veluwe‹. Sie wurde 893 erstmals erwähnt, erhielt 1233 Stadtrechte und trat 1440 der Hanse bei. Im Vergleich mit anderen Städten der Grafschaft (seit 1339 Herzogtum) Geldern, dessen Anfänge im 11. Jh. liegen, hatte Arnhem als Handelsstadt weniger Bedeutung. Es war vielfach Sitz des Landesherrn und wurde 1473 von *Karl dem Kühnen* und 1502 von *Philipp dem Schönen* erobert. Der Streit des Herzogtums gegen das expansive Burgund fand sein Ende, als *Karl V.* 1543 Landesherr wurde und Arnhem zur faktischen Hauptstadt von Geldern machte, indem er hier einen Gerichts- und Rechnungshof gründete. 1585 wurde Arnhem endgültig niederländisch. Von der mittelalterlichen Umwallung steht nur das *Sabelstor (6)*. Im 19. Jh. war Arnhem bei Pflanzern und Beamten aus den ehem. niederländischen Kolonien als Ruhesitz sehr beliebt. Aus dieser Zeit stammen die vielen klassizistischen und eklektischen Villen in den Außenvierteln.

Die mittelalterliche Altstadt fiel im September 1944 der Schlacht bei Arnhem großenteils zum Opfer, als alliierte Luftlandetruppen unter *Montgomery* versuchten, während der sog. ›Operation Market Garden‹ die Maas-, Waal- und Rheinbrücken bei Grave, Nijmegen und Arnhem zu erobern, um so nach Norden und Westen durchstoßen zu können. Diese größte Luftlandeoperation des 2. Weltkriegs, an der 10000 Soldaten und 4600 Flugzeuge beteiligt waren, stieß auf größeren deutschen Widerstand als erwartet. Mehr als 6000 Soldaten gerieten in

Arnhem: Orientierungsplan
1 Grote Kerk – 2 Rathaus – 3 Walburgiskerk – 4 Waage – 5 Prinsenhof – 6 Provinzhaus – 7 Musis Sacrum – 8 Koepelkerk – 9 Gemeente Museum – 10 Nederlands Openluchtmuseum.

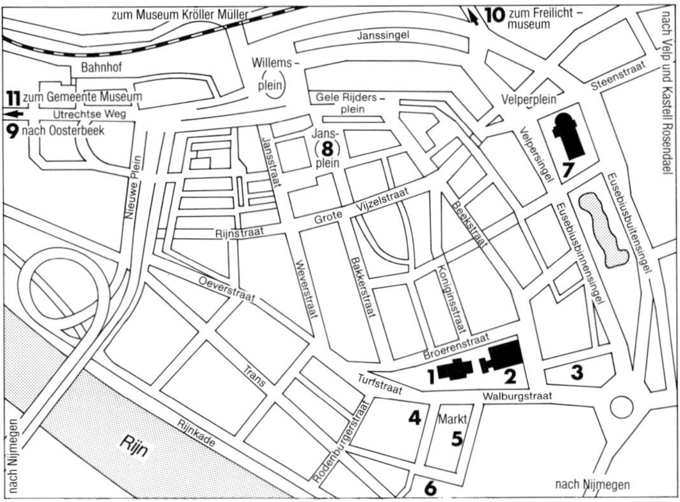

Gefangenschaft, etwa 2000 zogen sich am 25./26. September über den Rhein nach Süden zurück. Für den Westen Hollands mit seinen 4,5 Mill. Einwohnern bedeutete dieser Fehlschlag eine Verlängerung des Krieges um den berüchtigten ›Hungerwinter‹ 1944/45 bis zur Befreiung am 5. Mai 1945. Das Zentrum ist nach dem Krieg wiederaufgebaut worden, hat aber viel von seiner historischen Bausubstanz verloren.

Grote oder **St. Eusebiuskerk (1)**

Die während der Schlacht bei Arnhem schwer getroffene Kirche wurde 1945/1964 restauriert. Sie ist eine überwiegend in Backstein errichtete dreischiffige Kreuzbasilika mit Umgangschor und Westturm in den Formen der niederrheinischen Spätgotik; einige Teile bestehen aus Sandstein. 1959/60 sind unter und südlich der Kirche die Fundamente eines mehrfach erweiterten Vorgängerbaus (11.–15. Jh.) gefunden und im Boden kenntlich gemacht worden.
Für die spätere Eusebiuskerk legte Herzog *Arnout von Geldern* 1452 den Grundstein. Begonnen wurde im Westen, der Umgangschor entstand kurz nach 1500 auf den Fundamenten des Vorgängers von 1435, wodurch der unregelmäßige Grundplan zu erklären ist. Zwischen 1529 und 1536 sind die östlichen Teile, 1560/68 der Hochchor eingewölbt worden. 1550 entstand das zweite Turmgeschoß, das, wie das erste von 1478, mit Sandstein verkleidet wurde (nach 1945 im alten Zustand erneuert). Die Laterne von 1650/51 ging verloren und wurde 1959/65 durch eine Neuschöpfung von *Theo Verlaan* ersetzt. Stilistisch zeigt der Turm Verwandtschaft mit den Türmen von Tiel, Doesburg und Zaltbommel.
Der Restaurator hat sich bei seiner Arbeit gewisse Freiheiten erlaubt; so sind die Tier- und Menschenfiguren auf den Strebebögen nicht ursprünglich. Im Innern fallen die zierlichen Netz- und Sterngewölbe auf. Der zweigeschossige Wandaufbau hat ein Fensterbanktriforium, das auch vor den großen Fenstern des Querhauses durchgezogen ist und nicht besonders hohe Fenster aufweist.
Wichtigstes Ausstattungsstück ist das (restaurierte) *Renaissance-Grabmal* des letzten Herzogs von Geldern, *Karel van Egmond* († 1538), des Gegners Kaiser *Karls V.*, im südlichen Chorumgang (ursprünglich im Chor): Unter einem Baldachin (Kopie nach dem verlorengegangenen Original von 1636) kniet die ursprüngliche Rüstung des Herzogs, die mit Kopf und Händen versehen wurde. Erwähnt sei noch das zierliche Epitaph für den herzoglichen Kanzler *Joost Sasbout* († 1546) im Chorumgang. Die Salvatorglocke (1539) in der Annakapelle (1503) nördlich des Turmes ist ein Geschenk *Karels von Geldern* und zeigt Formen der Spätgotik und der Frührenaissance. Die 1961 aufgestellte Orgel stammt aus der Herstelt Evangelische Kerk in Amsterdam und wurde 1793/96 von *J. S. Strumphler* gebaut. Das Gehäuse entwarf *B. Ziesenis*. – *Henry Moore* schuf das Denkmal für die Kriegsopfer neben der Kirche.

Östlich vom Chor der Eusebiuskerk steht das *alte Rathaus (2),* das wegen der drei noch ursprünglichen Satyrfiguren, die den durch Pilaster gegliederten Erker tragen, ›Duivelshuis‹ (Teufelshaus) genannt wird. Es wurde 1540/46 als Residenz für den gefürchteten Feldherrn *Maarten van Rossum* (1478–1555) im Renaissance-Stil erbaut (vgl. auch Zaltbommel, Nr. 27) und ist seit der Restaurierung 1965/68 Teil des von *J. J. Konijnenburg* entworfenen neuen Rathauskomplexes. Die Plastik ›Phoenix‹ schuf *O. Zadkine.*
Östlich vom Rathaus ragen die beiden Türme der *Walburgiskerk (3),* der ältesten Kirche der Stadt, empor. Sie ist in Holland eine Seltenheit; denn eine gotische Zweiturmfassade findet man nur noch bei der Bergkerk in Deventer (Nr. 52). Die sehr hohe, streng wirkende pseudobasilikale Kreuzkirche wurde kurz nach 1315 als Kapitelkirche gebaut und vor 1369 fertiggestellt. Der ursprünglich gerade geschlossene Chor ist 1851/52 nach Osten ausgebaut und mit einer Apisis versehen worden.

Die *Waage (4),* an der nordwestlichen Ecke des Grote Markt, wurde 1761/68 gebaut und zeigt den Übergang vom Stil Louis XV zu Louis XVI. Auf der Ostseite des Marktes lag das 1800 abgerissene herzogliche Palais (1310), das später als *Prinsenhof (5)* diente. Die Südseite wird vom *Provinzhaus (6; J. J. M. Vegter* und *H. Brouwer,* 1955), einer der bedeutendsten öffentlichen Bauten der 50er Jahre in Holland, eingenommen. Daneben steht das *Sabelstor* (1440) mit einer klassizistischen Marktfront von 1642. Durch das Tor kommt man zum Rhein mit der 1944 umkämpften Brücke. Nördlich dieser Brücke ist die alte Umwallung im 19. Jh. von *Leonard Springer* in einen Landschaftspark umgestaltet worden.
Der Neorenaissance-Komplex *Musis Sacrum (7)* wurde als Konzertsaal und Ausstellungshalle errichtet. – Auf dem Jansplein im Stadtzentrum steht die klassizistische oktogonale *Koepelkerk* (*8; Anthony van Falkenstein,* 1837/39).

Gemeente Museum (**9** ; Utrechtse Weg 87. *Geöffnet:* Di–Sa 10–17 Uhr, So 11–17 Uhr): Das Gebäude wurde 1873/75 von *Cornelis Outshoorn* als Casino entworfen und dient seit 1920 als Museum. Die Sammlung enthält u. a. kirchliche Gegenstände (Gemälde, Plastiken), Silber, Glas, Delfter Fayence, Chinesisches und Arnhemer Porzellan (Arnhem hatte 1759–1773 eine Porzellanmanufaktur). Außerdem besitzt das Museum Gemälde des 17. Jh. (u. a. *Joris van der Haagen, Jan van Goyen* ›Ansicht von Arnhem‹, *Salomon van Ruysdael* ›Rheinlandschaft‹) und des 20. Jh. (u. a. *Dick Ket, Wim Schumacher* sowie die ›magischen Realisten‹ *Carel Willink, Raoul Hynches* und *Pyke Koch*). – Vom Museum hat man eine schöne Sicht auf das Rheintal.

Nederlands Openluchtmuseum *(Freilichtmuseum)* (10)

Lage: Schelmseweg 89. – *Geöffnet:* Ostern – 1. Nov. Di–Sa 9–17 Uhr, So 10–17 Uhr.

Das volkskundliche Museum wurde 1918 in einer reizvollen, 30 ha großen Parklandschaft gegründet. Aus ganz Holland sind seitdem wichtige Denkmäler ländlicher Architektur (Bauern- und Kaufmannshäuser, Tagelöhnerhütten, Scheunen, Ställe, betriebsfertige Mühlen, Backhäuser, Handwerksstätten) zusammengetragen, nach Landschaften geordnet und so komponiert worden, daß das landschaftliche Ambiente mit Feldern, Gärten, Hecken, Kanälen und Wegen einbezogen wird. Viele Gebäude sind mit dazugehörigem Mobiliar, Arbeitsgerät und Hausrat ausgestattet, damit die Verknüpfung von Arbeit und Wohnen deutlich wird.

Themenbezogene Wechselausstellungen (u. a. von Trachten und Trachtenschmuck) sowie alte Handwerkstechniken, die im Sommer von Töpfern, Drechslern, Schmieden und Holzschuhmachern vorgeführt werden, ergänzen den Gesamteindruck des Museums, das gleichzeitig Bildungs- und Erholungsbedürfnisse befriedigt (die nachstehenden Zahlen verweisen auf die Numerierung im Museum).
Bei den hier befindlichen Bauernhöfen können drei Hauptgruppen unterschieden werden:
1. Das dreischiffige ›Hallenhaus‹, dessen reetgedecktes Dach von zwei Stützenreihen parallel zur Längsachse getragen wird (›Zweiständerhaus‹), in dem Mensch und Vieh unter einem Dach leben, zunächst als ›Wohnstallhaus‹ (›Loss Hus‹) mit breiter Längsdiele, die sich mit einem großen Tor an der Giebelseite öffnet. Zu beiden Seiten der Diele (Dreschtenne) befinden sich die Stallungen für das Vieh (Nr. 76, 115, 127), in der weiterentwickelten Form sind Wohnteil und Wirtschaftsteil getrennt (Nr. 19, 20, 22, 24). Der Wohnbereich kann seitlich ausgebaut sein (›T-Haus‹; Nr. 5, 74). Die befahrbare Tenne ist durch Tore in den Schmal- oder Längsseiten erreichbar; Ernte und Heu werden auf dem Dachboden aufbewahrt oder auch ebenerdig (›Erdlastige Miete‹). In einigen Landstrichen ist das Hallenhaus als Fachwerkbau ausgeführt. Es kommt im Osten (Drente, Overijssel, Gelderland), aber auch in Mittel-(Utrecht) und Westholland (Zuid Holland) vor. Eine Variante, das quergestellte Hallenhaus, in dem Wohnbereich und Wirtschaftsteil durch Türen in der Längsseite an der Straße zugänglich sind, kommt in Noord Brabant vor (Nr. 98).
2. Die Bauernhöfe in den Provinzen Noord Holland nördlich des IJ, Friesland und Groningen gehören zur friesischen Gruppe. Charakteristisch ist das hohe, pyramidenförmige Dach, das auf einem Gerüst aus vier Ständern ruht (›Stolp‹-Bauernhof). Um diese Trägerkonstruktion, in der das Heu bodenlastig aufbewahrt wird, gruppieren sich Wohnbereich, Stallungen und Diele. Besonders sehenswert ist der prunkvolle ›Sommerstall‹ der noordholländischen Stolp (Nr. 32). In den Details und in den Farben Grün/Weiß ist der Einfluß der Holzarchitektur der Zaanstreek erkennbar. In Groningen und Friesland ist das Dach durch die Verdoppelung des Trägerquadrats vom Pyramiden- zum Walmdach geworden. In Friesland ist auch der ›Kopf-Hals-Rumpf‹-Bauernhof heimisch (Nr. 78). Hier deutet der Name auf die Gliederung in Wohnhaus, Zwischenbau (für die Butter- und Käseherstellung) und Scheune mit Ställen und Dresche an.
3. Im südlichen Teil Limburgs trifft man ein Gehöft, das aus mehreren um einen Innenhof gruppierten Gebäuden in Fachwerk besteht (Nr. 100).

Nederlands Openluchtmuseum: Zaanstreek

Die wohl eleganteste traditionelle Holzarchitektur Hollands ist an der Zaan, nördlich von Amsterdam, anzutreffen. Diese Region (›Zaanstreek‹) mit ihren im 17. Jh. zu großer Blüte gekommenen Schiffswerften, an denen auch Zar *Peter d. Gr.* 1697 den Schiffsbau studierte, besaß einst mehr als 600 Windmühlen, die die Energie für die Zulieferungsbetriebe wie Holzsägewerke (Nr. 47) lieferten. Das hübsche *Zaanse Viertel* am Wasser besitzt eine doppelte Zugbrücke und mehrere grün/weiß gestrichene Wohnhäuser mit zierlichen Giebeln in Rokoko- oder klassiszistischen Formen (Nr. 33, 34, 40, 41). Die Inneneinrichtung (bemalte Möbel) ist mit der von Hindeloopen (Nr. 86) verwandt.

Auf dem Gelände des Museums kann der Besucher außerdem die verschiedensten Mühlenarten studieren: Roßmühlen für die Herstellung von Leinölkuchen (Nr. 1) oder Grützen (Nr. 87), eine Wassermühle mit Stampfwerk für die Papierherstellung (handgeschöpfte Bütten, Nr. 89) und Windmühlen, die entwässern (Nr. 45, 48, 117, 118), Holz sägen (Paltrokmolen, Nr. 47) oder Korn mahlen (Nr. 55, 90). Vgl. auch Kap. C. Windmühlen (S. 245 ff.).

Kastell Rosendael **Nr. 45**

Lage: Ca. 4 km östlich vom Openluchtmuseum, beim Dorf Rozendaal; jetzt Sitz des Internationalen Schlösserinstituts, das eine Dauerausstellung über Burgen und Schlösser zeigt, – *Geöffnet:* im Sommer Di–Sa 10–17 Uhr, So 13–17 Uhr.

Wohl im 14. Jh. ließen die Grafen (später Herzöge) von Geldern am südöstlichen Rand des ausgedehnten Waldgebietes ›De Veluwe‹ eine Wasserburg errichten, in der sie bis zum Verkauf des Kastells 1536 im großen Stil residierten. Die

Mauerstärke des Donjons (2. Hälfte 14. Jh.) beträgt 4 m! Die Anlage wurde 1625, im frühen 18. Jh. und im 19. Jh. umgebaut. Rosendael ist vor allem auch wegen seines in Holland einmaligen *Terrassengartens* einen Besuch wert. Er wurde zwar 1837 von *J. D. Zocher* im Landschaftsstil umgestaltet, enthält aber noch Elemente der ursprünglichen barocken Planung, die seit ca. 1680 unter geschickter Ausnutzung des Terrains ausgeführt worden war. Bemerkenswert dabei ist auch, daß die Burg nicht in ein damals gängiges Achsensystem eingebunden wurde.
Vier stufenweise aufeinander folgende Bassins (jetzt zu einem großen Weiher verbunden) speisten die vielen Wasserkünste. Erhalten blieben u. a. eine Grotte mit *Wasserscherzen* (bedriegertjes), eine halbkreisförmige Abböschung mit Muschelgrotten und eine Kaskade im Stil Louis XIV (nach 1723). Der Auftraggeber, *Johan Baron van Arnhem* (1636–1716), war ein Günstling des Statthalter-Königs *Willem III.* Es spricht vieles dafür, daß *Daniel Marot* den Park entwarf. Sicher stammt von ihm das ›Maison de Plaisance‹, das er, nachdem *Lubbert Adolf Torck* 1722 das Kastell geerbt hatte, im gleichen Jahr baute. Der neue Schloßherr hat die Anlage verschönern und u. a. die Böschung mit dem Grottenwerk anlegen lassen. Es bestehen Pläne, den Garten zu restaurieren.

Velp (östlich von Arnhem): Das *ehem. Invalidenheim Bronbeek* (Velperweg 147) wurde 1860 für Soldaten der ehem. niederländischen Armee gebaut und dokumentiert jetzt die Geschichte dieser Armee (*geöffnet:* Di–So 9–17 Uhr).

· **Schloß Middachten** bei De Steeg (für Gruppen nach Vereinbarung zu besichtigen): Diese mittelalterliche Wasserburg war bereits 1572 und 1643 umgebaut worden, bevor sie 1695/98 ihre jetzige Gestalt erhielt. Die Erbtochter *Philippota van Raesfelt* (1643–1721) brachte sie 1666 in ihre Ehe mit *Godard van Reede-Ginkel,* Herrn van Amerongen (1644–1703), ein. Sein Vater hatte 1647/80 das Kastell Amerongen (vgl. Nr. 25) von *Maurits Post* neu aufbauen lassen. Auch der Sohn beauftragte einen Meister des Barockstils, *Steven Vennecool* (1657–1719), der kurz zuvor das Rathaus in Enkhuizen (Nr. 21) entworfen hatte, mit dem Umbau von Middachten. In Zusammenarbeit mit *Jacob Roman* entstand aus einem U-förmigen Kastell ein klassizistischer quadratischer Baukörper. Höhepunkt des Interieurs ist das zentrale ovale Treppenhaus mit stuckierter Lichtkuppel.
Van Reede gehört zu jener Kategorie von aldligen Bauherren, die im letzten Viertel des 17. Jh. am Hofe *Willems III.* eine wichtige Rolle spielten und deren Häuser nicht allzuweit von dem Jagdschloß ‹Het Loo‹ liegen. Unter Führung *van Reedes* schlugen die englisch-holländischen Truppen 1690 und 1691 den Schwiegervater *Willems III., Jakob II.* Als Dank erhob ihn *Willem* 1693 zum Earl of Athlone. Der einem Neubau gleichkommende Umbau der Wasserburg hängt sicherlich mit diesem gesellschaftlichen Aufstieg zusammen. Durch Vererbung kam Middachten um 1850 an die Grafen *Bentinck,* die den (zugänglichen) Park im 1. Jahrzehnt des 20. Jh. von dem französischen Gartenarchitekten *Edouard André* im historisierenden Le Nôtre-Stil anlegen ließen.

In *Oosterbeek* (einige Kilometer westlich von Arnhem) dokumentiert das *Airborne Museum Hartenstein* (Utrechtseweg 232; *geöffnet:* Di–Sa 11–17 Uhr, So 12–17 Uhr) die Schlacht bei Arnhem (vgl. S. 191).

46 Nationalpark ›De Hoge Veluwe‹ · Museum Kröller-Müller

Lage: Nördlich von Arnhem, zwischen Hoenderloo und Otterloo. – *Geöffnet:* Der *Park* tgl. (außer 1. Jan.) von 8 Uhr bis Sonnenuntergang. Das *Museum* Di–Sa 10–17 Uhr, So und Fei 11–17 Uhr; 1. Nov. – 1. April 13–17 Uhr. In dieser Zeit ist der Skulpturengarten geschlossen. Die Eintrittskarte für den Park gilt auch für das

Museum. Eingänge findet man bei Schaarsbergen im Süden, Otterlo im Westen und Hoenderloo im Osten. In den Monaten Juni – Sept. gibt es eine Busverbindung vom Arnhemer Bahnhof zum Museum.

Der über 5500 ha umfassende Nationalpark mit Wald- und Heidegebieten, Spazier- und Radwegen war einst Jagdrevier von *Anton* (1862–1941) und *Hélène* (1869–1939) *Kröller-Müller,* den Inhabern der Schiffahrts- und Handelsgesellschaft Wm. H. Müller & Co. In diesem Park liegt das 1937/38 von *Henry van de Velde* (1863–1957) eigentlich als Provisorium entworfene Museum. Das von *Berlage* entworfene, 1922 begonnene große Museum ist über die Fundamente am Franse Berg, nahe von *Moores* ›Drei stehenden Motiven‹ (1965), wegen der Finanzkrise der Firma nicht hinausgekommen. Plastiksaal und Aula wurden 1953/54 nach Plänen *van de Veldes* fertiggestellt, den Erweiterungsbau entwarf *W. G. Quist* 1975/77.

Sammlungsgeschichte

Ab 1908 erwarb das Ehepaar *Kröller-Müller* die ursprünglich 6800 ha großen Jagdgründe und ließ erste Pläne für ein Privatmuseum, noch in Zusammenhang mit einem Wohnhaus erstellen. *Peter Behrens* lieferte 1911/12, sein damals noch unbekannter Mitarbeiter *Ludwig Mies van der Rohe* 1912 Entwürfe für ein Haus nördlich von Den Haag; beide wurden nie ausgeführt. *Mies* lernte bei dieser Gelegenheit *Berlage* kennen, der 1913–1919 im Dienste von *Kröller Müller* stand, und übernahm dessen Ethik des ›ehrlichen‹ Ausdrucks von Material und Konstruktion. *Berlage* baute u. a. das Londoner Firmenbüro (›Holland House‹, 1914/16) und das Jagdschloß St. Hubertus. 1921–1926 lieferte *van de Velde* Entwürfe für das Museum.
Angeregt durch den Kunstpädagogen *H. P. Bremmer,* begann Frau *Kröller* Kunstwerke zu sammeln. Neben 89 Gemälden und 184 Zeichnungen von *Vincent van Gogh,* die den großartigen Kern des Museums (auch im wörtlichen Sinne) bilden, erwarb sie Werke seiner Zeitgenossen *Seurat, Signac, Redon,* der Kubisten *Picasso, Gris* und *Braque* sowie der Maler der ›De Stijl‹-Gruppe. Die sehr bewußt zusammengetragenen Werke repräsentieren die Periode, die vom Realismus der Jahre 1870–1890 bis zur Abstraktion (›Idealismus‹ laut Sammlerin) der 20er Jahre reicht.
»Bei dem, was ich sammle, denke ich immer an die Zukunft, inwieweit alles die Zukunftsprobe bestehen kann; denn ich sammle, um der Zukunft das zu geben, was mir das Beste im Leben erscheint, das, was allein Wert hat.« (Brief vom 24. Mai 1912). Kurz vor Übergabe an den Staat (1934), der sich zum Bau des heutigen, 1938 eröffneten Museums verpflichtete, schrieb sie: »Zum Nutzen und Genuß der Gemeinschaft zusammengebracht, bezweckt diese Sammlung, ein anschauliches Bild zu geben von der Entwicklung

sowohl des individuellen modernen Künstlers als auch von der Kunst unserer heutigen Tage im allgemeinen.«

Die Sammlung

Es empfehlt sich, die Chronologie der Kunstwerke zu beachten; denn erst so wird man der oben erwähnten didaktischen Absicht der Sammlerin gerecht. Am besten beginnt man ganz hinten im Vestibül des älteren Museumsbaus. Hier ist eine kleine Sammlung asiatischer (T'angplastik), griechischer und holländischer Keramik (Delfter Fayence, Tierplastik von *Joseph Mendes da Costa,* 1863–1939), die zusammen mit den älteren Kunstwerken in den benachbarten Räumen (*Lucas Cranach d. Ä.* ›Venus und Amor‹, nach 1537, ›Johann von Sachsen‹, 1526; *Hans Baldung Grien* ›Venus und Amor‹, 1524/25; *Barthel Bruyn d. Ä.* ›Damenporträt‹, auf der Rückseite ›Vanitas‹, 1524; Umkreis *Gerard Davids* ›Pietà‹; *Pulzone* zugeschr. ›Selbstbildnis‹, 1564) die Auffassung der Sammlerin, »alle Kunst sei miteinander verwandt«, anschaulich macht.
Es folgen Räume mit Werken von *J. B. C. Corot* ›Frau an der Quelle‹ (1865/70); ›Blick auf Soissons‹ (1833); *J. F. Millet* ›Frau am Backofen‹ (1854), ›Geburtshaus des Malers‹ (1854); *H. J. Fantin-Latour* mehrere Stilleben, ›Bildnis Eva Callimaki Cartagi‹ (1881); *M. Maris* ›Selbstbildnis‹ *(1860),* ›Spinnerin‹ *(1873); H. Daumier* ›Don Quichote und das tote Maultier‹, ›Bildnis des Don Quichote‹; *J. B. Jongkind* ›Hafen von Rotterdam‹ (1856), ›Schiff auf dem Strand‹ (1861).
Symbolismus und Jugendstil sind vertreten durch Werke u. a. von *O. Redon* ›Die Frau des Künstlers‹, ›Zyklop‹ (um 1895), ›Pegasus‹ (um 1906), ›Angélique und Roger‹ (um 1910); *J. Ensor; J. Toorop* ›Les Rôdeurs‹ (1889/92), ›Die drei Bräute‹ (1893); *J. Thorn Prikker* ›Madonna in Tulpenland‹ (1892), ›Kreuzabnahme‹ (1892), ›Die Braut‹ (1892/3).
Um den kreuzförmigen, auf die Hubertuslegende anspielenden Innenhof und in den angrenzenden Räumen hängen Werke von *Vincent van Gogh* (1853–1890) und seiner Vorläufer und Zeitgenossen. Durch die Hängung wird die gegenseitige Beeinflußung anschaulich gemacht: *Ed. Manet* ›Porträt‹ (1860); *Cl. Monet* ›Das Boot des Malers‹ (1874); *P. Cézanne* ›Landschaft‹ (1885); *A. Renoir* ›Clown‹ (1868), ›Das Café‹ (um 1876); *G. Seurat* ›Mole von Honfleur‹ (1886), ›Hafen von Honfleur‹ (1886), ›Le Chahut‹ (1889/90), *eines der Hauptwerke des Pointillismus,* ›Ein Sonntag in Port-en-Bessin‹ (1888); *P. Signac* ›Frühstück‹ (1886/87), ›Leuchtturm von Portrieux‹ (1888).
Die Werke *van Goghs* dokumentieren dessen Entwicklung von seiner Haager (›Fischerfrauen‹, 1883) und Brabanter Periode (1883/

Marta Pan: ›Schwimmende Skulptur‹ (1961)

85; viele Themen aus dem Leben der Bauern) über seinen Aufenthalt in Paris (›Moulin de la Galette‹, 1886, ›Stilleben mit Gipsstatue‹, 1887) bis zu seinem Selbstmord in der Provence (›Brücke in Arles‹, 1888, ›Caféterrasse bei Nacht‹, 1888, ›La Berceuse‹, 1889, ›Der Säher‹, nach Millet, 1889, ›Der Samariter‹ nach Delacroix, 1890, ›Les Alpilles‹, 1890.
Der Kubismus ist mit Werken von *Picasso* (›Violine‹, 1911/12, ›Guitarre‹, 1919), *J. Gris* (13 Stilleben), *G. Braque, F. Leger* (›Akte im Wald‹, 1909/11, ›Soldaten beim Kartenspiel‹, 1917, ›Der Typograph‹, 1919, ›Mechanisches Element‹, 1920) vertreten.
Den Weg zur Abstraktion kann man verfolgen an Hand der Bilder von *P. Mondriaan* (9 Kompositionen 1912/19) und *B. van der Leck* (›Der Sturm‹, 1916, ›Noortje‹, 1916, ›Stilleben mit Weinflasche‹, 1922). *Bart van der Leck* (1876–1958) versuchte, gemäß der ›De Stijl‹-Gruppe, zu der er gehörte, Malerei und Architektur zu einer Synthese zu führen. Er fand die Unterstützung von Frau *Kröller-Müller* und führte 1914–1916 Aufträge für Dekoration und Inneneinrichtung von Gebäuden der Firma Müller & Co. aus (oft in Zusammenarbeit mit Berlage); außerdem war er an der Innengestaltung des Jagdschlosses St. Hubertus beteiligt.
Im Erweiterungsbau ist die Kunst nach 1950 zu sehen: Skulpturen, Reliefs und Zeichnungen u. a. von *Caro, Beuys, King, Marini, Vasarely, Soto, Nevelson* und *Schoonhoven*.
Der 1961 eröffnete *Skulpturengarten* enthält Werke von *Marta Pan* (›Schwimmende Skulptur‹, 1961) *Rodin, Maillol* (›Die Luft‹, 1939),

Bourdelle (›Penelope‹, 1912), *Lipschitz, Paolozzi, Moore, Serra, Oldenburg, Fontana* (›Concetto speziale nature‹, 1965), *Rickey, Visser, Volten* und *Snelson* (›Turm‹ 1968). Im und um den Pavillon, den *Gerrit Rietveld* für eine Skulpturenausstellung in Arnhem (1955) entwarf und der 1965 hier wiederaufgebaut wurde, stehen Werke der englischen Bildhauerin *Barbara Hepworth. Dubuffets* ›Jardin d'email‹ datiert von 1972/73.

Der Grundriß des 1914/20 von *H. P. Berlage* für das Ehepaar *Kröller-Müller* erbauten *Jagdschlosses St. Hubertus* (jetzt Gästehaus der Regierung) symbolisiert das Geweih eines Hirsches, der Aussichtsturm das Kreuz, während die Raumfolge vom dunklen Vestibül zum hellen Arbeitszimmer der Bauherrin den Weg zur Erkenntnis versinnbildlicht. Das luxuriöse Interieur und die Möbel wurden ebenfalls von *Berlage* entworfen, *B. van der Leck* war verantwortlich für die Farbkomposition des Boudoirs.

47 **Apeldoorn**

Apeldoorn, am Ostrand der Veluwe, wird vor allem wegen des königlichen Jagdschlosses ›Het Loo‹ besucht. Es wurde bereits 793 genannt, erlangte aber bis ins 19. Jh. keine größere Bedeutung; erst danach entwickelte es sich zu einem Villenort. Westlich des Bahnhofes steht das bemerkenswerte, aus einer Häufung von Quadern komponierte Bürogebäude der Versicherungsgesellschaft Centraal Beheer, das *Herman Hertzberger* 1968/72 gebaut hat. Zwischen Stadtzentrum und Schloßpark im Norden findet sich die 1892 von *J. Verheul* im Stil der Neorenaissance errichtete Grote Kerk mit ihrem verspielten Turm.

Königliches Schloß ›Het Loo‹

Lage: Nördlich von Apeldoorn liegt inmitten eines Waldgebietes das 1977/84 eingehend restaurierte Jagdschloß, das jetzt als *Oranje-Nassau-Museum* eingerichtet ist. – *Geöffnet: Di–Sa 10–17 Uhr.*

Der Bauherr

Zu den Schlüsselfiguren europäischer Politik in der 2. Hälfte des 17. Jh. gehörte *Willem III. Hendrik,* Prinz von Oranje, Graf von Nassau (1650–1702). Sein Vater, Statthalter *Willem II.,* starb noch vor seiner Geburt und auch seine Mutter, die englische Königstochter *Maria Henrietta Stuart,* verlor er früh (1661). Er wurde vor allem von seiner Großmutter, *Amalia von Solms,* Witwe des Statthalters *Frederik Hendrick,* erzogen, der die Festigung der Macht der Oranier sehr am Herzen lag, und seit 1666 von den Generalstaaten, allen voran die Amsterdamer Handelskreise, die daran gerade nicht interessiert waren. 1651–1672 erlebte Holland die erste statthalterlose Periode; für das Haus Oranje bedeutete dies den Verlust der Statthalterwürde. Doch unter der drohenden Gefahr aus Frankreich

Schloß ›Het Loo‹

– *Ludwig XIV.* hatte im Holländischen Krieg bereits mehrere Provinzen erobert – ernannte die Republik 1672 den jungen Prinzen zum Oberbefehlshaber, kurz darauf zum Erbstatthalter mit fast diktatorischen Vollmachten.
Es gelang *Willhelm III.*, eine Koalition der Niederlande, des Deutschen Reiches, Brandenburgs und Spaniens gegen *Ludwig XIV.* zusammenzubringen, die im Frieden von Nijmegen (1678/79) dem Franzosen Einhalt gebot. Ein Jahr zuvor hatte er seine Cousine *Mary* geheiratet. Nachdem *Willem,* Protestant und erfolgreicher Gegenspieler des französischen Königs, seinen Schwiegervater, den englischen König *Jakob II.*, der wegen seines katholischen Glaubens und seiner Sympathie für *Ludwig XIV.* im englischen Parlament keine Unterstützung fand, von Whigs und Tories zum Eingreifen aufgefordert, in der ›Glorious Revolution‹ 1688 gestürzt hatte, um 1689 selber König von England zu werden, war er einer der unbestrittenen Lenker der europäischen Politik, die sich in dieser Zeit schon um das Schicksal des spanischen Erbes drehte.
Kernpunkt der holländischen Außenpolitik, die vom Statthalter in seiner Allianzpolitik glänzend vertreten wurde, war die Überzeugung, die Existenz der Republik sei nur durch Sicherung der Spanischen Niederlande als Puffer gegen Frankreich zu garantieren. Man muß dies berücksichtigen, will man das Bauvorhaben des Statthalter-Königs als Verkörperung von Macht, Ansehen und Größe eines Staates und seines Statthalters verstehen, wobei auch auf die Diskrepanz zwischen republikanischer Verfassung dieses Staates und monarchistischen Bestrebungen *Willems III.* hingewiesen werden muß: Die Ernennung des Statthalters erfolgte durch die Generalstaaten, die aber die Statthalterschaft für erblich erklärt hatten.

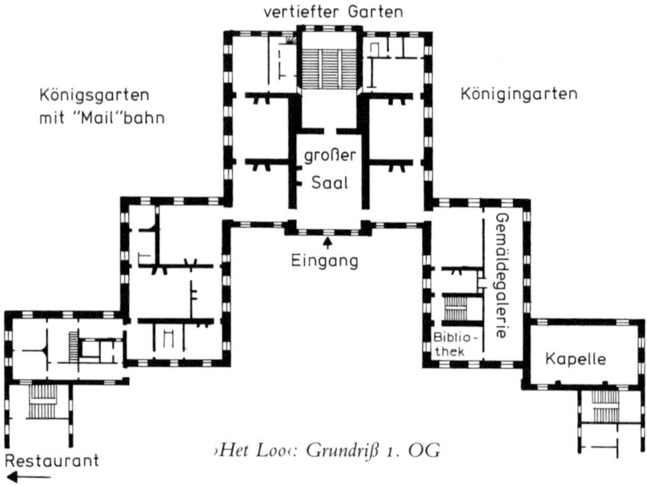

›Het Loo‹: Grundriß 1. OG

Baugeschichte

Am Rande der ausgedehnten Geest ›De Veluwe‹, seines bevorzugten Jagdgebietes, besaß *Willem III.* bereits zwei Jagdhäuser (Soestdijk und Dieren) und benutzte zeitweilig auch die Adelssitze von Freunden (Rosendael, Middachten, Amerongen). 1684 erwarb er auch die Wasserburg ‹Het Loo‹ (16. Jh.) mit umliegendem Gebiet. Um die Jahreswende 1684/85 bat er seinen Vertrauten *Hans Willem Bentinck,* der die Republik in Paris als Botschafter vertrat, bei der dortigen Académie Royale d'Architecture einen Entwurf für ein Jagdhaus zu bestellen. Es sollte ein ›corps de logis sur caves voûtées composé d'une vestibule, d'un escalier et de deux appartements et leurs dépendences‹ werden. Beim Bau von ›Het Loo‹ war *Bentinck* die Verbindungsperson zwischen *Willem III.* und dem Baumeister *Jacob Roman,* der 1685/86 das kubische Corps de logis und die ausgedehnten niedrigen L-förmigen Flügel in einem zurückhaltenden klassizistischen Stil errichtete, wobei ursprünglich palladianische ›quadranti‹, viertelkreisförmige Kolonnaden, die Verbindung zwischen Haupt- und Nebengebäuden herstellten. Leider ist von diesem ersten Zustand keine Abbildung erhalten. Die Kolonnaden wurden bereits 1692 entfernt und seitlich der Mittelachse des oberen Gartens aufgestellt. An die Stelle der Kolonnaden kamen nun seitlich je zwei in die Tiefe gestaffelte Pavillions, die um ein Stockwerk niedriger sind als der Mittelbau. Die Erweiterung war notwendig geworden, um die seit der Thronbesteigung in England (1689) viel größere Hofhaltung aufnehmen zu können.

Nach dem Tod *Willems III.* 1702 wurde das Schloß erst wieder in den 30er Jahren von *Willem IV.* genutzt. Der Garten wurde Ende des 18. Jh. teilweise in dem neuen Landschaftsstil umgestaltet. *Louis Napoleon,* 1806–1810 König von Holland, nutzte ›Het Loo‹ als Sommerresidenz und ließ, dem klassizistischen Geschmack entsprechend, die Außenseite weiß stuckieren und den ganzen Barockgarten zum Landschaftspark umgestalten. Während die ersten holländischen Könige ‹Het Loo‹ kaum besuchten, verbrachten König *Willem III,.* (1817–1890), seine Witwe *Emma von Waldeck-Pyrmont* (1858–1934) und ihre Tochter, die spätere Königin *Wilhelmina* (1880–1962), hier jährlich viele Monate. 1911 wurde das Schloß aufgestockt und erweitert. Diese eingreifenden Änderungen sind bei der jüngsten Restaurierung rückgängig gemacht worden. Nach ihrer Abdankung 1948 wohnte *Wilhelmina,* die wegen ihrer Haltung im Londoner Exil 1940/45 ›Mutter des Vaterlandes‹ genannt wurde, hier bis zu ihrem Tod 1962 ›einsam und doch nicht allein‹ (Titel ihrer 1959 erschienenen Autobiographie).

Inneneinrichtung

Für die Ausstattung des Schlosses war der 1685 aus Frankreich geflohene Hugenotte *Daniel Marot,* der von *Willem III.* protegiert wurde, verantwortlich. Er entwarf u. a. den ›Neuen Speisesaal‹ und die dortigen Wappengobelins (Brüsseler Werkstatt Jerôme LeClerc, um 1690) und die Wandmalereien (›Die Erdteile‹, 1692) im Treppenhaus (1902 auf Leinen kopiert). Der Große Saal im Piano nobile enthält Gemälde von *Gerard Lairesse* (›Die Verehrung der Flora‹) und *Johannes Glauber.* Die ›Prinselijke Appartements‹, die von *Willem* im Westen, die seiner Frau *Mary* im Osten, befinden sich im Corps de logis, in den anschließenden Pavillons (1692) links die ›Koninklijke Appartements‹ von *Willem,* rechts die der Königin. Während die Räume im Mittelbau noch illusionistisch bemalte Holzdecken haben, sind in den Pavillons Stuckdecken nach Entwürfen *Marots* angebracht worden. Die *Bibliothek* im östlichen Mittelpavillon besitzt eine bemerkenswerte Spiegeldecke. Im gleichen Pavillon ist die *Gemäldegalerie* eingerichtet.
Der Besucher bekommt bei seinem Rundgang einen guten Eindruck vom Schloß und seinen Bewohnern; den regierenden Mitgliedern des Hauses Oranje sind eigene Räume gewidmet, die im Stil ihrer Zeit eingerichtet sind. Der westliche Flügel dient für Wechselausstellungen; hier ist auch die Sammlung von niederländischen und fremden *Insignien* sowie *Orden* der Kanzlei der Niederländischen Ritterorden ausgestellt. Im östlichen Flügel ist eine Ausstellung über die Oranier zu sehen. In den etwas abseits gelegenen Ställen (1910) ist ein *Kutschenmuseum* untergebracht.

Die rekonstruierte Barockanlage, die in zwei Abschnitten 1685/86 und 1692 wohl nach Plänen *Marots* entstand, zeigt noch altertümliche Renaissancezüge im westlichen *Königs-* und im östlichen *Königingarten* (giardini secreti), während in dem von drei Seiten von erhöhten Terrassen umgebenen Parterre mit ›compartiments de broderies‹ und Springbrunnen Barockeinfluß erkennbar ist. Er zeigt sich besonders in der Ausrichtung der Achsen; Die Hauptachse beginnt ca. 600 m vor dem Palast und endet bei einem Obelisk außerhalb des Gartens. Was man heute sieht, ist eine Rekonstruktion mit Hilfe der freigelegten Fundamente; denn bei der Umgestaltung im Landschaftsstil 1807 war der *vertiefte Garten* einfach zugeschüttet worden. Im *oberen Garten,* der von der querverlaufenen Allee bis zur Wasserburg ›Oude Loo‹ vom ›sunken garden‹ getrennt wurde und mit diesem auch nie eine Einheit bildete, ist der Landschaftsstil nicht ganz rückgängig gemacht worden.
Die politisch-allegorischen *Gartenskulpturen* nach Entwürfen *Romeyn de Hooghes* (1648–1708), der sein Schaffen ganz in den Dienst der politisch-propagandistischen Graphik stellte und eine wesentliche Rolle in der Verherrlichung *Willems III.* spielte, sind u. a. von *Johannes Blommendael* und *Jan Ebbelaer* gefertigt worden. Erhalten sind u. a. Kaiserbüsten, Vasen und zwei Flußgötter ›IJssel‹ und ›Rhein‹; die übrigen Statuen und Springbrunnen sind Kopien. Die Wasserspiele, sonst in Holland eine Seltenheit, waren hier dank der vorhandenen Quellen möglich.

48 **Harderwijk**

An der 1372 gegründeten, 1600 zur Akademie erhobenen Lateinschule des ehem. Hanse-Städtchens (Stadtrechte von 1231) promovierten u. a. Hollands berühmtester Naturforscher, *Herman Boerhaave* (1668–1738), und der berühmte schwedische Biologe *Karl von Linné* (1707–1778). Von der Umwallung ist der *Vispoort* (14./15. Jh.) erhalten. Das mittelalterliche *Rathaus* wurde 1837 im klassizistischen Stil umgebaut.
Die *Grote Kerk* entstand in zwei Bauabschnitten. Älteste Teile sind die beiden Joche (um 1375–1390) des Langhauses. Ca. 1400–1440 entstanden Querschiff und Umgangschor, die beide breiter als das ältere Langhaus angelegt wurden. Die bemerkenswert tief ansetzenden, wohl höher geplanten Gewölbe des Chores sind erst 1560 eingezogen worden. Man nimmt an, daß der Baumeister des Chores der Kampener Bovenkerk, *Rutger van Ceulen* (Köln), auch diesen Chor entworfen hat. Die Chorschranken waren ursprünglich durchbrochen. Die Kanzel datiert von 1620, die Bätzorgel von 1826.
Südöstlich der Grote Kerk (Academiestraat) stehen einige Gebäude des früheren *Tertiarierinnenklosters* (15./16. Jh.), das nach der Reformation die Akademie aufnahm. In der gleichen Straße steht auch der sog. *Linnaeusturm* (16. Jh.) mit einer Büste des schwedischen Forschers (1843). Durch das Tor nebenan betritt man den *ehem. Botanischen Garten.* – Das *Veluws Museum* (Donkerstraat 4) dokumentiert die Geschichte der Stadt und der Veluwe.

49 Doesburg

Diese charmante, einst zweitgrößte Stadt der Grafschaft Zutphen, erhielt 1237 Stadtrechte und war seit 1447 Mitglied der Hanse. Obwohl auf Befehl *Karls V.* das Flußbett der IJssel 1552 näher an die Stadt heran gelegt wurde, konnte deren wirtschaftlicher Niedergang nicht gestoppt werden. Doesburg war bis 1923 Festung; im Osten und Süden sind Reste der Umwallung (um 1600; 1701/30 von *Menno van Coehoorn* ausgebaut) erhalten.
Die *Grote* oder *St. Martinskerk* ist eine Pfeilerbasilika mit eingebautem Westturm in Niederrheinscher Spätgotik (Ende 14. Jh., 1483/1530 nach einem Brand wiederaufgebaut). Der Turm (wohl 1430) ist nach Sprengung durch deutche Truppen am 15. April 1945 später wiederaufgebaut worden. Die bereits 1548 durch Brand zerstörten Steingewölbe im Landhaus hat man bei der Restaurierung 1959/69 durch Sterngegwölbe aus Holz ersetzt. Die Kanzel datiert von 1610, die Orgel stammt aus der Rotterdamer Zuiderkerk.
Das *spätgotische Rathaus* (Roggestraat 2, nördlich des Marktes) ist ein wichtiges Beispiel der niederrheinischen Backsteinarchitektur aus der 1. Hälfte des 16. Jh. Das Portal wurde 1663 angebracht; gegenüber steht die *Waage* (16. Jh; jetzt Restaurant). Das *ehem. Stadtgefängnis* (Roggestraat 9–11) beherbergt das *Heimatmuseum*.

50 's-Heerenberg

Die Handelsniederlassung, die um die Burg der Herren van de Berg an der Straße von Zutphen nach Emmerich entstand, erhielt 1376 Zoll-, 1379 Stadtrechte. 1416 kam sie an das Geschlecht van der Leck, das den Namen Bergh annahm; ihm gehörte u. a. der Schwager *Willems I.*, Graf *Willem van den Bergh* (1537–1586) an, der als Statthalter von Geldern 1583 wegen Verrats gefangengenommen wurde. Später kämpfte er auf spanischer Seite gegen die Republik. 1749 fiel die Grafschaft Bergh an die Fürsten von Hohenzollern-Sigmaringen, die sie 1912 an den Textilfabrikanten *van Heek* aus Enschede verkauften. Dieser ließ die im Laufe der Jahrhunderte öfters erweiterte, aus dem 12. Jh. stammende Burg mit kostbarem Mobiliar ausstatten. In der Nähe der trapezförmigen Vorburg (um 1400) steht die *ehem. Schloßkapelle* (15. Jh.). Das spätgotische *Rathaus* (Hofstraat, Ecke Marktstraat) entstand im frühen 16. Jh.

51 Zutphen

Verkehrsamt: ›Wijnhuis‹, Groenmarkt 40.

Nahe dem Stammsitz der Grafen von Zutphen, am rechten Ufer der IJssel, die hier die Berkel aufnimmt, entstand eine Siedlung, die 1190 Stadtrechte erhielt. Als Hansestadt stand Zutphen in regem Handelsverkehr mit Skandinavien. Die *Altstadt* mit ihrem Gürtel aus 3 ineinanderübergehenden Plätzen (Zaadmarkt, Houtmarkt und Groenmarkt) und die 1272 erstmals erwähnte Neustadt nördlich der Berkel wurden im 14./15. Jhr. gemeinsam befestigt; im Osten entwickelte sich die nie voll integrierte sog. *Spitalstadt.* Als Festung spielte Zutphen im 80-jährigen Krieg eine wichtige Rolle. Von der mittelalterlichen Umwallung sind Überreste der Türme und der in 3 Bögen durch die Berkel geführten Mauer erhalten. Auch nachdem der Flußhandel durch die Versandung der IJssel zurückgegangen war, blieb Zutphen während der Republik ein wichtiges Verwaltungszentrum.

Walburgiskerk:

Sie war früher Stifts- und Pfarrkirche; ihr jetziges Aussehen ist das Resultat verschiedener Umbauten. Ältester Teil ist der Hochchor (12. Jh.), der ursprünglich eine halbrunde Apsis und eine 1595 zerstörte Krypta hatte. Um 1225 wurde eine romanogotische Kreuzbasilika begonnen; die Apsis ersetzte man durch einen dreiseitigen Chorabschluß. Vom Langhaus (um 1250) ist das zweijochige Mittelschiff im gebundenen System mit sechsteiligen Gewölben erhalten. Der von Anfang an eingebaute Westturm bildet ein drittes Joch.

Ca. 1370–1390 entstand um den älteren Hochchor ein gleichhoher Hallenumgang mit rechteckigen Umgangskapellen, 1393 die polygonale Liebfrauenkapelle in der Achse des Chorumgangs. Um 1450 erfolgte der Umbau zur Hallenkirche. Nach einem Brand 1446 wurden auf dem zweigeschossigen Unterbau die beiden oberen Geschosse mit reichem Blendmaßwerk in den Nischen, errichtet. Die 1600 durch Feuer zerstörte Spitze (1484) wurde 1633/37 durch eine zweigeschossige Kuppelbekrönung aus Holz ersetzt, die 1948 abbrannte, aber in alter Form wiederhergestellt wurde. Das Marienportal im Norden, in Formen der niederrheinischen Spätgotik, dürfte gegen Ende des 15. Jh. zugefügt worden sein. Die tiefen Kapellen an den Stirnseiten des Querhauses (um 1500) haben Sterngewölbe.

Bei Restaurierungsarbeiten (1947/70) sind viele *Gewölbemalereien* freigelegt worden (Chorkapellen um 1400, Chor, Vierung und Querhaus um 1475–1500 entstanden). Der eiserne *Leuchter* im Chor entstammt dem 15. Jh. Die Louis XIV-Kanzel ruht auf einem gußeisernen Fuß (1670). In einer der südlichen Umgangskapellen befindet sich das Epitaph für Baron van Heeckeren und seine Frau (1706). Das *Messingtaufbecken,* eine Mischung aus gotischen und Renaissance-Formen, fertigte *Gielis van Eynde* aus Mecheln 1527; leider fehlt die Christusfigur der ›Taufe Christi‹-Gruppe. Die Orgel stammt von 1643.

1561/63 fügte man an den Chorumgang im Südosten die sog. ›librye‹, die *Bibliothek,* an. Sie besitzt etwa 400 wertvolle Bücher und Handschriftren sowie 85 Inkunabeln, die mit Ketten an den Doppelpulten befestigt sind. Führungen finden von Mai – Sept. an Wochentagen um 10, 13, 14, 15 und 16 Uhr statt.

Bedingt durch die gesonderten Dächer über den einzelenen Bauteilen, wirkt das Äußere der Kirche sehr malerisch, vor allem vom Süden, von der ehem. Umwallung her. – Im Straßenpflaster vor der Kirche sind die Grundmauern der gräflichen Burg, der die Stadt ihr Entstehen verdankt, angedeutet. An der Westseite des Platzes steht ein *Pavillon* (1697), der innen als Muschelgrotte gestaltet ist. Ein paar Schritte westwärts sieht man einen Überrest der Stadtmauer und den *Bourgonjeturm* (1457) mit einem Kuppelaufsatz von 1742.

Zutphen: Walburgiskerk

Das *spätgotische Rathaus* nördlich der Kirche entstand im 15. Jh. und wurde 1716 um 2 vorspringende Flügel mit dem von Trophäen und Wappen geschmückten Eingang erweitert. Im Innern blieb die spätgotische Fleischhalle (jetzt Bürgersaal) mit eindrucksvollem offenem Dachstuhl erhalten.

Östlich der Walburgiskerk steht der *Drogenaps-Turm* von 1444, der 1888 beim Umbau zum Wasserturm durch Zinnen und eine hohe Spitze verschönert wurde. Beidseits der Gasse, die zum ehem. Stadttor führt, befinden sich zwei bemerkenswerte Häuser: rechts das spätgotische *Haus Zaadmarkt* 109 von 1549, links die 1639 erbaute ›ruiterkortegaard‹ oder *Hauptwache* (kortegaard = corps de garde).

Das *Museum Henriette Polak* (Zaadmarkt 88; *geöffnet:* Di–Fr 10–17 Uhr, Sa 10.00–12.30 Uhr, So 14–17 Uhr) besitzt eine Sammlung moderner figurativer holländischer Kunst. Interessant ist die Versteckkapelle von 1628 in dem um 1800 umgebauten Haus. – Der *Wijnhuistoren* gehörte zum städtischen Weinhaus (17. Jh.), das 1863 durch ein neues Gebäude ersetzt wurde. Der Turm wurde in zwei Bauperioden (1618/27 und 1637/41 nach einem Entwurf von *Edmond Hellenraedt* errichtet und erinnert mit seinen vier über die abgeschrägten Ecken gestellten Säulen stark an Türme *Hendrick de Keysers,* ohne jedoch deren Eleganz zu erreichen.

Im Norden der Stadt, zwischen Broederenkerkhof, Rosmolensteeg und Rozengracht liegt das 1293 gegründete *ehem. Dominikanerkloster.* Die basilikale Klosterkirche (14. Jh.) wird jetzt als *Städtische Bibliothek* genutzt, Dormitorium und Refektorium (15. Jh.) beherbergen das *Stedelijk Museum* (Rozengracht 3; *geöffnet:* Di–Fr 10–17 Uhr, Sa 10.00–12.30 Uhr, So 14–17 Uhr) mit einer Sammlung lokaler Kunstgegenstände. In dem holztonnengewölbten Saal des Obergeschosses ist ein Altar aus der Walburgiskerk (frühes 15. Jh.) aufgestellt.

Etwa 2 km östlich von Zutphen steht das architekturgeschichtlich wichtige Landhaus ›De Voorst‹: König-Statthalter *Willem III.* ließ es von ca. 1695–1700 für seinen Favoriten, *Arnold Joost van Keppel* (1669–1718; 1696 zum Earl of Albermarle erhoben), von *Jacob Roman* und *Daniel Marot* bauen, die auch ›Het Loo‹ (Nr. 48) entwarfen. Bemerkenswert sind die ursprünglich in ›Het Loo‹ auch vorhandenen viertelkreisförmigen Kolonnaden, die unter Einfluß des englischen Palladianismus entstanden sein dürften. Leider ist das Interieur 1943 einem Brand zum Opfer gefallen.

52 Deventer

Verkehrsamt: Stationsplein 2 (beim Bahnhof).

Deventer, im Mittelalter eine bedeutende Handelsstadt, wurde 768 erstmals erwähnt im Zusammenhang mit dem Bau einer Kapelle durch den angelsächsischen Mönch *Lebuinus* († um 773). Als die Bischöfe von Utrecht vor den Normannen weichen mußten, verlegten sie ihren Sitz nach Deventer (866–918). 1046 schenkte Kaiser *Heinrich III.* Deventer dem Utrechter Bischof. Wie die anderen IJsselstädte Zwolle und Kampen war Deventer, das 1123 Stadtrechte erhielt, seit dem 13. Jh. Mitglied der Hanse. *Geert Groote* (1340–1384), der Gründer der ›Devotio moderna‹, wurde hier geboren und machte die Stadt zum Zentrum der vorreformatorischen ›Brüder vom gemeinsamen Leben‹ (vgl. Zwolle, Nr. 53). Seit dem 16. Jh. verlor die Stadt an Bedeutung; 1591 kam sie endgültig an die Republik. Heute bietet Deventer mit seinen gut erhaltenen Baudenkmälern ein sehr attraktives historisches Stadtbild.

Zentrum der Stadt ist der *Brink* (Anger) mit der *Waage,* die jetzt als *Stadtmuseum* dient (*geöffnet:* Di–Sa 10.00–12.30 und 14–17 Uhr) Das spätgotische Gebäude, einst teils als Waage, teils als Hauptwache benutzt, datiert von 1528, die Freitreppe mit Vorhalle von 1643. – Das Haus ›De drie Haringen‹ (Brink 55, neben der Waage) wurde 1575 im Stil von *Vredeman de Vries* errichtet und enthält jetzt Stilräume sowie eine Sammlung Kostüme und Spielzeug (*geöffnet:* Di–Sa 10.00–12.30 und 14–17 Uhr, So 14–17 Uhr). – Um den Platz herum finden sich mehrere historische Fassaden, so die spätgotischen Staffelgiebel, z. B. der Stadtbibliothek nördlich der Waage, die einst als Heiliggeistspital gebaut wurde. – Das *Penninckhuis* (Brink 89) von 1588 hat eine Renaissance-Fassade; die Originale der allegorischen Frauenfiguren ›Glaube‹, ›Hoffnung‹, ›Liebe‹, ›Vorsicht‹, ›Stärke‹ und ›Mäßigkeit‹ befinden sich im Waagemuseum und im Rijksmuseum in Amsterdam. Die Statue *Albert Schweizers* (1975) erinnert an seine Besuche in Deventer; im Penninckhuis ist eine Dauerausstellung über sein Leben und Werk zu sehen.
Durch die Bergstraat erreicht man die *Bergkerk.* Das Stadtviertel um diese Kirche wird gekennzeichnet durch Wohnhäuser mit spätgotischen Fassaden mit (gekanteten) Fialen. Renaissance-Einfluß ist in den geschweiften Giebeln spürbar. – Die *Berg-* oder *St. Nikolaaskerk,* eine spätgotische Kreuzbasilika aus dem 15. Jh., mit Resten des romanischen Vorgängerbaus (um 1200), hat von diesem die beiden in Tuffstein ausgeführten Türme übernommen (in der 1. Hälfte des 15. Jh. erhöht). Zwischen diesen befand sich einst eine Halle mit Empore. Architekturgeschichtlich ist diese Zweiturmfassade in Holland eine Seltenheit. Die Rundbogennischen, Reste des romanischen Querhauses, enthalten Wandmalereien vom Beginn des 13. Jh. Die Wandmalerei im nördlichen Chorumgang (›Christophorus‹), im nördlichen Querhaus (›Königspaar‹) und auf der Westmauer des nördlichen Seitenschiffs (›Wurzel Jesse‹) entstanden erst um 1500.

Deventer: Waage

St. Lebuinuskerk (Eingang auf der Nordseite): Unter dem Utrechter Bischof *Bernold* oder *Bernulphus* (1027–1054) wurde 1046 anstelle der 768 von dem hl. Lebuinus gestifteten und öfters erneuerten Kapelle eine große Stiftskirche errichtet, und zwar als frühromanische Tuffsteinbasilika mit doppeltem Querschiff. Sie war damals eine der bedeutendsten Kirchen im Westen des deutschen Kaiserreichs und durch den Bauherrn mit ähnlichen kleineren Bauten (St. Pieter in Utrecht, St. Martin in Emmerich) verwandt. Das klare, einheitliche Baugefüge deutet auf das Festhalten ottonischer Prinzipien. Vier Türme und ein dreiteiliger Westbau, der sich in Emporen zur Kirche hin öffnete, flankierten wahrscheinlich das Westquerschiff. Reste dieser Kirche, u. a. die dreigeschossigen Fassaden der Querschiffe an der Nordseite, das Mauerwerk des Ostchores und die Krypta darunter, sind in der jetzigen Kirche erhalten.

Das Kreuzgratgewölbe der Hallenkrypta ruht auf Säulen mit flachen Würfelkapitellen. Die Schäfte sind mit Schuppen oder geschraubten Kanneluren geschmückt. Die Engelsgestalten auf dem Gewölbe entstammen dem 15. Jh. Die dreiteilige romanische Choranlage war innen halbrund, außen dreiseitig geschlossen. In der 1. Hälfte des 13. Jh. fing man an, Chor und östliches Querschiff einzuwölben, worauf die romanischen Dienste im Chor und an den Vierungspfeilern deuten. Gegen 1250 wurde das Langhaus umgebaut; es erhielt jetzt 6 anstelle von ursprünglich 9 Arkaden und drei sechsteilige Gewölbe. Gleichzeitig wurden die Querschiffe verändert. 1450 folgte der Umbau zur jetzigen Hallenkirche im Stil der niederrheinischen Gotik. Zuerst entstanden das südliche Seitenschiff und der anschließende *Südwestturm* (1463), der 1612/13 nach Plänen von *Hendrick de Keyser* um ein achtseitiges Kuppelgeschoß erhöht wurde. 1486 folgte der Chorumgang, 1494/99 die Ratskapelle an der Südseite und erst im 16. Jh. das nördliche Seitenschiff; die gesamte Kirche wurde mit Kreuz-, Stern- und Netzgewölben versehen. Bei den Restaurierungsarbeiten 1927–1952 hat man *Wandmalereien* freigelegt: u. a. im Chorumgang einen ›Hl. Michael‹ und einen ›Hl. Quirinus‹ (um 1500) und auf der Westmauer des nördlichen Querhauses ein ›Jüngstes Gericht‹ (1549). Die Kirche besitzt eine Kanzel im Stil Louis XVI und eine Orgel von 1839.

An der Nordwestecke der Lebuinuskerk stehen Reste der *ehem. Marienkirche* (15./16. Jh., im 17. Jh. teilweise abgetragen). Nördlich der Lebuinuskerk steht die ›Botermarkt‹, eine offene Markthalle von 1889. Am Ufer der IJssel sind Reste der doppelten Umwallung mit Türmen erhalten.

Raadhuis: Am Grote Kerkhof südlich der Lebuinuskerk findet sich das Rathaus, eine der interessantesten Bauten des ausgehenden Barock in Holland. 1693 erhielt der statthalterliche Architekt *Jacob Roman* (1640–1716) den Auftrag, das aus dem 13./14. Jh. stammende alte Rathaus und das rechts daneben gelegene ›Wanthuis‹ (Gewandhaus), das bereits 1484 in das Rathaus einbezogen worden war, hinter einer Fassade zusammenzufassen. *Philip Vingboons* hatte bereits 1662 die Pilasterfassade für das Gewandhaus entlang der Polstraat entworfen.

Roman entwarf eine zweigeschossige Sandsteinfassade mit einem Attikageschoß. Die Fenster sind einfach eingeschnitten, der rustizierte flache Mittelrisalit wird durch einen Balkon, der auf Pfeilern und Säulen ruht, sowie die Wappen der Stadt und des Bistums Utrecht in der Attikazone betont. Die Ecken werden durch Rustizierung hervorgehoben. Mit dieser kühlen, gut proportionierten Fassade steht Roman in der holländischen klassizistischen Tradition eines *Jacob van Campen* oder *Pieter Post*. Er setzte aber nicht die bei diesen beiden beliebte Pilastergliederung ein, sondern ließ seine Fassade betont flächig. Mit *Vennecools* Rathaus in Enkuizen (1688; Nr. 21) gehört dieser Bau zu den wichtigsten öffentlichen Bauten des ausgehenden 17. Jh.

Das Rathaus hat ein sehenswertes Interieur: Die Eingangshalle enthält Stuckdekoration von 1776. Durch das geschnitzte Portal (1665) betritt man das Gewandhaus, in dem der moderne Große Saal überrascht. Der ›oude raadzaal‹ (Schöffensaal) enthält eine *Barocktäfelung* (1660), vor der einst die zwei Bürgermeistersessel standen; der obere Teil mit Uhr wurde 1732 hinzugefügt. Die Details deuten auf die hier geübte Rechtssprechung hin (Henkerschwerter in einem Rahmen mit geschnitzten Strafvollzuginstrumenten). *Hendrick Terbrugghens* ›Vier Evangelisten‹ (1621) kamen 1707 als Geschenk an die Stadt. Im 1. Stock hängt *Gerard Terborchs* ›Der Magistrat von Deventer 1667‹; dieses Gruppenporträt ist kompositorisch allerdings weniger gelungen als sein berühmter ›Friedensschluß zu Münster 1648‹ (National Gallery, London).

Seit der 1982 abgeschlossenen Restaurierung ist das *Landshuis* links Teil des Rathauskomplexes. Die ehem. Stadtherberge und späterer Sitz der Staaten von Gelderland erhielt 1632 die Renaissance-Fassade mit drei Portalen mit Knorpelornament.

53 Zwolle

1230 erteilte der Utrechter Bischof *Willebrand van Oldenburg* Zwolle Stadtrechte, 35 Jahre später erhielt es Marktrechte. Dank seiner Lage nahe der IJssel und der Zuiderzee war Zwolle bereits im Mittelalter ein wichtiger Handelsumschlagplatz zwischen Westeuropa, dem Ostseegebiet und den norddeutschen Hansestädten, 1407–1604 sogar freie Hansestadt. Seit dem ausgehenden 14. Jh. bildete Zwolle den Mittelpunkt der *Devotio moderna,* einer geistigen Laienbewegung, die von *Geert Groote* aus dem benachbarten Deventer gegründet wurde. Ihre Anhänger suchten in klosterähnlichem Zusammenleben den einfachen Weg zu Gott durch die im Alltag bewährten Tugenden und widmeten sich vor allem dem Abschreiben und Binden von Büchern. *Thomas à Kempis* (*Thomas von Kempen;* 1380–1471), der in der Nähe wohnte, verbreitete die Ideen der Bewegung in seinem Buch ›Die Nachfolge Christi‹ (um 1427), das später auf die katholische Reformbewegung im 16. Jh. *(Ignatius von Loyola)* großen Einfluß nahm. 1579 schloß die Stadt sich der Union von Utrecht an. 1614 wurde die Umwallung ausgebaut, 1790 geschleift. *Gerard Terborch* (1617–1681), ein Maler kleinformatiger Porträts, wurde hier geboren, arbeitete hier auch, mit Unterbrechungen, bis 1654 und zog dann nach Deventer. Seit 1802 ist Zwolle Hauptstadt der Provinz Overijssel.

Raadhuis: Von dem aus drei mittelalterlichen Häusern, denen 1821 eine Fassade vorgeblendet wurde, zusammengesetzten Rathaus, ist nur an der Rückseite zum Grote Kerksplein noch etwas sichtbar. Hier befindet sich auch der ehem. Schöffensaal (1448) mit seinem ›Jüngsten Gericht‹ (1606) über dem gotischen Kamin. Dieses Bild eines unbekannten Malers hat einen schönen Rahmen in Roll- und Beschlagwerkornamentik. Die spätgotischen Türen der Mauerschränke datieren von 1449, die Tribüne von 1658. Der moderne Flügel entstand 1973/76 nach einem Entwurf *J. J. Konijnenburgs.* – Vor dem Rathaus steht *Rodins* ›Adam‹.

St. Michaelskerk: Die gotische Hallenkirche mit 3 Chören wurde in der 2. Hälfte des 14. Jh. begonnen und um 1450 fertiggestellt. Der 1406 begonnene Turm stürzte nach mehreren Bränden 1682 ein; an seiner Stelle entstand das merkwürdige *achteckige Konsistorialzimmer.* Die Portalvorhalle neben der Wache folgte erst im frühen 16. Jh. An der östlichen Außenmauer des Mittelchores ist ein romanisches *Relief* (13. Jh.), ›Die Seelen in Abrahams Schoß‹, aus dem Vorgängerbau angebracht. Der ursprünglich dem Erzengel Michael gewidmete Mittelchor wird seit 1579 von einem *Gitter* mit drei Rollwerkaufsätzen im Stil von *Vredeman de Vries* abgeschlossen. Prunkstück der Kirche ist die *Kanzel,* die zu den interessantesten in Holland gehört. Der aus Weilburg in Nassau stammende Bildhauer *Adam Straes* fertigte sie 1617/22 in einem verblüffend fantasievollen manieristischen Stil. Die berühmte *Orgel* wurde 1719/21 von *Johan Georg* und *Franz Caspar Schnitger* aus Hamburg gebaut. Das Gehäuse lieferte *Jurriaan Westerman* aus Amsterdam. Durch eine Tür unter der Orgelempore erreicht man das *Konsistorialzimmer* (1688) im Stil Louis XIV mit *Hendrik ten Oevers* ›Gruppenporträt der Pfarrer von Zwolle‹ (1691).

Neben dem Eingang zur Kirche steht das hübsche Renaissance-Wachlokal mit seinem zierlichen Giebelaufsatz (1614).

St. Michaelskerk: Kanzel

Onze Lieve Vrouwekerk: Die 1463 als einschiffige Kreuzkirche gebaute Liebfrauenkirche erhielt erst 1887/89 Seitenschiffe. Die Laterne des Turmes (1487) wurde, nachdem der Baumeister *Simon Pinet* mit den vorausbezahlten Geldern verschwunden war, seit 1538 vollendet. Seit dem kuppelförmigen Abschluß von 1828 trägt der Turm den Namen ›Peperbus‹ (Pfefferbüchse).

Provinciaal Overijssels Museum (Melkmarkt 41. *Geöffnet:* Di–Sa 10–17 Uhr, So 14–17 Uhr): Die ehem. Residenz der Statthalter Overijssels mit einer breiten, spätgotischen Fassade (1535) wurde 1741 stark verändert. Sie erhielt u. a. eine etwas schwerfällige Rokokobalustrade mit Familienwappen und Figuren der Amphitrite und des Poseidon. Heute beherbergt sie ein reizendes Museum mit Stilräumen (18. Jh.), einem *Renaissance-Zimmer* mit schöner Täfelung aus dem ehem. Zuiderzeestädtchen Blokzijl (um 1640), Gemälden von Zwoller Malern, wie *Gerard Terborch* und *Hendrik ten Oever,* Silber und archäologischen Funden.
Am *Melkmarkt* stehen mehrere interessante Häuser aus dem 17. Jh. Zwischen Waterstraat, Nieuwstraat und Speenstraat, direkt an der mittelalterlichen Stadtmauer, befindet sich der 1970/75 im Rahmen der Stadterneuerung entstandene Komplex mit 75 Stadtwohnungen und 21 Wirtschaftsräumen, die von *Aldo van Eyck* und *Theo Bosch* entworfen wurden und in Maßstab und Kleinschaligkeit Rücksicht auf die ältere Bausubstanz nehmen. Die Innenstadt Zwolles bekam mit dieser vielbeachteten Siedlung einen dringend notwendigen vitalen Impuls.
Die *Broerenkerk* am Broerenkerkplein, um 1500 als Kirche des 1465 gegründeten Dominikanerklosters gebaut, ist eine hohe zweischiffige spätgotische Hallenkirche mit Kreuzrippengewölben. Der alte Kreuzgang wird zur Zeit restauriert. In der ehem. Librije sind jetzt ein Restaurant und Ausstellungsräume eingerichtet. – Die *Bethlehemse Kerk* in der Sassenstraat, eine schlichte zweischiffige Hallenkirche, ist wohl in der 1. Hälfte des 15. Jh. als Klosterkirche der Augustinerchorherren errichtet worden. – Das Haus *Karls V.* (1571) nebenan hat eine reiche Backsteinfassade, die mit manieristischen Pilasterstellungen und Ornamentik im Stil *Cornelis Floris* gegliedert wird. Der Name stammt wohl von der Kaiserbüste in einer Rollwerkkartusche im oberen Teil. – Am Ende der Sassenstraat steht das eindrucksvolle *Sassenpoort;* das 1409 errichtete Stadttor erhielt erst 1893/98 das verspielte Glockentürmchen. – Der klassizistische Justizpalast am Blijmarkt datiert von 1840/41. – Im Celekomplex in der Papenstraat, benannt nach *Johannes Cele,* dem Rektor der berühmten Lateinschule des Mittelalters, wohnten und arbeiteten seit dem Ende des 14. Jh. die ›Brüder vom gemeinsamen Leben‹.

›Het Nijenhuis‹ (14 km südöstlich von Zwolle, Richtung Almelo, südlich des Dorfes Heino): Das Rittergut (14./15. Jh.) wurde um 1680 zu einer Dreiflügelanlage umgebaut. Hier und in den Wirtschaftsgebäuden hat der frühere Direktor des Rotterdamer Museum Boymans van Beuningen, *Dr. D. Hannema,* seit 1958 den Kunstbesitz der Stifung ›Hannema-De Steurs‹ untergebracht. Die Sammlung umfaßt orientalische Keramik, europäische Skulptur, Möbel und Gemälde von ca. 1600 bis heute, darunter einige von *Jan Vermeer,* deren Authentizität allerdings sehr umstritten ist.

In dem nahen *Windesheim* stand das von *Geert Groote* 1387 gegründete Kloster der ›Brüder vom gemeinsamen Leben‹. Erhalten blieb die sog. Brauerei (17. Jh.), die jetzt als Kirche dient.

Hattem: Das ehem. Hansestädtchen an der IJssel besitzt eine spätgotische Pfeilerbasilika (15./16. Jh.) mit romanischem Turm (12. Jh., im 15. Jh. erhöht), neben dem die im 19. Jh. umgebaute *ehem. Hauptwache* (1621) steht. Das *Renaissance-Rathaus* wurde im 18. Jh. umgestaltet. Die *Waage* datiert von 1615. Kerkhofstraat 9 ist das Geburtshaus (Renaissance-Fassade von 1618) des Generals *Herman Willem Daendels* (1762–1818), der eine wichtige Rolle beim Zustandekommen der Batavischen Republik (1795–1806) spielte und später Generalgouverneur von Niederländisch-Indien war. Das nahegelegene *Heimatmuseum* (Achterstraat 48; *geöffnet:* Di–Fr. 9.30–12.00 Uhr und 14.00–16.30 Uhr) zeigt u. a. Trachten und ›IJssellandschaften‹ von *J. Voerman* (1857–1941).

54 Elburg

Das Festungsstädtchen wurde 1392 auf viereckigem Plan mit regelmäßigem Straßenraster angelegt, um die alte Stadt, die von der Zuiderzee bedroht wurde, zu ersetzen. 1580/92 hat man die mittelalterliche Festung durch einen zweiten Verteidigungsgürtel verstärkt; die Kasematten können besucht werden. Einige Verteidigungstürme sind erhalten, darunter das Stadttor ›Vispoort‹. Nach der Trockenlegung des Oostelijk Flevoland (1956) verschwand die einst so wichtige Fischerei. – Die *Nicolaaskerk,* eine spätgotische pseudobasilikale Kreuzkirche (15. Jh.), besitzt Gewölbemalereien (›Das Jüngste Gericht‹; 15. Jh.), ein Chorgitter von ca. 1535 und eine Orgel von 1822. – Links von der Kirche steht das frühere *Waisenhaus* (1777), an der Ecke Van Kinsbergenstraat/Schapesteeg das *ehem. Rathaus* (Ende 14. Jh.), das öfters umgebaut wurde. Das *Agnietenkloster* (1418; Ecke Zuiderwalstraat/Jufferenstraat) dient heute als *Rathaus* und *Museum* (*geöffnet:* Di–Fr 9–12 und 14.00–16.30 Uhr).

55 Kampen

Die Hanse, der Städte wie Kampen, Zwolle, Zutphen und Deventer angehörten, hat hier den Aufschwung des Handels und eine städtische Kultur gefördert, die im Westen, in der Grafschaft Holland, im 15. Jh. noch nicht existierte. Kampen, günstig nahe der Mündung der IJssel in die Zuiderzee am Westufer des Flusses gelegen, war der *wichtigste Handelsplatz im Osten der Niederlande.* Der Ort, um 1170 entstanden, erhielt zwischen 1236 und 1248 Stadtrechte, und trat 1441 erneut der Hanse bei. Seine Blüte fiel ins 15. Jh. Die erste feste IJsselbrücke datiert von 1448. Seit 1495 durfte sich Kampen Freie Reichstadt nennen.

Der Stadtplan ist der einer typischen Flußstadt: Der langgestreckte Handelsquai ist durch ein System von Quergassen mit den parallel zu ihm verlaufenden Hauptstraßen der Stadt verbunden. Zwischen dem ehem. Stadtgraben ›Burgel‹ und der Parkanlage östlich der Stadt erfolgte im 15. Jh. eine Stadterweiterung, ebenfalls schmal und lang wie der alte Stadtkern. Die Tore sind gut erhalten geblieben: an der IJssel das weißgetünchte *Koornmarkttor* (nach 1300, im 15. Jh. verstärkt), das *Cellebroederstor* (1465; mit einem Aufbau von 1617) und das *Broedertor* (1465; 1615 verändert). Der wichtigste Festungsbauer der 2. Hälfte des 16. Jh., *Adriaan Anthonisz.* legte 1580 die neue Umwallung an.

Seit die Protestanten um 1580 aus den religiösen Auseinandersetzungen siegreich hervorgingen, war und ist Kampen eine *Hochburg der Reformation;* die hiesige theologische Hochschule gilt bis heute als sehr orthodox. Der wirtschaftliche Niedergang der Stadt im 16. Jh. wurde durch die Versandung der IJssel und durch den Aufstieg der holländischen Städte im Westen verursacht.

Nahe der IJsselbrücke steht das spätgotische *Rathaus* (Ende 14. Jh.; Oudestraat, *geöffnet:* Mo–Fr 10–11 und 14–15 Uhr). Nach einem Brand 1543 wurde es teilweise erneuert; zu den Änderungen zählen die Zwiebelspitze des achteckigen Turms, die überragende Maßwerkbrüstung über der Dachrinne und der schön gemauerte gewundene Schornstein. Die stark verwitterten spätgotischen Statuen an der Fassade hat *Johan Polet* 1933/38 durch 6 neue ersetzt: (v. l. n. r.) ›Karl d. Gr.‹, ›Alexander d. Gr.‹, ›Mäßigung‹, ›Treue‹, ›Gerechtigkeit‹ und ›Barmherzigkeit‹, zwischen ihnen der Pranger. Der sehr sehenswerte *Schöffensaal* mit seinem flachen Tonnengewölbe erhielt nach 1543 eine Renaissance-Täfelung und das vom Stadtzimmermann, *Meister Frederik,* geschnitzte *Schöffengestühl* aus Eichenholz; ›Caritas‹ und ›Justitia‹ sind hier in illusionistischen Architektureliefs dargestellt. Über dem verkröpften Gebälk auf korinthischen Säulen begleiten Putten ein ›Jüngstes Gericht‹. Ein zweites Prunkstück ist der *Renaissance-Kamin* von *Jacob Colijn de Nole* aus Utrecht. Über 2 schwächlich ausgebildeten halbfigürlichen Trägern ruht ein reliefgeschmücktes Gebälk mit Gerechtigkeitsdarstellungen. Die Nischen auf der Haube enthalten Statuen der ›Vorsicht‹ (links) und ›Stärke‹ (rechts), in der Mitte wappentragende Löwen, davor ›Caritas‹, Putten und Büsten; in der Ädikula darüber ›Die Gerechtigkeit bezwingt die Gewalt in der Person des Mars‹. Der Kamin gilt als einer der reichsten der holländischen Renaissance. Im klassizistischen Flügel des Rathauses (1835) hängt u. a. eine große ›Winterlandschaft mit Kampen im Hintergrund‹ von *Barent Avercamp* (1612–1679), einem Neffen des berühmten Malers *Hendrick Avercamp* (1585–1634), der in Kampen geboren wurde.

Der *Nieuwe Toren* (neuer Turm) gegenüber vom Rathaus wurde 1648/64 an Stelle der 1646 abgebrannten Kapelle des Heiliggeist-Spitals errichtet, wohl nach einem Entwurf des Amsterdamer Baumeisters *Philip Vingboons,* doch kann ihm nur der oktogonale Aufbau mit Sicherheit zugeschrieben werden. – Das spätgotische Haus Oudestraat 158, heute *Stadtbibliothek,* dürfte um 1500 gebaut worden sein; bei der Restaurierung 1907/09 wurde der zinnenbekrönte Treppengiebel rekonstruiert. Bemerkenswert sind auch die großen Fenster.

Im Norden der Stadt steht die *Buitenkerk* oder *Liebfrauenkirche,* eine hohe, dreischiffige gotische Hallenkirche, die im 15. Jh. aus einer Kreuzkirche (14. Jh.) entstand, deren Chor und Querschiff mit Chorapsiden erhalten blieben. Über die Baugeschichte ist nur bekannt, daß *Rutger van Ceulen* (vgl. Bovenkerk) 1369 zum

Leiter der Bauhütte ernannt wurde. Die Rundpfeiler haben frühe Brabanter Blattkapitelle. Die *oktogonale Sakristei* im Süden ist einmalig in Holland. Der neugotische Hochaltar stammt aus der Mengelberg-Werkstatt in Utrecht. Die Kanzel datiert von 1760.
Die neben dem *Stadttheater* (1891) gelegene *Broederkerk* an der Broederstraat ist eine lange, hohe zweischiffige gotische Hallenkirche (1473/90). Sie gehörte zum Minoritenkloster, in dem seit der Reformation die Lateinschule untergebracht war; ein Portal (1631) an der Ecke des Nieuwe Markt erinnert noch daran. – Geht man durch die Broederstraat in westlicher Richtung, so kommt man an der ehem. Kapelle des Annaklosters (15. Jh.; jetzt Mennonitenkirche) vorbei zum *Broederpoort*. Dieses viertürmige Stadttor (1465) wurde 1615 im Renaissancestil verändert und beherbergt heute das *Städtische Museum* mit einer Sammlung an Silber, Möbeln, Trachten und volkstümlichem Kunstwerk (*geöffnet:* Ostern – Mitte Okt. Di–Sa 11–17 Uhr).

Boven- oder St. Nicolaaskerk

Geöffnet: 15. Juni – 9. Sept. Mo, Mi, Do, Fr 10–12 und 14–17 Uhr, Di, Sa 14–17 Uhr.

Die mächtige fünfschiffige gotische Kreuzbasilika beherrscht den Süden der Stadt. Sie ist in Stein eingewölbt und hat einen Kranz nicht sehr tiefer Kapellen am Chorumgang. Der Chor hat Netzrippen-, die sonstige Kirche Kreuzrippengewölbe, der viergeschossige Westturm eine hohe Spitze (1808). Die ursprüngliche Tuffsteinverkleidung des Chorumgangs wurde im 19. Jh. leider durch Backstein ersetzt. Die Bovenkerk gilt als eine der *wichtigsten Kirchen der holländischen Spätgotik.*
Von einem Vorgängerbau sind 1961/62 die Fundamente einer Dreikonchenanlage (nach Kölner Muster?) aus dem 12. Jh. freigelegt worden, außerdem Pfeiler und Türen einer dreischiffigen Kreuzkirche aus dem 13. Jh., die Ähnlichkeit mit der Utrechter Buurkerk (Nr. 2.8) hatte. 1345 war *Herman de Steenbicker* am Bau tätig; 1368 wurde *Rutger Michelson van Ceulen* (von Köln), ein Sohn des Kölner Dombaumeisters *Michael von Savoyen,* Leiter der Bauhütte. Über seine Brüder *Michael* und *Johan,* die zur Prager Dombauhütte gehörten, hatte er Kontakt zum *Parler*-Kreis. Auch *Rutger* hielt sich im Winter 1372/73 in Prag auf. Von ihm stammt der schöne, hohe *Chor,* der erste dieser Art nach dem Utrechter Dom. Beim Wandsystem ging er von dem in Frankreich üblichen dreigeschossigen Wandaufbau aus, vereinfachte diesen jedoch, wie in dem rudimentären, nur von freistehenden Diensten angedeuteten *Triforiumgang* erkennbar. Die geplanten Strebebögen wurden nicht ausgeführt. Das Netzgewölbe war in jener Zeit in Holland sehr modern.
Anfang des 15. Jh. erhöhte man das dreischiffige *Langhaus* (13. Jh. und breitete es zu einer fünfschiffigen Basilika aus. Obwohl die Raumwirkung erheblich beeinträchtigt wird, hat man ein doppeltes System von Zugbalken angebracht. Es besteht eine gewisse Diskrepanz zwischen Chor und übrigem Kirchenraum, der mit seinen

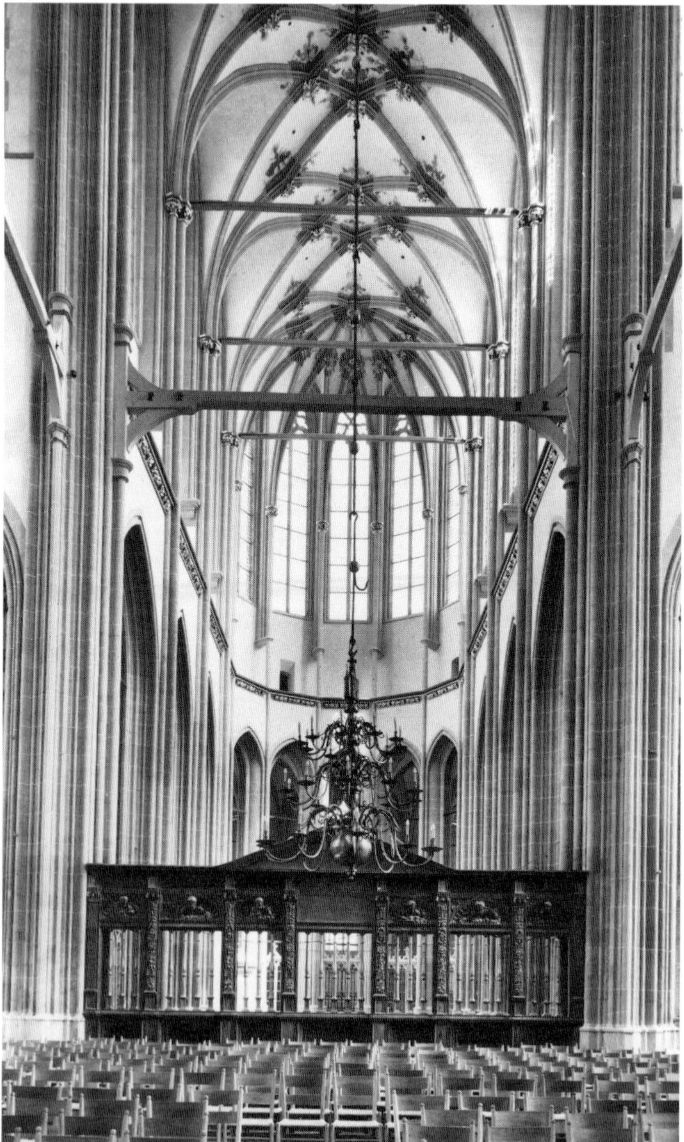

Kampen: Bovenkerk

starken Pfeilern und ausgeprägter Vertikalität an die Backsteingotik im Ostseeraum erinnert, was für Kampen mit seinen Hanse-Kontakten nicht erstaunlich ist. Die Portale im Norden und Süden datieren von ca. 1500, das nördliche wurde 1930/31 modern restauriert.
Die Kirche besitzt noch die ursprünglichen Chorschranken und das Chorgestühl (beides 15. Jh.). Das *Chorgitter* im Stil der Frührenaissance (1552) ist eine vereinfachte Nachahmung des 10 Jahre früher entstandenen Chorgitters in der Westerkerk in Enkhuizen (Nr. 21). Die spätgotische Kanzel und der Taufstein wurden um 1500 geschaffen. Die reich dekorierte Orgel (1670/76) wurde öfters verändert, u. a. Mitte des 18. Jh. von *Albert Anthoni Hinsch*.

56 Steenwijk · Giethoorn · Vollenhove · Blokzijl

Steenwijk: Die ehem. Festung ist heute Marktplatz für Nordwest-Overijssel und die viertgrößte Stadt dieser Provinz. Die Umwallung im Südwesten ist gut erhalten. – Die *Grote* oder *St. Clemenskerk,* eine spätgotische Hallenkirche wurde bis ins 16. Jh. gebaut, der Chor 1409 geweiht, der Turm 1467 begonnen. Sie war ursprünglich ganz in Stein gewölbt; die Holztonne im Mittelschiff ist erst später angebracht worden. Der südliche Nebenchor, einer der jüngsten Teile der Kirche, hat Stern- und Netzgewölbe. – Die spätgotische *Kleine* oder *Lieve Vrouwekerk* wurde 1477 wiederaufgebaut. Das im Stadtpark ›Rams-Woerthe‹ gelegene Rathaus (1899, *J. C. van Gendt*) ist das *einzige Jugendstil-Rathaus in Holland.*

Giethoorn: Dieses idyllische Dorf südlich von Steenwijk, ein ›grünes Vendig‹, wird von zahlreichen Kanälen durchzogen; die einzelnen Häuser und Bauernhöfe stehen auf Inselchen, die über hohe Fußgängerbrücken erreichbar sind. Der Verkehr erfolgt nur auf dem Wasserweg mit sog. ›punters‹, schmalen Kähnen. – Der Ort entstand, als um 1280 Flagellanten durch Europa zogen; einige ließen sich im benachbarten Vollenhove nieder und arbeiteten unter dem Schutz des dortigen Herrn in den Mooren. Die Torfgewinnung ist für die Versumpfung der Gegend verantwortlich; das Netz der kleinen Kanäle diente dem Transport des Torfes. Viele reetgedeckte Bauernhöfe datieren aus dem 18./19. Jh.

Vollenhove: Vor der Trockenlegung des Noordoostpolders (Nr. 71) war Vollenhove ein Fischerhafen, der im 14. Jh. bei einer Burg der Utrechter Bischöfe entstanden war. Der Burggraben wurde später zum Hafen erweitert, die Burg im 19. Jh. abgetragen. Die *St. Nicolaaskerk* entstand im 14. Jh. als gotische Hallenkirche mit schönen hölzernen Netzgewölben. Die Fenster datieren aus dem 15. Jh., der freistehende Turm aus dem frühen 16. Jh. *Frans Caspar Schnitger* hat 1720 die Orgel von 1687 umgebaut. – Das *Renaissance-Rathaus* (jetzt Restaurant) mit Säulenarkade hat man 1621 gegen den Kirchturm gebaut. Die *ehem. Lateinschule* (1627) mit ihrem Renaissance-Giebel beherbergt das *Verkehrsamt.*

Blokzijl: Wie das benachbarte Vollenhove hat auch Blokzijl seine Bedeutung als Fischerhafen verloren. Der geräumige Hafen war 1581 als Militärhafen befestigt worden und dient heute den Wassersportlern. Da zwischen Blokzijl und Amsterdam ein reger Handelsverkehr stattfand, sind die Wohnhäuser im 17. Jh. nach Amsterdamer Vorbild gebaut worden. Die *holl.-ref. Kirche* (17. Jh.) hat einen Turm mit achteckigem Oberbau; Kanzel von 1663.

Seit dem 19. Jh. ist Enschede größte Stadt und kultureller Mittelpunkt von Twente, dem Zentrum der Baumwollindustrie in Holland. Der 118 erstmals erwähnte Ort erhielt vor 1325 vom Utrechter Bischof Stadtrechte. Bereits im 16. Jh. gab es hier wichtige Leinenwebereien. Nach der Unabhängigkeit Belgiens (1830) hat die Niederländische Handelsgesellschaft die Ansiedlung von Industrie in Twente gefördert. Wenige Bauwerke haben den verheerenden Stadtbrand von 1862 überlebt, darunter die *Grote Kerk* am Marktplatz. Von der ursprünglich romanischen Kirche (um 1200) sind die nördliche Chorwand und der schön gegliederte Turm erhalten. Das Untergeschoß (frühes 13. Jh.) wurde 1928 erneuert. Das fünfte Obergeschoß entstammt dem 15. Jh. Der Umbau zur zweischiffigen Hallenkirche erfolgte 1480. 1842 hat man durch Beseitigung der Pfeiler diese Halle in eine Saalkirche verwandelt. Die Rundbogenfenster datieren nach dem Brand von 1862. Die Glasmalereien stammen aus der Werkstatt von *Jan Schouten* in Delft.
Das markante *Rathaus* (Langestraat 24; *Besichtigung:* Mo–Fr um 15 Uhr) entstand 1930/33 nach Plänen des Architekten *Gijsbert Friedhoff* (1892–1970) und ist das erste monumentale Bauwerk der traditionalistischen ›Delfter Schule‹. Das große Interesse der Baumeister dieser Gruppe für die heimische, stark vom Handwerklichen (Mauerverbände!) geprägte Bautradition zeigt sich hier besonders deutlich. Anklänge an skandinavische Vorbilder, z. B. in der schwellenden Silhouette des Turmes sind unverkennbar. Das Balkongitter und den Bauschmuck fertigte *F. J. van Hall.*
Die bemerkenswerte *St. Jacobuskerk* mit ihren ungleichen Türmen und Kuppeln, ebenfalls am Markt, ist eine von Romanik und Frühgotik inspirierte Schöpfung der Architekten *H. W. Valk* und *J. Sluymer* (1933). *Charles Eyck* schuf den Kreuzweg und die Glasmalerei. – Die *Synagoge* (Prinsestraat 16) mit ihren dominanten kupfergedeckten Kuppeln wurde 1928 nach einem Entwurf (1917) des bedeutenden Architekten *K. P. C. de Bazel* (1869–1923) gebaut.
Das *Rijksmuseum Twenthe* (Lasondersingel 129; *geöffnet:* Di–Sa 9–13 und 14–17 Uhr, So 14–17 Uhr) verdankt seine Gründung 1930 dem Fabrikanten *Jan van Heek,* der ihm eine bedeutende Sammlung von Gemälden schenkte. Die Abteilung alter Malerei umfaßt Werke früher niederländischer, niederrheinischer und süddeutscher Meister. Eine besonders reizvolle Gruppe bilden Gemälde von *Jan Mostaert, Jan van Cleve, Jan Brueghel d. Ä.* und *Jan van Scorel.* Auch Meister des 17. Jh. (*Rembrandt, Jan van Goyen, Salomon van Ruysdael, Jan Steen* und *Gerard Terborch*) sind vertreten. Von den ausländischen Malern seien *Cranach* und *Holbein* erwähnt. Die Malerei des 19. Jh. enthält Werke von *Courbet, Daubigny, Fantin-Latour, Sisley,*

Bosboom und *Breitner;* auch die zeitgenössische Kunst wird umfangreich präsentiert. Von besonderem Wert sind die Handschriften und Miniaturen aus dem Mittelalter und Brüsseler Gobelins.
Im Garten des Museum steht ein ›Los Hoes‹, ein traditionelles, reetgedecktes niedersächsisches Bauernhaus in Fachwerkbau, wie man es in Twente früher häufig sah. Der Name bedeutet ›offenes Haus‹ und deutet auf das Zusammenleben von Mensch und Tier in einem Raum.

Das *Textilmuseum* (Haaksbergerstraat; *geöffnet:* Di–Sa 10–12 und 14–17 Uhr, So 14–17 Uhr) ist in einer alten Spinnerei (1900) eingerichtet und dokumentiert die Geschichte der Spinnerei und Weberei sowie die Entwicklung des Stoffs vom Faden bis zur bäuerlichen Aussteuer.

Hengelo: Die Textilherstellung ist für die Entwicklung von Hengelo von großer Bedeutung gewesen. Bemerkenswert ist das von mittelalterlichen norditalienischen Vorbildern inspirierte *Rathaus,* das den städtischen Verwaltungsapparat in historischen Rahmen setzt. Es wurde 1963 nach einem Entwurf von *J. F. Berghoef* gebaut und gilt als sehr spätes Beispiel für den Stil der ›Delfter Schule‹. Der Turm ist »Demonstration erstarrten Handwerks« *(Szénássy).* Architekturinteressierte sollten die Siedlung ›Kasbah‹ (1965/73, nach einem Plan *Piet Bloms*) besuchen. *Blom* bezeichnete seinen Entwurf als »ein Experiment mit Durchschnittswohnungen für Durchschnittsmenschen mit Durchschnittsgeldbeuteln«.

Nördlich des runden Miniaturstädtchens *Delden* (westlich von Hengelo) liegt in einem im 19. Jh. von *J. D. Zocher* und *E. Petzold* angelegten *Landschaftspark* das *Schloß Twickel* (nicht zu besichtigen, doch von der Straße gut sichtbar; Park und Orangerie sind Mi und Sa nachmittags zugänglich). Das im Kern 1347 erbaute, im 17. und 19. Jh. erweiterte Wasserschloß hat eine Fassade mit reichem Renaissance-Portal (1551). Für Holland einmalig sind die *Kastenerker,* wie man sie in Westfalen öfters antrifft.

Um das Dorf *Goor* (ca. 7 km westlich von Delden) liegen mehrere Landsitze, u. a. das klassizistische *Wasserschloß Weldam* (1,5 km südlich des Ortes, nahe der Straße nach Diepenheim; nicht zu besichtigen, der Park ist geöffnet Mo–Fr 10–12 und 13.00–16.30 Uhr). Es wurde 1644/45 unter Verwendung mittelalterlicher Mauerteile errichtet und 1899 um zwei Ecktürme erweitert. Die an französische Schlösser erinnernde Anordnung der Baukörper, das hohe Dach sowie die Pilasterfassade verweisen nach Westholland, wo Architekten aus dem Umkreis *Jacob van Campens* ähnliche Bauten entwarfen; einer von ihnen hat sicherlich den Plan für Weldam gezeichnet.

58 Oldenzaal · Ootmarsum

Oldenzaal: Bereits in der fränkischen Kaiserzeit war Oldenzaal, neben Utrecht und Deventer, ein wichtiges Zentrum des kirchlichen Lebens in den Niederlanden. 954 wurde der Vorgängerbau der *Plechelmuskirche* zur Kapitelkirche erhoben. Die heutige Kirche, eine romanische Kreuzbasilika mit Kreuzgratgewölben (2. Hälfte 12. Jh.), besaß ursprünglich einen apsidial geschlossenen Chor und zwei (erhaltene) Apsidiolen an den rechteckigen Querräumen. Die nördliche Apsidiole, die um 1500 der gotischen Sakristei weichen mußte, ist bei der Restaurierung 1891/1900 rekonstruiert worden. Um 1250 folgte der Bau des schweren viergeschossigen Turmes in romanogotischen Formen; er war wohl als westli-

cher Gegenchor geplant. Das fünfte (Glocken-)Geschoß wurde nach einem Brand 1492 aufgesetzt. Nach Abbruch der romanischen Apsis (um 1450) ist der Chor um einen polygonalen Abschluß erweitert worden. 1480 ersetzte man das romanische Seitenschiff im Süden durch ein gotisches mit Sterngewölben.
Die Plechelmuskirche und die Stiftskirche von Rolduc (Nr. 40) sind in Holland die einzigen gut erhaltenen Beispiele einer romanischen Kreuzbasilika in gebundenem System und bilden mit der Marienkirche zu Dortmund, der Ludgerikirche zu Münster, dem Dom zu Osnabrück und dem westlichen Teil des Domes in Paderborn eine Gruppe.
Von den Innenmauern ist bei der Restaurierung 1922/25 fälschlich die weiße Stuckschicht entfernt worden. Die geschnitzte Barockkanzel mit den vier Evangelisten, den vier lateinischen Kirchenvätern und dem drachentötenden Erzengel Michael (17. Jh.) stammt aus der Kirche zu Rheine in Westfalen. Die *Schatzkammer* enthält u. a. eine in Silber getriebene gotische Reliquienbüste des hl. Plechelmus (Westfalen, 2. Hälfte 15. Jh.)
Das *Palthe-Museum* (Marktstraat 13) mit seiner um 1660 vorgeblendeten Renaissance-Fassade, enthält eine Sammlung lokaler Sehenswürdigkeiten, u. a. zwei romanische Sarkophagdeckel aus der Plechelmuskirche.

Ootmarsum besitzt eine interessante romanogotische Pseudobasilika (um 1230) mit kuppligen Rippengewölben; sie wurde Ende des 15. Jh. erweitert.

59 **Leeuwarden**

Leeuwarden (friesisch: Ljouwert), Hauptstadt der Provinz Friesland, ist im Mittelalter aus mehreren Warften an der seit dem 14. Jh. allmählich versandeten und jetzt nicht mehr bestehenden ›Middelzee‹ entstanden. Der Hafen hatte im 12./13. Jh. große Bedeutung; man unterhielt Handelsbeziehungen bis zum Baltikum. Stadtrechte erhielt der Ort um 1190. Nachdem sich um die Mitte des 15. Jh. die Stadt auch südlich der Gracht Nieuwstad ausgebreitet hatte, wurde sie 1481 verstärkt. Die Zwingburg, die der 1498 von Kaiser *Maximilian* ernannte ›Gubernator‹ von Friesland und Groningen, *Albrecht III. von Sachsen* (›der Beherzte‹), im Südosten der Stadt hatte bauen lassen, wurde 1580, als Leeuwarden zu den Aufständischen überging, abgerissen. Auch legte man damals eine neue Umwallung an, die 1612/19 modernisiert wurde und im Nordwesten als Parkanlage (1827) erhalten ist.
1584–1747 residierten die Statthalter von Friesland, Groningen und Drente aus dem Hause Nassau-Dietz im Prinsenhof, was sich auch für die Künste vorteilhaft auswirkte, ebenso wie die Tatsache, daß die Stadt ein wichtiger Marktplatz für die reichen Viehbauern der Provinz war (und ist). Das Gold- und Silberschmiedehandwerk (Trachtenschmuck) blühte, ebenso die Porträtmalerei (*Wijbrand de Geest,* 1590–1659, Schwager *Rembrandts,* verheiratet mit der Schwester von *Rembrandts* Frau *Saskia van Uylenburg*). Heute ist Leeuwarden eine charmante, etwas provinzielle Stadt mit vielen interessanten Baudenkmälern.

Statthalterlicher Hof (**1;** Hofplein): 1587 kauften die Provinzialstände das bestehende Gebäude, um es als Residenz für den Statthalter einzurichten; 1603 wurde es nach Westen erweitert. Vor allem *Willem Frederik van Nassau-Dietz* (1613–1664), seit 1640 Statthalter, und seine Frau *Albertine Agnes* (1634–1696), zweite Tochter *Frederik Hendriks,* des Statthalters von Holland hielten hier fürstlich Hof. Leider ist der Bau durch Veränderungen und eine Putzschicht verdorben. – Vor dem ehem. Hof steht die Statue des ersten friesischen Statthalters *Willem Lodewijk Graf van Nassau* (1560–

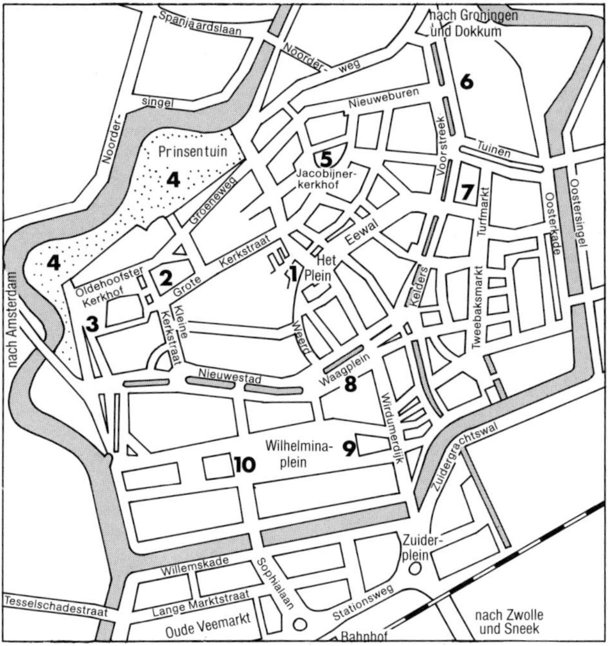

Leeuwarden: Orientierungsplan
1 Statthalterlicher Hof und Rathaus – 2 Stedelijk Museum – 3 Oldenhove-Turm – 4 Pier Pander-Tempel – 5 Grote Kerk – 6 St. Bonifatiuskerk – 7 Fries Museum – 8 Waage – 9 Wilhelmaplein – 10 Justizpalast.

1620), der seit 1584 dieses Amt innehatte und von den Friesen ›Us Heit‹ (unser Vater) genannt wurde (1906, *Bart van Hove*).

Rathaus: Gegenüber vom Statthalterhof das schlichte klassizistische Rathaus, das der Stadtzimmermann *Claes Bockes Balk* 1715 entwarf. An der Fassade die Statuen ›Frieden‹ und ›Gerechtigkeit‹, im Giebeldreieck die ›Städtemagd und Putten mit den Attributen des Rechtes und der Weisheit‹. Das Vestibül enthält Stuckarbeiten (1716/24), das Bürgermeisterzimmer Wandteppiche (1718) von *A. Baert* und Deckenmalereien sowie ein Kaminstück von *Hayema*. 1845 hat Stadtbaumeister *Theodoor Romein* einen Saal im klassizistischen Stil eingerichtet. Der sehenswerte Ratssaal (1766, Rokoko-Täfelung von *E. Swalue*) ist nach einem Entwurf des statthalterlichen Baumeisters *Pieter de Swart* in dem 1760 entstandenen Erweiterungsbau eingerichtet worden. Die ursprünglichen Porträts der friesischen Statthalter sind Ende des 18. Jh. entfernt und im 19. Jh. durch Porträts von Mitgliedern des Hauses Oranje ersetzt worden. Die ›Tromp-l'oeil‹-Reliefs schuf *Keyert* 1760, die allegorischen Supraporte *Rienck Jelgerhuis* 1763/64.

In dem Haus Beyerstraat 12/Ecke Grote Kerkstraat, nördlich des Rathauses, wohnte die Tänzerin *Margaretha Geertruida Zelle,* besser bekannt als *Mata Hari* (1876–1917), die, der Spionage für Deutschland verdächtigt, 1917 von den Franzosen erschossen wurde.

Stedelijk Museum ›Princessehof‹ (**2**; Grote Kerkstraat 11. – *Geöffnet:* tgl. 10–17 Uhr, So 14–17 Uhr): Die durch Pilasterstellungen gegliederte Fassade (um 1650) hat über den Fenstern abwechselnd Frontons, Fruchtgehänge und geflügelte Engelsköpfe, eine Dekorationsfreudigkeit, wie sie in Friesland öfters vorkommt. Das auf schweren Konsolen ruhende Attikageschoß wurde 1730, als *Marie Louise,* Landgräfin von Hessen-Kassel (1688–1765), Witwe des Statthalters *Johan Willem Friso,* das Haus erwarb und als Witwensitz umbauen ließ, aufgesetzt. Von der ursprünglichen Inneneinrichtung aus der Zeit von ›Maaike Meu‹, wie die Friesen sie nannten, ist wenig übriggeblieben.
Das Museum besitzt eine sehr bedeutende Sammlung *Keramik aus Ostasien:* Frühkeramik der Han- und T'angzeit (206 v. Chr.–220 n. Chr. bzw. 618–906), Meisterwerke der Sungzeit (960–1279), der Mingzeit (1368–1643) und der Ch'ingdynastie (1644–1912), ferner Keramik aus Korea, Japan und Annam. Man kann hier auch die Entwicklung der Fayence-Kachel studieren, Jugendstil-Keramik (›Rozenburger Eierschalen-Porzellan‹) und eine auserlesene Kollektion *moderner Töpferkunst* bewundern. Die Basis für diese einmalige Sammlung legte der Leeuwarder Notar *Nanne Ottema* (1874–1955), Verfasser des ersten holländischen Standardwerkes über chinesische Keramik.

Turm ›Oldenhove‹ (3): Auf der Warft Oldenhove, einer der drei Warften, aus denen Leeuwarden entstand, steht der gleichnamige spätgotische Turm, der 1529 von *Jacob van Aken* (Aachen) begonnen und von *Cornelis Frederik van de Goude* weitergebaut wurde. Da er bald eine starke Neigung zeigte, blieb er unvollendet. In seiner Gliederung ist er mit dem Utrechter Domturm verwandt, im Gegensatz zu jenem sind hier Strebepfeiler. An dieser Stelle stand wahrscheinlich seit dem 8. Jh. eine Kirche, die zeitweilig der Abtei Corvey (Westfalen) unterstand und Ende des 12. Jh. von einer Kreuzkirche ersetzt wurde. Dieses zur fünfschiffigen Basilika erweiterte Gotteshaus wurde bereits 1595 abgetragen. – *Hildo Krop* schuf die Statue des friesischen Staatsmannes *Pieter Jelles Troelstra* (1860–1930), einem der Gründer (1894) der Sozialdemokratischen Arbeiterpartei (Sociaal-Demokratische Arbeiders Partij).

Auf der Stadtumwallung nördlich des Turmes steht der 1924 von dem friesischen Bildhauer *Pier Pander* (1864–1930) entworfene *Pier Pander-Tempel (4)*, darin dessen Statuengruppe ›Morgen, Gefühl, Gedanken, Mut und Kraft‹ und ›Morgendämmerung‹-Relief. Weitere Arbeiten werden in dem ihm gewidmeten *Museum* weiter nordöstlich gezeigt (*geöffnet:* Di–Sa 10–13 und 14–17 Uhr).

Grote oder Jacobijnekerk (5): Von der im 14. Jh. erbauten zweischiffigen Kirche des um 1250 gegründeten Dominikanerklosters sind in der heutigen gotischen Kirche, die ihr jetziges Aussehen im 15. Jh. erhielt, der Chor und Reste der südlichen Mauer erhalten. Seitdem *Anna van Oranje* (1563–1588), zweite Tochter *Willem des Schweigers* und *Annas von Sachsen* und Gattin *Willem Lodewijks,* des ersten friesischen Statthalters, hier beigesetzt wurde, dient der Chor als Grablege für die friesischen Nassauer: ein Orangenbäumchen, Symbol der Nassau-Oranier (franz. Orange) krönt das barocke Portal (1660) im Süden. Anläßlich des 50-jährigen Regierungsjubiläums von Königin *Wilhelmina* (1948) hat man die Fragmente des Grabmals für Anna van Oranje neu aufgestellt und Glasmalereien von *C. Reisman* und *D. Osinga* angebracht. Bei Restaurierungsarbeiten (seit 1973) sind Fragmente von Bemalungen (›Apostelfiguren‹, ›Immaculata‹, ca. 1575) freigelegt worden. Das Herrengestühl für die Statthalter und die geschnitzte Kanzel entstammen dem 17. Jh. Die Orgel baute *Christiaan Müller* 1724/27.

St. Bonifatiuskerk (**6;** *geöffnet:* Juni – Aug. Sa 14–16 Uhr): Die neugotische Kreuzbasilika mit ihrem verspielten Turm, für den der Turm der Nieuwe Kerk in Delft (Nr. 2) Pate stand, ist ein Hauptwerk (1882/84) *P. J. H. Cuypers'* aus seiner zweiten Schaffensperiode, in der er sich auch von englischer, skandinavischer und italienischer Gotik inspirieren ließ (vgl. S. 181); so fand er für den zentralisierenden Chor Anregung im Chor der Kathedrale von Trondheim (Norwegen).

Fries Museum (7; Turfmarkt 24. – *Geöffnet:* Di–Sa 10–17 Uhr, So 13–17 Uhr): Das *bedeutendste Provinzialmuseum Hollands* ist in einem öfters vergrößerten Patrizierhaus (1781) eingerichtet. Die Sammlung bietet einen lückenlosen Überblick über die friesische Kultur von der Vorzeit bis zum 19. Jh., archäologische Funde aus Warften (künstlich aufgeworfenen Wohnhügeln), Erinnerungen an die zahlreichen, nach der Reformation zerstörten mittelalterlichen Klöster Frieslands, Volkskunst, Trachten, Stilräume aus Hindeloopen und Workum (1797) mit geschnitzten und bemalten Einrichtungsgegenständen (17./18. Jh.) und sehr schöne Silberwaren (16.–19. Jh.), u. a. vier ›Tazzas‹ von *Arent van Bolten* und *Hans Christiaen* (1. Hälfte 17. Jh.) und der *Silberschatz aus dem Popta-Schlößchen* in Marssum: zwei Kandelaber (1670) von *Nicolaas Mensma* sowie eine Kanne und zwei Schüssel (1671) von *Rientie Jans,* alles in üppigster Treibtechnik ausgeführt. Während das sog. ›Kwabornament‹ (Ohrmuschelstil), das *Paulus* und *Adam van Vianen* aus Utrecht um 1610 entwickelten, seine Blütezeit im Westen Hollands schon hinter sich hatte, blieb es

in Friesland länger Mode. Für die mythologischen Szenen hat *Rientie Jans,* friesischer Hauptmeister des Ohrmuschelstils, Stiche von *Goltzius* und Plaketten von *P. van Vianen* benutzt.
Von den Gemälden seien das Porträt ›Saskia van Uylenburgh‹ (1633) von *Rembrandt,* das er ein Jahr vor der Hochzeit in Sint Anna Parochie malte, sowie die Bildnisse seines Schwagers, des bedeutendsten friesischen Porträtmalers *Wijbrand de Geest* (1590–1659), erwähnt. Der Maler *Christoffel de Bisschop* (1828–1904) stiftete dem Museum seine Sammlung von Möbeln, Kunstobjekten und Gemälden, die in mehreren Räumen untergebracht ist. In seinen Genrebildern, die häufig friesische Themen (Hindeloopen) behandeln, ist der Einfluß der holländischen Malerei des 17. Jh. unverkennbar.

Gegenüber vom Fries Museum steht die *Kanselarij* (Kanzlei; Turfmarkt 13), jetzt *Reichsarchiv* und *friesisches Widerstandsmuseum,* (*geöffnet:* Di–Sa 10–17 Uhr, So 13–17 Uhr). Das langgestreckte Gebäude mit noch stark gotisierenden Elementen (hochaufgehender Giebel, Fensterumrahmungen) wurde 1566/71 im Renaissancestil als Gerichtshof für Friesland errichtet. Wie die Bogenansätze zeigen, war eine Verlängerung nach rechts geplant; es wäre so eine symmetrische Anlage mit betonter Mittelachse entstanden, die sehr vage an das Antwerpener Rathaus (1561/66) erinnert hätte. An der Spitze der erneuerten allegorischen Figuren steht Kaiser *Karl V.* Die Freitreppe wurde 1621, die Balustrade und die zahlreichen Dachhäuschen bei einer Restaurierung 1893/96 hinzugefügt.
Das *Provinzhaus Frieslands* (Turfmarkt 52) wurde 1580 in dem ehem. Haus des Abtes von Bergum eingerichtet; die Fassade zum Turfmarkt datiert von 1784. Aus demselben Jahr stammt auch der Saal der Abgeordneten im Stil Louis XVI. Der große Sitzungssaal entstand 1895 in üppigem neugotischen Stil.
An einer der belebtesten Grachten der Stadt, der Nieuwstad, steht die *Renaissance-Waage* (8) von 1596/98. – In der St. Jacobsstraat (nördlich der Waage) findet man zwei interessante Häuser: Nr. 11 mit Pilaster-Ordnungen (17. Jh.) und Nr. 13 mit einer Renaissance-Fassade (1635) in der Art von Hendrick de Keyser; daß der Bauherr Buchdrucker war, geht aus dem interessanten Fries hervor.
An der Ostseite des *Wilhelminaplein* (9) steht die 1878/80 vom Stadtbaumeister Th. Romein entworfene *Börse,* jetzt Bibliothek. An der Westseite hat der gleiche Architekt 1846/52 den klassizistischen *Justizpalast* (10) errichtet.

In *Marssum* (ca. 5 km westlich von Leeuwarden, nördlich der Straße nach Franeker) steht die *Heringa-state* oder das *Popta-Schloß* (1. April – 1. Nov. nach Vereinbarung zu besichtigen, Tel. 05107–1251). *Dr. Henricus Popta,* Anwalt beim Gerichtshof von Friesland zu Leeuwarden, kaufte 1687 die um 1520 für das Adelsgeschlecht Heringa erbaute und 1631 mit einem Zwiebelturm und einem Torbau erweiterte ›state‹ (friesischer Adelssitz). Im 18. Jh. hat man einen Flügel angefügt, 1906/08 nach Vorbild eines Saales der Harstra-state in Hoogebeintum einen Saal im Stil Louis XVI eingerichtet. Nach dem Tod *Poptas* (1712) kam das Gut an das ein Jahr vorher von ihm gestiftete *Poptagasthuis,* einem Heim für alte Leute, das nach städtischer Art als Vierflügelanlage errichtet wurde.

In *St. Anna Parochie* (ca. 18 km nordwestlich von Leeuwarden), heiratete am 22. Juni 1634 *Rembrandt Saskia van Uylenburgh,* Tochter des ehem. Bürgermeisters von Leeuwarden, in einem Vorgängerbau der heutigen Kirche. Die jetzige Kirche entstand 1682 als oktogonaler Zentralbau und besitzt eine Kanzel (nach 1694), Herrengestühl und eine Orgel von 1727.

60 Dokkum

Quellen aus dem 9. Jh. nennen Dokkum als den Ort, an dem *Bonifatius* 754 den Märtyrertod erlitt. Der 672 im englischen Wessex geborene Benediktinermönch nahm seit 716 an der Friesenmission teil, zusammen mit *Willibrord,* Bischof von Utrecht. Papst *Gregor III.* beauftragte ihn mit der Mission in Hessen und Thüringen und ernannte ihn 722 zum Bischof. Die fränkischen Könige unterstützten seine Arbeit, weil diese der Stärkung ihrer Macht diente. Hochbetagt widmete sich *Bonifatius* noch einmal der Missionsarbeit, bis er 754 bei Dokkum ermordet wurde. Sein Grab befindet sich seit 816 im Dom zu Fulda. Trotzdem entwickelte sich Dokkum zum Wallfahrtsort.

Bereits im 11. Jh. hatte sich ein Handelshafen entwickelt, der über die Ee oder Dokkumer Diep mit der Lauwerszee verbunden war. Die alte Umwallung (15. Jh.) wurde 1531, 1582 in Eile in der heutigen Form mit 6 Bastionen und Wassergräben wieder angelegt. Von 1596 bis zur Verlegung nach Harlingen (1645) war Dokkum Sitz der friesischen Admiralität. Seitdem hat die Hafenstadt an Bedeutung immer mehr verloren.

Das *Rathaus* steht nahe der Schleuse ›de Zijl‹ (1583, 1757 erneuert) in der Ee, die die Stadt durchschneidet und einst die Verbindung zum offenen Meer bildete. Hinter der Fassade von 1834 verstecken sich ein Haus, das 1608 als Rathaus eingerichtet wurde, und ein Erweiterungsbau von 1762 mit dem eleganten *Rokoko-Ratsaal* (1763), für den *J. Nooteboom* aus Leeuwarden die Schnitzarbeiten, *A. Castelli* die Stuckdecke und *Daniel Reynes* die allegorischen Wandgemälde und die Grisaillen lieferten. Zentrales Thema ist die Stadtgeschichte. Das Bürgermeisterzimmer enthält ein schönes Kacheltableau (1773).

Het Admiraliteitshuis (jetzt *Regionalmuseum,* Lange Oosterstraat 40; *geöffnet:* 1. April – 1. Okt. Di–Sa 10–12 und 14–17 Uhr) war einst Sitz der Admiralität und besaß ursprünglich Treppengiebel an den Seitenfronten und über dem Mittelrisalit (1618). Die *Waage* (1752), freistehend in der Grote Breedstraat, mit Pilasterfassade und mächtigen Wappen der Stadt und der Provinz Friesland, dient dem *Verkehrsamt* als Unterkunft. Die *ehem. Pfarrkirche St. Maarten* wurde im Laufe des 15. Jh. wiederaufgebaut und, nachdem die benachbarte Prämonstratenserkirche, deren Grundmauern im Straßenpflaster des Marktplatzes angedeutet werden, abgerissen worden war, 1590 um ein nördliches Seitenschiff erweitert. Die Fundamente eines Vorgängerbaus (11. Jh.) sind im Fußboden markiert. 1965/68 hat man Reste eines noch älteren Holzbaus freigelegt und gleichzeitig die Dienste im Chor und die Rundpfeiler zwischen Chor und Langhaus, wohl Reste eines Lettners, neu gemauert. Die Orgel stammt von 1690, die Kanzel von 1751. Die *Bonifatiuskerk* (1869, *P. J. H. Cuypers*) an der Koningstraat besitzt Reliquien des hl. Bonifatius, dem südöstlich der Altstadt eine romanisierende Kapelle im *Bonifatiuspark* gewidmet ist.

Romanogotik

Um Dokkum herum finden sich, in einer reizvollen Landschaft, verschiedene Kirchen, die einen Besuch lohnen: Die von weitem sichtbare romanische Kirche von *Anjum* ist wichtig wegen ihres gut erhaltenen sog. reduzierten (eingebauten) Westbaus (um 1100); in der Gotik ist sie erweitert worden. – Die Kirche von *Hantumhuizen* (6 km nördlich von Dokkum) ist eines der schönsten Beispiele für den Übergangsstil von der Romanik zur Gotik, wie man sie vor allem in Nordost-Groningen (Nr. 67) antrifft. Besondere Kennzeichen dieser Romanogotik (ca. 1225–1350), die in Ziegelstein baut, sind die Gliederung der Außenmauer durch Lisenen, die durch Bogenfriese miteinander verbunden sind, Rundstabprofile und mosaikhafte Mauerverbände, die durch verschiedenfarbiges Baumaterial auch polychrom sein können. Wie die Kirche in *Hantumhuizen* (12. Jh.) haben sie bemerkenswerte kupplige Gewölbe, ohne oder mit 4, 6 oder 8 (manchmal bemalten) Rippen. – Die Kirche in *Rinsumageest* (4 km südlich von Dokkum) wurde ebenfalls im 12. Jh. erbaut und besitzt eine im Norden Hollands einmalige *Hallenkrypta* auf zwei Travertinsäulen mit korinthisierenden Kapitellen (Turm um 1610 erneuert). In der Nähe lag die 1580 abgetragene *Zisterzienserabtei Klaarkamp,* deren Name an das Mutterkloster Clairvaux (Clara Vallis) erinnert; da die Tochtergründung (um 1165) nicht in einem Tal (vallis), sondern auf dem Flachland lag, wurde sie ›Clarus Campus‹ genannt. Die Mönche spielten im Mittelalter eine große Rolle beim Deichbau und bei der Entwicklung der Romanogotik. Von Klaarkamp aus wurden u. a. die Klöster bei Aduard (1192) und Termunten (1259) gegründet. Auch auf der Insel Schiermonnikoog hatte Klaarkamp eine Tochtergründung.

61 **Franeker**

Der älteste Kern Franekers, das 1417 Stadtrechte erhielt, lag um die Martinikerk und wurde von einem kreisförmigen Stadtgraben umgeben. Eine Erweiterung nach Westen, bestehend aus drei parallelen Grachten, von der die mittlere später zugeschüttet wurde (jetzt Voorstraat) erfolgte 1645. Mehrere ›stinse‹ (Adelsresidenzen) sind erhalten; die Burg der Sjaerdema (um 1450) lag nahe der Wiese ›Sternse Slotland‹ im Westen, wo das typisch friesische Ballspiel ›kaatsen‹ gespielt wird. Franeker war im 16. Jh. Sitz der habsburgischen Verwaltung Frieslands, bis diese nach Leeuwarden verlegt wurde. 1578 kam es endgültig an *Willem van Oranje.* 1585 gründete dessen Bruder *Willem Lodewijk van Nassau* eine Akademie für calvinistische Pfarrer, die sich zur Universität, der zweiten nach Leiden, entwickelte, wodurch Franeker zum kulturellen Zentrum der nördlichen Provinzen wurde. 1811 löste *Napoleon* die Universität auf; an ihre Stelle trat 1815 ein ›Athenäum‹ (bis 1843). Heute ist Franeker das *Zentrum Nordfrieslands.*
Wichtigster Bau der Stadt ist das *Rathaus* (Raadhuisplein; *geöffnet:* Mo–Fr 9–12 und 14–18 Uhr). Die Lage an einer Grachtenecke hat der Stadtbaumeister *Pieter Aug. Ens* geschickt genützt durch eine Ecklösung, die aus zwei Treppengiebeln besteht, die einen rechten Winkel bilden mit einem achteckigen Glockenturm dazwischen (1591/94). 1760 ist der nördliche Flügel an der Gracht um zwei Fensterachsen gekürzt worden, um Platz für den neuen Flügel zu machen. Von den beiden beim Bau beschäftigten Bildhauern *Claes Jelles* und *Dirck Lieuwes* hatte vor allem der erste einen wichtigen Anteil in der Planung des Rathauses, das zu den *wichtigsten Renaissance-Bauten Hollands* gezählt wird. Der frühere Ratsaal enthält einen Kamin (um 1595) in der Art von *Hans Vredeman de Vries,* der heutige Rokoko-Ratsaal (1760) u. a. Goldledertapeten; über einem Kamin das Porträt *Eyse Eysingas,* des Erbauers des Planetariums. Auch das sog. ›vijfdelen‹-Zimmer, in dem einst die Abgeordneten der fünf Dörfer um Franeker tagten, ist im Rokokostil eingerichtet.

Franeker: Rathaus

Schräg gegenüber vom Rathaus steht das weltberühmte *Planetarium* (Eise Eisingastraat 3; *geöffnet:* Mo–Sa 9–12 und 14–18 Uhr) Der Wollkämmer und hochbegabte Amateurastronom *Eyse Eysinga* (1744–1828) schuf 1774–1781 sein eigenes Planetarium. Er wollte damit die Unwissenheit auf dem Gebiet der Astronomie bekämpfen. Das komplizierte Räderwerk über der Zimmerdecke wird von acht Gewichten in Schränken beidseits des Wandbettes betrieben und funktioniert bis heute.

Die spätgotische *Martinikerk* ist eine dreischiffige Pseudobasilika (15. Jh.), deren Seitenschiffe sich um den Chor herum als Chorumgang fortsetzten, was in Friesland einmalig ist. Der Westturm war ursprünglich halb eingebaut. Die Kirche besitzt gemalte Heiligendarstellungen an den schlanken Säulen (15. Jh.) und schöne Grabsteine (16.–18. Jh.), die entlang den Wänden aufgestellt worden sind.
Die *Camminghastins* (Voorstraat 2) aus dem 15./16. Jh. beherbergt eine Bank und im 1. Stock die *Münzsammlung des Fries Museum* in Leeuwarden (*geöffnet:* 1. Mai – 30. Sept. Di–Fr 10–17 Uhr). Das *Martenahaus* (Voorstraat 35) von 1498 mit einer Freitreppe von ca. 1700 dient seit 1895 als Rathaus von Franekerdeel.

Im ehem. Wohnhaus des Akademieprofesors und Arztes *Dr. Coopmans* (Voorstraat 49) ist das *Museum* ›Coopmanshuis‹ eingerichtet (*geöffnet:* 1. Mai – 30. Sept. Di–Sa 9–12 und 14–18 Uhr, 1. Okt. – 30. April Di–Sa 10–12 und 14–17 Uhr). Die hübsche Fassade von 1746 hat unter den Fenstern und in den Zwickeln des Halsgiebels reiches Ornamentwerk im Stil Louis XIV. Das ebenfalls zum Museum gehörende Haus rechts (1662) zeigt an seiner Fassade Reliefs biblischer Themen in den Fensterverdachungen. Eine Eule, als Symbol der Weisheit, erinnert an die Zeit, als Franeker noch Universitätsstadt war. Das Eckhaus mit dem jetzigen Museumseingang war einst Stadtwaage (1657). Die Sammlung enthält manches Erinnerungsstück an die Universität und zahlreiche Andenken an *Anna Maria van Schuurman* (1607–1678). Diese sehr begabte Frau, die u. a. mit *Descartes* korrespondierte und in mehreren Sprachen dichtete, fand neben ihrem Studium der Theologie und Botanik Zeit zum Kupferstechen, Malen und Sticken. Ihre Scherenschnitte sind entzückend! Außerdem ist hier die botanische Bibliothek (158 Kästen in Buchform) des Forschers *Schlumbach* untergebracht.

Harlingen **Nr. 61**

Die rege Hafenstadt, Zentrum der Sportfischerei auf dem Wattenmeer, hat entlang ihrer Grachten und Häfen noch ganze Straßenzüge mit historischen Fassaden. Der Ort entstand auf einer Warft und erhielt 1318 Stadtrechte. Nach einer Stadterweiterung (1565) folgte 1579/80 die Umwallung. 1597 wurde der Südhafen angelegt, der als Kriegshafen vor allem nach 1644 an Bedeutung gewann, als der Admiralitätssitz von Dokkum hierher verlegt wurde. Dank der Anlage des Abschlußdeiches (Afsluitdijk) 1932 wurde Harlingen aus seiner relativen Isolation befreit.
Die *Grote Kerk* bildet den Mittelpunkt des Kirchspiels *Almenum* und wurde 1771/76 unter Beibehaltung des im 15. Jh. erhöhten Turmes (ca. 1200) über kreuzförmigem Grundriß, nach Plänen zweier Amsterdamer Baumeister, darunter wohl *Jacob Otten Husly,* errichtet. Die Kanzel unter der Hinsch-Orgel schnitzte *Joh. G. Hempel.*
Das *Gemeentemuseum* (Voorstraat 56; *geöffnet:* Mo 14–17 Uhr, Di–Sa 10–17 Uhr) mit seinen Sammlungen an Silber, Porzellan, Kacheln und alten Schiffsmodellen ist im sog. *Hannemahuis* (18. Jh.) eingerichtet.
Das Rathaus (Noorderhaven 86) von 1730 hat einen achteckigen Turm (16. Jh.) und an der Fassade den Schutzheiligen der Stadt, den drachentötenden Erzengel Michael.
Der *Leuchtturm* am Willemshaven wurde 1921 von *C. Jelsma* im ›Art Deco‹-Stil entworfen. – Am Zeedijk, südlich des Stadtzentrums, erinnert ein *Januskopf* (1774) an den spanischen Statthalter *Casper de Robels,* der nach einer Sturmflut 1570 die Deiche erneuern ließ.

Harlingen hat eine regelmäßige Fährverbindung zu den Wattinseln Vlieland und Terschelling (Nr. 70).

62 Bolsward

Zeugnis vom Reichtum der ehem. Hansestadt geben das Renaissance-Rathaus und die Martinikerk. Bereits in karolingisch-ottonischer Zeit war das auf zwei Warften gelegene Bolsward ein wichtiger Handelsplatz, der 1455 Stadtrechte erhielt. Das hier hergestellte Tuch und die Töpfereiprodukte bildeten im 17. Jh. die Basis des Reichtums. Der bedeutendste friesische Dichter, *Gijsbert Japicx* (1603–1666), wurde hier geboren.

Das *Rathaus* (Jongemastraat, *geöffnet:* Mo–Fr 9–12 und 14–16 Uhr) zählt neben dem Rathaus in Franeker (Nr. 61) zu den wichtigsten Renaissance-Denkmälern der nördlichen Provinzen. Es wurde 1614/16 an Stelle eines älteren Baus (1474) nach Plänen des Bürgermeisters und Schreiners *Jacob Gijsberts,* dem Vater des Dichters, von dem Stadtmauerer *Marten Dominici* errichtet. Der giebelbekrönte, leicht vorspringende Mittelrisalit mit zwei gleichwertigen Geschossen und einer Freitreppe (1768 in Rokokoformen erneuert) verklammert die Flügel, die aus einem Hauptgeschoß mit gemauerten Halbsäulen auf einem einfacher behandelten Sockelgeschoß bestehen. In der Achse erhebt sich ein oktogonaler Turm. Vier Rundbogentüren links bildeten den Eingang zur Stadtwaage. Die manieristische Ornamentik aus Roll- und Beschlagwerk ist im Stil von *Vredeman de Vries* ausgeführt.
Über dem Eingangsportal ›Justitia‹, flankiert von ›Glaube‹ und ›Hoffnung‹, über ihr die ›Liebe‹. Stilistisch weist das Rathaus Ähnlichkeiten mit Bauten *Hendrick de Keysers* und *Lieven de Keys* auf. Im Vestibül, dem früheren Gerichtssaal, trägt eine später angebrachte Säule die Turmkonstruktion. Hier hängt auch das manieristische ›Salomonsurteil‹ eines unbekannten Malers (um 1600). Prunkstücke des Ratssaales sind der Kamin und vor allem das herrlich geschnitzte *Portal,* ein hervorragendes Beispiel des manieristischen Ornamentstils (1615).
Die *Martinikerk* im Norden der Stadt ist eine der *ältesten Kirchen Frieslands.* Sie entstand 1446–1466 als Pseudobasilika an Stelle eines einschiffigen Vorgängerbaus. Der Turm mit dem in Friesland üblichen Satteldach ist wohl etwas älter. Chor und Mittelschiff haben Stern-, die Seitenschiffe Kreuzrippengewölbe. Die Obergadenwand im Mittelschiff zeigt Blendmaßwerk. Die Wand- und Gewölbemalereien stammen aus dem 15./16. Jh. Das gotische Chorgestühl stammt zum Teil aus der Franziskanerkirche (Ende 15. Jh.). Die *Reliefdarstellungen* mit biblischen Szenen zählen zu den wichtigsten gotischen Skulpturen in Holland.
Man soll die Kirche aber vor allem wegen der *Kanzel* besuchen. Sie wurde 1660/62 von *Piter Jurjens, Pieter Pietersz. Posthumus* und *Johannes Kimena* nach einem Entwurf des Glasmalers *Gerben Wopkensz.* geschaffen. *Kimena* schnitzte die symbolischen Darstellungen der vier Jahreszeiten am Kanzelkorb; so wird der Winter u. a. durch Schlittschuhe versinnbildlicht. Unter dem Lesepult die Darstellung des Wortes Gottes: die Bibel. Die Orgel schuf *Albert Hinsch* 1775/81. Im südlichen Seitenschiff befindet sich ein Überbleibsel des Vorgängerbaus, ein romanisches Relief mit dem Marienleben und dem hl. Martinus (Anfang 14. Jh.). *J. Gabriel* schuf das Grabmonument für den Dichter *Gijsbert Japicx* 1823.

63 Makkum

Das fast städtisch anmutende Dorf hat sich bereits im 16. Jh. zum wichtigen Handelsplatz entwickelt. Für Bolsward (Nr. 62) war Makkum der Hafen an der ehem. Zuiderzee. Die hier gewonnenen Muscheln wurden in Öfen zu Kalk gebrannt, der zusammen mit den Produkten der Ziegelbrennereien im 16. und 17. Jh. einen nicht unbeträchtlichen Wohlstand schuf. Noch heute fertigen die hier ansässigen *Fayencemanufakturen* ihre blau oder bunt bemalten Produkte nach den Methoden des 17. Jh., als sie gegründet wurden. Die Manufakturen *Tichelaar* (Turfmarkt 55) und *Altena en Krooyenga* (Bleekstraat 24) können besichtigt werden.

Die nördlich des Zentrums auf einer Warft gelegene einfache *gotische Kirche* (um 1660) besitzt wie die in Workum bemalte Totenbahren. Die *Waage* (1698, Uhrengeschoß 18. Jh.) beherbergt ein *Keramikmuseum,* wo neben Makkumer Fayencen (u. a. die ursprünglichen Kachelwände in der Wohnung des Wägemeisters) auch Produkte anderer Töpfereien gezeigt werden (*geöffnet:* im Sommer Di–Fr 10–12 und 13.30–17.00 Uhr, Sa bis 16 Uhr).

In *Witmarsum,* nördlich von Makkum, erinnert ein Obelisk an *Menno Simons,* der hier 1496 geboren wurde und seit 1524 Pfarrer war. Er ist der Gründer der nach ihm bekannten gemäßigten Täuferbewegung der *Mennoniten,* die Kindstaufe, Eid und Waffendienst ablehnen.

Workum **Nr. 63**

Das alte Workum (Stadtrechte von 1374) lag direkt an der ehem. Zuiderzee, mußte aber im 14. Jh. landeinwärts neu aufgebaut werden und entwickelte sich im 15. Jh. zur bedeutenden Hafen- und Handelsstadt. Wo früher eine Brücke die beiden Kais des 1875 zugeschütteten Hafens verband, befindet sich heute der Marktplatz mit den wichtigsten Bauten: Rathaus, Waage und Kirche. Die Workumer *Töpfereien* stellen traditionelle Irdenware mit Schlickerdekoration und bemalte Fayencen her.

Das *Rathaus* (1727) hat einen gotischen Kern. Das benachbarte Haus entstand 1620 für die Stadtverwaltung; in dem mit Goldledertapeten dekorierten Ratsaal eine stuckierte Allegorie (1773), über dem Rokokokamin ein älteres Bild ›Der Tod Hananias und Saphira‹ (Apg. 5. 1–11). – In der freistehenden *Waage* (1650) ist das *Museum* ›Warkums Erfskip‹ eingerichtet (*geöffnet:* 15. Mai – 15. Sept. Mo 13–17 Uhr, Di–Sa 10–12 und 13–17 Uhr).

Die *spätgotische Geertruidskerk,* eine Hallenkirche mit Querschiff und freistehendem Westturm erhielt ihre jetzige Gestalt nach mehreren Bränden (1515, 1523 und 1594). Der Chor, ältester Teil der Kirche, stammt von einem Vorgängerbau, dessen Fundamente im Querschiff gefunden wurden. Nachdem das Langhaus zur dreischiffigen Halle umgestaltet worden war, hat man Chor und Querschiff erhöht. Das im Westen nicht vollendete Langhaus hatte man 1615 mit einer Holzfassade abgeschlossen, die erst im Rahmen einer Restaurierung 1946/51 in Ziegelstein ausgeführt wurde. Der Turm, wohl von 1523, besteht aus zwei Geschossen mit tiefen Nischen und ähnelt hierin dem Utrechter Domturm. Die *Louis XIV-Kanzel* mit neutestamentarischen Reliefdarstellungen zwischen Karyatiden fertigte *Gerben van der Haven* aus Leeuwarden 1718. Die Chorschranken stammen von *Claes Thiebbes* (1569), die Orgel von *Jan Harmens van Berlicum* (1697). Im nördlichen Querschiff Herrengestühl mit Stadtwappen (1716). Interessant sind vor allem die acht Totenbahren der Gilden (18./19. Jh.). Die bunten Bemalungen nehmen Bezug auf die Tätigkeit der einzelnen Zünfte. Taufbecken und Bänke im Chor sind Werke des 1876 in Workum geborenen Bildhauers *Tjipke Visser.*

Wie damals gesetzlich vorgeschrieben, durfte die *Doopsgezinde Vermaning* oder *Mennonitenkirche* (Noard 102) nicht als Kirche erkennbar sein. Sie ist als Scheune getarnt (1694).
Charakteristisch für die Architektur der Südwestecke Frieslands sind die in polychromem Ziegelstein ausgeführten *Mosaikfüllungen* in Friesen und Blendbögen über den Fenstern, wie man sie an mehreren Fassaden findet. – Die neugotische *Werenfriduskerk,* eine pseudobasilikale Kreuzkirche mit Turm, von *Alfred Tepe* (1877) besitzt noch ihre ursprüngliche Innenausstattung der ›Bernulphusgilde‹ (vgl. S. 136).

Hindeloopen **Nr. 63**

Das einst blühende Handelsstädtchen, im 17. und 18. Jh. wegen seiner Reeder hochangesehen, ist mit seinen vielen kleinen Brücken und schmucken Häusern einen Besuch mehr als wert. Der auf einer Landzunge in der ehem. Zuiderzee gelegene Ort wurde bereits im 8. Jh. erwähnt und erhielt 1225 Stadtrechte. Seit 1368 war Hindeloopen Mitglied der Hanse; die wachsende Bevölkerung machte 1378 eine Stadterweiterung notwendig. Obwohl 1701 ein Brand große Teile zerstörte, erholte sich Hindeloopen rasch: 1744 zählte man über 2000 Einwohner (jetzt ungefähr 860!).
Die ausgedehnten Handelsfahrten nach Skandinavien und Rußland führten zu großer Blüte bis ca. 1780. Der Ort selber hatte keinen Hafen; die Schiffe wurden in Amsterdam beladen. Dem Kontakt mit fremden Völkern und dem Reichtum ist es zu verdanken, daß sich hier eine ganz eigene Kultur entwickelt hat, vor allem in der *Dekorationskunst,* die sich in den (fast völlig verlorengegangenen) Interieurs mit bunt bemalten und geschnitzten Möbeln und in den eigentümlichen Trachten äußert. Diese Volkskunst mit ihren Blumen-, Ranken- und Vogelmotiven zeigt neben Einflüssen aus Skandinavien solche aus dem Orient, z. B. in den Zitzstoffen der Trachten. Sie ist mit der Volkskunst der Zaanstreek nördlich von Amsterdam verwandt. Das *Hidde Nijlandmuseum* (Dijkweg 1; *geöffnet:* 15. März – 15. Okt. Mo–Sa 9–12 und 13–17 Uhr, So 13–17 Uhr) im einstigen Rathaus (1682) gibt einen guten Überblick.
Die jetzt einschiffige Kirche (1632) war bis 1892 zweischiffig. Der Turm (um 1590) wurde 1724 mit einer zierlichen Spitze versehen. Das typische *Hindelooper Haus* hat eine Schauseite mit geradem Giebel, gemusterten Ziegelfriesen und querovalen Fenstern. Ein schönes Beispiel steht in der Nähe der Kirche (Buren 12). Im Sommer wohnte die Seemansfrau in dem sog. ›lik hues‹, einem freistehenden Häuschen, das nur einen Raum enthält: Beispiele findet man u. a. in der Nähe der Schleuse. Entlang der Hauptstraße ›Nieuwestadt‹ stehen charakteristische Häuser, darunter das um 1800 gebaute Rathaus.

64 Sloten · Wijkel

Sloten: Das kleinste und wohl hübscheste Städtchen Frieslands liegt an der Kreuzung einer Landstraße mit einem Wasserweg. An den beiden Enden der von Linden gesäumten Stadtgracht mit vielen alten Häusern (17. und 18. Jh.) findet man das *Woudsender Wassertor* (1768) und das *Lemster Tor* (1821); bei letzterem steht eine Mühle von 1755. Das *Rathaus* (1759; Heerenwal 48) besitzt eine bescheidene Sammlung lokaler Sehenswürdigkeiten. Die Innenausstattung der nahegelegenen Kirche (1647) datiert aus der Bauzeit, die Orgel von 1786. Das benachbarte Pfarrhaus hat zwei nette Treppengiebel (1610 und 1671).

Wijkel (3 km südwestlich von Sloten): In der einfachen gotischen Kirche von 1671 (!) mit älterem Turm (16. Jh.) befindet sich das *Marmorgrabmal* des bedeutenden Festungsbauers *Menno Baron van Coehoorn* (1641–1704), der in der Nähe einen Landsitz besaß. Der Bildhauer *Pieter van der Plas* fertigte das Monument nach einem Entwurf von *Daniel Marot. Van Coehoorn* war in dem sehr unruhigen letzten Viertel des 17. Jh. (Eroberungskriege *Ludwigs XIV.* gegen Holland) als Festungsbaumeister verantwortlich für Ausbau und Modernisierung der vielen um 1600 verstärkten Städte in Holland. Sein Fortifikationssystem, das sog. ›nieuw nederlands stelsel‹, behandelt er in dem Buch ›Nieuwe Vestingsbouw op een natte of lage horisont‹ (1685), in dem er das damals gängige System seines französischen Kollegen *Vauban* verbesserte. Sein Meisterwerk war die größtenteils geschleifte Umwallung von Bergen op Zoom (Nr. 37).

65 Sneek

Die zweitgrößte Stadt Frieslands und ihr wichtigstes Wassersportzentrum liegt am gleichnamigen See und ist durch Wasserwege mit allen übrigen friesischen Seen verbunden. Anfang August finden hier während der ›Sneeker Woche‹ Regatten statt, u. a. der eindrucksvollen Lastensegler (›skûtsjessilen‹). 1294 zur Stadt erhoben, war sie bereits im 15. Jh. der wichtigste Marktplatz des südlichen Friesland und prägte sogar eigene Münzen. 1520 starb hier der legendäre Freibeuter und Streiter um die friesische Unabhängigkeit, der sog. ›Greate Pier‹ (Große Peter). Von der Umwallung mit Wassergräben und vier Wassertoren (16. Jh.) ist ein Teil des Stadtgrabens und das in dieser Form in Holland einmalige *Wassertor (›Waterpoort‹)*, im Süden der Stadt, erhalten. Dieses Renaissance-Brückentor von 1613 ist mehr dekorativ als wehrhaft. – *Verkehrsamt:* Martiniplein 13 a.

Die *holl.-ref. Kirche*, eine spätgotische dreischiffige Kreuzbasilika, wurde um 1500 an Stelle eines Vorgängerbaus, dessen romanischer Westbau 1681 einstürzte, errichtet. Der jetzige dreiseitige Abschluß im Westen ersetzt diesen Westbau. 1709 ist der Chor erhöht, 1771 der Kuppelturm errichet worden. Die zweigeschossige Sakristei (16. Jh.) im Süden hat man 1759 neu eingerichtet. Der freistehende Glockenstuhl, ursprünglich aus dem 15. Jh., ist im 18. Jh. erneuert worden. Die schlichte Kanzel stammt von 1626, die Orgel baute *Arp Schnitger* 1710.
Nördlich der Kirche steht das *Rathaus* (Marktstraat, *geöffnet:* Mo–Fr 9–12 und 14–16 Uhr), dessen Rokoko-Ornamentik in Friesland eine Seltenheit darstellt. Vor ein älteres Rathaus (1550) hat man 1730/36 eine mehr dem Zeitgeschmack entsprechende Fassade mit doppelter Freitreppe gebaut. Die Wappen des friesischen Statthalters *Willem (IV.) Karel Hendrik Friso* und seiner Frau *Anna von Braunschweig* meißelte *Gerben Nauta* 1745. 1760/67 ist das Gebäude um ein Stockwerk erhöht worden; aus dieser Zeit stammen die Putten mit Gerechtigkeitssymbolen am Dachgesims und die Rokoko-Ornamentik des Eingangs. Der Ratssaal hat Ledertapeten mit Chinoiserien. Der kleine, ältere Ratssaal enthält Erinnerungsstücke an die Tochter des Statthalters *Frederik Hendrik, Henriette Catharina,* Fürstin von Anhalt-Dessau (1637–1708), die 1696 zur Ehrenbürgerin

Sneek: Wassertor

der Stadt ernannt wurde. Im Schützenzimmer werden Gegenstände aus dem Besitz der städtischen Schützengilde aufbewahrt. – Das sog. *Walthuis* neben dem Rathaus datiert aus dem 16. Jh. Das klassizistische *Justizgebäude* entwarf *G. Rollema* 1838. Eine interessante Kollektion von Schiffsmodellen, Gemälden und Silber enthält das *Friese Scheepvaartmuseum* (*Schiffahrtsmuseum:* Kleinzand 12; *geöffnet:* Di–Sa 10–12 und 13.30–17.00 Uhr).

Die Umgebung von Sneek bietet viele Überraschungen: alte Kirchen, idyllische Dörfer und friesische Bauernhöfe des Typus ›Kopf-Hals-Rumpf‹, häufig mit dem ›Oelebord‹: zwei Schwäne, Rücken an Rücken, die die Giebel der Scheunen bekrönen. – *Wieuwerd* (nördlich von Sneek): In der Kirche (19. Jh.) mit einem älteren Chor (17. Jh.) sind *mumifizierte Körper* aus dem Jahr 1609 erhalten; der Grabkeller besitzt konservierende Eigenschaften, so daß die Leichen nicht verwesen. – *Oosterend:* Die Kirche (13./14. Jh.) mit ihem 1688 erneuerten Turm besitzt einen geschnitzten und bunt bemalten *Renaissance-Lettner.* Die Dekoration von 1554, in der Art des Antwerpener Ornamentstechers *Cornelis Floris* trägt die Signatur *Hein H.,* die als *Hein Hagart* gedeutet wird, der in der Werkstatt von *Cornelis Floris* arbeitete. – *Bozum* (nördlich von Sneek): Die Tuffsteinkirche (2. Hälfte 12. Jh.) ist eng mit ähnlichen romanogotischen Kirchen in Nordost-Groningen verwandt. Charakteristisch ist das kupplige Gewölbe über dem Chor (13. Jh.; vgl. auch S. 238). Die Malereien (u. a. ein ›Thronender Christus‹) stammen ebenfalls aus dem 13. Jh. – Die 1814 auf einem erhöhten Friedhof gebaute Kirche in *Rauwer* besitzt eine Rokoko-Kanzel (3. Viertel 18. Jh.) mit geschnitzten Tugendallegorien und eine reich dekorierte Orgel von 1816.

Verkehrsamt: Grote Markt 23.

Groningen, am nördlichen Ausläufer der Hügelkette ›Hondsrug‹ gelegen, wurde 1006 erstmals im Zusammenhang mit einer Kirche, die dem Bischof von Utrecht unterstand, erwähnt. 1040 schenkte Kaiser *Heinrich II.* die Domäne ›Cruononinga‹ dem Utrechter Bischof. In der 2. Hälfte des 12. Jh. war die bereits ummauerte Stadt das wichtigste Handelszentrum des Nordens. Hansestadt wurde sie 1284, 1422 erneuerte sie das Bündnis, da offensichtlich Zweifel über die Zugehörigkeit herrschten. Die Regionen ›Westerkwartier‹, ›Hunsingo‹ und ›Fivelingo‹, die sog. ›Ommelanden‹, kamen im 15. Jh. unter die Herrschaft der Stadt; damit verschwand der Einfluß der Utrechter Bischöfe. 1536 fielen Stadt und Provinz Groningen an *Karl V.,* 1579 schloß sie sich der Utrechter Union an. 1580 wurde sie von den Spaniern erobert, die 1594 bald wieder von *Maurits* vertrieben wurden. 1619 kam auch die Region ›Westerwolde‹ im Südosten unter städtische Verwaltung, seidem spricht man von ›Stad en Lande‹ (= die heutige Provinz Groningen).

Groningen: Orientierungsplan
1 Raadhuis – 2 Goudkantoor – 3 Martinikerk – 4 Provinciehuis – 5 Prinsenhof – 6 Ossenmarkt – 7 Noorder Kerk – 8 Oude Boteringestraat – 9 A-Kerk – 10 Groninger Museum – 11 St. Josephskerk.

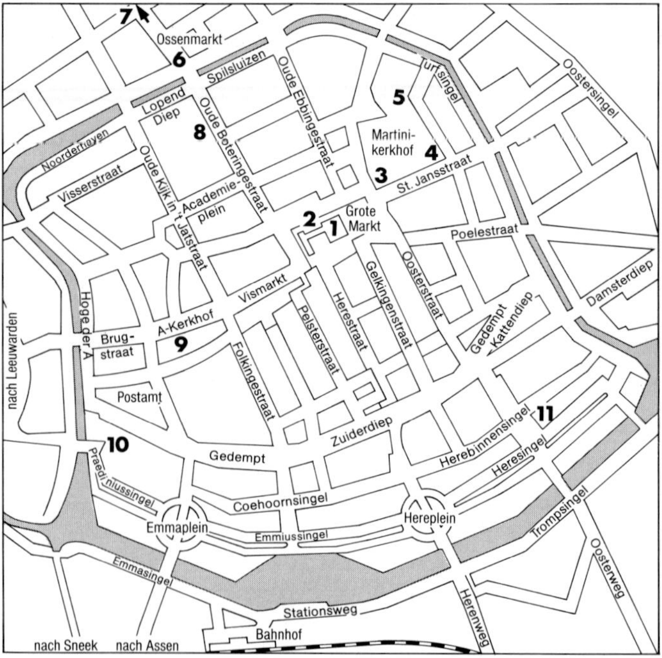

1608/20 entstand ein neuer Festungsring, der 1695/96 modernisiert und erweitert wurde, wobei die urbane Fläche zwar verdoppelt, aber bis ins 18. Jh. nicht voll bebaut wurde; denn das erhoffte Wachstum blieb aus. Die Altstadt wurde von dem Gedempte Zuiderdiep, der A, dem Noorderhaven und dem Schuitendiep begrenzt; die nördliche Stadterweiterung weist ein regelmäßiges Straßenraster mit zwei Plätzen auf. Als Mittelpunkt entstand 1664 die Nieuwe Kerk. Die Umwallung mit ihren 17 Bastionen wurde 1878 geschleift.
Wichtige Einnahmequellen waren die Schiffswerften – die Stadt war bis 1877 über das Reiterdiep mit dem offenen Meer verbunden – und der Butter- und Käsehandel. Großen wirtschaftlichen Erfolg brachten auch die mit Amsterdamer und Groninger Kapital gegründeten Kompanien, die sich der Urbarmachung der Moore im Südosten der Provinz widmeten (Torfgewinnung). Es entstanden die sog. ›veenkolonien‹ (veen = Torf), wie Hoogezand-Sappenmeer und Veendam. Die Innenstadt hat am Ende des 2. Weltkriegs bei Kämpfen schwer gelitten; u. a. fielen zwei Seiten des Grote Markt in Trümmer. An der 1614 gegründeten Universität studierte u. a. der hier geborene Kulturhistoriker *Johan Huizinga* (1872–1945). 1905–1915 war er Ordinarius für Geschichte an der hiesigen Universität, 1915–1941 an der von Leiden.

Raadhuis (**1**; Am Markt): An der Stelle des 1443 erbauten Rathauses steht jetzt eine klassizistische Dreiflügelanlage mit einem Säulenportikus. Das Preisausschreiben von 1774, bei dem ausdrücklich Louis XVI-Stil verlangt wurde, gewann der Amsterdamer *Jacob Otten Husley* (1735–1796), einer der wichtigeren Baumeister des holländischen Klassizismus, mit einem noch barock-klassizistischen Entwurf, den er aber 1792 wegen städtischer Geldsorgen wesentlich vereinfachen mußte. Realisiert wurde der Plan erst 1802/10. 1872 hat man den zur Rückseite offenen Hof geschlossen. Der durch eine Brücke mit dem Hauptgebäude verbundene *Erweiterungsbau* entstand 1958 nach Plänen *J. J. Vegters*.

Goudkantoor (**2**; Goldkontor): Der Name dieses einstigen Steueramtes (1635) datiert aus dem 19. Jh., als die mit der Beschau von Goldschmiedearbeiten beauftragte städtische Behörde hier tätig war. Der Mischbau hat zwei reich dekorierte Renaissance-Giebel mit Schweifwerk, über den Fenstern die für Groningen so typischen Muschelfüllungen. Das Ornament über dem Eingang bekrönte früher eine 1844 abgebrochene Portalvorhalle. Die Behandlung der Giebel läßt Einfluß der Ornamentstiche von *Hans Vredeman de Vries* erkennen. Der Giebel auf der Brückenseite stammt von dem Haus Grote Markt 27. Es gab an dieser Seite nie eine Schaufassade, da das Steueramt, von Nachbarhäusern flankiert, an einer Straßenecke stand.

Martinikerk (**3**; am Markt): 1050 wurde an dieser Stelle eine romanische Tuffsteinkirche erwähnt, deren Chorapsis bei Ausgrabungen freigelegt wurde. Ein Stadtsiegel von 1250 zeigt, wie diese Kirche ca. 1230 in eine romanogotische Kreuzbasilika mit eingebautem Westturm umgewandelt worden war. Bei einem in der 2. Hälfte des 15. Jh. erfolgten Umbau zur gotischen Hallenkirche blieben nicht nur die Pfeiler, sondern auch die charakteristischen romanogotischen, in zwei östlichen Langhaus- und den beiden Querhausjochen vierteiligen, in der Vierung achtteiligen *kuppligen Rippengewölbe* erhalten. Die Vierungsrippen kommen in einer Rosette mit hängendem Schlußstein zusammen. Der hochaufgehende *Umgangschor* (vor 1425) mit seinen himmelblauen Gewölben wird von 13 Rundpfeilern gestützt, von denen einer in der Achse steht, eine Anordnung, wie man sie in der französischen oder deutschen

Spätgotik öfters findet. Der Wandaufbau war ursprünglich dreigeschossig, die Triforiumzone ist aber im 16. Jh. zugemauert worden.
Bei Restaurierungsarbeiten 1924 ist hier eine für Holland in ihrer Vollständigkeit einmalige Serie von *Wandmalereien* (1545?) freigelegt worden. Dargestellt sind Szenen aus dem Leben Christi: ›Der zwölfjährige Jesus im Tempel‹, ›Bethlehemitischer Kindermord‹, ›Darbringung im Tempel‹, ›Anbetung der Könige‹, ›Verkündigung an die Hirten‹, ›Geburt Christi‹, ›Mariä Verkündigung‹ (der Erzengel Gabriel ist nur noch andeutungsweise erhalten), ›Gastmahl im Hause Simons‹, ›Einzug in Jerusalem‹, ›Christus am Ölberg‹, ›Gefangennahme‹, ›Christus vor Pilatus‹, ›Kreuzigung‹; über dem Triumphbogen Reste eines ›Jüngsten Gerichtes‹.
Nördlich des Chores entstanden im 15. Jh. eine Kapelle mit Netzgewölben und die Sakristei. Im gleichen Jahrhundert fand der Umbau zur Hallenkirche statt, wobei die Seitenschiffe auf die Höhe des Mittelschiffes gebracht und auch erweitert wurden. Gleichzeitig hat man das Langhaus um zwei Joche, bis zum Turm, verlängert. Offensichtlich war nicht beabsichtigt, das Langhaus auf die Höhe des Chores zu bringen, wie später bei der ebenfalls aus einer Kreuzkirche entstandenen A-Kerk. An der Außenseite haben die Seitenschiffe Querdächer und Giebel über jedem Joch, wodurch der Eindruck von Seitenkapellen entsteht, eine im norddeutschen Raum ebenfalls öfters vorkommende Lösung.
Neben den Fresken ist die *Orgel* das wichtigste Ausstattungsstück. Sie hat einen stilistisch wohl sehr gemischten Prospekt: Der Mittelteil wurde 1480 von dem Humanisten *Rudolf Agricola* gebaut, 1542 verändert, 1692 von *F. C. Schnitger* mit barocken Seitentürmen versehen und 1729/30 von *A. A. Hinsch* nochmals erweitert. Das Rückpositiv und die Empore, auf Säulen von 1806, wurden nach einem Entwurf des Stadtbaumeisters *A. Verburg* von *Caspar Struiwig* im Stil Louis XIV gefertigt. Neben der Orgel der Lüneburger Johanniskirche ist sie die einzige erhaltene große Orgel aus der Mitte des 16. Jh. Die kleine Rokoko-Orgel stammt aus Heithuizen (Limburg). Das Herrengestühl entstand gegen Ende des 17. Jh.
Der *Turm,* Symbol der Stadt, ›Olle Grieze‹ (›Grauer Alter‹) genannt, entstand 1469–1482, nachdem sein Vorgänger eingestürzt war. Auf einem Unterbau folgen, wie beim Utrechter Domturm, zwei Geschosse mit tiefen Verblendungen in Spitzbogenform und das achteckige durchbrochene Uhrengeschoß. Bis hier war der Turmbau 1545–1552 vorangekommen. 1627 folgte die zweigeschossige hölzerne Bekrönung mit offener Zwiebel.

Provinciehuis (**4**; Martinikerkhof Ecke St. Jansstraat. Für Besichtigung: Tel. 138438): Ältester Teil ist der Flügel entlang der St. Jansstraat, der 1550 als Schule gebaut wurde und nur an der Hofseite erkennbar ist. Der Neorenaissance-Flügel am Martinikerkhof entstand 1915/17, gleichzeitig blendete man der Hausmeisterwohnung die schöne *Renaissance-Fassade* (1559) eines abgetragenen Hauses mit der klassischen Abfolge von Pilaster- und Halbsäulenstellungen vor; im Giebel die Büsten Alexanders d. Gr. und Karls d. Gr. In Emden, der nächstgelegenen deutschen Stadt, mit der Groningen Handelskontakte unterhielt, gab es bis 1944 eine Reihe vergleichbarer Fassaden. Im 1. Stock des Provinzhauses liegt der schöne Abgeordnetensaal von 1697.

Prinsenhof (**5**; Martinikerkhof 23): 1594 wurde der Convent (15. Jh.) der ›Brüder vom gemeinsamen Leben‹ (vgl. S. 211) als Hof für die Statthalter von Friesland, Groningen und Drente eingerichtet und dabei erheblich erweitert. Die Statthalter aus dem Hause Nassau-Dietz, die in Leeuwarden residierten, wohnten hier während ihres Besuchs in Groningen (seit der Restaurierung 1965 Sitz des regionalen Rundfunks). – Durch das *Gardetor* (1639), benannt nach der hier untergebrachten Wache, und die *Turfstraat* gelangt man zum *Turfsingel*. Dort befindet sich der Eingang zum ›Prinsentuin‹, dem statthalterlichen *Lustgarten* (*geöffnet:* 15. März – 15. Okt. tgl. 10 Uhr bis eine halbe Stunde vor Sonnenuntergang). An der Gartenseite des Tores eine sehr detaillierte *Sonnenuhr* von 1730. Auf dem *Ossenmarkt* (6), einem der beiden Plätze der 1607–1627 angelegten Neustadt, stehen mehrer Häuser mit interessanten Fassaden: *Haus Nr. 5* hat eine breite Renaissance-Fassade (1623) mit den in Groningen so charakteristischen dicht aneinandergesetzten hohen, schmalen Fenstern mit Muschelüberdachungen und einem geschweiften Giebel. Das Louis XIV-Portal und das schwere Gesims sind um die Mitte des 18. Jh. angebracht worden. Das Nachbarhaus (Nr. 3–4) ursprünglich um 1750 im Régence-Stil gebaut, wurde 1770 in zwei Hälften geteilt, gleichzeitig wurde das Kutschenhaus links bewohnbar gemacht.

Noorder oder Nieuwe Kerk (**7**; Nieuwe Kerkhof. Für Besichtigung: Tel. 12 60 19): Als architektonischer Mittelpunkt des neuen nördlichen Stadtviertels baute der wichtigste Vertreter des klassizistischen holländischen Barock im Norden, *Coenraet Roelef,* 1660/65 den für den protestantischen Gottesdienst so charakteristischen Zentralbau. Nicht nur im Grundplan, einem griechischen Kreuz, sondern auch in den von Balustraden bekrönten Giebelfassaden und dem oktogonalen Kuppeltürmchen entspricht die Kirche ihrem Vorbild, der 1620/23 von *Hendrick de Keyser* errichteten Amsterdamer Noorderkerk, allerdings ist sie kleiner, dafür aber höher. Typisch für eine Predigtkirche ist die auf die Kanzel zentrierte Aufstellung des schönen Mobiliars, darunter viel Herrengestühl, das noch aus der Bauzeit stammt. Die Orgel baute *Timpe* 1831.

Oude Boteringestraat (8): An der Ecke zum früheren Stadtgraben steht die *ehem. Wache* (1634) mit einer Säulenarkade (jetzt teilweise verglast). Die klassizistische *Täufer-Kirche* datiert von 1815. Das *Justizgebäude* (Haus Nr. 36–38) hat eine breite Renaissance-Fassade mit zwei Treppengiebeln. Sie wurde 1612, als das Haus für den Bürgermeister *Coenders van Helpen* umgebaut wurde, vorgeblendet. Der Flügel links kam 1626 hinzu, der Rokoko-Eingang 1754, als der Komplex Sitz der Justiz wurde. Aus dieser Zeit stammt auch der Sitzungssaal, der in seiner Wandgliederung neben dem Stil Louis XIV Rokoko-Details aufweist.
Westlich der Oude Boteringestraat, am Academieplein, steht das Hauptgebäude der *Universität,* das 1907/09 von *J. A. Vrijman* im Stil norddeutscher Renaissance errichtet wurde. In dem Gebäude ist das *Universitätsmuseum* (Eingang Broerstraat 5; *geöffnet:* Mo–Fr 9–16 Uhr) untergebracht.

A-Kerk (**9**; A-Kerkhof): Wie bei der Martinikerk stecken in dem jetzigen Bau erhebliche Reste einer kurz vor der Mitte des 13. Jh. begonnenen romanogotischen Kreuzkirche, die 1247 geweiht wurde. 1452 errichtete man nach dem Vorbild des neuen Chores der Martinikerk, unter Verwendung der vorhandenen Pfeiler des älteren Baus, einen Umgangschor, die Sakristei folgte einige Jahre später. Anders als bei der Martinikerk zog man hier das Lang- und Querhaus bis zur Höhe des Chores auf (1465/66) und baute die Seitenschiffe, die 1475–1500 bis zur Westmauer des Turmes durchgezogen wurden. Nachdem der Turm 1710 eingestürzt war, entwarf Stadtbaumeister Albert Meyer die elegante oktogonale Bekrönung in Holz (1712). Die Kirche besitzt eine Kanzel von 1672, Herrengestühl von ca. 1650 und 1700 und eine mächtige Barock-Orgel, die *Arp Schnitger* 1702 für die jetzt nicht mehr existierende Broerkerk baute und die nach ihrer Aufstellung hier 1814 verändert wurde. Erst kürzlich sind Wand- und Gewölbemalereien freigelegt worden (in der Vierung): ›Auferstehung Christi‹, ›Christus erscheint Maria Magdalena‹, ›Emmaus‹ und das ›Pfingstwunder‹.

Die *ehem. Getreidebörse,* östlich der A-Kerk, von 1895 mit den Statuen von Neptun, Merkur und Ceres hat hinter ihrem klassizistischen Vorbau eine schöne Halle aus Gußeisen und Glas.

Das *Noordelijk Scheepvaart Museum* (*Schiffahrtsmuseum;* Brugstraat 24, westlich der A-Kerk, *geöffnet:* Di–Sa 10–17 Uhr, So und Fei 14–17 Uhr) ist in einem gotischen Haus aus dem 15. Jh. eingerichtet. Das benachbarte *Tabakologische Museum* hat die gleichen Öffnungszeiten.

Groninger Museum (**10** ; Praediniussingel 59. *Geöffnet:* Di–Sa 10–17 Uhr, So 13–17 Uhr): Die Sammlung enthält neben lokaler Keramik, Silber und Möbeln auch moderne Kunst, darunter Gemälde von Mitgliedern der 1918 gegründeten Groninger Gruppe ›De Ploeg‹ (= ›Der Pflug›), deren Hauptvertreter *Jan Wiegers* (1893–1959) war. Seit seiner Begegnung mit *Ernst Ludwig Kirchner* in Davos, wo beide sich 1920 wegen einer Lungenerkrankung aufhielten, tendiert die Gruppe stark zum Expressionismus. Unter den weiteren Mitgliedern der Gruppe, wie *Jean Altink* (1885–1971) und *Johann Dijkstra* (geb. 1896), ragt vor allem das graphische Werk *Hendrick Werkmanns* (1882–1945) heraus.
Groningen besitzt mehrere *Hofjes,* u. a. das *Heilige Geest-* oder *Pelstergasthuis* (Pelsterstraat 43), das im 13. Jh. bereits existierte und im 17. Jh. erweitert wurde. Das *Geertruids-* oder *Pepergasthuis* (Peperstraat 22) ist ebenfalls mittelalterlichen Ursprungs und wurde 1640 umgebaut. Nahe der Umwallung liegt das *St. Anthonygasthuis* (Rademarkt 29), das 1696 umgebaut wurde und jetzt als Studentenheim dient.
Die *St. Josephskerk* (Radesingel), eine neugotische Basilika mit sechseckigem Turm mit durchbrochener gußeiserner Spitze wurde 1886/87 nach einem Entwurf *P. J. H. Cuypers* gebaut. Für diese wichtige Kirche aus seiner zweiten Schaffensperiode ließ sich *Cuypers* von der Broerenkerk in Zutphen inspirieren. Das ursprüngliche Mobiliar aus der Werkstatt *Cuypers-Stoltzenberg* und von *F. W. Mengelberg* blieb erhalten.

Leek: Landsitz ›Nienoord‹: Das Haus im Neurenaissance-Stil (1885/86) steht an der Stelle einer um 1525 errichteten Burg, die 1846 abbrannte. Das Einfahrtstor datiert von 1708, die Muschelgrotte im Landschaftspark von ca. 1700. In den Ställen ist das *Nationale Kutschen- und Schlittenmuseum* eingerichtet (*geöffnet:* Ostern – 1. Okt. tgl. 9–17 Uhr).

Midwolde (bei Leek): Die *holl.-ref. Kirche* (Schlüssel: Oldebertweg 11, Leek), ein romanischer Bau (12. Jh.) enthält im Chor (13. Jh.) eines der Hauptwerke *Rombouts Verhulsts.* 1665/69 schuf er im Auftrag von *Anna van Ewsum* das Marmorgrabmal für ihren verstorbenen Mann *Carel Hieronymus Baron von Inn- und Kniphausen.* Die Komposition der ursprünglichen Zweiergruppe (die Witwe trauert um ihen Gatten), finden wir ebenfalls in *Verhulsts* Grabmal in Katwijk von 1663 (S. 63). Die viel schwächere Statue ihres zweiten Mannes, ebenfalls ein Mitglied des ostfriesischen Adelsgeschlechtes der von Inn- und Kniphausen, schuf *Bartholomeus Eggers* vor 1692; sie wurde aber erst 1709 oder 1714 aufgestellt. Die Orgel datiert von 1620, die Herrenloge von 1660. Die köstliche Barockkanzel mit den vier Evangelisten und allegorischen Tugendstatuen schnitzte *Allert Meyer* 1711.

Aduard: Als *holl.-ref. Kirche* dient ein Saalbau, der einst zur 1192 gegründeten und 1594 aufgelösten *Zisterzienserabtei St. Bernhard* gehörte. Unter Abt *Henricus II.* (1449–1485) was das Kloster ein berühmtes Bildungszentrum, in dem auch der Humanist *Rudolf Agricola* (1443–1485) studierte. Unklar ist, ob der Bau als Refektorium oder als Krankensaal gedient hat. Der um 1300 errichtete Bau weist die Kennzeichen der Groninger Romanogotik auf; Fenster und Blendfenster wechseln sich in den zweigeschossigen Längsseiten ab. Der Boden besteht aus glasierten Ziegeln mit eingeprägtem Muster, für Holland eine Besonderheit. Das reich geschnitzte Mobiliar entstand in der 1. Hälfte des 18. Jh. Bei der Restaurierung 1917/28 wurde die Holztonne angebracht. Die 1939/41 freigelegten Fundamente der ca. 100 m nördlich gelegenen Klosterkirche mit einem Umgangschor mit 11 Radialkapellen deuten auf eine enge Verwandtschaft mit der Kirche des Mutterklosters Clairvaux und noch mehr mit jener von Pontigny hin.

67 Romanogotik in Nordost-Groningen

Dem Liebhaber von früher Sakralarchitektur sei diese Gegend sehr empfohlen; er wird hier eine große Zahl von romanogotischen Dorfkirchen aus dem 13. Jh. und der 1. Hälfte des 14. Jh. finden. Sie stehen häufig auf ›wierden‹, wie die künstlichen Fluchthügel oder Warften in Groningen genannt werden. Die Backsteinkirchen dieses Übergangsstils von der Spätromanik zur Frühgotik sind meistens drei- oder vierjochig und haben einen gerade geschlossenen Chor. Die Gliederung der Außenmauer korrespondiert mit der Zahl der Joche, sie ist häufig zweigeschossig und stark plastisch mit Lisenen, Rundbogenfriesen und Blendnischen gestaltet. Die Blendnischen sind mit mosaikhaften Mauerverbänden ausgefüllt. Häufig findet man auch das Rundstabprofil in den Fenster- und Türlaibungen. Die Rippengewölbe haben eine hochgezogene kupplige Form und sind oft aus verschiedenfarbig bemalten Backsteinen zu Mosaiken gemauert. Auf die Frage, warum sich gerade in der Provinz Groningen dieser Stil entwickelt hat, ist keine befriedigende Antwort möglich; sicher haben die Zisterzienser, die seit 1192 hier ein Kloster hatten, eine Rolle gespielt; aber auch westfälischer Einfluß ist in den kuppligen Gewölben erkennbar. Im holländischen Friesland (vgl. Dokkum, Nr. 60) und im deutschen Ost-Friesland bis hin nach Tondern (Nord-Schleswig, Dänemark) findet man Beispiele dieser frühen Backsteinarchitektur.
Zu den bedeutenderen zählen die Kirchen in *Ten Boer, Zeerijp, 't Zand, Bierum* (mit schrägem Strebepfeiler am Turm) und *Termunten* sowie in *Stedum* (mit einem von *R. Verhulst* geschaffenen Marmorgrabmal für *Adriaen Clant* [† 1668], Vertreter der Provinz Groningen beim Friedensschluß von Münster 1648) und *Loppersum* (mit Gewölbemalereien von 1524/1540 im gotischen Chor des 15. Jh.), die zu den bedeutendsten spätmittelalterlichen in Holland gehören.

Appingedam: Die einzige alte Stadt (außer Groningen) dieser Provinz liegt am Damsterdiep. Das *Renaissance-Rathaus* (1630) ist durch Anbauten mit der dreischiffigen Hallenkirche verbunden, die ihr jetziges Aussehen beim Umbau (15. Jh.) der romanogotischen Kreuzkirche (13. Jh.) erhielt. Die von einem Pelikan getragene Barockkanzel datiert von 1665, die Hinsch-Orgel von 1744.

Schloß ›Menkemaborg‹ Nr. 67

Geöffnet: 1. April – 1. Okt. tgl. 10–12 und 13–17 Uhr, 1. Okt. – 1. April tgl. außer Mo 10–12 und 13–16 Uhr. Januar geschlossen.

Die malerische *Wasserburg* bei Uithuizen, das besterhaltene Beispiel eines Groninger Landadelssitzes, ist umgeben von breiten Alleen, die den in dieser flachen Landschaft immer wehenden Wind abhalten sollen. Sie erhielt ihr jetziges Aussehen um 1700, als man die U-förmige Anlage (15./17 Jh.) mit einem Mittelbau versah. Gleichzeitig wurden die Eckpavillons errichtet. Die bei diesem Umbau aufgestellten schönen *Louis XIV-Kamine* nach Plänen des Groninger Stadtbaumeisters *Allert Meyer* fertigte *Jan de Rijk*. Die Kaminstücke ›Danae‹ (linkes Vorzimmer), ›Perseus und Andromeda‹ (großer Saal), ›Erntegöttinnen‹ (Bibliothek) ›Opferung der Iphigenie‹ (Schlafzimmer) malte *Hermannus Collenius*. Der *Barockgarten* wurde nach einem vorhandenen Entwurf (18. Jh.) rekonstruiert. 1921 vermachten die Erben *Alberdas van Menkema* († 1902) das Schloß dem Groninger Museum. – Das Rathaus im benachbarten *Usquert* entwarf *H. P. Berlage* 1929.

68 **Assen**

Der Ort erlangte erst im 19. Jh. als Hauptstadt der Provinz Drente eine gewisse Bedeutung. Im Mittelalter lag hier das Zisterzienserkloster Maria in Campis, das zwischen 1254 und 1257 von Coevorden (Nr. 69) hierher verlegt worden war. Drente war während der Republik nicht in den Generalstaaten in Den Haag vertreten und unterstand meistens dem Statthalter von Friesland und Groningen.
Das *Drents Museum* (Brink 1; *geöffnet:* Di–Fr 9.30–17 Uhr, Sa, So 13–17 Uhr) enthält eine Sammlung von prähistorischen, römischen und mittelalterlichen Gegenständen. Von Bedeutung ist besonders die Keramik aus den Dolmen oder ›Hunnebedden‹, von denen es in Drente 52 gibt. Wegen der häufig vorkommenden Becherform wird diese Kultur, die von ca. 2800 bis ca. 2200 v. Chr. dauerte, *Glockenbecherkultur* genannt. Die Verzierung ist meist eingeritzt und besteht aus Fransen oder plastischen Leisten. In dem zum Museum gehörenden ›ontvangershuis‹ (1676), früher Prinsenhof von Drente, und von 1730–1791 Amtssitz der Steuereinnehmers (ontvanger) dieser Provinz, sind Stilräume eingerichtet.
Reste des Klosters sind in den Bauten am Brink (Dorfanger) erhalten, so die Kapelle (13. Jh.) neben dem Museum. Das Rathaus datiert von 1822, die klassizistische holl.-ref. Kirche von 1848.

In *Borger* (19 km südöstlich von Assen) findet man 11 *Dolmen,* u. a. den größten Hollands, nördlich des Ortes. Die Grabkammern werden von Findlingen, die wahrscheinlich während der Eiszeit durch Gletscher hierher kamen, gebildet.

69 **Coevorden**

Als strategisch wichtiger Ort an der Straße, die über den Hondsrug nach Groningen führte, wurde Coevorden im 80-jährigen Krieg zur Festung ausgebaut. Im Stadtplan sind noch die auf einen zentralen (Exerzier-)Platz zulaufenden radialen Straßen erkennbar sowie Teile des *siebeneckigen Festungssterns,* der 1597–1607 auf Befehl des Statthalters der nördlichen Provinzen, *Willem Lodewijk van Nassau,* angelegt und um 1700 von *Menno van Coehoorn* erweitert wurde. Das *Gemeentemuseum* im ehem. Arsenal (Haven 4–6; *geöffnet:* Di–Fr 10.00–12.30 und 13.30–17.00 Uhr, Sa, So 14–17 Uhr) bietet einen Überblick über die Geschichte der Festung, die 1870 geschleift wurde. Das *Kastell* (15./16. Jh.) dient jetzt als Rathaus. Der Grundriß der *holl.-ref. Kirche* (1641/45) ist aus einem Kreuz mit gleichlangen Armen entwickelt.
Die Landschaft nördlich von Coevorden wird gekennzeichnet durch kerzengerade Kanäle; sie dienten bei der Torfgewinnung (seit dem 17. Jh.) in diesen Hochmoorgebieten als Transportwege. Viele Ortsnamen enden deshalb auch auf -veen (= Moor). Das *Moormuseumsdorf* ›'t Aole Compas‹ (Bargercompascum, nördlich des Grenzüberganges bei Klazinaveen; *geöffnet:* April – Okt. tgl. 9–18 Uhr), vermittelt einen guten Eindruck, wie die Moorarbeiter lebten und arbeiteten.

70 Die Wattinseln

Verkehrsämter: Texel: Postbus 3, 1790 AA Den Burg. – *Vlieland:* Postbus 1, 8899 ZN Vlieland. – *Terschelling:* Postbus 302, 8890 AA Midsland. – *Ameland:* Postbus 14, 9163 Zl Nes. – *Schiermonnikoog:* Postbus 13, 9166 ZP Schiermonnikoog.

Die Inseln Texel, Vlieland, Terschelling, Ameland und Schiermonnikoog liegen vorgelagert vor dem holländischen Teil des 450 km langen und durchschnittlich 16 km breiten Wattstreifens, der sich von hier bis Esbjerg in Dänemark erstreckt. Das Nordseewatt mit seinen Inseln ist neben den Hochalpen die einzige noch leidlich intakte Großlandschaft Mitteleuropas, die aber u. a. von Ölbohrungen und Eindeichungen sehr bedroht wird. Bei Ebbe entsteht hier eine Landschaft mit Sandbänken, Buckeln aus Schlick und verzweigten Prieltälern aus dem Meer; nach etwa sechs Stunden kehrt mit der Flut das Wasser wieder zurück. Das Watt, in dem Kräuter wachsen, aber auch Schnecken, Muscheln, Algen und Würmer leben, dient etwa 100 Vogelarten als Brut-, Mauser- oder Rastplatz. Die Inseln mit ihren breiten Dünen und Stränden, Wäldern, Heidefeldern und Poldern sind beliebte Ferienziele.

Texel (Fähre von Den Helder; Nr. 19): Mit 25 km Länge und etwa 10 km Breite ist sie die größte der holländischen Wattinseln. Noch zur Römerzeit bildete sie mit Wieringen und Ameland ein Ganzes. Bei einer Sturmflut 839 und im 13. Jh. versanken große Teile im Meer. Seit dem 14. Jh. hat man die Vorlande eingedeicht. Bereits vor 1200 gehörte die Insel den Grafen von Holland. 1411 erhielt sie Stadtrechte. Mit seiner geschützten Reede war Texel im 17. Jh. ein wichtiger Ankerplatz für die Handelsflotte, die von Amsterdam, Hoorn und Enkhuizen nach den Kolonien auslief. Auch die Kriegsflotte sammelte sich hier. Erst mit der Eröffnung des Nordseekanals 1873 änderte sich dies. Im 19. Jh. hat man an der Ostseite der Insel viel Vorland eingedeicht. Charakteristisch für diese Polder sind die sog. ›tuunwoaltjes‹, niedrige Erdwälle zwischen den Wiesen, in deren Windschatten die Schafe Schutz finden.
Der Hauptort der Insel, *Den Burg,* verdankt seinen Namen einer verschwundenen Burg. Die holl.-ref. Kirche, eine spätgotische Pseudobasilika mit eingebautem Westturm (15./16. Jh.), besitzt ein Fragment eines Taufsteins (15. Jh.) und eine Orgel von 1818. Das *Heimatmuseum* (Kogerstraat 1; *geöffnet:* April und Okt. Di–Sa 9–12 Uhr, Mai – Sept. Mo–Fr 9–12 Uhr) ist im ehem. Armenhaus (1599) eingerichtet. – Die Kirche von *Den Hoorn* mit ihrem weißgetünchten Turm wurde im 16. Jh. errichtet. Die ehem. Mennonitenkirche (Diek 11) beherbergt das *Schiffahrtsmuseum (geöffnet:* Di–Sa 13.30–17.00 Uhr). – Das *Maritim Museum* in *Oude Schild,* dem Fischerhafen Texels, ist in ehem. Seetang- und Getreidescheunen eingerichtet (*geöffnet:* 30. März – 30. Okt. Di–Sa 9–17 Uhr).
Die meisten Hotels und Pensionen stehen in dem Dorf *De Koog* mit seiner einfachen Kirche von 1719. Das *Naturhistorische Museum* (Ruyslaan 92) ist ganzjährig Mo–Sa 9–17 Uhr geöffnet. – Das noch weitgehend intakte Dorf *Oosterend* besitzt eine im Kern romanische Kirche (11. Jh.), die um 1500 zur gotischen Kreuzkirche umgebaut wurde. Sie besitzt eine Kanzel von 1683 und eine Orgel aus dem 18. Jh. – *De Cocksdorp* im Norden der Insel wurde nach *J. J. de Cock,* einem Reeder aus Antwerpen, benannt, der 1835 innerhalb von zwanzig Wochen mittels eines 11 km langen Dammes den Eierlandse Polder eindeichen ließ. Er beschäftigte dazu 1500 Arbeiter. Die klassizistische Kirche (1839) besitzt eine schön geschnitzte Kanzel (um 1750) aus der ehem. Anglikanischen Kirche in Den Haag.

Vlieland (Fähre von Harlingen): Die 20 km lange und 2 km breite Insel schenkte *Willem II.,* Graf von Holland, im 13. Jh dem Kloster Ludingakerke. 1615 wurden die Provinzialstände von Holland Herren der Insel, die von Landwirtschaft und Walfang lebte. Seit 1945 gehört sie zu Friesland. Nachdem der alte Hauptort

Westvlieland um 1750 dem Meer zum Opfer gefallen war, wurde das malerische *Oostvlieland* Zentrum der Insel. Die holl.-ref. Kirche datiert aus dem 17. Jh.; das benachbarte Waisenhaus wurde 1949 restauriert. Das nach Admiral *Maarten Tromp* (1598–1653) benannte *Tromphaus* in der Dorpsstraat entstand im 17. Jh. als Verwaltungsgebäude der Admiralität und dient jetzt als Museum. Der gußeiserne Leuchtturm datiert von 1909.

Terschelling (Fähre von Harlingen): Bereits im 6. Jh. war die 30 km lange und 4 km breite Insel bewohnt. Seit dem Mittelalter stritten sich Holland und Friesland um ihre Herrschaft. Einige Zeit gehörte sie dem friesischen Adelsgeschlecht der Popta, seit 1609 den Grafen von Aremberg, 1615 übernahmen sie die Provinzialstände von Holland, seit 1942 gehört sie zur Provinz Friesland. Vom 16.–18. Jh. war Terschelling mit seiner geschützten Bucht als Schiffahrtszentrum sehr wichtig; hier warteten die Flotten aus den Handelsstädten am Zuiderzee auf günstigen Wind zur Ausfahrt. Auch die Walfangflotte benützte Terschelling als Ausgangsbasis. 1594 ordneten die Staaten von Holland den Bau des *Leuchtturmes* ›Brandaris‹ in West-Terschelling an (1833 verstärkt). Der Name erinnert an den Schutzheiligen der Seefahrer, den irischen Mönch Brendan. Im August 1666 während des 2. Holländisch-Englischen Seekriegs wurde West-Terschelling durch Brandstiftung verwüstet. Die nach dem Brand erbauten Häuser sind alle vom gleichen Typus; die Fassade mit einem Treppengiebel wird durch mosaikähnliche Mauerverbände belebt. Charakteristisch für die Insel sind die im Stil von *Vredeman de Vries* gemeißelten *Pfosten* (um 1650), die aus der Hainau stammen und vor den Häusern und auf dem Stryper Friedhof (bei Midsland) als Grabsteine verwendet werden. Das *Museum* ›t Behouden Huys‹ (Commandeursstraat 30–32; *geöffnet:* Mo–Fr 9–12 und 14–17 Uhr) enthält viele Erinnerungen an die Zeit der Walfischfänger. Der Name ›Das sichere Haus‹ stammt von der Hütte auf der Insel Nowaja Semlja, in der die Entdeckungsreisenden *Willem Barentsz.* (ein gebürtiger Terschellinger) und *Jacob van Heemskerk* den Winter 1596/97 verbrachten, als sie auf der Suche nach einem nördlichen Seeweg nach Indien im Packeis des Nördlichen Eismeeres steckenblieben. – Die holl.-ref. Kirche in *Hoorn* entstammt dem 13. Jh. Im Osten der Insel erstreckt sich das Naturschutzgebiet ›De Bosplaat‹.

Ameland (Fähre von Holwerd, Friesland): Das friesische Adelsgeschlecht der Cammingha, dessen Burg in Ballum 1829 abgerissen worden ist, herrschte von 1424–1681 über die 26 km lange und zwischen 3,8 und 1,7 km breite Insel, die im 18. Jh. dank dem Walfischfang zur Blüte kam; noch heute sieht man Walkiefer als Gartenzäune vor den Kommandeurs- oder Kapitänshäusern mit ihren typischen Mosaikfriesen an den Fassaden. Die holl.-ref. Kirche von 1824 besitzt noch die Fassade des Vorgängerbaus von 1734. Der Satteldachturm von 1664 wurde 1732 erhöht. *P. J. H. Cuypers* baute 1878 die röm-kath. Kirche, wobei er sich von der lokalen Bauernhofarchitektur inspirieren ließ. – Die Kirche in *Ballum* (1832) besitzt eine 1604 von *Claes Jelles* geschnitzte Kanzel. Der Satteldachturm datiert von 1755. Auf dem Friedhof sind die Fundamente einer Kirche, wohl die Kapelle der Burg der Cammingha, freigelegt worden; im Grabkeller eine Grabplatte (1566) für Wytso van Cammingha. – Die spätgotische Kirche von *Hollum* (Turm um 1500) wurde nach der Zerstörung durch die Wassergeusen im späten 16. Jh. 1678 wiederhergestellt. Sie besitzt eine Kanzel aus dem frühen 18. Jh. und einen Eskimo-Kajak. Das *Heimatmuseum* (Oosterlaan Ecke Herenweg; *geöffnet:* im Sommer Mo–Fr 10–12 und 14–18 Uhr) ist in einem Kommandeurshaus (1751) eingerichtet. Der weiß-rote, gußeiserne *Leuchtturm* entstand 1880.

Schiermonnikoog (Fähre ab Lauwersoog, Nord-Groningen): Über die Geschichte der kleinsten bewohnten Wattinsel, die nur 16 km lang und 4 km breit ist, ist wenig bekannt. Man nimmt an, daß sie sich während der Marcellusflut von 1277 bildete. Ihren Namen verdankt die Insel ›Oog‹ den ›schiere monniken‹ (= grauen Mönchen‹) des Zisterzienserklosters Klaarkamp bei Rinsumageest, das hier eine Tochterstiftung hatte. 1580 kam die säkularisierte Insel an Friesland,

1638 wurde sie als Herrlichkeit verkauft. Das einzige Dorf entstand 1760, nachdem der alte mehr westlich gelegene Ort im Meer versunken war. 1859 ließ der damalige Besitzer einen Deich aufwerfen, um die bis dahin vollkommen ungeschützte Insel einigermaßen zu sichern. Wie auf den anderen Wattinseln lebte die Bevölkerung auch hier von Landwirtschaft und Walfang. Die meisten Häuser sind erst nach 1760 entstanden. Einige haben noch sog. ›litshuze‹ oder Sommerwohnungen für die Seemannsfrauen (vgl. Hindeloopen, Nr. 63). Die beiden Leuchttürme – einer dient jetzt als Wasserturm – datieren von 1854.

71 **Polder**

Um 1000 entstanden in den Niederlanden die ersten Deiche, die das bestehende Land schützen sollten. Anfänglich unterstand der Deichbau der landesherrlichen Gewalt, später bildeten sich *Kooggemeinschaften* unter einem Deichgrafen. Seit dem 13. Jh. spielten die Zisterzienser beim Deichbau in Groningen, Friesland, Holland und Zeeland eine bedeutende Rolle. Die Einführung der Windmühle (um 1400) bedeutete einen wesentlichen Fortschritt in der Wasserbeherrschung in den Niederungsgebieten und führte seit dem späten 16. Jh. (Einpolderung der Zijpe, westlich von Schagen, 1598) zur Landgewinnung in großem Maßstab, wobei das städtische Handelspatriziat das Kapital stellte. In der 1. Hälfte des 17. Jh. wurden u. a. die *Beemster,* die *Purmer* und die *Schermer* trockengelegt.
Dank der dampfgetriebenen Schöpfwerke gelang es im 19. Jh., u. a. die *Haarlemmermeer-*, die *Anna Paulowna-* und die *IJpolder* zu gewinnen. Die *Eindeichung der Zuiderzee* nach dem 1918 vom Parlament verabschiedeten Plan des Ingenieurs *Cornelis Lely* (1854–1929) ist das wichtigste vom niederländischen Staat geleitete Landgewinnungsprojekt des 20. Jh. Unmittelbarer Anlaß waren die Überschwemmungskatastrophe von 1916 und der Mangel an Nahrungsmitteln im 1. Weltkrieg. Der Plan wurde eingeleitet mit der Anlage des 30 km langen Abschlußdeiches (Afsluitdijk) 1932; die *Zuiderzee* wurde in *IJsselmeer* umbenannt. Der Schutz der umliegenden Gebiete vor Überschwemmungen war durch die Reduzierung der Deiche von 300 auf 45 km erreicht sowie ein leichter kontrollierbarer Wasserhaushalt des Landes durch die Schaffung eines Süßwasserbeckens.

Bauernhof in Friesland

Standen bei den ersten Poldern, *Wieringermeer-* (1930) und *Noordoostpolder* 1942 noch die Bestimmungen als Agrarnutzfläche im Vordergrund, so ist bei den späteren Poldern *Oostelijk-* und *Zuidelijk Flevoland* (1957 bzw. 1968) auch viel Siedlungs- und Erholungsraum für die rapide wachsende Bevölkerung des Ballungsgebietes ›Randstad Holland‹ geschaffen worden. Die durch die Landgewinnung vom Aussterben bedrohte Kultur der Fischerdörfer entlang der früheren Zuiderzeeküste wird in dem Zuiderzee-Museum in Enkhuizen (Nr. 21) dokumentiert.
Der *Wieringermeer-Polder* (20000 ha) wurde 1930 als erster trockengelegt. Die Besiedlung geschah in 3 Dörfern, ein viertes kam später hinzu, die nach einer Planung des Architekten *Granpré Molière,* des wichtigsten Vertreters der sog. ›Delfter Schule‹ (vgl. Nr. 2), an Kreuzungen von Durchgangsstraßen gebaut wurden. Deutsche Besatzungstruppen sprengten 1945 den Deich und überschwemmten somit den Polder.
Der *Noordoostpolder* mit einer Oberfläche von 48000 ha wurde 1942 im östlichen Teil des IJsselmeers fertiggestellt. Er umschließt die ehem. *Insel Urk,* wo die Fischer noch ihre Trachten tragen, und *Schokland.* Hier ist in der ehem. Pfarrkirche das *IJsselmeerpoldermuseum* untergebracht (*geöffnet:* tgl. 9–17 Uhr, So 10–18 Uhr). Es zeigt archäologische Funde, die bei der Trockenlegung gemacht wurden, und dokumentiert die verschiedenen wasserbaulichen und kulturtechnischen Arbeiten, die mit der Landgewinnung und Urbarmachung verbunden sind. Während man sich vor dem 2. Weltkrieg im Wieringermeerpolder für eine Bebauung in kleinen Dörfern, verstreut über den ganzen Polder, entschieden hatte, plante man im Noordoostpolder eine städtische Konzentration in Emmeloor und Nagele. *Nagele* wurde nach den rationalistischen Prinzipien der CIAM (Congrés Internationaux d'Architecture Moderne), insbesondere nach der in der Charta von Athen (1933) aufgestellten Forderung nach Entflechtung und Ordnung der Hauptfunktionen einer Stadt (Wohnen, Arbeiten, Freizeit und Verkehr), von Architekten der Gruppe ›de 8‹ gebaut; so waren hier *Rietveld, Bakema, van der Broek* und *Aldo van Eyck* tätig.
Oostelijk Flevoland (54000 ha) war 1957, *Zuidelijk Flevoland* (43000 ha) 1968 trocken. Der Hauptort *Lelystad* – benannt nach dem Vater des Zuiderzeeprojektes – wurde von *Cornelis van Eesteren* 1959/64 ebenfalls nach CIAM-Prinzipien geplant: Stadtzentrum, Wohnviertel und Industriezonen sind klar voneinander getrennt; aber es blieb eine ›Retortenstadt‹. Das *Informationszentrum* ›Nieuw Land‹ (Oostvaardersdijk; *geöffnet:* tgl. 10–17 Uhr) gibt an Hand von Modellen, Fotos, Bodenfunden und Filmvorführungen einen faszinierenden Überblick über die Geschichte der Einpolderung der ehem. Zuiderzee. – In *Ketelhaven* ist auf das *Museum für Schiffsarchäologie* (Vossemeerdijk 21; *geöffnet:* Mo–Sa 9–17 Uhr, So und Fei 19–18 Uhr) hinzuweisen. In Zusammenarbeit mit der Staatlichen Dienststelle für die IJsselmeerpolder, die für die Urbarmachung des neugewonnenen Landes zuständig ist, haben mehrere Künstler Land-Art-Projekte realisieren können; so hat *Robert Morris* nordöstlich von Lelystad an der Straße nach Swifterbant ein archaisch anmutendes ›Observatorium‹ gebaut (erste Realisierung 1971, hier seit 1977, frei zugänglich).
1975 wurde *Almere-Stad* gegründet, 1980 zogen die ersten Einwohner ein. Im Jahr 2000 sollen hier zwischen 125000 und 250000 Menschen wohnen. Im Vergleich zu Lelystad findet sich hier eine Reihe grundlegend neuer, städtebaulicher Planungsansätze; die Stadt soll aus mehreren, selbständigen Kernen bestehen. Almere-Haven, der erste dieser Kerne, besitzt durch die von traditionell-holländischen Vorbildern abgeleiteten, urbanistischen Strukturen (wie Gracht oder Marktplatz) städtischen Charakter. Bemerkenswert ist die Verkehrsentflechtung und die hofartige Anordnung der Bebauung. Die Rückbesinnung auf die traditionelle heimische, um nicht zu sagen ›heimelige‹ Architektursprache hat auch hier zu einem Stil geführt, den man spöttisch ›die neue Spießigkeit‹ (nieuwe truttigheid) getauft hat.
Ob der geplante *Polder Markerwaard* auch realisiert wird, steht noch zur Debatte. Der Damm zwischen Lelystad und Enkhuizen ist bereits gebaut.

C. WINDMÜHLEN

Windmühlen prägen seit Jahrhunderten das Gesicht der flachen niederländischen Landschaft, in der die natürliche Energie des Windes reichlich vorhanden ist. Wassermühlen kommen nur im Osten und Süden Hollands vor, wo genug Wasser fließt. Von den ca. 9000 Windmühlen, die es um 1850 gab, sind noch etwa 940 in ihrem äußeren Erscheinungsbild erhalten. Die ersten Windmühlen wurden in Holland im späten 13. Jh. erwähnt, es waren *Bockwindmühlen* zum Mahlen von Getreide. Die frühesten *Polderwindmühlen* oder *Wasserschöpfmühlen* tauchten 1414 erstmals auf, nach 1450 hauptsächlich in der jetzigen Provinz Zuid-Holland, wo man sie zur Entwässerung der Niederungen einsetzte. Vier Haupttypen lassen sich unterscheiden: *Flutter, Ständer- oder Bockmühle, Koker-* und *Kappenwindmühle.*

1

Der primitivste Mühlentyp ist der *Flutter* (*tjasker;* Abb. 1). Er dient als Wasserschöpfmühle und besteht aus einem Flügelkreuz, an dessen Achse eine ummantelte archimedische Schraube angeschlossen ist. Man trifft sie nur noch sehr selten in Friesland und im nördlichen Overijssel.

Das Gehäuse der *Ständer-* oder *Bockwindmühle* (Abb. 2) läßt sich um den senkrechten ›Hausbaum‹ oder Ständer in den Wind drehen, d. h. so aufstellen, daß der Wind genau von vorn auf die Flügel trifft. Sie dient als Getreidemühle und kommt vor allem im Süden der Niederlande vor.

2

Aus der *Ständermühle* entwickelte sich die *Kokermühle* (Abb. 3), bei der nicht mehr das ganze Gehäuse, sondern nur noch sein oberer Teil durch eine Drehwinde am Steert drehbar ist, wärend im unteren Teil gemahlen wird. In Holland wird dieser Typ fast ausschließlich als Wasserschöpfmühle verwendet, indem am ›gehenden Werk‹ ein Schöpfrad oder eine archimedische Schraube angebracht wird. In Friesland heißen sie ›spinnekop‹, im Westen Hollands ›wipwatermolen‹ oder, in der kleineren Ausführung, ›weidemolen‹.

3

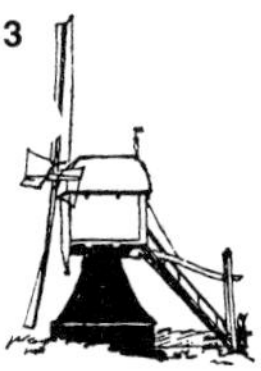

Vor allem an der Zaanstreek, nördlich von Amsterdam, gab es früher hunderte von Industriemühlen, darunter die *Paltrockmühlen* (Abb. 4), die als Sägemühlen dienten. Der gesamte hölzerne

4

5

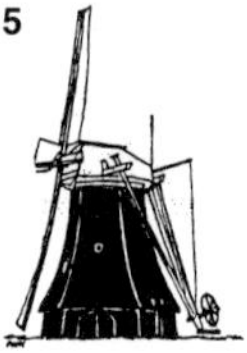

6

Mühlenkörper, der Ähnlichkeit mit dem Rockmantel der pfälzischen Glaubensflüchtlinge in Holland und von diesem auch den Namen abgeleitet hat, ruht auf einem Rollenlager und kann in den Wind gedreht werden. Da das Holz auf Flößen transportiert wurde, stehen Paltrockmühlen immer am Wasser.

Ein wesentlicher Fortschritt in der Windmühlentechnik war die Entwicklung der 1573 erstmals in Gebrauch genommenen *Kappenwindmühle* (Abb. 5), bei der nur die Flügel mit der Kappe oder Haube in den Wind gedreht (›gekruid‹) werden. In Deutschland wird dieser Typ ›Holländer‹ oder ›Holländermühle‹ genannt. Der meist achteckige Rumpf ist im allgemeinen mit Schilfrohr bedeckt. Viele dieser Kappenwindmühlen wurden (und werden) zur Entwässerung der Niederungen in den westlichen Niederlanden eingesetzt. Da die Förderhöhe des Schöpfrades nur 1–1,5 m beträgt, die um 1600 beginnende Trockenlegung der vielen Seen im Westen Hollands aber eine größere Förderhöhe verlangte, ging man dazu über, drei oder mehr Windmühlen hintereinander aufzustellen (molengang), um so das Wasser stufenweise zu fördern.

Bei den *Kappenwindmühlen* unterscheidet man zwischen ›bovenkruiers‹ (Abb. 5) oder *Oberrollern* und ›binnenkruiers‹ (Abb. 6) oder *Binnenrollern.* Beim *Oberroller,* der vor allem in den Provinzen Noord Holland, Zuid Holland und Utrecht als *Poldermühle* zu Hause ist, wird die Kappe von außen durch ein ›kruirad‹ (Drehwinde, in Ostfriesland ›Kröjrad‹), das sich am Ende des auf die Spitze gestellten Balkenkreuzes (oder Steertes) befindet, ›gekruid‹ oder in den Wind gedreht. Beim *Binnenroller,* der, ebenfalls als *Poldermühle,* vor allem in der Provinz Noord Holland vorkommt, geschieht dies von innen. Nicht nur als Wasserschöpfmühle, sondern auch als Industriemühle fand die Kappenwindmühle Verwendung. In den Städten wurde sie häufig als ›stellingmolen‹ *(Galeriemühle)* extra hoch gebaut, um trotz vorhandener Bebauung den Wind als Energiequelle voll auszunutzen.

Von den vielen Arten von Industriemühlen seien hier neben den Getreidemühlen die Graupen-, Öl-, Senf-, Walk- (zur Herstellung von Filz) und Sägemühlen genannt. Eine weitere Möglichkeit, die Windkraft voll zu nutzen, bietet die ›bergmolen‹ *(Wallmühle),* die auf einem künstlich aufgeworfenen Hügel steht.

Die Flügel der holländischen Mühlen sind fast ausschließlich als sog.

Windmühlen bei Schermerhorn (nahe Alkmaar)

Segelgatterflügel konstruiert: Am Flügelbaum oder der Rute sitzt eine größere Anzahl von Quer- und Längslatten. Das Gatter kann bei unzureichendem Wind mit vier Segeltüchern bespannt werden, die bei drohendem Sturm rasch abgenommen werden, um zu vermeiden, daß die Mühle ›durchdreht‹. Die Tatsache, daß dieses ›Durchdrehen‹ im übertragenen Sinne ›verrückt sein‹ bedeutet, ist nur ein Beispiel dafür, wie das Mühlenwesen die holländische Sprache mit vielen Redensarten bereichert hat. Weitere Beispiele: ›hij loopt met molentjes‹ (er geht mit kleinen Mühlen herum = er ist verrückt), ›hij heeft een tik van de molen‹ (er ist von den Flügeln getroffen = er ist verrückt), ›een stille molen maalt geen meel‹ (eine ruhende Mühle liefert kein Mehl, d. h. ohne Arbeit erreicht man nichts).
Der Müller kann sich durch bestimmte Flügelpositionen in der sog. ›Mühlensprache‹ ausdrücken.

Freude *Trauer* *Kurze (l) u. längere (r) Arbeitsruhe* *Fest*

Eine interessante Sammlung verschiedener Typen von Wind- und Wassermühlen besitzt das Arnhemer Freilichtmuseum (Nr. 45.9). Noch funktionierende Industriemühlen können in der Zaanse Schans bei Zaandijk, nördlich von Amsterdam besichtigt werden. Im nahegelegenen Koog aan de Zaan findet man das Zaanse Molenmuseum (Museumlaan 18). Besonders eindrucksvoll sind die vielen Poldermühlen der Schermerpolder östlich von Alkmaar (Nr. 17) und der Alblasserwaard bei Kinderdijk (Nr. 7)

Allgemeine Reisehinweise

Klima und Wetter: Holland hat ein Seeklima mit angenehmen Sommern und milden Wintern. In den Monaten Februar bis Juni fallen die geringsten Niederschläge. Die Durchschnittstemperaturen betragen im Sommer 12–21° C.

Uhrzeit: *Mitteleuropäische Zeit (MEZ).* Von April bis Sept. gilt die Sommerzeit.

Feier- und Gedenktage: Neujahr, Karfreitag, Ostern, 30. April (Geburtstag der Königinmutter), 4. Mai (Gedenken an die Opfer des 2. Weltkriegs), 5. Mai (Befreiungstag), Christi Himmelfahrt, Pfingsten, Weihnachten.

Informationsmöglichkeiten vor Antritt der Reise: *Niederländische Fremdenverkehrszentrale* (NBT): Hauptgeschäftsstelle: Vlietweg 15, NL-2266 KA Leidschendam. – *In der Bundesrepublik* Deutschland: Laurenzplatz 1, 5000 Köln 1. – *In Österreich:* Kärntnerstraße 12/Kupferschmiedegasse 2, 1010 Wien 1. – *In der Schweiz:* Talstraße 70, 8023 Zürich. Auskünfte erteilen ferner die Automobilclubs der betreffenden Länder.

Information über Routen und Straßenzustände: *ANWB* (Algemene Nederlandse Wielrijders Bond): Hauptgeschäftsstelle: Massenaarseweg 20/2596EC/ Den Haag. – *ADAC:* Sendlinger Tor-Platz 9, 8000 München 2. – *ÖAMTC:* Schubertring 1–3, 1010 Wien. – Für den motorisierten Hollandbesucher empfehlen sich die 42 touristischen Routen der ANWB, die mit sechseckigen, weißen Schildern mit Routenummern und Namen versehen sind und deren Länge von 80 bis 170 km variiert. Für den Radfahrer sind etwa 30 Radtouren ausgeschildert. Informationen erteilen die ANWB und die örtlichen Verkehrsämter (VVV).

Amtliche Bestimmungen und praktische Hinweise

Personaldokumente: Bei Aufenthalt bis zu drei Monaten werden gültiger Reisepaß oder Personalausweis verlangt. Kinder unter 16 Jahren benötigen keinen eigenen Reisepaß, wenn sie im Reisepaß der Eltern eingetragen sind.

Kraftfahrzeuge: Erforderlich sind Führerschein und Fahrzeugschein, das Nationalitätszeichen und ein Warndreieck. Die Internationale Grüne Versicherungskarte ist anzuraten.

Mitführen von Tieren (Hund, Katze): Erforderlich ist eine amtliche tierärztliche Erklärung in deutscher, englischer, französischer oder niederländischer Sprache. Sie muß enthalten: die vollständige Beschreibung des Tieres (Rasse, Geschlecht, Alter, Haarwuchs, Farbe), den Namen des Eigentümers, das Reiseziel sowie die Bestätigung der Tollwutimpfung mit einem der zugelassenen Impfstoffe. Aus der Erklärung muß hervorgehen, daß die Impfung mindestens 30 Tage vor der Grenzüberschreitung stattgefunden hat.

Zollbestimmungen: Auskünfte über die jeweils gültigen Zollbestimmungen für die Ein- und Ausreise geben die Automobilclubs (ADAC, ÖAMTC, ARBO).

Währungssystem: Die Münzeinheit ist der *Gulden* (Fl.). Da der *Cent* (1/100 Gulden) noch nicht lange aus dem Verkehr gezogen wurde, findet man noch häufig Preisschilder mit Centangaben. Beim Bezahlen wird der Preis auf 5 Cent auf- oder abgerundet. Folgende Münzen sind im Umlauf: 5 Cent (Stuiver), 10 Cent (Dubbeltje), 25 Cent (Kwartje), 1 Gulden, 2,50 Gulden (Rijksdaalder). Banknoten zu 5, 10, 25, 50, 100 und 1000 Gulden.

Geldwechsel: Öffnungszeiten der Banken: Mo–Fr 9–16 Uhr. In Hauptbahnhöfen sind die Wechselstuben auch abends und am Wochenende geöffnet.

Devisen: Für nicht in den Niederlanden ansässige Personen gibt es keine Ein- und Ausfuhrbeschränkungen für Geld und Devisen.

Telefonieren: Postämter Mo–Fr 8.30–17.00 Uhr, teilweise auch Sa 8.30–12.00 Uhr. Von vielen öffentlichen Telephonzellen aus können Auslandsgespräche geführt werden. Vorwahl BRD 09-49, Vorwahl der gewünschten Stadt ohne O, Österreich 09-43, Schweiz 09-41. Als Münzeinheit gilt im allgemeinen ein Kwartje (25 Cent). Manche Telephonzellen akzeptieren auch Fl. 1 und Fl. 2,50. Nach 18 Uhr und am Wochenende verbilligter Tarif. Auslandsauskunft 0018.

Briefmarken: In Postämtern und bei Automaten erhältlich. Gebühren: Briefe bis 20 g 70 Cent (Inland), 90 Cent (Ausland). Postkarten 50 Cent (Inland), 65 Cent (Ausland).

Öffnungszeiten: *Geschäfte* im allgemeinen Mo–Fr 8.30/9.00–17.30/18.00 Uhr. Sa 8.30/9.00–16/17 Uhr. *Banken* Mo–Fr 9–16 Uhr. *Apotheken* Mo–Fr 8–17.30 Uhr und Bereitschaftsdienst. In Ferien- und Badeorten bleiben die Geschäfte oft abends und am Wochenende geöffnet. Außerdem kennen viele Städte den sog. ›Kaufabend‹ (Do oder Fr bis 21 Uhr).

Blüte der Blumenfelder: Ende März bis Mitte Mai in dem Gebiet zwischen Haarlem und Leiden, westlich und südwestlich von Alkmaar (Egmond, Limmen, Castricum), südlich von Den Helder (Julianadorp, Anna Paulowna, Breezand) und westlich von Enkhuizen (Bovenkarspel).

Unterkunft: Das *Nationale Reservierungs Zentrum* (Postfach 3387, NL-1001 AD Amsterdam) reserviert kostenlos in ganz Holland Hotelzimmer. Für Reisende, die sich bereits in Holland aufhalten, funktioniert der ›VVV Übernachtungsservice‹, der Hotelzimmer für denselben und/oder darauffolgende Tage vermittelt. Man begebe sich dazu an den Schalter (also nicht telefonisch!) der Fremdenverkehrsvereine (VVV). Hier verfügt man auch über Listen von Privatquartieren und Ferienhäusern.

Jugendherberge: Information erteilt die *Nederlandse Jeugdherberg Centrale,* Prof. Tulpstraat 4, 1018 GX Amsterdam.

Campingplätze: Nähere Auskünfte über die etwa 2000 Campingplätze erteilen die VVV Büros.

Reisen mit öffentlichen Verkehrsmitteln: Die Entfernungen in den Niederlanden sind kurz, das Eisenbahnnetz dicht, die Zugfrequenz hoch; der Reisende kann auch ohne eigenes Transportmittel das Land leicht entdecken. Rückfahrkarten sind nur am gleichen Tag gültig. Es gibt Abendrückfahrkarten für Züge nach 18 Uhr. Der Preis: Einzelfahrt plus Fl. 3. Wochenendrückfahrkarten (Hinreise Sa, Rückreise So) werden zum Preis einer normalen Rückfahrkarte plus Fl. 2.50 angeboten. Tageskarten, 3- und 7-Tage-Netzkarten sind für ganz Holland erhältlich. Will man außerdem noch unbegrenzt Straßenbahn, U-Bahn und Bus benutzen, erhält man eine zugehörige Karte mit 50% Ermäßigung. Teure Einzelfahrscheine für Straßenbahn, U-Bahn oder Bus kann man vermeiden, wenn man im Vorverkauf eine gültige ›Strippenkaart‹ (Streifenkarte) kauft. Sie ist erhältlich an Bahnhöfen, Postämtern und VVV-Büros.

Fahrradverleih: An vielen Bahnhöfen werden Fahrräder vermietet. Preisnachlaß für Besitzer von gültigen Fahrkarten!

Trinkgelder: Trinkgelder werden praktisch nicht gegeben. Bedienung ist (auch bei Taxen) stets im Preis inbegriffen. Es ist jedoch üblich, Taxifahrpreise auf den nächsten Gulden aufzurunden. Toilettenpersonal gibt man ein Kwartje (25 Cent).

Veranstaltungshinweise findet man in den Tageszeitungen oder beim VVV.

Das ›Holland Festival‹ (Konzerte, Opern, Ballett, Ausstellungen) findet im Sommer in verschiedenen holländischen Städten statt.

Besichtigung von Kirchen: Viele Kirchen sind nur für Gottesdienste geöffnet. Zur Besichtigung wende man sich an die Küsterei.

Museumskarte: Mit der Museumskarte hat man das ganze Jahr über freien Eintritt in den wichtigsten Museen Hollands (zur Zeit etwa 250), Sonderausstellungen ausgenommen. Sie kostet für Besucher bis 25 Jahre Fl. 7.50, von 25–64 Jahre Fl. 20 und für Senioren über 65 Fl. 12,50. Man erhält sie bei Postämtern, vielen Museen und beim VVV.

Diplomatische Vertretungen: *Botschaft der Bundesrepublik Deutschland:* Groot Hertoginnelaan 18, Den Haag, Tel. 070-469206. – *Botschaft der Republik Österreich:* van Alkemadelaan 342, Den Haag, Tel. 070-245470. – *Botschaft der Schweiz:* Lange Voorhout 42, Den Haag, Tel. 070-642831. – *Niederländische Botschaft in der Bundesrepublik Deutschland:* Sträßchenweg 10, 5300 Bonn 1, Tel. 0228-238090.

Essen und Trinken

Über 600 Restaurants bieten ein *Tourist Menu,* das aus Vorgericht, Hauptgericht und Nachspeise besteht und in ganz Holland gleich viel kostet. Adressen beim VVV.

Spezialitäten: Viele Restaurants, an dem Bildzeichen mit der Inschrift ›Neerlands Dis‹ erkennbar, bieten typisch holländische Spezialitäten und/oder Gerichte bestimmter Regionen: z. B. (vor allem im Winter) Eintopfgerichte wie Sauerkraut mit Speck, Grünkohl mit Räucherwurst oder ›Hutspot‹ aus Möhren, Kartoffeln, Zwiebeln und Lende, typisch ist auch ›Snert‹ oder dicke Erbsensuppe mit Rauchwurst und Schweinshaxe; Austern und Muscheln aus Zeeland, leicht gesalzene grüne Heringe (›Hollandse Nieuwe‹), Käse aus Edam, Gouda und Leiden (mit Kümmel) oder Nagelkäse aus Friesland. Als kleine Brotzeit ist der ›Uitsmijter‹ (Butterbrote mit Schinken, Roastbeef oder Käse und mit zwei oder drei Spiegeleiern) zu empfehlen. Viele Sorten von Honig- und Gewürzkuchen aus Groningen, Deventer und Friesland sowie Ingwerkuchen werden angeboten. Speziell für Kinder sind die Pannekoekenrestaurants (Pfannkuchen) eine Attraktion. Neben Bier wird viel Jenever getrunken.
Fast in jedem Ort findet sich ein Chinesisches Restaurant, wo man unbedingt eine ›Reistafel‹ bestellen sollte. Die sehr beliebten chinesischen und indonesischen Restaurants sind meist recht preiswert. Für den kleinen Hunger finden sich viele Broodjeswinkels, wo belegte Brötchen angeboten werden.

Sämtliche Angaben im Informationsteil (Stand Frühjahr 1985) erfolgen ohne Gewähr. Bei der Fülle der Daten und den sich rasch ändernden Verhältnissen sind Irrtümer nicht auszuschließen. Für Hinweise und Berichtigungen ist der Verlag dankbar.

E. LITERATURAUSWAHL

H. Bauer, Holländische Malerei des 17. Jh., München 1979 – H. Bleich u. a., Die Niederlande. Korrespondenten berichten, Zürich 1980 – G. Elbin, In Holland, München 1977² – G. Fanelli, Moderne architectuur in Nederland 1900–1940, 's-Gravenhage 1978 – E. Fromentin, Die alten Meister, Weimar 1915 – H. E. van Gelder, Guide to Dutch Art, Den Haag 1961 – J. Huizinga, Holländische Kultur im 17. Jh., Frankfurt 1977 – G. Imanse u. a., Van Gogh bis Cobra, Holländische Malerei 1880–1950, Stuttgart o. J. – H. L. Jaffé, De Stijl 1917–1931, der niederländische Beitrag zur modernen Kunst, Berlin/Frankfurt 1965 – N. Japikse, Die Oranier. Statthalter und Könige in den Niederlanden, München 1939 – O. ter Kuile, 500 Jahre niederländische Malerei, Herrsching 1976 – Kunstreisboek voor Nederland, Amsterdam 1977 – W. Kuyper, Dutch classicist architecture 1625–1700, Delft 1980 – H. Lademacher, Geschichte der Niederlande, Darmstadt 1983 – R. van Luttervelt, Holländische Museen, München 1961 – E. Neurdenburg, De zeventiende eeuwsche beeldhouwkunst in de noordelijke Nederlanden, Amsterdam 1948 – M. D. Ozinga, De romaanse kerkelijke bouwkunst, Amsterdam 1949 – Ders., De gotische kerkelijke bouwkunst, Amsterdam 1953 – G. Parker, Der Aufstand der Niederlande 1549–1609, München 1979 – J. Rona, Holland, Köln 1979 – Rosenberg/Slive/Ter Kuile, Dutch Art and Architecture 1600–1800, Pelican History of Art, 1972 – H. P. Rosenberg, De 19de eeuwse kerkelijke bouwkunst in Nederland, 's-Gravenhage 1972 – A. von Schneider, Caravaggio und die Niederländer, Amsterdam 1967 – Ch. Wilson, Die Früchte der Freiheit. Holland und die europäische Kultur des 17. Jh., München 1968. – E. Zahn, Das unbekannte Holland, Berlin 1984.

F. NAMENREGISTER

Wichtige Textstellen *kursiv*

Alba, Herzog v. 8, 11, 88, 105, 116
Amalia v. Solms-Braunsfeld 13, 20, 27, 43, 200
Altink, Jean 238
Anthonisz., Adriaan 116, 159, 214
Appel, K. 42, 77
Arminius, Jacobus 55, 71, 73
Averkamp, Barent 214
– Hendrick 214

Baburen, Dirck van 135
Backer, Adriaen 107
Baen, Jan de 58, 120
Bakema, J. B. 55, 79, 81, 85, 244
Bassen, Bartholomeus van 36
Berckheyde, Gerrit 105
– Job 105
Berlage, H. P. 22, 29, 38, 54, 79, 87, 115, 197, 199f., 240
Bloemaert, Abraham 133f., 152
Blom, Piet 153, 219
Blommendael, Johan 54, 82, 204
Bol, Ferdinand 38, 69, 74, 77
Bor, Paulus 135
Bosboom, J. 39
Bosch, Hieronymus 84, 147ff., 155
Bosschaert, Th. W. 183
Bray, Jan de 105, 107
– Salomon 105, 108
Breitner, G. H. 39, 219
Brinkman, Michiel 79, 85
Broek, J. H. van der 55, 79, 81, 244
Brom, Jan 166
Brouwer, Adriaen 36, 105
Brueghel d. Ä., Jan 218
– Pieter 84

Campen, Jacob van 26, 32, 43, 53, 58, 105, 111f., 117, 138f., 210, 219
Cobra-Gruppe 42, 87, 154
Coehoorn, Menno Baron v. 103f., 161, 205, *232*, 240
Coen, J. P. 120
Coevershof, Christiaan 70
Crabeth, Dirck 35, 69
– Pietersz. 68
– Wouter 68f.
Cuyp, Albert 36, 74, 76
– Jacob 58, 77, 148
– Gerrit Gerritsz. 68
Cuypers, Joseph 115, 182
– Petrus (Pierre) Josephus Hubertus 22f., 30, 125, 136f., 142, 154, 159f., 163, 165f., 169, 175f., 179, *181f.*, 184, 223, 225, 238, 242

Dijk, Pieter Claesz. van 112
– Floris 112
Dijkema, P. 188
Dijkstra, Johann 238
Doesburg, Theo van *41f.*, 154
Domels, C. 41
Dou, Gerard 55

Eesteren, Cornelis van 41, 55, 85, 244
Eggers, Bartholomeus 34f., 238
Engelbrechtsz., Cornelis 55
Everdingen, Allaert van 105
– Caesar van 29, 43, 58, 105, 117f.
Eyck, Aldo van 244
– Charles 172, 218
– Jan van 84

Fabritius, Carel 28, 47
Fernando Alvarez de Toledo, Don →Alba, Herzog
Ferreris, Dirk 124
Floris II., Gf. v. Holland 62
– IV. 22f.
– V. 63, 117, 122
Frederik Hendrik (Statthalter) 10, 20, 25, 27, 31f., 43, 141, 147, 150, 155, 162, 185, 200, 220, 232

Gabriel, P. J. 39
Geeraerts, Martin Joseph 102
Geertgen tot Sint Jans 84, 105, 133
Geest, Wijbrand de 220, 224
Gelder, Aert de 74, 77
Geraerts, M. J. 92
Gestel, Leo 40, 119
Gidding, J. 36
Gogh, Vincent van 39, 84, 154, 159, 197f.
Goltzius, Hendrick 105, 111f., 185
Gomarus, Franciscus 55, 73
Gossaert, Jan 144, 155
Goyen, Jan van 20, 55, 57, 84, 105, 188, 193, 218
Granpré Molière, M. J. 79, 85, 87, 244
Greef, Jan de 30, 32, 139
's-Gravesande, Arent van 20, 31, 36, 56, 58, 62, 88, 98
Groote, Geert 211, 213
Grotius, Hugo 55, 74, 78

Heemskerck, Jacob van 120
– Maerten van 54, 105, 155
Haarlem, Cornelis van 105, 110, 112
Hals, Frans 29, 105, 110, *113*, 133, 135
– Dirck 105
Heda, Willem Claesz. 105, 112
Hendriks, Wijbrand 105, 111
Hofman, P. 36
Honthorst, Gerard 20, 43, 134
't Hooft, Pieter 32, 57
Hoogh, Pieter de 47
Hoogstraten, Samuel van 74, 77
Huszar, V. 41
Hynches, Raoul 193

Israels, Jozef 38f.

Jacoba v. Bayern 5, 99, 101, 115, 138
Jacobsz., Dirck, 114
Johan Willem Friso 14, 222

Karl d. Gr. 5, 165, 185, 188f.
Karl V. (Kaiser) 7, 9, 71, 91, 100, 119, 133, 161, 169, 179, 184f., 191f., 205, 224, 234
Keldermans, Andries 84, 92, 99, 162
– Anthonis 52, 84, 92, 100, 108, 117, 161

Keldermans, Jan 64
– Matheus 84
– Rombout 52, 92f., 84, 133, 144, 157, 161
Ket, Dick 42, 193
Key, Lieven de 59, 105ff., 111f., 120, 229
Keyser, Hendrick de 35, 49f., 53, 69, 82, 120, 187, 207, 209, 224, 229, 237
– Pieter de 49, 53
– Thomas de 133
– Willem de 53
Klerk, Michel de 72
Koch, Pyke 193
Koekkoek, B. C. 39, 77, 111
Kramer, Peter Lodewijk 36
– Piet 22
Krop, Hildo 36, 72, 154
Kropholler, Alex. Jacobus 119, 154
Kruyder, H. 42

Lairesse, Gerard 23, 96, 203
Leck, Bart van der 41, 199f.
Leyster, Judith 105
Linse, J. 36
Louis Napoleon 15, 20, 32, 43, 203
Leyden, Lucas van 55, 57, 84
Ludwig XIV. 13, 26, 44, 71, 137f., 142, 162, 185, 188, 200f., 232

Maaskant, H. A. 79, 82
Maes, Nicolaes 74, 77
Mander, Karel van 45, 105, 113
Manzù, Giacomo 82
Marot, Daniel 20, 25, 27, 29ff., 35, 44, 110, 140f., 196, 203f., 207, 232
Maurits van Oranje-Nassau, (Johan) 10, 22, 25f., 30, 54, 73f., 140, 147, 159, 234
Mertens, Hermann Frederik 29
Miereveld, Michiel van 47, 58
Mieris, Frans van 29
Moeyaert, Claes 133
Mondriaan, Piet *41*, 84, 100, 137, 153, 199
Moore, Henry 81, 192, 200
Moreelse, Paulus 135
Mostaert, Jan 218

Napoleon 15, 100, 119, 139
Nuyen, W. J. J. 39

Oldenbarnevelt, Johan van 12, 20, 29f., 73f., 81
Ostade, Adriaen van 36, 111
– Isaak van 105
Oud, Jacobus Johannes P. 41f., 79, 85ff.

Pellegrini, Giovanni Antonio 27
Philipp II. v. Spanien 7f., 10, 73, 88, 91, 119
Picasso, Pablo 39, 81, 154, 197
Polet, Johan 36
Post, Maurits 139, 142, 196
– Pieter 20f., 25f., 42ff., 58, 66, 69, 82, 88, 98, 147, 162, 172, 210
Pot, Hendrik 105
Potgieter, Herman de 185
Potter, Paulus 20, 28

Quellinus, Artus 35, 77, 98, 153, 172

Raedecker, John 36
Redon, Odilon 39, 70, 197f.
Rembrandt Harmenszoon van Rijn 4, 20, 27f., 32, 36, 47, 55, 57, 61, 111, 114, 133, 135, 218, 220, 224
Rietveld, Gerrit Thomas 41f., 136, 200, 244
Robertson, S. 39
Rodin, Auguste 81, 199, 211
Roelofs, W. 39
Roman, Jacob 58f., 148, 155, 157, 196, 202, 207, 210
Rooskens, A. 42
Rotius, Jan Albertsz. 120
Rubens, Peter Paul 26f., 29, 37, 84, 111, 152
Ruisdael, Jacob van 105
Ruysdael, Salomon van 105, 111, 193, 218

Saenredam, Pieter 29, 84, 105, 111, 133, 135
Scheffer, Ary 74, 77
Schelfhout, A. 39, 77, 111
Schooten, Joris van 57
Schotel, J. C. 77
Schouten, Jan 54, 218
Schuer, Theodoor van der 37, 172
Schumacher, Wim 42, 193
Scorel, Jan van 54, 105, 133f., 157, 183, 218
Seghers, Hercules 29, 84
Sluyters, Jan 40, 77

Soutman, Pieter 105
Spinoza, Baruch 12, 36, 62
Spoorwater, Evert 75, 88, 100, 104, 108, 161
Steen, Jan 29, 36, 57, 84, 218
Steur, A. J. van der 38, 83, 94
Stone, Nicolas 53f., 161
Strij, Abraham van 74, 77
Swanenburgh, Isaac 57, 69
Swart, Pieter de 30f., 221

Tepe, Alfred 72, 133, *136*, 231
Terborch, Gerard 27, 29, 111, 210ff., 218
Terbrugghen, Hendrick 134, 210
Terburgh, Nicolaas 52
Tholen, W. 39
Thorn Prikker, Johan 40, 81, 198
Thulden, Theodoor van 124, 147f., 152f.
Thybaut, Willem 110
Toorop, Charles 42, 119
– Jan 40, 42, 77, 100, 115, 198

Velde, Adriaen van de 29
– Esaias van de 105
– Willem van de 55
Vennecool, Steven 123f., 196, 210
Verhulst, Rombout 35, 53, 58ff., 62f., 82, 96, 130f., 139, 166, 238f.
Vermeer, Jan 28, 47, 112, 135, 213
Verspronck, Cornelis 105
Verster, Floris 57
Viervant, Leendert 111, 115, 121
Vingboons, Philip 210, 214
Vliet, Hendrik van 47
Vlugt, Leendert Cornelis van der 79, 86

Waldorp, A. 77
Weissenbruch, H. J. 38f., 111
Wenckebach, O. L. 31, 97, 99
Werkmann, Hendrick 238
Wiegers, Jan 238
Wiegersma, P. 152
Wiegman, Matthieu 119
Willem II. Gf. v. Holland 5, 20, 22, 94, 96, 105, 116, 241
– I. van Oranje (Statthalter) 9f., 45, 49f., 53, 55, 60, 68, 73, 88, 94, 105, 118, 121, 146f., 155, 158f., 226

Willem, II. 12, 200
– III. 13f., 20, 99, 139ff., 155, 157, 196, 200ff., 207
– IV. 14, 21, 203
– V. 14, 21, 24, 27f., 30, 119f., 141, 159, 185
– I. (König) 15, 28, 37
– II. 15f., 21, 30, 51, 139, 154
– III. 16, 78, 203
Wilhelmina (Königin) 14, 16ff., 37, 42, 51, 203, 223
Willink, Carel 42, 193
Wils, J. 42
Wit, Jacob de 27, 33, 44, 54, 141, 183
Witt, Cornelis de 13, 20, 29
Witt, Johan de 13, 20, 29, 77
Witte, Emmanuel de 47
Wttewael, Joachim 134

Zadkine, Ossip 79, 193
Zocher, J. D. 93, 139, 196, 219

G. ORTS- UND OBJEKTREGISTER

Wichtige Textstellen *kursiv*, Plan- und Objektnummern **Fettdruck**

Aalsmer 34
Aardenburg 102f.
Aduard 239
Alkmaar 17 6, 9, 48, *116ff.*, 120, 153, 159, 182, 247
– Grote Kerk 117f.
– Raadhuis 118
– Stedelijk Mus. 118
– Waage 118
Almere-Stad 244
Amerongen 202
Amersfoort **24** 129, *138f.*
Anjum 225
Anna Paulowna-Polder 119, 243
Apeldoorn **47** 200
Appingedam 239
Arnhem 45 17, *191f.*
– Gemeente Mus. 193
– Grote Kerk 192
– Nederlands Openluchtmuseum 193ff.
– Prinsenhof 193
– Rathaus 193
– Waage 193
– Walburgiskerk 193
Assen **68** 240
Asten 153

Bergen **18** 39, *119*
Bergen op Zoom **37** *161*, 232
Bierum 239
Blokzijl **56** 217
Bokhoven a. d. Maas 153
Bolsward **62** 228ff.
Borger 240
Bozum 233
Breda 34 9f., 60, *155ff.*
– Grote Kerk 156f.
– Kastell 155f.
– Rathaus 156
– Stedelijk Museum 156
Breezand 119
Breukelen 137f.
Brielle →Den Briel
Brouwershaven **12** 90f.
Bunschoten 139
Buren **28** 146f.
Burg Loevestein 51, *78*

Coevorden **69** 240
Culemborg 144

Dampfpumpwerk ›Cruquius‹ 155
›De Biesbos‹ 78
›De Voorst‹ 207
Delfshaven 45, 61, *85*
Delft 2 6, 35, *45ff.*, 85
– Armamentarium 54
– Gemeelandshuis 53
– Museum Lambert van Meerten 54
– – P. Tétar v. Elvan 54
– Nieuwe Kerl *48ff.*, 158, 223
– Oud Katholieke Kerk 54
– Oude Kerk 52
– Prinsenhof 53f.
– Raadhuis 51
Deltaplan 89f.
Den Briel **11** 9, 78, *88*, 146
Den Bosch →'s-Hertogenbosch
Den Haag 1 10f., 13, 16f., *20ff.*, 54, 102, 147, 197, 241
– Binnenhof 22ff.
– Buitenhof 29
– Gemeentemuseum 38ff.
– Hofwijk 44
– Huis ten Bosch 43f.
– Jacobskerk *33ff.*, 50, 53, 125, 143, 153, 182
– Kastell Duivenvoorde 44
– Koninklijke Bibliotheek 43
Den Haag, Koninkl. Biblioth.
– – Schouwburg 30f.
– Kneuterdijk 29
– Lange Voorhout 30
– Mauritshuis *25ff.*, 31, 36, 70
– Museum Bredius 36
– – Meermanno-Westreenianum 30
– – Mesdag 38
– – Rijswijk 44
– Nieuwe Kerk 36f.
– Oud Katholieke Kerk 35f.
– Palais Huguetan 30
– – Noordeinde *32*, 57
– – Wassenaer-Obdam 29f.
– Panorama Mesdag 37
– Plein 31f.
– Raadhuis 32f.
– Vredespaleis 37f.
– Willemspark 37
– Zorgvliet/Catshuis 42
Den Helder **19** 119, *241*
Den Oever 125
Deventer **52** 6, 124, 193, *208ff.*, 213
Doesburg **49** 192, 205
Dokkum **60** 5, *225*, 228, 239
Domburg 97, *100*
Dorestad 5, *144*
Dordrecht 7 6, 9, 12, 48, 68, *72ff.*
– Dordrechts Museum 77
– Groothofdstor 76
– Grote Kerk 74ff.
– Het Hof 76f.
– Mus. Mr. Simon van Gijn 76

Egmond Binnen **18** 119
– aan de Hoef **18** 119

Egmond aan Zee **18** 119
Eindhoven **32** 146, *154*, 182
Elburg **54** 6, *213*
Enkhuizen **21** 6, 120, *122ff.*, 196, 210, 217, 241, 244
Enschede **57** 218f.

Festung Rammekens 101
– Retranchement 104
Franeker **61** 226ff.

Geertruidenberg 159
Giethoorn **56** 217
Goes **14** 101f.
Gorkum/Gorinchen **8** *78*, 88
Gouda **4** 6, *63ff.*
– Mus. ›de Moriaan‹ 70
– St. Janskerk 66ff.
– Stedelijk Museum 69f.
– Raadhuis 64f.
Groningen **66** 12, 18, 129, *234ff.*
– A-Kerk 237f.
– Goudkantoor 235
– Groninger Mus. 238, 240
– Martinikerk 235f.
– Noorderkerk 237
– Oude Boteringestraat 237
– Raadhuis 235
– Prinsenhof 237
– Provinciehuis 236f.

Haamstede 91
Haarlem **16** 6, 9, 14, 20, 28, 63, 68, *105ff.*, 133, 143
– Frans Hals-Museum 112ff.
– Grote Kerk 108ff.
– Nieuwe Kerk 58, *111f.*
– – St. Bavokathedraal 115
– Paviljoen ›Welgelegen‹ 115
– Raadhuis 106f.
– Teylers Museum 110f.
– – Hof 111
– Vleeshal 107f.
– Waag 110
Haastrecht **5** 70
Hantumhuizen 225
Harderwijk **48** 6, *204*
Harlingen **61** 225, *228*, 241
Hattem 213
Haus Doorn **25** 141f.
's-Heerenberg **50** 205
Heerlen **40** 175f.
Hellevoetsluis **11** 88f.
Helmond **31** 153
Hengelo 219
's-Hertogenbosch **29** 10, 104, *147ff.*, 168
s'Hertogenbosch
– Noordbrabants Mus. 153
– Raadhuis 147f.
– St. Janskathedrale 149ff.
– Zwanenbroederhuis 148f.
›Het Zwin‹ 104
Heusden **30** 153
Hillegom 115
Hilvarenbeek 154
Hindeloopen **63** 122, 195, 223, *231*, 243
Hoek van Holland **10** 88
Hoorn **20** 6, *120f.*, 241
Houtem-St. Gerlach **39** 173f.
Hulst 104
›Hunnebedden‹-Dolmen 4, 240

IJsselstein **6** 71f.
Inseln
– Ameland **70** 242
– Goeree-Overflakkee **11** 88f.
– Schiermonnikoog **70** 226, *242f.*
– Schouwen-Duiveland **12** 90ff.
– Terschelling **70** 228, *242*
– Tholen 97, *162*
– Texel **70** 119, *241*
– Vlieland **70** 228, *241f.*
– Voorne-Putten **11** 78, *88f.*
– Walcheren **13** 18, *92ff.*, 98

Julianadorp 119

Kampen **55** 6, 60, 204, 208, *213ff.*
Kastell Amerongen **25** *142*, 196
– De Haar **22** *137*, 182
– Rosendael **45** *195f.*, 202
– Sijpestein 138
Katwijk aan de Rijn 4, *63*, 166, 238
Kerkrade 174
Ketelhaven 244
Kinderdijk *77*, 247
Klaarkamp 226

Leek 238
Leiden **3** 6, 9f., 12, 14, *55ff.*, 69, 73, 85, 102, 105, 116, 226, 235
– Burg 59
– Gemeenlandshuis 58
– Gracht Rapenburg 62
– Gravesteen 61
Leiden
– Hartebrugkerk 58
– Jean Pesijnshofje 61
– Meermansburg 58
– Nederlands Leger- en Wapenmuseum 62
– Marekerk *58*, 98
– Museumsmühle ›de Valk‹ 56
– Pieterskerk 60f.
– Raadhuis 59
– St. Pancraskerk 60
– Stedelijk Museum 56ff.
– Waag 58
Lelystad 244
Leeuwarden **59** 27, *220ff.*, 237
Lisse 115
Loosdrechtse Plassen 138
Loppersum 239

Makkum **63** 230
Maarssen 137f.
Maaskunst 167
Maassluis **10** 87f.
Maastricht **38** 4, 129, *162ff.*
– Bonnefantenmuseum 169
– O. L. Vrouwekerk 132, *169ff.*, 175
– Stadhuis 172f.
– St. Janskerk 168f.
– St. Mathiaskerk 173
– St. Pietersberg 173
– St. Servaaskerk *163ff.*, 181, 189
Marssum 224
Medemblik 6, 125
Meersen **39** 173
Middelburg **13** 58, 66, *92ff.*
Midwolde 238
Montfort **6** 71
Museum Kröller-Müller **48** 196ff.

Nagele 244
Nationalpark ›De Hoge Veluwe‹ **46** 196f.
Nijmegen **44** 4f., 13f., 17, 69, *185ff.*
– Afrikamuseum 190
– Hl. Land Stichting 190
– Raadhuis 188
– St. Stevenskerk 186
– Städt. Museum 188
– Valkhof 188ff.
Nuenen 154

Oirschot 154
Oldenzaal **58** 219f.
Oosterbeek 195

Oosterend 233
Ootmarsum **58** 220
Oudenbosch **36** 160
Oudewater **6** 71

Rauwer 233
Renesse 91
Rhenen **25** 129, *142*
Rijnsburg 62
Rinsumageest 226
Roermond **42** *178ff.*, 184
Rolduc, ehem. Kloster **40** 171, *174f.*, 181, 222
Rotterdam 9 16f., 21, 31, 45, 51, 69, 72, *79ff.*, 88
– De Kiefhoek 86f.
– Grote Kerk 81f.
– Het witte dorp 85
– Lijnbaan 81
– Museum Boymans-van Beuningen *83f.*, 212
– Schielandhuis 82
– Spangen 85
– Tussendijken 85
– van Nelle-Fabrik 85f.
– Zuiderkerk 205

Sassenheim 115
Schagen 119
Scheveningen 15, *42*
Schiedam **9** 87
Schlösser
– ›Het Loo‹ **47** 196, *200ff.*, 207
– ›Het Nijenhuis‹ 212
– Hoensbroek 176
– Menkemaborg **67** 239f.
– Middachten *196*, 202
– Soestdijk *139*, 202
– Twickel 29
– Zeist **25** 140f.
Schoonhoven **5** 70
Sittard **41** 176
Sloten **64** 232
Sluis 103f.
Sneek **65** 232f.
Spakenburg 139
St. Anna Parochie 224
St. Odilienberg **42** 183
Stedum 239
Steenwijk **56** 217
Susteren **41** 176ff.

Ten Boer 239
Termunten 239
Tilburg **33** 16, *154*
Thorn **42** 184

Utrecht 22 4f., 7, 12ff., 63, 68, 71, 96, 113, *127ff.*, 141, 144, 179, 184, 208f., 218f., 225
– Centraal Museum 134f.
– Dom 60, 124, *127ff.*, 139, 169, 183, 215, 231, 234
– Buurkerk *135*, 215
– Janskerk 136
– Jacobikerk 137
– Klaaskerk 135
– Mariakerk 171, 175
– Nederlands Spoorweg-museum 134
– Paushuize 133
– Pieterskerk *131ff.*, 209
– Raadhuis 135
– Rijksmus. ›Het Catharijne convent‹ 133f.
– Schröderhaus 136f.
Usquert 240

Vaals **39** 174
Valkenburg **39** 174
Vecht **23** 127, *137f.*
Veere **13** 66, *99f.*
Velp 196
Velsen 115
Venlo **43** 184f.
Vianen **26** 34, *143f.*
Vlaardingen **10** 87
Vlissingen **9** 100f.
Vollenhove **56** 217
Voorburg 34

Wasserschloß Weldam 219
– Zuylen 138
Wattinseln **70** 241f. →Inseln
Wieuwerd 233
Wijk bij Duurstede **26** 144
Wijkel **64** 232
Willemstad **35** 159f.
Windesheim 213
Witmarsum 230
Workum **63** 223, *230f.*
Woudrichem **8** *77f.*, 145

Zaltbommel **27** 78, *145f.*, 192f.
't-Zand 239
Zeerijp 239
Zeeuws-Vlaanderen **15** 10, *102ff.*
Zierikzee **12** 91f.
Zuid-Beverland **14** 101f.
Zundert 159
Zutphen **51** *205ff.*, 213, 238
Zwolle **53** 6, 208, *211ff.*

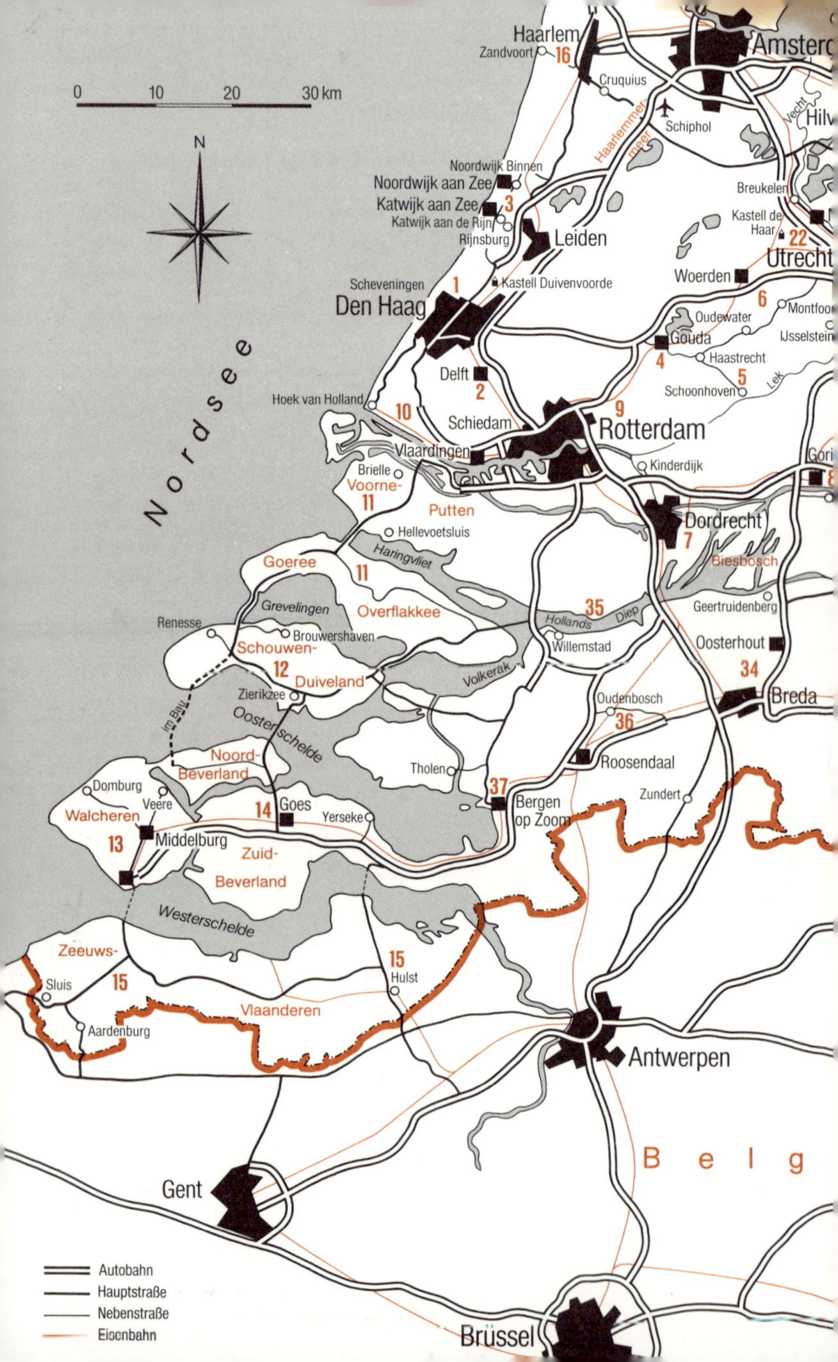
0
10
20
30 km
N
Nordsee
Haarlem
Zandvoort
16
Amsterdam
Cruquius
Schiphol
Haarlemmermeer
Vecht
Hilv
Noordwijk Binnen
Noordwijk aan Zee
Katwijk aan Zee
3
Katwijk aan de Rijn
Rijnsburg
Leiden
Breukelen
Kastell de Haar
22
Utrecht
Scheveningen
1
Kastell Duivenvoorde
Den Haag
Woerden
6
Montfoo
Oudewater
IJsselstein
Gouda
4
Haastrecht
Delft
2
5
Schoonhoven
Lek
Hoek van Holland
10
Schiedam
9
Rotterdam
Vlaardingen
Kinderdijk
Gori
8
Brielle
Voorne-
11
Putten
Dordrecht
7
Hellevoetsluis
Haringvliet
Goeree
11
Biesbosch
Geertruidenberg
Grevelingen
Overflakkee
35
Hollands Diep
Renesse
Brouwershaven
Willemstad
Oosterhout
Schouwen-
12
Duiveland
Volkerak
34
Zierikzee
Breda
Oudenbosch
Im Bau
Oosterschelde
36
Noord-
Beverland
Roosendaal
Tholen
Domburg
Veere
37
Zundert
Walcheren
14
Goes
Yerseke
Bergen op Zoom
13
Middelburg
Zuid-
Beverland
Westerschelde
Zeeuws-
15
Sluis
15
Hulst
Vlaanderen
Aardenburg
Antwerpen
Belg
Gent
Brüssel
Autobahn
Hauptstraße
Nebenstraße
Eisenbahn